具備國際史觀的絲

　　辛亥革命至今，儘管跌跌撞撞，經歷諸多不堪回首的悲壯歷史，今日總算收穫了甜美的憲政果實。就某程度來說，這是先輩力爭民主所締造的莫大價值！此外，百年前結束清王朝的革命黨人，在孫中山的領導下，結束了國家屬於一家一姓的封建政體，將中國帶入民主共和的起點，更是二千年來中國史上大變革！

　　近年來，史學界又出現新論點：中國的憲政成果，其起源追溯可不止於辛亥革命，應是清末的「庚子後新政」（本書稱為「清末新政」）！——這是大陸內地史學新銳李剛先生在本書提出的論述。

　　早期較為封閉的史觀，總將「庚子後新政」定位在「欺騙革命黨人的虛應故事」。部分史家亦認為：庚子後新政的目的是為了鞏固滿清皇基、消除滿漢之爭。此外，由於慈禧太后頒布的「新政」，幾乎照搬「百日維新」內容，故長期被批評為毫無誠意、假意改革，所謂立憲之舉不過得到一個失敗的「皇族內閣」。上述論點可能也是你心中的想法。然而，讓我們先放下成見，聽聽另一種觀點。

　　首先，本書作者李剛大膽提出：「以『假新政』來概括清末新政是對歷史的嚴重歪曲。」此外，他更敘述清廷的改革絕非以消除滿漢之爭為要，而是一群充滿理想的知識分子力挽狂瀾、救國救民之舉。作為結論之一，他甚至提出清末新政的三大成績：使「民族資本主義進一步發展」、形成「新型知識分子群體」、令「民主、自由、平等思想廣泛傳播」。簡言之，在李剛先生筆下，庚子後新政不僅是一段值得研究探索的過程，且整體而言對中國深具價值！

　　同樣一段歷史，兩種不同的史觀，這是史學界經常斷翻騰出新的常態。事實上，推進歷史洪流的因素複雜，本不是一句「假立憲」，或「頑固守舊」所能蓋棺論定，但直指「假立憲」歪曲史實、讚許新政對中國實有貢獻，吾人不禁好奇，作者背後依據的論點究竟為何？

　　閱畢《帝國崩潰的那些事兒——辛亥前夜：大清帝國最後十年》，頗能知悉李剛先生的史觀與立論基礎。首先，他引用大量清末民初第一手史料，如《清末籌備立憲檔案資料》《時報》《李鴻章歷聘歐洲記》，以時下人物最原貌的發言、著作，以及立憲期間的官方文書、朝臣對應，重現滿清皇室所面臨的複雜歷

史局面，令吾人暫時抽離「滿清為一無能政府故滅之」的革命黨人立場，就事論事，了解歷史真相。其次，作者層層縷析晚清在政府與民間、中央和地方、漢人與滿人之間日益對立的背景與源由，並客觀陳述新政執行的重要歷史人物之功績與失誤。在這當中，吾人發現慈禧太后不再永遠面目可憎，甚至，有時她才是帝國的支撐者、革新的支持者；而因洪憲帝制博得一生臭名的袁世凱，則從民初共和政府的殺手，搖身一變為清末最有才華的政治人物。

對歷史學家而言，最欣喜之處莫過於不同史觀的出現，吾人自然可以不認同，甚至與之展開辯駁，但這正是歷史學最有趣的地方：觀點形成，受到反駁，兩者對話，最後形成新的觀點。本書論點精闢，兼之考證嚴密，引用有據，實為能引發新論述之佳作。再者，李剛先生行文背後，可見其寬廣的胸襟：不拘泥於一族一朝的立場，而是嚴謹地憑藉史料說話。此外，本書在評價當代人物之前，必先陳述該人受侷限之生活背景，以及面臨何種程度的「時代莫可逆潮流」，以如此體恤之心，真正地去「理解」該人物的歷史抉擇。

如今已是國際化的時代，開闊的史觀將成為新主流。李剛先生一反過去清史研究者將焦點集於滿漢之爭、清室之咎，廣開全面視角，意圖還「清末新政」更合理的歷史評價。兩岸史學界能出此後進，甚感欣慰，特此推薦。

劉河北 於新竹交通大學

（本文作者為交通大學中國近代史副教授）

還「清末新政」客觀的歷史價值

辛亥革命發生已屆100周年，生逢其時，寫成此書。

對於辛亥革命這場中國式大革命，著名歷史學家蔣廷黻如此評價：「辛亥革命打倒了清朝，這是革命唯一的成績。清朝打倒了以後，我們固然掃除了一種民族復興的障礙，但是等到我們要建設新國家的時候，我們又與民族內在的各種障礙面對面了。」這樣的經典評價在前，本不該再贅言，但不要小看了「這是革命唯一的成績」這句話的份量。一個國祚長達267年的統一政權，自有它存續如此長久的諸多支撐因素，推倒它，何其難？

晚清有什麼不對勁兒？

因革命崩塌的大清帝國，是中國歷史上最後一個正統王朝，如果算上它入關前的存在時間，竟是中國自秦之後的家天下王朝中，以不間斷的方式存續時間最長的一個朝代。當然，這一點絲毫不能說明它的制度水平和文明程度比其他朝代更具優越性。恰恰相反，如果用現代眼光來看，這個王朝在很多方面走進歷史死胡同之後更是登峰造極、錯上加錯。但有一點卻是爭議不大的，那就是它的「穩定性」更勝一籌。

此外，直接導致這個王朝結束的方式也跟別的朝代大不一樣，前朝或亡於藩鎮割據，或亡於農民起義，或亡於外敵入侵。清王朝面對前所未有的外部壓力、中國歷史上規模最大的農民起義、地方督撫的強勢崛起，存續長達70年之久，這不是一句「苟延殘喘」就能解釋得通，所謂「僵而不死」也有悖於常識。

因此，吾人不禁疑惑：中國在晚清70年（1840～1912）這段漫長的歷史階段到底發生了些什麼事兒？難道真如我們想像的那樣簡單——帝國的危機發自鴉片戰爭，然後歷經膚淺的洋務運動和胎死腹中的百日維新，爾後一路狂飆至辛亥革命的發生，帝國大廈隨即猝然倒塌。

事實上，由辛亥革命往前推10年，中國曾走上一段政治激進之路。那是我們仿若熟悉且常輕易以「皇族內閣」、「假新政」作為評價的晚清憲政推進過程，本書稱之為「清末新政」。在筆者觀察之下，新政中社會變化之大、之快遠遠超出今人想像，且在這段帝國迅速崩潰的10年，實有數以百計的歷史人物試圖力挽狂瀾，轉變歷史巨輪的走向。而在民國初起之時，處處可見延續自清的歷史鎖

鍊。是故，興起筆者重新探索此間始末，並賦予更客觀評價之想法。

清帝國結束後的7年，在中國發生了影響深遠的「五四運動」，此事件標誌中國新型知識分子的崛起。那麼這數以百萬計的新型知識分子從何而生？短短7年時間豈能打造出這樣一個規模宏大的新知識分子群體？此為疑問之一。

再者，民國建立後，北洋軍閥混戰無窮，白骨千里，左右民初歷史的共和進程。然而，大小軍閥從何而生？豈不知在數年之前的晚清政府統轄下，它們還被稱為「新軍」，乃中國近代化之模範軍隊，何以一夜之間墮落成各自為戰的邪惡軍閥？如果整合得當，它們應該是忠於國家（帝國），而不是效忠「某大帥」的私人武裝。從軍閥混戰的破壞程度之大，我們可以猜想這些破碎軍隊的近代化水平已經達到相當驚人的程度。晚清政府試圖窮國家之力打造四十鎮（師）五十餘萬人規模的陸軍新式部隊以及重建海軍，甚至作出了「二十至廿五青年須服正規役三年及預備役兩年」的規定，何以其經營成果反而危害後世？此為疑問之二。

此類疑問不勝枚舉，也許終究沒有人拿得出令所有人信服的答案，但是至少啟示我們：中國在近代歷史上絕非是一個「無為」的階段。那麼，清末的執政者與朝廷百官，究竟做了些什麼？慈禧只是個不折不扣的貪權者？袁世凱除了戀棧帝位再也沒別的貢獻？

還原歷史記憶

若無法將史實還原到具體的歷史環境中，得出的史觀將是殘缺、片面的。當然，所謂「歷史的真相」，永遠都是相對的，永遠受限於觀察角度和現存歷史材料。但時間能沉澱真相，距離清帝國的結束已屆百年，百年之後，我們今人有責任恢復歷史本來的記憶。

回歸歷史記載，在晚清70年當中，在體制之外，下有底層貧民揭竿而起，試圖建立烏托邦式的「天國」社會；外有革命人士高呼打破現行體制，試圖用火與犁再造美好中華。無論其理念是狹隘還是崇高，都希望運用自己的一套辦法改變中國現狀，把我民族從西方列強的炮艦鎖鍊和經濟掠奪中解脫出來。與此同時，在體制內部，也發生著實實在在的變革，無論皇室內部，還是官僚階層，以至民間菁英，基於各自不同的目的，無不在孜孜追索帝國復興、崛起之術。特別是在帝國最後10年的新政時期，其革新的廣度與深度都遠遠超過此前歷次改革。

所謂「庚子後新政」，其變革內容相當豐富，幾乎涉及社會各個層面。

☆文教方面：創辦學校，派遣留學生，廢除科舉制度，設置中央學部，建立近代教育體系。

☆經濟方面：確定「工商立國」方針，設立商部，聘請日本專家編撰經濟法規，獎勵工商事業；自開商埠，鼓勵民族商人走出國門參加國際博覽會。

☆法制方面：廢除酷刑，修改刑律，添補民法、訴訟法，建立各級審判機構，著手推行行政與司法獨立，裁撤舊部，改組官制；推行地方自治，鼓勵民間報業發展。

☆軍事方面：編練新軍，創設警察。

☆政改方面：仿效日本實施「預備立憲」，設立國家準議會機構資政院、地方準議會機構諮議局，進而籌建責任內閣……。

這些經濟和政治名詞在今人看來是那麼地熟悉，但相信這一系列事件發生在晚清10年的國人卻是鳳毛麟角。

不單現在，即使在當時，由於其主持者是傳統體制力量，反對輿論也通常把它稱之為「假維新」、「假立憲」。

其實現代化運動本來就應包含非革命的發展方式，即傳統政治權威以合法性為基礎，運用官僚行政手段，自上而下地進行政策體制創新，漸進地推進社會變遷和政治結構的自我更新，並最終完成從傳統社會向現代社會的轉變。

20世紀初，在輿論壓力下，清政府耗費巨資派出「出洋考察五大臣」，考察日、德等後起國家。一年之後，更派出大型政體考察團，深入研究、了解日本憲政體制以及經濟運作模式。隨後，清政府將考察團建議提交朝廷大臣，權臣之間經過數次激烈庭辯，民間輿論媒體經過聲勢浩大的爭論，1908年8月，最終決定以日本政體為藍本，循序漸進展開憲政改革，「九年預備」由此而生，開設國會、建立內閣列入行政進程。

但是清王朝還是在革命的槍聲中瞬間倒地。清末新政師法日本明治維新，為何功虧一簣？帝國大臣多屬發跡於民間的官僚菁英，為何個個在史書中成為反動面孔？難道帝國四萬萬人真的統統治國乏術？

改革失敗的真正原因

依筆者之見，失敗首先來自嚴重的經濟困難。前期洋務運動的經濟建設並不是沒有取得任何成績，但是成績不大，教訓不少，並且在與日本的競爭中完全敗

下陣來。在國民經濟和社會全面破產的邊緣，戊戌變法誕生了，但是政治的有限鬆動立即迎來頑固派的強勢反撲，在外國強權的壓力下，中國人和西方人一起釀出了辛丑悲劇。前有甲午之辱，後有辛丑之變，使得清政府陷入「天下之財，悉應賠款」的艱難境地。雖然新政後數年，官方投資很快超越了洋務運動30年來國家投資的總額，雖然新政10年中華民族經濟發展速度甚至超過一戰期間，但是單薄的底子和政策的連續失效使清政府「不但未能蒐集到改革所需的資財，反而激發了民眾對清廷和憲政改革的抵觸情緒。」

再者，絕大多數社會成員沒有從新政中受惠，帝國臣民的貧窮程度持續惡化，清末居民的平均生活水平甚至一直沒有恢復到1840年之前。

第三，「新政」期間整飭吏治工作也完全失敗，貪官汙吏更加肆虐，慶親王奕劻是一個典型的角色，慈禧太后對他放心、倚重他，不在乎他貪汙腐化，只在乎他的忠心耿耿。此外，地方官員借調查戶口、辦學、練軍、設置咨議局等新政措施，從中盤剝，甚至激起流血民變，基層官員的濫政，既增添了「新政」的難度，也敗壞「新政」的形象。

第四，統治者不肯讓渡權力，反而進一步收攏權力導致菁英階層離心離德。從根本上來說，1908年之後，清末皇族這種濫權行為源於專制政府的自私和不安，但是歷史上並不是沒有發生過舊體制中的統治者識時務地讓渡權力的事件，這取決於統治者的素質，需要大智慧、大氣魄。能夠做到這一點的人，必定永垂史冊。但遺憾的是，載灃也許是個溫和的父親，但他和他的同輩們擔當不了這個歷史大角色。

第五，信奉社會達爾文主義的外國列強勢力的干涉，也是導致清末社會崩盤的一個重要因素，它們套在清政府頭上的枷鎖，同時也是強加給四萬萬中華民族同胞身上的桎梏。

最後一點，也是最為根本的一點：對於清政府來說，它的新政變革錯過了最佳時機，各種社會矛盾已經到達一觸即發的地步，不要說載灃等後期主政者頻頻失策，無論他們再真誠、再讓步，改革也不能有序展開，朝著既定的方向推進。因為清政府在前60年的時間裡，沒有提供任何機遇讓中華民族復興；以革命黨為首的激烈反抗者，便也不可能再給這個王朝存續的機會。最後翻船落水的是所有的人。內事不修，外事不舉。中華民族內部改革和蛻變的失敗，導致帝國主義的侵略搭上千載難逢的好時機。

大時代的續航魅力

　　從洋務運動徹底失敗到辛亥革命發生的10年，也是清政府推行新政的10年，是中華民族歷史上一個真正的大時代，這一時代的魅力和價值，並非千萬雄師的血戰，而是立憲真假之爭。重視清王朝的最後10年，甚至在某種程度上肯定它的某些新政措施，並不是為一個已經消失在歷史煙塵中的末代王朝惋惜，而是因為它是中華民族面臨的前所未有社會轉型，第一個進行全方位、多維度的自主改革時期。

　　作為今人，應該充分尊重前人的歷史選擇，這不僅是因為歷史不能再重演，更因為無論革命派、立憲派，還是眾多無派無黨所倚重之人，絕大多數都是發自內心期望中華國富民強、揚眉吐氣，政見之不同在很多情況下所反映的只是救國、強國之路的不同。清王朝由辛亥革命推翻，有它必然不可逃脫的命運所在，及至帝國最後階段，「官亂於上，民變於下，海外黨徒，長江會匪，東三省馬賊，環伺而起」，改革無法在傳統體制領導下實現，而被變革動員起來的社會力量和被改革戕害的群體就只能走向革命，「捨革命而無由」並不是後來革命黨人的杜撰。因此，清末新政改革的失敗、革命的發展、清王朝的滅亡有其歷史必然性。所以，辛亥革命也並不像有些學者認為的那樣，存在「早熟」問題，更不是革命「中斷」了改革，但是這一切又絕對不是說歷史不可省察。

　　清末新政改良者沒有做到從根本上消弭革命的火種，藏於地下的火種蓄勢待發，清末新政最終輸給了辛亥革命，那時，連一向反對暴力革命的梁啟超也對自己的觀點作了修正：「必有大刀闊斧之力，乃能收篳路藍縷之功；必有雷霆萬鈞之能，乃能造鴻鵠千里之勢。」

　　清末清政是中國歷史的重要一環，砍掉它，中國史、中國人就存在履歷斷檔；連上它，才能更好地讀懂中國。筆者以為，應給予清末新政一個更客觀的歷史價值。

李剛 於北京

目錄

辛亥前夜

第一章
頑固派退出政權核心

在鴉片戰爭以前，我們不肯給外國平等待遇；在以後，他们不肯給我们平等待遇。

——蔣廷黻

從馬戛爾尼到「辛丑條約」

公元1792年，英國外交官馬戛爾尼勛爵攜帶英王親筆信繞過大半個地球出使中國，主動展開18世紀末期東西方兩大帝國之間的「破冰之旅」。馬戛爾尼原是一位忠實的「中國迷」，在此前的百餘年裡，尤其在歐洲上流社會，像他這樣對中國懷有崇拜感的菁英分子不在少數，這種「中國熱」氛圍的形成，一部分原因在於萊布尼茨、伏爾泰等社會名流對東方模式及其背後的儒家文化的遙拜和推崇。

當時的中國正逢盛世，皇帝年號曰「乾隆」。

對於中國歷史來說，馬戛爾尼是一個極富標誌性的人物。

次年7月，英國使團所乘坐的「獅子」號抵達天津大沽口，北京方面已經先期發出上諭，傳諭各督撫安排迎接，沿途所受禮遇之豪奢大大超出這批盎格魯‧撒克遜人的想像，「一路供給之物，如酒、肴、蔬、果之屬，罔不窮極奢貴，伺候之人亦殷勤逾恆。……船中偶有所需，但一發吻，華官無不俄頃辦至。有數物，余以非關共用，擬自出所值購之，而華官必不肯受錢。」[1]另有《出使中國記》為佐證，可知這段文字所述並無半點誇張：「吾船或有所需，但有一人啟齒，不問其價值何若，華官必立時代為置備。即華官之起居食御，亦精美異常。一若凡對於吾英欽使所用所費，即豪奢萬狀，亦不必費一錢以賣之者。」

9月，在熱河行宮，馬戛爾尼使團兩次謁見乾隆皇帝，送上了天體運行儀、望遠鏡、地球儀、毛瑟槍、榴彈炮、裝備110門大炮的軍艦模型、鐘錶、洋布等，他們驕傲地展示著工業革命所帶來的科技成果，並提出以下請求：開放寧波、舟山、天津為通商口岸；請中國按照從前俄國商人在中國通商之例，允許英國商人在北京設一洋行，買賣貨物；希望中國有規定的、公開的海關稅則；英國願派全權大使常駐北京，如中國願派大使到倫敦去，英國將以最優之禮款待；請中國劃出一小島供英國商人居住及貯存貨物，如同葡萄牙人在澳門……

在此之前，中英兩方曾就使團成員是否必須在乾隆皇帝面前行三跪九叩之禮而相互較勁。

最終，英國人的所有要求被乾隆皇帝一概駁回，並在回覆英王喬治三世的信

1　（英）馬戛爾尼：《1793乾隆英使觀見記》，劉半農原譯，第48頁，重慶出版社，2008年版。

件中留下了那句傳世名言：「大朝物產豐盈，無所不有，原不藉外夷貨物以通有無。」

乾隆皇帝非常慷慨地批准給英國使團每天招待費用為白銀5000兩，這是一筆不小的款項，但是大多數被經手的官員所克扣，馬戛爾尼雖然並不知道這一情況，但還是斷言道：「中華帝國只是一艘破敗不堪的舊船……只需幾艘三桅戰艦就能摧毀其海岸隊。」那時距離鴉片戰爭還有四十多年，但19世紀後半葉中國的整個歷史畫卷似乎已經展現在了他的面前。

洞察到了古老中國衰敗之勢的不只是馬戛爾尼一個人，使團成員中有不少人用畫筆和鵝毛筆記下了盛世中國名下的衰敗之相。另據《中國旅行記》載：「余來中國，幾無日不見華官笞責小民。」但另一面，「華官……每有所事，一呼百諾。即至難之事，亦無不立辦。」他們最終得出這樣一個結論：「（它是）靠棍棒進行恐怖統治的東方專制主義暴政的典型。中國不是富裕的國度，而是一片貧困的土地，不是社會靠農業發展，而是社會停滯於農業。」

而在此前歐洲「中國熱」的背後，萊布尼茨和伏爾泰等人之所以將東方君主視為開明象徵，對儒家文化大力推崇，其目的是把中國塑造成一個理想國來推動西方文化的進步，其不遺餘力「托華改制」，起到的是批判本國現實的作用。同一時期，法國思想家孟德斯鳩在其《論法的精神》中對中華帝國進行了深入的分析：「中國的法律規定，任何人對皇帝的不敬就要處於死刑。因為法律沒有規定什麼叫不敬，所以任何事情都可以拿來作藉口去剝奪任何人的生命，去滅絕任何家族。」

法國歷史學家阿蘭·佩雷菲特這樣形象地概括馬戛爾尼這次訪華前後的心態：「馬戛爾尼的夥伴們到達中國時堅信自己比其他歐洲人強。他們回國時又增加了一種新的信念：他們同樣也比中國人強。他們看到這個從馬可波羅以來大家都說得天花亂墜的帝國竟是如此的落後。」[2]

有理由相信，在1793年的這次交涉中，中英兩個帝國都是十分傲慢的，中國這一次傲慢的碰撞，一方面一舉破除了歐洲人對於中國的全部幻想，另一方面卻沒有對天朝上國造成任何觸動。

---

2 （法）阿蘭·佩雷菲特：《停滯的帝國：兩個世界的撞擊》，第628頁，王國卿等譯，生活·讀書·新知三聯書店，2007年版。

48年後，大英帝國的堅船利炮打開了古老中國的大門，中國近代史就此揭開。

歷史的時針再往後撥60年，20世紀的第一年，公元1900年，是為中國舊曆庚子年，八國聯軍打進了大清帝國的首都北京城。

1900年8月16日，中國軍隊在京城各處與八國聯軍展開巷戰，死傷慘重，經過殊死戰鬥，聯軍漸漸地將剩餘的中國軍隊驅逐到了城市的西北兩方，戰至晚間，整座北京城陷落。

10月22日，聯軍統帥瓦德西將軍從北京給德皇發了一份報告，內文中寫道（節選）：

聯軍占領北京以後，其駐紮地點之分配，一如當時各軍攻入該城，最初各自占據之處。

在英國方面……所搶之物均須繳出，一齊堆在使館大屋之內，加以正式拍賣，如是者累日，由此所得之款，按照官級高低，加以分派，其性質略如戰時掠獲金，因此之故，無一英人對於搶劫之事，視為非法行動。

在日本方面，則對於此種掠奪之物，照例歸於國家。由此所得之款，其數至為不少。據日本某將軍之報告，只天津一處搶劫所得者，即有二百萬兩之多。

至於美國方面，對於搶劫之事，本來禁止，但美國軍隊頗具精明巧識，能破此種禁令，為其所欲。

俄國軍隊搶劫之方法，似乎頗稱粗野，而且同時盡將各物毫無計畫地打成粉碎。

此外法國軍隊，對於各國軍隊（之搶劫行為），亦復絕對不曾落居人後。

就宮內情形而言，又可證明該宮最大部分可以移動之貴重物件，皆被搶去。

所有中國此次所受毀損及搶劫之損失，並詳數將永遠不能查出，但為數必極重大無疑。所最可惜者，即真正對於此次戰事有罪之人，反受損失極小。又因搶劫時所發生之強姦婦女，殘忍行為，隨意殺人，無數放火等事，為數極屬不少，亦為增加居民痛苦之原因。[3]

另據《庚辛紀事》記載，浩劫中「經史子集等，共四萬六十餘本」，「自元

3　（德）瓦德西著，王光祈譯：《瓦德西拳亂筆記》，第39～55頁，中華書局，1936年版。

明以來之積蓄，上自典章文物，下至國寶奇珍，掃地遂盡。」未及逃亡的皇室貴族崇綺，「其眷屬盡為聯軍所拘，驅諸天壇，數十人輪姦之」。王侯將相尚且遭此慘劇，普通百姓的遭遇可想而知。

北京城的破壞並不是這次世紀悲劇的結束，而只是剛剛開始……

8月19日，在逃出北京後的第五天，最高統治者慈禧太后發出了兩道上諭：第一道發給軍機大臣榮祿、大學士徐桐、戶部尚書崇綺，命令他們留在北京與聯軍講和。但在城破不久，榮祿已經來到了保定，而另兩位大臣也相繼上吊身亡以死殉國了。第二道上諭發給了李鴻章，要求他火速北上，與慶親王奕劻一起主持議和。

兩道上諭發出的第二天，在北京城西北方向100公里處的一個小縣城，清政府又以光緒皇帝的名義向世人發布了一份官方文件——《罪己詔》。可以認為這份《罪己詔》就是慈禧太后的國策「檢討書」。

不久，兩宮的鑾駕逃到了西安，住進了陝西巡撫衙門。

9月中旬，慈禧太后和她信任的大臣們擬就了大體議和框架，李鴻章和奕劻兩位議和大臣照會各國，提出了5條議和綱領，清政府第一次正式開出自己的談判條件：

1.承認圍攻使館違反國際公法，保證今後不再出現類似事件；

2.願意協商賠款問題；

3.同意修改有關條約，側重中外商務；

4.收回被占衙署，與各國分別締約；

5.先行停戰。

對中國人提出的議和條件，瓦德西的態度是「不給予任何的理睬」。

蔣廷黻先生說過這樣的話：「在鴉片戰爭以前，我們不肯給外國平等待遇；在以後，他們不肯給我們平等待遇。」當時的中國正面臨著那樣的尷尬和悲涼。

瓦德西繼而鼓動各國，堅決拒絕中方先停戰後議和的要求，並且各國還一致提出，只有清政府在如何懲辦「禍首」等問題上有明確的表態之後，才可能開始考慮議和的問題。列強咬住除慈禧之外其他「禍首」的名字死死不放，不得已，李鴻章給慈禧發電，要求朝廷盡快從重懲辦相關人員。

除了要求懲辦「禍首」，列強在「兩宮何時回鑾」問題上態度也一度強硬，

各國公使一致要求，只有光緒皇帝和慈禧太后回到北京後才可以開始談判。

正當李鴻章、奕劻兩位議和大臣左右為難之際，突然傳來俄國準備長期占領中國東三省的消息，這引起日、英、美等國的極大不安，如果清政府一直陷於逃亡境地，就無力對俄國進行真正有效的談判和抵制，列強也沒有理由去「維護」一個已經沒有政府的國家的「領土完整」。而暫時維持東北亞局勢穩定，符合美國的一貫國際政策，也可以為日本此後的擴張創造有利條件。如果中國東北被俄國一國占領，整個東北亞地區就有可能會出現新的國際力量重組。這就使得「八國集團」出現了鬆動，他們不再堅持把「嚴懲禍首」和「兩宮回鑾」作為和談的前提條件，而是集中精力開始討論議和的具體內容，以期攫取最大額度的戰後利益。

西方聖誕節的前一天，八大列強和西班牙、比利時、荷蘭等11國公使將擬好的《議和大綱》交給了奕劻，並要求清政府必須迅速答覆。

這份《議和大綱》共有12項主要條款，是後來《辛丑條約》的藍本：

1. 中國派親王專使就公使克林德被殺一事前往德國謝罪，並在遇害之處樹立銘志牌坊；
2. 嚴懲禍首，殺害凌辱外國人的城鎮停止科考五年；
3. 中國必須用優榮之典就日本書記官被害一事向日本政府謝罪；
4. 中國必須在各國人民墳墓遭到褻瀆之處建立墓碑；
5. 軍火及製造軍火的器材不准運入中國；
6. 公平補償外國人身價財產損失；
7. 各國駐兵護衛使館並劃定使館區；
8. 削平大沽炮台；
9. 京師至海邊由各國留兵駐守；
10. 永遠禁止軍民等加入仇視各國的團體；
11. 修改通商行船各條約；
12. 改革總理衙門和各國公使覲見禮節。

電文傳到西安後，輿論大嘩，所有人都感到條件極端苛刻，無法接受。

八國聯軍最初要求定12名朝廷官員死罪，包括莊王、端王、剛毅、毓賢、李秉衡、徐桐和董福祥等。經反覆談判，最後的結果是：賜莊王自裁；端王充軍新

疆，終身監禁；毓賢即行正法；徐桐和董福祥被革職；剛毅、徐桐已死，均追奪原官位。除朝廷外，全國各省還有119名官員被處死或被嚴厲處罰。

懲辦「禍首」的風波平息後，賠款的數額問題便成了議和的關鍵。

在這一點上，清政府的議和官員也沒有太多的發言權，確定的結果為：清政府共需向列強賠款白銀4億5千萬兩——4億5千萬中國人「人均1兩」——分39年還清，年息4釐，以海關稅、鹽稅和常關收入作抵押擔保。

條約簽訂後，國人即刻指責道：「賣國者秦檜，誤國者李鴻章！」

坐鎮南京的兩江總督劉坤一，早年平定太平天國有功於清政府，後半生為中國的近代化事業殫精竭慮，聽聞條約簽訂，仰天流下兩行渾濁的淚水，嘆息曰：「此次創巨痛深，實與亡國無異！」[4]

這項賠款以及條約中對中國利權的侵害，使清政府的財政陷入到一個惡性循環的狀態，直接影響到此後10年清政府所推行的政治經濟改革的成效。

第二年的1月7日，從保定坐上火車的慈禧太后和光緒皇帝，在新任直隸總督袁世凱的陪同下回到了北京城。

至此，在中國庚子年爆發的那場動蕩終於結束，無論對於這個國家的販夫走卒，還是最高統治者，都是一場難以承受的世紀惡夢，那些被處決的「禍首」到底是些什麼人呢？

義和團運動的失控

義和團，起山東，不到三月遍地紅。

孩童個個拿起刀，保國逞英雄。

這首頌揚「義和團」的歌謠在19世紀與20世紀之交唱遍中國北方大地。義和團誕生在中西方矛盾最為激烈的北方地區，是從「反洋教」運動中成長起來的中國本土勢力。

如果我們能夠首先跳出給義和團「定性」的窠臼，先看它的形成原因，事情就會明朗。

近代中國在與西方抗衡中的劣勢是顯而易見的，這種落後不僅表現在技術器

---

4 《劉坤一遺集》，第5冊，第2289頁，中華書局，1959年版。

物層次，更重要的是在制度文明方面。但是，當時絕大部分的中國人並沒有看到這一點，中華文明的保守性也不僅表現在社會底層群體。

從上層來看，士大夫對西方文化的冷淡態度也似乎讓今人匪夷所思。從1865年江南製造局建成後，它的譯局翻譯的出版物的銷路極其有限。從19世紀60年代中期到90年代中期的近三十年中，譯局僅賣出約一萬三千部譯著。[5] 中國公眾對西方讀物的冷淡態度和明治時代日本的情況形成極大反差。在日本，僅福澤諭吉的《西洋事情》一本書，自1866年出版後就賣出25萬冊。這從一個側面反映了近代中日兩國對西方文明的關注和了解程度。

在1895年啟動初步教育改革以前，西學在中國書院的課程設置裡基本上是被禁止的。

中國人中的絕大多數還沒有來得及了解西方文明的時候，西方文明的載體基督教已經在中國各處遍地開花。19世紀末，基督教的勢力之大，影響之廣，已經達到「教堂幾遍天下，傳教洋人相望於道」的程度。

在西方文明的強勢面前，許多國人不但在心理上保持著天然的優越，還對西方文化和科學技術進行無知的批判和誹謗。

即使一直被當作近代中國人介紹西學的範本——魏源的《海國圖志》，也不能對西方文化做到完全客觀的認識。

為清政府僱用多年的李提摩太甚至指責《海國圖志》是破壞中西方文化之間和平相處的最主要的麻煩者，他在回憶錄中說：「為了使他（總理大臣汪鳴鑾）相信，誰是破壞中國政府和基督徒之間和平的最主要的麻煩製造者，我隨身攜帶了兩套書作為證據。其一是十卷本的《海國圖志》；第二套也是十卷，出於另一個作者之手。這兩種書都帶有對基督徒的最荒謬的敵意。第一種，作者魏源，聲稱基督徒把華人的眼睛挖出來，配以鉛粉，煉製白銀，外國傳教士因此而致富；第二種書宣稱，傳教士製作迷幻藥，使婦女發狂；製造攝影機，偷取被攝像者的靈魂。我向總理大臣指出，這種種誹謗的目的，在於製造反對外國人的動亂。」[6]

嘉約翰（1824～1901）是最早來中國的著名傳教醫生之一。1859年他在廣州

---

5 剪伯贊等編：《戊戌變法》，第2冊，第18頁，上海人民出版社，1957年版。

6 李提摩太著，李憲堂、侯林莉譯：《親歷晚清四十五年——李提摩太在華回憶錄》，第227頁，天津人民出版社，2005年版。

創辦了中國最早的教會醫院博濟醫院。他和他的醫院共為七十多萬名中國患者診治過，做過近五萬次手術，為近代中國培養了150名西醫。但卻時刻受到「挖肝剖腹」的指責。他的診所之所以能生存下來，一是靠了傳教士的執著精神；二是因有沒錢治病的，或是「病急亂投醫」的人壯著膽子來試診；三是有留美回國的中國開明人士的幫助。嘉約翰對於近代中國的最大意義在於，他設立了西醫學校，為中國培養了第一代西醫大夫。

西方文明進入中國，當然不只是帶來了一種新的治病和生活方式，它還帶來了一種全新的生命觀和人生觀，一種顛覆性的哲學和生活理念，它也會引起中西方文化的激烈碰撞，中華文明在歷史上第一次受到如此強勢的異質文明的衝擊，惶恐和對抗彌漫在社會的每個領域、各個階層；另一方面，近代以來中外之間多次發生戰爭，大多以清政府的慘敗賠款和增加新一層民族屈辱感而了結，這就不能不激起廣大民眾的「仇外自保」心理，某些教士和「洋人」在中國領土上對國人的欺凌和跋扈，又為人們提供了宣洩的契機。

在19世紀後半期，從上層官僚士紳到下層普通民眾都對基督教積忿難平，謠言的傳播又起到了推波助瀾的作用。如果說積忿多是由各階層利益、民族尊嚴不同程度地受到西方衝擊所引起的話，對於流言的輕信則更多地反映了兩種異質文化的衝突以及社會民眾整體心理的保守性。

到了同治年間便有「家有喪，私取其雙睛，其取睛之故，以中國鉛百斤，可煎銀八斤」[7]這樣的謠言傳播開來。這些早年遍行於中國南方的謠言，隨著基督教的發展也來到了北方各省，尤其在天津等地區影響甚廣。曾國藩處理「津案」的報告中顯示：「惟此等謠傳，不特天津有之，即昔年之湖南，江西，近年之揚州，天門及本省之大名，廣平，皆有檄文揭貼。或稱教堂拐騙丁口，或稱教堂挖眼剖心」。[8]這種偏見，本質上是一種民族自衛意識，但它強化了人們在反基督教運動中非理性的仇外心態的滋生，而使得本來具有正義性質的自衛意識變得扭曲。

除了思想文化和民族意識方面的衝突之外，經濟方面的衝突也是不容忽視的。

---

7 王明倫：《反洋教書文揭貼選》，第9頁，齊魯書社，1984年版。

8 《清末教案》，第809頁，中國第一歷史檔案館。

　　在早期，本來就有不少的社會底層人民把他們的不幸歸罪於太平軍，認為這支「叛亂者」是借助西方基督教的思想意識被鼓動起來的。到了後來，太平天國運動被鎮壓，西方的壓力也進一步加大，他們不僅帶來了真正的基督教，而且外國貨物在中國內陸的城市和鄉鎮的市場上也開始顯著增加，而到了1860年代以後的洋務運動時期，西式工礦企業、商業以及外國資本都被大規模引進中國。同時從西方傳入的鐵路也直接威脅了傳統的運輸體系，近代化無情剝奪了許多普通人養家糊口的職業方式。

　　那幾年，又趕上天災：1898年，黃河決口，淹沒了山東數百個村莊；1900年，華北地區大面積發生了嚴重的乾旱，製造了數以萬計的饑民、流民。

　　正所謂天災人禍，在這個時候，西方列強對中國財富和領土的掠奪又呈愈演愈烈之勢。

　　頻發的教案就是在這個特殊年代裡，中西對撞、衝突的直接反映。義和團民的身影就在那幾年裡開始出現了。

　　在朝堂之上慷慨激昂的頑固派官員極端不屑與涉外官員為伍，但是，一旦發生教案糾紛，他們往往又避之不及退居幕後，不願意也沒有能力去處理外交爭端。來到事發地點處理爭端的往往是有過一定涉外經歷的開明派官員，他們對反洋教事件有較為清醒的認識，認為「事出有因」，對國人的憤恨不無同情，但是極力反對盲目排外和焚燒逐殺的暴民行為。他們指出，這樣不講求理智，只講求泄一時之憤的行為，不僅達不到保家衛國、自強求富的目的，反而會給外國提供干涉中國內政的口實。

　　《晚清洋務與教案》一書曾概括了那些開明派官員處理教案的基本方針，那就是「力保和局」、「分清曲直」、「持平核辦」。結合當時中國的國家實力、所處的國際環境來看，這不失為一個務實的外交策略。但是在實際操作中往往不能做到真正的「持平核辦」，因為深入到具體事件當中，國人的利益確實受到了損害，受損後的國人往往又在一種集體無意識心態的支配下，失去理智，一哄而上，每每發生教堂被毀、教士遇害的情況。所以這就給開明派處理這樣的事件增加了很大的難度。在民間，人們很自然地遷怒於處理教案的當事官員，連同他們「採西學」、「製洋器」和借西法自強的近代化活動也被民眾斥為勾結洋人的賣國行為。在朝廷中，頑固派又借助民間輿論對開明派進行政治攻擊。所以在頑固派的個人日記、奏章中，開明派官員往往都是出賣國家利益的「漢奸」；在民間

野史中，這些人也是清一色的投敵賣國形象。開明派官員在處理事件前後，感受到了很大的政治壓力，以致「每辦結一案，必多集一謗」，甚至感到「側身天地，至無所容」。無論民間平民還是官方政敵，都在聲討他們的「惡劣行徑」。

與此同時，朝廷中的頑固派希望借助義和團「盡焚在京夷館，盡戮在京夷酋」，然後繼續做閉關鎖國的「天朝」美夢，以痛恨西洋、批評洋務著稱的大學士徐桐見之喜不自禁曰：「中國自此強矣。」

由於民教衝突日益增多，1896年，迫於內外壓力，總理衙門擬定了教案處分章程。1897年，山東巨野教案發生時，慶親王奕劻依據章程與德國公使海靖進行了艱難的交涉。

1899年12月，英國牧師卜克斯被殺，公使竇納樂會見總理衙門大臣，要求迅速「採取行動」，他在給英國首相的信函中稱：「我會見了總理衙門大臣們，並且用最嚴重的警告詞句同他們談話。」[9]

清廷在上諭中指示各省辦理教案，應遵照「化大為小，化有為無」的原則，地方官不應「誤聽謠言」，避免引起更大的外交糾紛。各國公使對清政府的上述態度還是不滿。1900年1月27日，英、美、法、德等國駐華公使同時照會總理衙門，認為上諭的措辭給人的印象是「中國政府對義和團和大刀會這樣的結社抱有好感」，要求清政府「下令指名對義和拳和大刀會進行全面鎮壓和取締」。[10]

清政府在國內也面臨著很大的壓力，它並不願立即採用激烈手段。朝廷上諭發出後，山東、直隸的地方官開始貫徹，發布禁止義和團告示，勸諭義和團解散。但義和團發展的勢頭並沒有被阻遏住，3月2日，英、美、德、法、義5國駐華公使，再次前往總理衙門施加壓力。3天後，5國公使威脅說，如果他們的要求得不到滿足，將採取「必要手段」。

6月5日，慶親王奕劻和英國公使竇納樂又舉行了一次會晤，竇納樂記下了會議情況：

慶親王在談到義和拳的時候所用的毫無希望和無能為力的語氣，給我的印象如此深刻，所以我回到使館之後，便致電艦隊司令，詢問他是否能夠再撥給75名士兵。

9 胡濱譯：《英國藍皮書有關義和團運動資料選譯》，第6～7頁，中華書局，1980年版。

10 胡濱譯：《英國藍皮書有關義和團運動資料選譯》，第12～13頁。

　　我的會晤的另一結果，就是使我確信長期以來我所懷疑的事情：總理衙門即使有慶親王作為它的發言人，已不再有效地代表中國統治勢力；同時我感到，他作為推動中國政府的一個槓杆，正在徹底瓦解。[11]

　　5月中旬以後，以端王載漪、剛毅為首的頑固勢力，召引義和團入京，包圍使館、教堂，燒殺事件時有發生，京城秩序大亂。就連光緒的處境也處於危險中，載漪為了他的政治目的，在義和團民中煽動「殺一龍（光緒帝）」的活動，6月25日，載漪、載勛一夥帶領六十餘名義和團民闖到光緒帝臨時居住的寧壽宮門，他們口稱尋找「二毛子」，「大聲呼噪，請皇帝出宮，群呼殺洋鬼子徒弟，殺洋鬼子朋友」，欲對光緒帝下毒手，甚至當面「呼帝為鬼子徒弟」，[12] 最後慈禧太后親自干涉，此事件才得以平息。

　　5月15日，日本使館書記官杉杉彬在永定門外遇害，北京城裡很多人立即預感到了事件的嚴重性，「都人聞信，咸栗栗戒懼，知有危禍。各使館外人，尤大嘩憤，群起向總署詰責，問我政府究竟有無保護外人能力？當局支吾應付。」[13]

　　3天之後，英國公使竇納樂致函給清政府，告誡如果事情事態持續下去會帶來無法預想的後果：「我要再一次請貴國皇帝和大臣注意，6個月來，我不斷在口頭和書面提醒貴國政府，說你們如果不採取適當辦法鎮壓義和團和大刀會，將引起極大的危險，而你們對我的勸告一向回答說『這是過分的憂慮，誇大了危險性，中國政府正在辦理有益於和平的一切事情。』」[14]

　　杉杉彬被殺之後，團民又揚言要焚燒各國使館，朝廷內部一部分開明官員作出反應，勸告各國公使暫時回國，慈禧太后在權衡利害之後頒布諭旨，著派兵護送使館人員赴天津。各國公使遂赴總理衙門辭行，但在德國公使行至總布胡同時，卻被一兵士擊斃。於是各國公使怒不可遏，認為清政府無保護誠意，行亦死，居亦死，隨即各公使電告政府設法派兵保護，「卒動列強之公憤，招八國之聯軍。」[15]

---

11 胡濱譯：《英國藍皮書有關義和團運動資料選譯》，第83～85頁。

12 黃鴻壽：《清史紀事本末》，第67卷，第4頁，北京圖書館出版社，2003年版。

13 吳永口述，劉治襄記：《庚子西狩叢談》，第18頁，岳麓書社，1985年版。

14 《竇納樂致滿清總理衙門信》，《義和團史料》，下，第543頁。

15 《綜論義和團》，《義和團史料》，上，第159頁。

在民間，甚至有許多無辜百姓被團民指為二毛子而慘遭殺害。5月28日，直隸總督裕祿致電總理各國事務衙門：「二十九夜（5月27日）先聞涿州至琉璃河一帶猝被拳匪將鐵路焚毀，詎今早由琉璃河至長辛店一百餘里沿途鐵道車站橋梁並局所洋房，均有拳匪蜂起焚燒」。與此同時，各地紛紛告急：「刻下電線又阻……至長辛店線阻，由琉璃河至涿州線，被匪徒砍斷。」

從6月中旬開始，義和團不分晝夜陸續結隊入京。6月16日，慈禧太后曾發布上諭，責成剛毅、董福祥對義和團「親自開導，勒令解散，其有年力精壯者，即行召募成軍，嚴加約束。」但是，並沒有得到有效的執行。至20日宣戰前夕義和團民已「不下數萬」。[16] 在此之前，清政府並不是無力處理，而是在朝廷上「主撫」政策占了優勢，這一政策助長了極端排外行動，由於有了朝廷內頑固派的明確支持，義和團情緒高漲，迅速向更極端、更非理性的方向發展。慈禧太后的上諭也變成了一紙空文。

局勢發展令人憂慮。可是，在清廷幾次御前會議上，由於頑固派的控制，持異議的開明派大臣包括慶親王奕劻在內多不敢言。

在6月20日上午時，御前會議上，軍機大臣啟秀把章京連文沖草擬多日的宣戰上諭底稿「由靴裡呈出」，慈禧太后「覽後，慈顏甚善」。[17] 她慷慨激昂地說：「今日釁自彼開，國亡在目前，若竟拱手讓之，我死無面目見列聖，等亡也，一戰而亡，不猶豫乎？」又說：「今日之事，諸大臣均聞之矣，我為江山社稷，不得已而宣戰，顧事未可知，有如戰之後，江山社稷仍不保，諸公今日皆在此，當知我苦心，勿歸咎予一人，謂皇太后送祖宗三百年天下。」並「諭榮祿以武衛軍備戰守。」第二天，以內閣明諭形式正式發表。

宣戰後，局勢已成騎虎難下之狀。

當時，朝臣中有袁昶、許景澄、徐用儀、聯元、立山5人挺身而出，與頑固派唇槍舌劍，提出他們解決時局的方案。朝廷最後的決議，不但沒有採納他們的方案，還在八國聯軍逼近北京前夕，將他們5人處決。

五大臣中以袁昶、許景澄的言行最為突出有力，他們主張先強行解散、肅清義和團，不為列強製造出兵的口實，並草制《擬急救目前危局折》呈上，折中

---

16 仲芳氏：《庚子紀事》，第15頁，中華書局，1978年版。

17 《景善日記》，中國史學會編：《義和團》，第1冊，第67頁，1957年版。

言：「惟有先清城內之匪，以撫定民心，慰安洋情，乃可阻其續調之兵。必中國自剿，乃可免洋兵助剿。」

許景澄時任戶部主事，充總理衙門章京，曾奉光緒帝詔出使日本，以丁父憂未行。後出任為駐法、德、義、荷、奧5國公使，又為駐俄、德、奧、荷4國公使。在俄國對中國帕米爾地區領土進行侵略事件中，他據理力爭，維護主權不遺餘力，表現出恪盡職守的風格。袁昶、許景澄參加了宣戰前歷次御前會議，在極端保守集團高倡借用義和團力量剿滅洋人，迅速對外宣戰的情況下，兩人不畏權勢，抗言直陳，又多方奔走游說，以期力挽狂瀾。在御前會議上，袁昶「力言莫急於先自治亂民，示各夷使以形勢，俾折服其心，然後可以商阻夷使添調外兵」。[18] 袁昶看建言不見用，退朝後又找慶親王奕劻、端王載漪、榮祿等進言，結果是奕劻「神色沮喪」，「榮叱之」，而「端甚怒」。

義和團在京城內已呈失控之勢，義和團自被端王、剛毅之流招入北京後，已經完全被保守大臣控制和利用。

袁昶、許景澄二人在上《擬急救目前危局折》後，又進呈第二疏，專門申說保護公使的必要性：「以春秋之義，兩國構兵，不戮行人，泰西公法，尤以公使為國之重臣，蔑視其公使，即蔑視其國。……攻毀使館，盡殺使臣，各國引為大恥，聯合一氣，致使報復，在京之洋兵有限，續來之洋兵無窮，以一國而敵各國，臣愚以謂不獨勝負攸關，實存亡攸關也。」國際法此時已傳入中國60年，他們在這裡把保護使館的意義說得十分清楚。

接著，兩人又緊急上了第三疏，痛詆徐桐、剛毅、啟秀、趙舒翹、裕祿、毓賢、董福祥之流的誤國，要求「先治以重典」，「與徐桐、剛毅謬妄相若者，一律治以應得之罪。」[19] 光緒帝甚至手攜許景澄衣，懇切他說：「天下數萬萬生靈，立見塗炭，汝不可不切言之。」可見光緒帝也看到了圍攻使館將帶來的無窮危害。許景澄回答道：「似宜而保全公使，令其下旗生還。」光緒帝首肯而舉朝皆怒許之失言。[20]

頑固派把持的朝廷已決心與列強一戰。

---

18 袁昶：《亂中日記殘稿》，《義和團》，第1冊，第346頁。

19 《義和團》，第4冊，第157頁。

20 《義和團》，第1冊，第340頁。

　　袁、許二人終招致殺身之禍，王彥威在《庚子西巡大事記》中不無惋惜地感慨道：「被害純為政見之不同。」

　　袁、許被逮逋後，榮祿曾約同僚王文韶在朝廷上力爭，但未能奏效，端王載漪甚至又參奏王文韶為賣國賊，幸而在慈禧太后極為倚重的榮祿的保奏下才得以免究。

　　其餘如徐用儀、聯元、立山也被斬棄於市。

　　徐用儀（譯署前輩，嫻習政事）在得知德國公使克林德被害後，預感大事不妙，慨嘆說「禍始此矣」。見袁昶、許景澄被害，他終日憤憤不平。聯元則在庚子事起後，跟頑固派爭論於朝廷之上，認為雖然「民氣可用」，但「匪氣不可用」。極力主張義和團不可信，使臣不可殺。並且說道：「按國際公法凡殺駐京使臣，敵國必以兵報復，若戰而勝當屠城。此事萬不可行。」[21]

　　立山本來是慈禧太后所信任的大臣，被載漪等人所嫉恨。載漪力主拳民可用，慈禧太后首先諮詢身旁的立山，立山回答：「拳民的法術不足為靠。」進而說明了自己一貫的主張──「主和」而非「主戰」。載漪大怒，指責立山：「拳民用的是愛國之心，何必用法術，立山必與外人通！」因為立山的府邸緊挨教堂，於是載漪傳播謠言，聲稱立山藏匿有外國人。就這樣，立山雖然在政治上追隨慈禧太后，但還是不免被殺。據說被囚禁時，太后曾使人私底下照料，但是仍不免一死。

　　這一事件說明在慈禧太后的「后黨」中也是魚龍混雜。歷史事實也是如此，在她的「黨羽」中間不僅有載漪之流的頑固派，也有一些開明的政治改革緩行派，主張漸進式的社會改革。有張之洞、劉坤一這樣的地方督撫，榮祿、立山這樣的朝中大臣。

　　五大臣的被殺，是清政府統治者內部意識形態鬥爭的直接結果，也可以看到此時義和團在京城已被頑固派挾持利用，已經墮落為他們手中的權力角逐工具，且有失控的跡象。

　　經過戊戌政變，激進的政治改革人物康梁等被逐出權力核心，朝中是頑固派一手遮天的局面，開明派中的漸進分子也受到排擠，即使慈禧太后有意庇護也不能免於遭到迫害。但辛丑條約後，清廷很快頒詔昭雪五人，給予旌表，史稱「五

21　《清史稿》本傳，王彥威：《西巡大事記‧卷首》。

忠」。

　　列強增援部隊於7月末到達大沽，但是由於互相猜忌和意見分歧，一直拖延到8月4日才向北京進發。這支聯軍有8000名日本人，4800名俄國人，3000名英國人，2100名美國人，800名法國人，58名奧地利人和53名義大利人。他們徹底打敗了拳民和清政府軍，並於8月14日到達北京，解救了被圍困的各國公使館。

　　在隨後的議和中，聯軍的談判者內部很難磋商出一致的條件來。德國要求予以嚴厲懲治，德皇甚至揚言要踏平北京。他的目的是要「讓中國人再不敢對德國人側目而視」。[22]

　　但是就在1900年8月13日，八國聯軍攻入北京城之日，也就是京津民眾屍橫遍野、北京城淪陷一個月之後，南京、蘇杭等地卻在盛傳義和團大勝、洋人大敗的喜訊，一位寧波士紳自繪戰勝圖分贈親友，一縣城官吏偽造聖旨宣布戰勝洋人：「洋兵跪求投降，剛毅大學士還不允許」，沉醉其中的人們奔走相告。

　　頑固派挾制、矇騙義和團民，並不是真正為了江山社稷而戰，更與民族大義南轅北轍，只是為了皇位和權力而戰，因為端王載漪的兒子在此前已經被慈禧太后確立為「大阿哥」，即光緒皇帝的直接繼承人。光緒皇帝的革新姿態和現實處境贏得了不少西方人士的同情，有不少人還對其有朝一日能夠主政寄予希望，中國國內許多開明人士也不希望光緒皇帝被載漪之子所取代，所以朝中許多大臣和西方國家公使對「大阿哥」的地位不予承認。

　　被頑固派鼓動到戰場上的義和團民遭到的是被侵略者殘忍屠殺的命運。抗擊八國聯軍的主力是幾支近年來訓練而成的西式裝備部隊。羅榮光指揮守軍守衛大沽炮台，激戰6個小時。然後是天津保衛戰，依靠的主要是聶士成和馬玉昆的部隊。義和團雖然也參戰，但往往「官軍在前」，「團民相隨」；義和團單獨執行的任務更是「每戰必敗」。[23] 李秉衡率「勤王師」是一支配備了洋槍的舊式軍隊，他們自北京東部迎戰聯軍，請三千義和團助戰，卻一戰即潰。在戰事中，義和團甚至赤手空拳，或持引魂幡、混天旗進入炮火連天的陣地中，無異於驅民於死地。戰死者可歌可泣，逃亡者也可諒解，但是過度誇大義和團的戰績，與迷信

22　（美）馬士：《中華帝國對外關係史》，第3卷，第309頁，生活・讀書・新知三聯書店，1957年版。

23　《義和團》，第2冊，第20、153頁。

「神力」的頑固官員宣揚義和團如何神靈沒有任何實質性的區別。靠「刀槍不入」武裝起來的團民們，怎麼能禁得起近代化武器的屠殺？

建立起強大的統一政府，訓練出一支強有力的國家軍隊，才是抵抗侵略最有力的武器。而庚子一戰，顯示出當時的中央政府已經陷入到重重危機之中，而有限的近代化軍事建設成績也幾乎消耗殆盡。

西方觀察家肯定了當時政府軍的抵抗成效：「在這場戰爭中，絕大多數軍事指揮者作戰勇敢，捨生忘死，而比在甲午中日戰爭中，這種現象則較為突出。這是一個很大的改進。」「中國人在大沽，特別是天津的炮兵是傑出的。他們射擊準確，陣地選擇恰當，轉移做得好；還擊的炮火常常證明比聯軍技術高超。攻克天津城區的聯軍大多數的傷亡是炮火所致。中國的炮手是受外國人訓練的，而他們對所上的課學得很好。有時，中國軍隊很會利用地形；他們廣泛地準備了陣地工事，地勢還選擇得好；在戰鬥中，他們所表現出他們是掩蔽與掩藏的好手。直到被敵人挫敗，都證明他們有頑強抵抗的能力。」[24]

同治時期，由奕訢、曾國藩、李鴻章、張之洞等洋務重臣發起的在實業、軍工等領域學西方的運動，雖然締造了「中興」氣象，但因為甲午年與日本的戰爭慘敗而陷入低谷。之後，康有為、梁啟超、譚嗣同等維新志士在文化教育制度及政治體制改革等方面學西方的維新運動，也因為一系列主客觀原因而宣告失敗。再之後，是頑固派的大復辟，由官僚隊伍中最保守落後的王族代表載漪、「清議派」代表剛毅、軍隊中的盲目強硬派趙書翹等，各懷不同的目的，用最愚昧的方式向西方列強、用最殘酷的方式向朝中政敵發難，其結果必然是將國家引向災難的邊緣。

戊戌政變後，奕劻、榮祿和裕祿等人進入到權力的核心，他們雖然與康梁維新派相比算是緩和的官僚，但並不屬於頑固保守分子，同時以李鴻章為代表的洋務派官僚在甲午戰爭之後開始失勢，張之洞應該是在政治改革方面走得更遠的人，但是隨著戊戌政變的發生，自保心理讓他暫時退卻，並且一直任湖廣總督，坐鎮湖北，此時還沒有進入清政府的權力最核心。袁世凱比張之洞更加懂得權力藝術也更加務實，但是此時，他還沒有政治發言權。更重要的是因為張之洞和袁

24 （美）拉爾夫·爾·鮑威爾著，陳澤憲、陳霞飛譯：《1895～1912年中國軍事力量的興起》，第104頁，中華書局，1978年版。

世凱在戊戌變法期間已經表露出維新的姿態，並同維新派發生了一定程度的政治接觸。所以在頑固派把持權力舞台的情況下，這二位頗具開拓意識的大臣不可能得到充分的政治表現機會，但是機會已經不遠了。

時人發出警告說，中國有成為第二個緬甸、安南、印度或波蘭的危險，開明派提出要通過變革來拯救民族；然而，頑固派則主張消滅洋人，他們主張搞強硬政策，慈禧太后在他們的影響下也決定不再向外國列強讓步。1899年11月21日，她訓令各省當局不要再抱任何和平幻想，她說：「各省督撫，必須同心協力……以中國地大物博……又何強敵之可懼。正不必化干戈為玉帛，專恃折衝尊俎也。」[25] 這幫頑固派無所依靠，手中只有舊式軍隊以及坐而論道的高談闊論，對西方茫然無知，也不願放下姿態了解西方，同時害怕開明官僚的排擠，最終形成「劣幣驅優幣」的政治態勢。他們盯上了已在民間形成一定氣候的「義和團」勢力。

當時中國對外屢戰屢敗權威受損，而賠款又轉嫁到內部，形成苛政剝民的狀況，義和團的出現頗有號召力。

「義和團意識」是一柄雙刃劍，其歷史意義是非常複雜的。

對於為何義和團運動在當時和後代都受到爭議，美國學者柯文在他著的《歷史三調：作為事件、經歷和神話的義和團》一書中這樣分析：「在20世紀的中國，西方因其帝國主義侵略行徑而受到仇視，又因其掌握聚集財富和增強國力的祕密而受到推崇，這樣一來，同時攻擊西方侵略行徑及其近代化祕密的義和團，有時大受稱讚，有時則遭到痛斥。」

雷頤則在《百年義和團》一文中則認為後人對這一事件的反省和細考還遠遠不夠：這場悲劇的複雜性與深刻性更引人深思，發人深省，否則，這一段深創巨痛的歷史將全部「白費」，那麼多的鮮血與生命也將全部「白費」。

義和團最初的口號是「反清滅洋」，後來頑固派覺得義和團可以為我所用，先剿後撫，於是義和團也就將自己的口號改成「扶清滅洋」了。如此一來，義和團在運動中喪失了自己的主體性，變成了權力鬥爭的工具。同時也說明這類群眾運動很難具有自己堅定的政治意識。

陳獨秀後來說：義和拳就是全社會種種迷信種種邪說的結晶。現在中國製造

---

25 《大清德宗實錄》，第543卷，第5頁，中華書局，1987年版。

義和拳的原因，較庚子以前，並未絲毫減少，將來的結果，可想而知……要想義和拳不再發生，非將製造義和拳的種種原因完全消滅不可。

著名歷史學家蔣廷黻則認為：「嚴格說來，拳匪運動可說是我國近代史上第三個救國救民族的方案，不過這個方案是反對西洋化、近代化的……拳匪的慘敗是極自然的。慘敗代價之大足證我民族要圖生存絕不可以開倒車。」[26]

李時岳在他的《義和團運動再認識》一文中的評述無疑也是中肯的：

平心而論，反洋教既反映了中西文化的衝突，又反映了帝國主義和中華民族的矛盾，但由於缺乏正確的引導，群眾反侵略、反欺凌的熱情被封建頑固勢力引向不分青紅皂白、盲目排斥一切外人和外來事物，引向焚燒逐殺的非理性行動。傳教士中固然不乏披著宗教外衣的帝國主義分子，但也有潔身自好者。有的人到中國是為了謀求衣食，尋找出路，有的人確實懷著傳播「基督福音」的宗教熱忱，還有的人對中國人民是抱著善意的同情，乃至贊助中國的革新事業。傳教士的非宗教活動，如辦醫院、辦學堂、辦慈善事業，更不能統統看成文化侵略。至於教民，絕大多數屬於祈求上帝賜福和死後升入天堂的善男信女。盲目排外、一概逐殺是不對的。數十年的鬥爭，無數生命財產的損失，沒能阻止基督教的傳播（宗教信仰問題是不能用暴力解決的），也沒能阻止帝國主義侵略勢力的深入，甚至成為「借法自強」運動的一個阻力，帝國主義擴大侵略的藉口，事出有因但不足取法。限於當時的認識水平，群眾的偏激情緒是可以理解的，不必苛責，但也不宜歌頌。[27]

總的來看，義和團運動表現了中國人民反抗外來侵略的意志；但同時，它又具有盲目排外、籠統排外的極端民族主義情緒，以及排斥近代生產方式、排斥科學技術的愚昧思想，具有明顯的落後性。

在庚子事變之後，由於大多數中國士紳官僚在強大的外部危機和西方各國示範作用的壓力下，已經認識到「以不變應萬變」的保守態度無法應對現實危機。繼續堅持1900年以前那種、以倭仁為代表的極端保守政治立場的人已較為罕見，而且他們也很少在「新人雲集」的報刊上去發表被人們視為「不合潮流」的觀

---

26 蔣廷黻：《中國近代史》，第67頁，上海世紀出版集團，2010年版。

27 李時岳：《義和團運動再認識》，原載：《廣東社會科學》，1989年第1期。

大清帝國最後十年

點。

鴉片戰爭之後，傳統的僵硬思想和政治結構開始出現鬆動，在體制內逐漸形成了推動憲政化改革的力量。特別是在庚子事件之後的「新政」時期，維新成為官方承認並引領的運動，一改「新法遏制時期」頑固派在朝中大權獨攬的局面，「人人欲避頑固之名」，在中央和地方形成了上下呼應的體制內改革力量。這是此後政治改革得以開啟的關鍵因素。庚子年之役帶來了巨大的民族劫難，也導致政局發生重大改變。一方面，一大批極端守舊的王公、親貴、官僚被殺被幽，頑固勢力自此一蹶不振；另一方面，通達實務的南方地方大員在中國北部陷入民族戰爭兵燹之時，陳兵自保，展示了足以與朝廷分庭抗禮的實力和處理事變的自主性。當塵埃落定，「聖駕回鑾」，開明派人物重新進入帝國中樞已成大勢所趨。

此後十年時間，體制內的最高當權派的之間雖然有分歧，但已經完全不是反對與贊成社會改革的分野，而主要是改革激進派與緩行派之別。從1901年「新政」開始後，單純的洋務經濟改革方式被否定，憲政化甚至已經逐漸成為體制內改革思想的主流。

辛亥前夜

第二章
黃沙漸沒中堂墓：一個時代在結束

中興名臣，與兵事相終始，其勳業往往為武功所掩。鴻章既平大難，獨主國事數十年，內政外交，常以一身當其衝，國家倚為重輕，名滿全球，中外震仰，近世所未有也。生平以天下為己任，忍辱負重，庶不愧社稷之臣；惟才氣自喜，好以利祿驅眾，志節之士多不樂為用，緩急莫恃，卒致敗誤。疑謗之起，抑豈無因哉？

——《清史稿》列傳一百九十八

最後的出場

新政詔書頒布10個月之後，一代重臣李鴻章離開了這個世界。

李鴻章生前所做的最後一件大事是與11國列強交涉並簽訂《辛丑條約》。《辛丑條約》其實是一張勝利者的掠奪清單，哪裡容許太多的討價還價！李鴻章的名字又一次與中華民族的世紀恥辱綁定在一起。

早在八國聯軍攻入北京時，危在旦夕的流亡朝廷把急電一封接著一封傳達到南方各省，要求督撫大員率兵北上「滅洋勤王」。時任兩廣總督的李鴻章深知國家憂患日深，近代以來，外有列強，內有民變，戰亂不斷，國家還遠遠沒有從甲午戰爭的後遺症中恢復過來，如再與列強猝然開戰，幾萬人規模的新式軍隊，還有苦心經營多年的那點國家資本，將毀於一旦，整個國家將跌於最為屈辱的境地，元氣的恢復、國家的建設將更變得遙遙無期。他對時局洞若觀火、憂心忡忡：「若不量力而輕於一試，恐數千年文物之邦，從此已矣」，並且藐視朝廷權威，「此亂命也，粵不奉詔！」

王樹增在《1901》一書中認為「這也許是上一個世紀之交中國歷史上最著名的一句話」，一方面它標誌著在封建國家內部具有近代政治意識的官員，第一次在國家政治事務中顯示出鮮明的獨立性和抗爭性；另一方面，也標明地方勢力已經完全具備了與中央政府分庭抗禮的實力。

在李鴻章的影響之下，二江總督劉坤一、湖廣總督張之洞、閩浙總督許應騤、四川總督奎俊以及山東巡撫袁世凱等封疆大吏更加堅定了共同抗旨以求「東南互保」的決心。但是在事件之後，參與了「東南互保」的地方官員們紛紛又向中央政府的代表人物——慈禧太后不遺餘力表達自己的忠誠。可見，如果那時就說「地方勢力」已具有明顯的分離主義傾向，還為時過早，地方勢力將來的走向完全取決於此後中央政府的權威走向和控制力度。

1901年9月7日，李鴻章在《辛丑條約》上簽字後回到家中大口嘔血——「紫黑色，有大塊」，「痰咳不支，飲食不進」，這是明顯的胃血管破裂的症狀。

4個月後，再次吐血，李鴻章的生命已經走到了盡頭。病危中，他電奏慈禧太后，說明自己已經生命垂危，並強調北京作為「根本重地」的極端重要性，只有慶親王這樣有特殊政治地位的官員回京主持談判，才能走出困局，希望慶親王

本人「無論行至何處，迅速折回」。[1]

慈禧不希望在這個關鍵時刻失去李鴻章，迅速回電，稱「該大學士為國宣勞，憂勤成疾，著賞假十天，安心調理，以期早日就痊。榮膺懋賞。有厚望焉！」[2]

最高統治者的「厚望」並不能阻擋李鴻章病情的惡化。

彌留之際，李鴻章本已穿好了壽衣，卻挨至第二日中午時分，「目猶瞠視不瞑」，他的舊屬二江總督周馥撫著垂死的老臣痛哭道：「老夫子，有何心思放不下，不忍去耶？公所經手未了事，我輩可以辦了，請放心去罷！」李鴻章「忽目張口動，欲語淚流」。

周馥「以手抹其目，且抹且呼」，其目遂瞑，須臾氣絕。李鴻章流著老淚離開了他效忠一生的王朝，也離開了置他於紛擾之中的國民，終年78歲。

李鴻章留下了這樣一件遺摺：

> 伏念臣受知最早，榮恩最深，每念時局艱危，不敢自稱衰痛；惟冀稍延餘息，重睹中興，齎志以終，歿身難瞑。現值京師初復，鑾輅未歸。和議新成，東事尚棘，根本至計，處處可虞。竊念多難興邦，殷憂啟聖。伏讀迭次諭旨，舉行新政，力圖自強。慶親王等皆臣久經共事之人，此次復同更患難，定能一心綢力，翼贊謀謨，臣在九泉，庶無遺憾。[3]

由此可見，李鴻章並沒有對眼下的帝國失去信心，在他的政治意識中有「多難興邦」這樣的信條，這也是傳統中國士大夫共同的政治信仰，對諭旨中「舉行新政，力圖自強」表達了自己的高度認同，「臣在九泉，庶無遺憾」則顯示出一代老臣含恨而去的無奈和擔憂。

並有遺詩一首：

> 勞勞車馬未離鞍，臨事方知一死難。
>
> 三百年來傷國步，八千里外吊民殘。
>
> 秋風寶劍孤臣淚，落日旌旗大將壇。

---

1 轉引自董守義：《晚清巨人傳》，「李鴻章」，第528～529頁，哈爾濱出版社，1996年版。

2 轉引自董守義：《晚清巨人傳》，「李鴻章」，第528～529頁。

3 王彥威輯、王亮編：《西巡大事記》，第11卷，第11～12頁。

海外塵氛猶未息，請君莫作等閒看。[4]

李鴻章發跡於戎馬之間，在遺詩中也自稱終身「車馬未離鞍」，「海外塵氛猶未息，請君莫作等閒看」則是對後輩和同僚們的勉勵。李鴻章殫精竭慮，起於軍旅，本該有軍事人員的強硬作風，卻在對外事務中一貫主和，後人也多抨擊他委曲求全、卑躬屈膝。

早在1883年的中法戰爭中，李鴻章就表現出對外主和的政治理念，最為今人所熟知的是甲午戰爭中的「避戰自保」以及簽訂《馬關條約》。

甲午戰爭中方戰敗，日本人最初強硬要求中國割讓遼東半島、台灣、澎湖列島，且賠款軍費3億兩白銀，李鴻章請示朝廷，朝廷回了個模棱兩可的「著鴻章酌量辦理」的電文。

今人王樹增感嘆道：「李鴻章生逢大清國最黑暗、最動蕩的年代，他的每一次『出場』無不是在國家存亡危急之時，大清國要他承擔的無不是『人情所最難堪』之事。」

1895年3月24日，李鴻章卻在日本馬關談判時被襲擊，子彈卡在了他左眼下的骨縫中，沒有醫生敢於操刀在這個部位下手取彈，李鴻章給朝廷的電報有6個字：「傷處疼，彈難出。」他囑咐隨員將換下來的血衣保存，且不要洗掉血跡，時年73歲的李鴻章手捧斑駁的血衣長嘆道：「此血可以報國矣。」

李鴻章在談判中被刺的消息在國際上引起強烈反響，日本的外部壓力也隨之而至。在與日本首相伊藤博文唇槍舌劍時，李鴻章看准這唯一的談判時機，要求削減戰爭賠款1億兩白銀。

當年4月，李鴻章帶著《馬關條約》草約，也帶著傷痛歸國了。正如他預想的一樣，他成了舉國上下共同的敵人：朝廷斥責他辦事不力，同朝為官的人們說他喪權辱國，民間輿論則說他拿了日本人的銀子，更有人此時公開討伐此賊「可殺也，該殺也」，當以其死雪「心頭奇恥大辱」。

李鴻章迅即被革去一切官職。

甲午戰前，朝野上下皆謂日本國小不足畏也，故全國主戰，唯獨李鴻章深知其強盛、備戰之周密，而中國軍隊費用支絀、難於匹敵。細查當年中國軍隊之建

---

4 《新編古春風樓瑣記・捌》。

設，「經費之難籌」確是甲午戰爭中方慘敗的重要原因之一；而日本帝國尚武精神之日盛、擴張策略之完備，也實非中國可比；同時中國國內事務之龐雜，也非日本可比。中日兩國在近代一系列衝突中之所以採用截然不同的對策，不僅與兩國的國力有關，更與兩國的總體戰略目標有關，在日本一步步履行其「開拓萬里波濤，宣布國威於四方」的戰略目標的同時，中國奉行的是「自強、求富」的洋務政策。前者是擴張型戰略，後者是防禦型戰略。

1875年，清廷雄心勃勃地許諾每年以400萬兩白銀充作「海防經費」，到1877年末，李鴻章卻只收到總數不足200萬兩。

1880年以後的幾年裡，李鴻章每年只能從各省收到了約六十萬兩白銀用作海防經費，勉強夠維持北洋艦隊的養護和日常開銷。1886年，李鴻章給恭親王奕訢寫過一封信，內稱：「海軍餉需日增，……同深焦悚。」[5] 他一度對這位開明的親王寄予很高的期望。但1888年後北洋水師就再也沒有收到大宗的特別撥款，也再就未添一船。

也有人將海軍的戰敗歸咎於對海軍經費的巨額挪用。皇室的奢華和自私固然可恨，但傳聞中從李鴻章支配的北洋海軍經費中挪用數以千萬計的經費是根本不可能的。

奕譞曾要李鴻章借購船款30萬兩供三海工程之需，李鴻章在不得不聽命的同時也毫不客氣地要奕譞速速歸還：「英德兩廠所定四船……三分之二船價須分批付給……就前存船款計之，不敷之數約在八十萬兩以外……擬另請尊處籌鑄添撥。倘此次借提三十萬，粵海關一時未能清解，誠恐失信外洋，貽誤匪淺。」[6]

他還給奕譞寫信慷慨陳詞，要求朝廷兌現北洋艦隊的財政撥付：「即就北洋一枝而論，英員琅威理老於此事，每謂船不足用；各將領曾出洋肄業游歷，見聞較廣，亦皆以添置戰艦為請……然如該將領所請添艦之數，約計購價三百萬餘兩，其常年餉需、後路經費，尚須逐漸增加。」[7]

與此同時，日本正傾全國之力打造海軍。據統計，在1881年至1887年間，

5 李鴻章：《論朝鮮局勢》，光緒十二年八月十二日，全集《海軍函稿》，第2卷，第15頁。

6 李鴻章：《內提要款請指撥解還》，光緒十二年五月二十四日，全集《海軍函稿》，第1卷，第20～21頁。

7 李鴻章：《議擬海軍章程奏底》，光緒十四年六月初七日，全集《海軍函稿》，第3卷，第7～8頁。

日本政府陸軍費用增加了40％以上，而海軍軍費則急劇增加了200％。從1893年起，日本天皇決定以6年為期，每年從宮廷經費中撥出30萬日元，再從文武百官的薪金中抽出1/10補充造船費用。

為此，李鴻章感慨道：「日本蕞爾小邦，猶能節省經費，歲添巨艦，中國自十四年北洋海軍開辦以後，迄今未添一船，僅能就現有二十餘艘勤加訓練，竊慮後難為繼。」

當時，北洋艦隊另一缺陷是缺乏懂得現代海戰戰術的軍事指揮官。

英國駐東方艦隊司令曾言：「余駐防東海，荏苒數年，中國將才亦當耳熟而心儀之，然境無論水陸，官無論提鎮，欲求一深參通我輩之新學者，竟爾杳不可得。」[8]

再者中國為傳統的宗主國，應西方列國之挑戰，此時不得已處於戰略收縮之時。「逆料中國海陸軍皆不可恃，故寧忍詬言和。朝臣爭劾鴻章誤國，樞臣日責鴻章，乃不得已而備戰。」

甲午一戰，號稱世界第六的中國北洋水師全軍覆沒，浩浩大清國敗於一個彈丸小國，令自認為是「天朝上國」的人們從上到下舉國愕然。

無論如何，甲午一敗，又逢辛丑參與議和，李鴻章奈何翻身？

京劇名角楊趕三死時，有人挽聯頌楊罵李，曰：

楊三已死無蘇醜　李二先生是漢奸

一時間朝堂之上的清流、民間的群氓，拍手稱快，大聲叫好。甚至今日，這幅挽聯仍然被當作傑作傳頌。

唐德剛在《晚清七十年》中倒是對李鴻章有較為中肯的評價，肯定了他毅然培訓新式軍隊淘汰自己的舊屬淮軍的魄力，也指出了他戰前「臨時抱佛腳」的倉促：「甲午戰爭前，李鴻章最反戰，因其深知中國海陸兩軍均不足以參加國際戰爭，然迫於國內國外壓力，渠亦自知對日抗戰為不可免。李氏乃臨時抱佛腳，積極備戰（亦如抗戰前之蔣公也）。……在陸軍方面，李鴻章則一面商之英將戈登（Charles George Gorgen）在天津創辦『武備學堂』，以滿人蔭昌主之，培訓新制軍官以淘汰舊淮軍。」

---

8 《英斐利曼特而水師提督語錄》，《中東戰紀本末》，第7卷，第45頁。

　　李鴻章活躍於政治舞台之日，正值中國社會從傳統向近代、從獨立國家向半殖民地演化的過渡時代，他是「崛起於新舊兩界線之中心的過渡時代」的中間性人物。李鴻章的為官之途，跨越道、咸、同、光四朝，出將入相，「坐鎮北洋，遙執朝政」，涉及晚清幾乎所有重大歷史事件。時代造就了李鴻章，而李鴻章也以自己的言行在絢麗龐雜的時代畫卷上深深地打上了個人的印記。

李鴻章其人

　　李鴻章的出身並不十分顯赫，祖父李殿華兩次舉人不中，退居鄉間率子孫耕讀；其父李文安多次參加鄉試，終中舉人，後為戊戌科進士，官至刑部督捕司郎中。李鴻章6歲開始受教於父，刻苦攻讀，18歲才華初露，成為秀才。1843年，入京師，心志專一，再接再厲，並拜會在翰林院供職的曾國藩。1844年中式第四十八名舉人。1845年，他雖參加恩科會試不中，但其詩文卻已博得了曾國藩的刮目相看。1847年，再次會試，中進士，點為翰林。至此，李鴻章終於躋身科舉考試的最高層，完成了「修身齊家治國平天下」的第一步，由此奠定了波瀾壯闊卻也毀譽各半的一生。

　　但當時通過傳統科舉考試選拔出來的文士們已經不能滿足時局的需要。李鴻章真正嶄露頭角始於平定太平天國運動。李鴻章以儒生起於戎馬之間，憑藉編練淮軍「削平大難」而「早膺疆寄，晉贊綸扉」。

　　據《清史稿》記述：「洪秀全據金陵，侍郎呂賢基為安徽團練大臣，奏鴻章自助。咸豐三年，廬州陷，鴻章建議先取含山、巢縣圖規復。巡撫福濟授以兵，連克二縣，逾年復廬州。累功，用道員，賞花翎。久之，以將兵淮甸遭眾忌，無所就，乃棄去。從國藩於江西，授福建延建邵道，仍留軍。十一年，國藩既克安慶，謀大舉東伐。會江蘇缺帥，奏薦鴻章可大用，江、浙士紳亦來乞師。」

　　在這場殘酷的內戰中，李鴻章表現出了較為先進的治軍思想。他向曾國藩彙報淮軍的情況時說：「敵軍槍炮最多而精，郭楊劉王四軍萬五千人，洋槍萬餘枝。劉鎮銘傳所部七千餘人，洋槍四千支。是以所向披靡。」[9]

　　稍後他又向清廷闡述了自己的治軍思路：「臣軍久在江南剿賊，習見洋人火

9 李鴻章：《上曾相》，同治三年五月三十日。

器之精，於是盡棄中國習用之抬槍、鳥槍，而變為洋槍隊。現計出省及留防陸軍五萬餘人，約有洋槍三四萬杆……又有開花炮隊四營……洋炮重者千餘斤，輕亦數百斤，其炮具之堅精，藥彈之繁冗，臣講求數年稍窺機要，他人多未及見，更未與知。」[10] 李鴻章的淮軍部屬中有不少再後來成為平定新疆叛亂、維護國家統一的幹將。

與時人相比，作為政壇新秀李鴻章有著較為清醒的頭腦，並且有著了解外部世界的強烈欲望，這決定了他將在隨後的洋務運動中處於領導地位。

把李鴻章稱為洋務運動的首腦和旗幟實不為過。洋務運動是對西方殖民侵略的積極抵抗，也是對世界近代化浪潮衝擊所做出的理智回應，是近代中西文化撞擊和交融的初步結果，與日本明治初期採取的「殖產興業、富國強兵」策略並無二致。與同時代的官員相比，李鴻章不僅對中外形勢與中國的出路認識要比同僚深刻，而且採用西法、舉辦洋務新政數量之多、成效之大，也無人能望其項背。他清醒地認識到，當時的中國正處於「數千年未有之變局」，遇到「數千年未有之強敵」，帝國處於「厝火積薪，可危實甚」的局面，因而主張「識時務者當知所變計耳」，絕不應再沉醉於「天朝上國」的迷夢中，時不我待！

早在1865年，李鴻章便指出：「書生坐談誤國，可為浩嘆！且外國猖獗至此，不亟亟焉求富強，中國將何以自立耶？千古變局，庸妄人不知，而秉鈞執政亦不知。」[11]

早在1880年，李鴻章就清晰地看到了中國在器物層面的落後造成國際地位孱弱的事實，他曾沉心地指出：「中國誠能練兵防海，日圖自強，不獨朝鮮弱小未敢藐視，即歐西大國亦未嘗不敬而畏之。若不圖自強之策，終恐不能自立，亦何在乎屬邦之從違！」[12]

但直到19世紀80年代，李鴻章的見解仍舊被許多人所責難。

1884年，日本漢學家岡千仞游歷中國各地，探訪曾旅日的王黍園的族人，受到熱誠款待。族人中有舉人王硯雲，廣有才學，能言善辯。王氏說：「李中堂（鴻章）開辦招商、機器二局，耗資百萬，消耗國力，並無結果，大失民心。」

---

10 李鴻章：《覆陳奉旨督軍河洛摺》，同治四年十月初八日，全集《奏稿》，第9卷，第56頁。

11 李鴻章：《覆朱久香學使》，同治四年七月十三日，全集《朋僚函稿》，第6卷，第37頁。

12 李鴻章：《論維持朝》，光緒六年十一月二十日，全集《譯署函稿》，第11卷，第43頁。

岡千仞對王氏的說法不以為然，指出中國人是中了儒教的毒；還解釋說，取西洋之長，以供我用，就是養育國本之要。工硯雲卻憤然說道：「機器者聖人不語也。此物惟有導國人去其質樸而趨赴機巧。」從王硯雲的一番話可以窺見：若有人引進西洋文化，便會被斥罵為「名教罪人、士林敗類」。[13]

清朝歷經兩個半世紀，共開放了34個通商口岸，用現在的眼光看是少而又少，且大多是西方強加。中外談判不僅唇焦舌疲，而且每每兵戎相見，後人也多以此為恥辱的開始。李鴻章對此大不以為然，認為應該拿捏精當盡力避免負面作用，利用其不可限量的正面影響，指出：「人皆震驚於添口之多……西洋各國到處准他人寄居貿易，而仍日益強盛，可知其病不在添口而在不能自強。」[14]並批評整個社會在近代化潮流面前的麻痺和遲鈍：「如泰西各國皆起於彈丸之地，創造各樣利器，未及百年而成就如此之精……中國在五大洲中自古稱最強大，今乃為小邦所輕視，練兵、製品、購船諸事，師彼之長，去我之短，及今為之而已遲矣！若再因循不辦，或旋作旋輟，後患殆不忍言！」[15]

李鴻章在給朝廷的奏摺中表示：在某種意義上講，帝國已經沒有絕對封閉的國防，一國已不可能關閉國門而安然生存。西方勢力不但在文化上侵蝕著中國，更重要的是他們已經開始聯合行動對中國內政進行粗暴干涉，他指出，其手段是「一國生事，多國構煽」，列強的「友好」和「野心」從來都是攪雜在一起的，要求國家對此保持警惕的同時也要巧妙地利用局勢。

李鴻章在這裡主張國家如果主動打開國門參與世界商品經濟的往來，不但可以富強自己，而且因為貿易是屬於雙邊關係，同時也就制約了對方，這樣的相互制約作用甚至強過動用武力，並且整個地球便可「胥聚於中國」。持有這樣的認識，在一百多年前的中國可謂鳳毛麟角。

「外須和戎，內須變法」——可見李鴻章的主和不是無原則的退讓和怯懦，而是建立在對內實行變法自強的基礎之上——「自秦政變法而敗亡，後世人君遂以守法為心傳。自商鞅、王安石變法而誅絕，後世人臣遂以守法取容悅。今各國一變再變而蒸蒸日上，獨中土以守法為兢，即敗亡滅絕而不悔！天耶？人耶？惡

13 （日）實藤惠秀：《中國人留學日本史》，第12頁，三聯書店，1983年版。

14 李鴻章：《覆劉仲良中丞》，光緒二年九月十四日，全集《朋僚函稿》，第16卷，第30頁。

15 李鴻章：《籌議海防摺》，同治十三年十一月初二日，全集《奏稿》，第24卷，第24頁。

得知其故耶？」[16]

李鴻章的「外修和好，內圖富強，或可漸有轉機」的內政外交主張是在內憂外患、政治腐敗、經濟落後、積貧積弱的時代背景下，對林則徐、魏源師夷長技思想的繼承和發揚。

翻開一部近代史，輕重工業的創辦，礦山的開採，鐵路的建設，電報、航運的發展，留學生的派遣，各類新式學校的創辦，海軍的創建，陸軍的整練，外交內政諸多大事，幾乎無一不與李鴻章有關。中國近代第一條鐵路、第一座鋼鐵廠、第一座機器製造廠、第一所近代化軍校、第一支近代化海軍艦隊、第一條電報電纜線的架設都在洋務運動時期建成的。洋務運動是中國現代化進程中的一個奠基性的、不可缺少的歷史環節。洋務運動的缺陷不在於開啟，而在於沒有深入。

在戊戌變法中表現較為開明的翁同龢，直到1888年仍自信地認為「鐵路宜於邊地，不宜於腹地」，致使李鴻章不得不對他進行啟蒙式開導：「鐵路設於腹地，有事則運兵，無事則貿遷，經費方能措辦。若設於荒涼寂寞之區專待運兵之用，造路之費幾何？養路之費幾何？無論中國外國焉得此不竭之財以供鐵路之用耶？」

當時在官僚層中的修鐵路有「資敵」、「擾民」、「奪民生計」三大害之說甚囂塵上，李鴻章表現出尷尬的無奈與哀嘆，他說：「耳食之言，每致誤事，傳播外國，貽笑堪虞！」「鴻章老矣，報國之日短矣，即使事事順手，亦復何補涓埃！所願當路大君子務引君父以洞悉天下中外真情，勿徒務虛名而忘實際，狃常見而忽遠圖，天下幸甚！大局幸甚！」[17]

李鴻章還對腐敗表達了強烈反感，早年他率兵援滬、出任地方軍政大吏之日起就為這個問題所困擾，驚呼道：「吳中吏治敝壞已極，奸貪巧猾之徒布滿南北兩岸，何能另起爐灶？自以節取而懲誡之為是。」[18] 20年後他對此仍舊表示出遺憾和痛心，感慨國家積弊之多：「循規蹈矩之冗員，營私舞弊之武弁，憨不畏死

---

16 李鴻章：《覆王壬秋山長》，光緒六年十二月二十二日，全集《朋僚函稿》，第19卷，第43頁。

17 李鴻章：《議駁京僚諫阻鐵路各奏》，光緒十四年十二月二十八日，全集《海軍函稿》三，第18、25、21頁。

18 李鴻章：《覆李蕭堂方伯》，同治元年三月初二日，全集《朋僚函稿》，第1卷，第9頁。

之奸民，蓋遍天下皆是矣。」[19] 但是他作為帝國官員，遲早也要被這種制度性腐敗捲入進去。

譚嗣同曾多次引用張之洞的話評價李鴻章：「香帥嘗嘆曰：無怪乎合肥之得志也！遍觀中外（按：朝廷內外）大小臣工，學問非不好，品行非不好，即心術亦未必都不好，然問以大小炮數百種，後膛精槍亦數百種，形式若何，運用若何，某宜水，某宜陸，某利攻，某利守，某利山林，某利平地，其左右前後之炮界何在，昂度低度若何……以及水雷旱雷炮台地營一切攻守之具，無一人能知，且並其名亦不能辨，又況西人政事法度之美備有十倍精於此者。某國當與，某國當拒，某國善良，某國凶狡，吾之聯之而備之者，其道何在，宜更無一人知之矣。稍知之者唯一合肥，國家不用之而誰用乎？」[20]

張之洞出身清流，又辦洋務，一度對李鴻章的主張頗有成見，日後漸趨漸近，但無論在個人操守還是政見上都與李鴻章有很大的不同，又非李氏的同門故舊，他能給予李鴻章「國家不用之而誰用乎」這樣的評價完全是從旁觀者的角度來評論的。

與李鴻章相比，「一生不談議和事」的左宗棠在歷史上則是一個基本正面的角色。

在塞防海防之爭中，左李二人因為政見不同彼此勢如水火。左宗棠勞苦功高收復新疆全境，不僅表現了中華民族捍衛國土的信心和決心，也從一個層面反映了洋務運動舉辦的成績。但是，從洋務思想上來看，尺有所短，寸有所長，左宗棠比李鴻章明顯不及。左宗棠對購買軍艦也不以為然，1879年他寫道：「幼丹（兩江總督沈葆楨）之明豈尚不知鐵甲固無所用之耶？」[21] 第二年，他又說：「鐵甲輪船英人本視為廢物……船塢為各國銷金之鍋，罄其財而船終無用，李（鴻章）與丁（汝昌）獨無所聞，亦不可解也。」[22]

「洋務運動」實為後發展國家不得不為、不能不為的斷然舉措，但在這個過程中，左宗棠明顯無法與李鴻章相提並論。他們身上都有時代的烙印和缺陷，不

19 參見李鴻章：《覆李若農讀學》，光緒七年七月十二日，第20卷，第14頁。

20 譚嗣同：《上歐陽中鵠書》，《譚嗣同全集》，第158頁，中華書局，1981年版。

21 左宗棠：《致徐理卿》，光緒五年十一月二十二日，《左宗棠未刊書牘》，第173頁，岳麓書社，1989年版。

22 左宗棠：《致徐理卿》，光緒六年四月十六日，《左宗棠未刊書牘》，第177頁。

可為了褒此而貶彼。

同樣，「塞防」、「海防」之爭也只是二位官員的政見之分歧，跟「愛國與否」絲毫不沾邊。同左宗棠主張收復新疆為當務之急一樣，李鴻章也不主張兩者並舉，認為日本的威脅才是「肘腋之害」，應該重「海防」，棄新疆。

後發展國家的發展歷程非常容易陷入財政危機，往往顧此而失彼。

左宗棠的西征湘軍在起初兩年就實際支銀2645萬兩，還欠下內外債務1077萬兩，兩項合計共3722兩，平均每年1240多萬兩。[23] 如果加上賠付俄國的900萬盧布（合銀510多萬兩），則為收回新疆而付出4200餘萬兩，其中包括兩次借外債共800萬兩。

筆者述此，當然不是說新疆當棄，但政府財政開支之窘迫可見一般。

譚嗣同是無可爭議的維新名士，頗受後世推崇，但甲午之戰後他在寫給摯友的長信中有這麼一段話：「今夫內外蒙古、新疆、西藏、青海、大而寒瘠，毫無利於中國，反歲費數百萬金戍守之。地接英、俄⋯⋯不如及今分賣於兩國⋯⋯每方里得價五十兩，已不下十萬萬。除償賠款外，所餘尚多，可供變法之用矣。」[24]

譚嗣同認為國家財政困難，為實施全面改革，建議賣地，目的在於求得英俄的金錢和保護，以為改革創造條件。並說「吾得此十年閑暇，固足以自強矣。」[25] 因此，他出賣國土的錯誤想法無非是基於救亡的緊迫而出現的錯誤認識。

在民族危機中，張之洞也有過這樣的錯誤建議，曾構想以犧牲新疆或西藏一部分為代價，換取俄、英支持中國對日作戰：「急與俄國商訂密約，如肯助我攻倭脅倭盡廢全約，即酌量劃分新疆之地，或南路回疆數城，或北路數城以酬之⋯⋯如英肯助我則酌量劃分西藏之後藏一帶地讓與若干以酬之。」[26]

往前追溯，鴉片戰爭後魏源是開眼看世界的領軍人物，也曾主張「棄邊守

23 左宗棠：《光緒元年正月初一至三年十二月底止軍需款目報銷摺》，光緒五年十一月初八日，《左文襄公全集》，奏稿，第55卷，第53頁。

24 譚嗣同：《報貝元徵》，《譚嗣同全集》，第211頁。

25 譚嗣同：《報貝元徵》，《譚嗣同全集》，第211頁。

26 張之洞：《致總署》，光緒二十一年四月初二日，《張文襄公全集》第78卷，第2頁。

本」，棄舟山群島、棄定海，「移其兵民於南田，嚴守寧波。」[27]

1867年俄國以720萬美元的價格把阿拉斯加賣給了美國。當時，主持購買阿拉斯加的美國國務卿威廉遭到國會的強烈反對，他力排眾議才得以實現，買到這塊荒涼之地後，舉國上下嘲笑他的「愚蠢」。──到底誰才是「先知」歷史早已經證明。

那些古今中外的「政治家」們之所以先後產生類似的錯誤構想，完全是由於時代認識的局限、個人見解的粗疏。

客觀評價李鴻章，不僅關乎一個歷史人物在後人心中的地位，這個原因是低層次的，甚至是不重要的，更有助於清楚地了解近代化過程中整個中國官僚層、制度設計層的優缺點，也能讓後世更好地汲取好的經驗，同時避免再犯類似的歷史性錯誤。

李鴻章去世後，梁啟超寫了《中國四十年來大事記（一名李鴻章）》，評論了這個時期的重大歷史事件和李鴻章的一生，文中有毀有譽，皆語出有據，可謂字字珠璣，今日讀之仍頗受啟迪：

「……謗滿天下，未必不為偉人。」

「若以中國之失政而盡歸於李鴻章一人，李鴻章一人不足惜，而彼執政誤國之樞臣，……而我四萬萬人放棄國民之責任者，亦且不復自知其罪也。」

「西報有論者曰：日本非與中國戰，實與李鴻章一人戰耳。其言雖稍過，然亦近之。不見乎各省大吏，徒知畫疆自守，視此事若專為直隸滿洲之私事者然，其有籌一餉出一旅以相急難者乎？即有之，亦空言而已。乃至最可笑者，劉公島降艦之役，當事者致書日軍，求放還廣丙一船，書中謂此艦係屬廣東，此次戰役，與廣東無涉云云。各國聞者，莫不笑之，而不知此語實代表各省疆臣之思想者也。若是乎，日本果真與李鴻章一人戰也。以一人而戰一國，合肥合肥，雖敗亦豪哉！」

「中國俗儒罵李鴻章為秦檜者最多焉。法越中日兩役間，此論極盛矣。出於市井野人之口，猶可言也，士君子而為此言，吾無以名之，名之曰狂吠而已。」

「若夫吾人積憤於國恥，痛恨於和議，而以怨毒集於李之一身，其事固非無因，然苟易地以思，當夫乙未（1895年）二三月、庚子（1900年）八九月之交，

---

27 魏源：《籌海篇》一，議守，《海國圖志》，第50卷，第5頁，道光甲辰古微堂板。

使以論者處李鴻章之地位，則其所措置果能有以優勝於李乎？以此為罪，毋亦旁觀笑罵派之徒快其舌而已。」

「李鴻章之敗績，既已屢見不一見矣。後此內憂外患之風潮，將有甚於李鴻章時代數倍者，乃今也欲求一如李鴻章其人者，亦渺不可復睹焉。念中國之前途，不禁毛髮栗起，而未知其所終極也。」

梁啟超在評價李鴻章主持晚清內政外交的失敗時這樣說道：「所以失敗之故，由於群議之掣肘者半，由於鴻章自取者半。其自取也，由於用人失當者半，由於見識不明者亦半。」[28] 梁任公的評價無疑是公允的。

「洋務運動」的歷史性終結

伊藤博文在與清政府代表李鴻章簽下《馬關條約》後，曾自豪地說：「經這場日清戰爭，西洋人相信不會再把日本國旗中央的紅球比喻為一塊封住信封的紅蠟印，以嘲笑日本的鎖國落伍。相反的，日本國旗將回復原來的意義，紅球將象徵一顆東升的太陽，與世界各文明國家為伍，不斷地向前和向上移動。」

與日本政要在戰後的驕橫與得意不同，李鴻章所引領的洋務運動隨著甲午一戰中國的戰敗被貶得一文不值，他自己的形象也更加灰色。但甲午戰爭中國失敗，是不是就意味著支持戰爭的洋務運動就是沒有意義的、是破產的？換句話說，一場對外戰爭失敗了，是不是就意味著當時國內的經濟建設之路是走錯了？

也許還存在著另外一種截然相反的解釋：洋務運動本身並不錯，而是其貫徹力度遠遠不夠！

有一點很關鍵：我們一向認為日本明治維新是開明先進的明治政府打敗了封建落後的幕府集團，然而歷史事實其實並非全然如此，明治維新之後所進行的「富國強兵」、「殖產興業」、「文明開化」三大政策不僅在幕府統治時期已經有所提出，而且是實行多年了。那麼明治維新實質上是一次怎樣的變動呢？又有怎樣的積極意義呢？筆者認為它實質是一場政治權力的再分配過程，是一場政變，政變之後的明治天皇比幕府將軍有更強大的凝聚力，直到1889年明治憲法即《大日本帝國憲法》的頒布，它才極其有限地踏進了近代政治體制的門檻。到此

---

28 梁啟超：《中國四十年來大事記》，1901年11月，《飲冰室合集》專集之三，中華書局，1936年版。

時，日本的近代化建設──主要是在工業化和經濟建設方面，已經初步完成了原始積累，這為後來經濟的騰飛奠定了必要的物質基礎。既然此前它的體制沒有發生大的變化，甚至只是模擬了中古社會的太政官制，沒有太多的西方色彩，為什麼它的近代工業又能完成較好的起步和發展呢？只能說明政治體制的激變並非是經濟崛起的必要條件，反過來說，政治上的過於激變或許只能帶來社會的失序，對物質層面的發展並沒有益處，作為後發展的東方國家，當務之急需要完成的並不是亦步亦趨建立一套西方式的政治體制，而是結合本國國情建立一套行之有效並且政治開明的官僚集團。這是一個不可能跨越的社會環節。明治維新的志士們深諳此道，所以日本成功了。

明治維新以後，日本的工業呈跳躍式增長。1868年全國只有405家工業企業，且主要是手工工場；1893年增加到3344個，且絕大部分是機器工業。鐵路里程數也呈數百倍增長；蒸汽動力船總噸位從15498噸增至110202噸；金融機構從2家增至703家……通過明治維新，日本實現了社會形態的轉變，從落後的封建諸侯國變為發達的資本主義國家。日本在迅速崛起的同時，逐步廢除了與列強簽訂的不平等條約，收回了國家主權，擺脫了民族危機，成為亞洲唯一獨立自主的近代資本主義強國。

反觀中國，洋務運動中的耗能大、效率低夾雜著腐敗這些缺憾是很明顯的，我們很容易就會把這些歸咎於政治體制的落後，但是這種落後是否就意味著應該立即退出現有體制建立一套全新的截然不同的體制呢？

日本並沒有這樣做，明治維新的改動一直在舊有的體制內有序漸進。如果我們承認日本的明治維新是成功的，那麼我們就必須認真對待日本在維新中的這一策略。

甲午戰爭中國之所以戰敗，原因是複雜的。北洋艦隊的建立也正是以洋務運動的成就為後盾的。而李鴻章本人並非只是注意技術層面的學習和效仿，隨著對西方世界和時代潮流的深入把握，他已經開始關注意西方思維方法對變革的歷史作用，力圖從中汲取教益。他說：「阿（亞里士多德）氏以前人之說為無可疑，即據之以推新理，故其學不及貝（根）氏。」[29] 褒揚培根，貶抑亞里士多德，無非是他反對泥古、渴望從實際出發研究新事物成為一代新風的求變心理的折射。

29　《王佐才課卷批語》，《格致課藝彙編》（己丑），第6頁。

　　李鴻章的洋務運動本身有著深遠的政治學意義。蔣廷黻先生在《中國近代史》上提出過這樣一個觀點：在社會變革上，只要走出第一步，就不得不走出第二步，為了保住第二步就不得不走出第三步。所以，對於清末社會的變革來說，洋務運動不僅僅是一次經濟改革的開始，更是開明專制時代的開端。要仿效西方的近代技術，禦敵於國門之外，自然要發展軍工企業，要發展好軍工企業就不得不發展配套產業：如鋼鐵、機床、礦產等重工業，以及交通運輸、通訊事業，繼而是紡織、麵粉、造紙等輕工業，因為只有這些輕工業才能完成更大範圍的基本原始積累，為社會提供更為豐富的資金源流。而近代化工商業開展到一定程度，就需要大規模的本土人才而不是外籍僱員，新式教育、新式思維會同時甚至早於器物層面在全社會鋪展開來，隨著時間的推移，就需要一個新型的政治組織模式以適應這種新型的物質生產方式和思維模式。這是一個有機的良性循環的過程，也是不可逆轉的向近代化邁進的過程。

　　對於洋務運動時期，以及「後洋務時代」的中國來說，不偏離現有體制太遠，打造一支講求效率的官員隊伍，進行必要的官制改革，要比急切建立西方形式的政治制度有更現實更急切的作用。這對省察中國近代化的成敗得失是有重大意義的。

　　1896年李鴻章到俄、德、法、英、美5國及加拿大考察過後，對自己的洋務理念更加深信不疑，更加堅定地認為改變中國落後面貌的出路在於更有力地貫徹洋務措施，他說：「今游於各大國者四閱月，忽經新氣之感動，此心意一往而深。……泰西格物之功效，致力之材能，某皆默而識之，學而不厭。他日身歸故國，後半生無涯之大事，將重整其旗鼓，忝顏而將中軍；且較諸前半生之僅效微勞者，冀於中國尤有裨益。」[30]

　　一個歷經多重政治和道德磨難的七旬老者，在他失意之際，仍舊抱著一種好學不倦的博大胸懷面對西方文明，試圖重整旗鼓，報效民族，這拳拳之心不能不讓民族的後繼者感動。

　　1896年8月28日，「清國鐵腕人物」、總理大臣、外務大臣、北洋大臣、欽封一品正堂、直隸總督74歲的李鴻章結束了他的歐洲之行，乘坐「聖·路易斯號」來到紐約，開始出訪美國。

---

30 蔡爾康等：《李鴻章曆聘歐美記》，第175頁，岳麓書社，1986年版。

　　當地時間上午11時30分，港內所有汽笛同時鳴號，美國東部陸軍司令盧杰將軍登船迎接。紐約時報在報導中稱「大約有50萬人湧上街頭，觀看並歡迎李鴻章的來訪。」「市民湧動如潮，港灣內百艦齊鳴」。《紐約時報》報導稱他「既是著名軍事將領，又是政治家、金融家和外交家」。

　　在事後的採訪中，美國媒體對原計畫中記者將登船受閱並致禮被取消表示不滿，一位美國官員稱：不僅是美國海軍旗艦鳴炮致敬，港內所有船艦一同鳴炮致敬，這一事實本身就是史無前例的歡迎規格。

　　盧杰將軍甚至用了這樣一個比喻：李總督的來訪就像是一個國際家庭的大哥哥來探訪遠方的小弟弟。

　　美國將軍這樣的客氣話，再也沒重現過。

　　李鴻章到紐約不久就向記者們發出邀請，定於9月3日上午在華爾道夫飯店接受美國記者採訪。記者報導說：「採訪中，他神采飛揚，微笑著回答記者們的提問。回答問題時，他態度非常坦誠、謙虛，好像他只是世界上一個很普通的公民，而不是大清政府權勢顯赫的人物。」

　　在此之前的1892年，美國國會兩院通過了《格力法》，此法系由加州民主黨人托馬斯·格力制定。該法案嚴重歧視在美華人，侵犯華工的正當權益。規定華人不得申請保釋；必須在該法案通過一年之內重新申請居留證；一年之後未獲居留權的華人將被逮捕和驅逐出境。此法案的通過遭到了當時清政府的強烈反對和美國正義人士的抨擊，但是由於中國國家實力的弱小以及美國國內種族主義盛行，未能阻止該法案的最終通過和實施。

　　在記者招待會上，當談及這個問題時，記者問：「總督閣下，您期待對現存的排華法案進行任何修改嗎？」

　　李鴻章這樣回答：「我知道，你們又將舉行選舉了，新政府必然會在施政上有些變化。因此，我不敢在修改法案前發表任何要求廢除《格力法》的言論，我只期望美國新聞界能助清國移民一臂之力。我知道報紙在這個國家有很大的影響力，希望整個報界都能幫助清國僑民，呼籲廢除排華法案，或至少對《格力法》進行較大的修改。」

　　他繼而義正嚴詞地說道：「排華法案是世界上最不公平的法案！所有的政治經濟學家都承認，競爭促使全世界的市場迸發活力，而競爭既適用於商品也適用於勞動力。我們知道，《格力法》是由於受到愛爾蘭裔移民欲獨霸加州勞工市場

的影響，因為華人是他們很強的競爭對手，所以他們想排除華人。如果我們清國也抵制你們的產品，拒絕購買美國產品，取消你們產品銷往清國的特許權，試問你們將作何感想呢？不要把我當成清國的什麼高官，而要當成一名國際主義者；不要把我當作達官貴人，而要當作清國或世界其他國家一名普通公民。請讓我問問，你們把廉價的華人勞工逐出美國究竟能獲得什麼呢？廉價勞工意味著更便宜的商品，顧客以低廉價格就能買到高質量的商品。

你們不是很為你們作為美國人而自豪嗎？你們的國家代表著世界上最高的現代文明，你們也因你們的民主和自由而自豪，但你們的排華法案對華人來說是自由嗎？這不是自由！因為你們禁止使用廉價勞工生產的產品，不讓他們在農場幹活。你們專利局的統計數字表明，你們是世界上最有創造力的人，你們發明的東西比任何其他國家的總和都多。在這方面，你們走在了歐洲的前面……但不幸的是，你們還競爭不過歐洲，因為你們的產品比他們貴。這都是因為你們的勞動力太貴，以致生產的產品因價格太高而不能成功地與歐洲國家競爭。勞動力太貴，是因為你們排除華工。這是你們的失誤。如果讓勞動力自由競爭，你們就能夠獲得廉價的勞力。華人比愛爾蘭人和美國其他勞動階級都更勤儉，所以其他族裔的勞工仇視華人。」

在會見中，李鴻章還表達了自己對美國報界寄予的希望：「我相信美國報界能助華人一臂之力，以取消排華法案。」[31]

以上可見李鴻章不僅深諳美國選舉的奧妙所在，而且對於政治經濟學也有一定的認知，並且對美國輿論對政治的影響也有深刻的認識。

在對外開放中，李鴻章堅持開放與主權並重。

這一點，在此次出訪中也有體現。他對記者這樣說道：「清國政府非常高興地歡迎任何資本到我國投資……必須邀請歐美資本進入清國以建立現代化的工業企業，幫助清國人民開發利用本國豐富的自然資源。但這些企業的自主權應掌握在清國政府手中。我們歡迎你們來華投資，資金和技工由你們提供。但是，對於鐵路、電訊等事務，要由我們自己控制。我們必須保護國家主權。這不可謂不前瞻。」

---

31 《李鴻章接受美國記者採訪錄》，《紐約時報》，1896年9月3日。《帝國的回憶：〈紐約時報〉晚清觀察記》，鄭曦原編，第340～341頁，三聯書店，2001年版。

李鴻章對言論自由也有前瞻性的見解。他在同一場合回答記者問時說：「清國辦有報紙，但遺憾的是清國的編輯們不願將真相告訴讀者，他們不像你們的報紙講真話，只講真話。清國的編輯們在講真話的時候十分吝嗇，他們只講部分的真實，而且他們也沒有你們報紙這麼大的發行量。由於不能誠實地說明真相，我們的報紙就失去了新聞本身的高貴價值，也就未能成為廣泛傳播文明的方式了。」[32]

這些在今天看來仍舊具有強烈時代意義的見解，不但得益於李鴻章這樣的洋務官員勇於了解西方世界的主觀願望，更得益於他身邊的智囊集團。

李鴻章的對世界的認知與其對人才的延攬、幕府的強大是分不開的。他廣泛參與了方方面面的事務，包括治理地方、辦理洋務、發展軍事、開拓外交等等，身後龐大而強有力的幕僚為其提供了堅固的支撐。可以毫不誇張地說，在19世紀下半葉，李鴻章幕府彙聚了一批能夠從現實出發開眼看世界的最先進的中國人，他們大抵可以分為九個門類。一為高級參謀，二為文案，三為軍需官，四為洋務幹將，五為軍工首腦，六為實業家，七為外交助理，八為維新思想家，九為洋員。

一、高級參謀：
   1. 曾經「躬親行陣」的王凱泰，曾任福建巡撫，進士出身；
   2. 足智多謀的陳鼐，與李鴻章、郭嵩燾、帥遠燡一齊被曾國藩推為丁未科四君子；
   3. 清流派幹將張佩綸，進士出身，翰林院編修。

二、文案：
   1. 孤傲不羈的凌煥；
   2. 桐城派名家吳汝綸，進士出身，京師大學堂第一任總教司；
   3. 廣西才子于式枚，進士出身，對日本政體研究頗深。

三、軍需官：
   1. 錢鼎銘，曾任直隸布政使，河南巡撫；
   2. 掌管釐捐的王大經；
   3. 坐控餉源的郭柏蔭，進士出身，廣西巡撫；

32 《李鴻章接受美國記者採訪錄》，《紐約時報》，1896年9月3日。《帝國的回憶：〈紐約時報〉晚清觀察記》，第341～342頁。

4. 軍火專家劉含芳；

5. 總辦北洋軍械的張士珩。

四、洋務幹將：

1. 丁日昌，江蘇巡撫、福州船政大臣；

2. 盛宣懷，創辦多項實業，近代教育，後任內閣郵傳部大臣。

五、軍工首腦：

1. 最先從事軍火製造的韓殿甲；

2. 總辦江南製造總局的馮焌光；

3. 總理天津機械局的沈保靖；

4. 究心於機械製造的鄭藻如。

六、實業家：

1. 籌建輪船招商局的朱其昂；

2. 中國第一位近代事業家唐廷樞；

3. 兩任輪船招商局會辦的徐潤；

4. 創辦業勤紡廠的楊宗濂、楊宗瀚兄弟。

七、外交助理：

1. 助簽中日《修好條約》的應寶時；

2. 以舊式官僚出使西方的劉瑞芬；

3. 訂購鐵甲艦的李鳳苞；

4. 留學英國，曾任香港大律師後任修律大臣，又擔南方議和代表的伍廷芳；

5. 機要祕書、翻譯羅豐祿。

八、維新思想家：

1. 首倡「中體西用」的馮桂芬；

2. 嚮往「君民共主」的薛福成；

3. 主張與洋人「商戰」的鄭觀應；

4. 學貫中西的馬建忠。

九、洋員：

馬格里、德璀琳、金達、琅威理、漢納根。[33]

---

33 參考歐陽躍峰：《人才薈萃——李鴻章幕府》，「目錄」，岳麓書社，2001年版。

李鴻章幕府中被委以重任者，有西方經歷的人數最多。他是幼童留美的發起人之一，當1881年這些幼童們被勒令回國後，許多人來到他的手下。他們中的很大一部分人被送到天津新建的水師學堂和魚雷學堂，其他則進了電報學堂、開平煤礦、天津醫院等近代實體進行歷練。這些人中有許多人最後又進了外交機構。馬建忠、羅豐祿和伍廷芳則在1880年代中期就開始成為李鴻章的得力助手。

　　馬建忠在上海的經歷使他成為「西化」論的鼓吹者。1870年馬建忠前往法國學習，後任中國駐巴黎公使館參贊。1882年，談判締結朝美、朝英和朝德條約時，他充當了李鴻章的代表。1884年轉入商界發展，為輪船招商局會辦，他任此職一直到1891年。1895年，他隨李鴻章赴馬關談判，次年又陪同李鴻章環遊世界。在其有生之年，他將古典文化知識與近代語言素養相結合，寫成了中國第一部權威的現代語法著作——《馬氏文通》。

　　羅豐祿是跟隨李鴻章數年的海軍事務祕書。1871年，他以名列前茅的成績從福州船政學堂航海學校第一期畢業，之後成為駐英公使郭嵩燾的隨員。1897年，羅豐祿任中國駐英公使。他不僅熟知歐洲的風習禮儀，而且精通英語。1896年李鴻章訪問歐洲時那機智的談吐和得體的措詞受到西方媒體的讚揚，這多半要歸功於羅豐祿對於外交事務的熟悉。羅豐祿把李鴻章在維多利亞女王留言簿上寫的一首中國古典詩用莎士比亞風格譯成英文，獲得了英國女王的親睞。

　　李鴻章幕府中的第三個起重要作用的歸國學生是伍廷芳，他兩度出任駐美公使。可以很貼切地稱伍廷芳為「英國陶冶出的中國人」，他生於廣州，15歲開始學習英文，此前他已經在新加坡生活過很長一段時間。1873年，伍廷芳前往英國學習法律，成為第一個被允許進入英國法律界的中國人。他在1882年接受了李鴻章的邀請，來到天津，成為李鴻章的法律顧問和外事代表。在幕府工作期間，伍廷芳又對鐵路發展產生了興趣，1886年促成了開平鐵路公司的成立並成為其總辦。伍廷芳還隨馬建忠、羅豐祿一道陪同李鴻章去馬關談判。1898年，他預見性地提出了中國要主動進行「開放門戶」的觀點，其獨特的見解和態度早於美國提出的「門戶開放」政策，在維護中國權益的程度上而又與其不同。在新政期間，伍廷芳協助中央政府設立商部、擬訂現代經濟法規。在載振、袁世凱的領屬下制定商律，把近代西方法律思想與實踐引入修律的整個活動中，對中國傳統法律體系進行了全面刪改與創新，進而改變了中國傳統法制的固有面貌，在一定意義上宣告了傳統法制體系的歷史性終結。伍廷芳還積極參與了民國早期的諸多事務。

　　同時，李鴻章在洋務活動的幾乎每一個方面，都主動僱用外國專業人員作顧問。在輪船招商局，他擁有外國總監和航海監督。從1885年的花名冊上看，該局輪船上144位船長、大副、管輪，竟無一是中國人。開平礦務局從一開始便聘用了外國技師，李鴻章所辦的鐵路公司也是如此。北洋海軍也依靠外國人作教習、顧問官、管輪和炮長。1879年，外國醫生成功地治癒了李鴻章妻子的病，這促使他聘請了一個外國醫生伊爾文為家庭醫生，後又任命伊爾文為其海軍醫師。敦約翰是一位身在天津的英國人，李鴻章曾就與梵蒂岡建立外交關係一事派其赴羅馬與教皇商談。

　　美國學者福爾索姆這樣評價道：「李鴻章只在他不能使用中國人的地方才使用外國人；使用他們的目的為的是增加自己對西方的了解，並培養出可以代替他們的中國人。」他力促中國的官員隊伍能接受到西方因素的積極影響。[34]

　　再以赫德為例，他於1859年起參加中國海關工作，任廣州海關副稅務司。1861年起代理總稅務司職務，他也是中國第一任海關總稅務司，1863年11月正式擔任海關總稅務司。

　　像許多早期來華的「洋人」一樣，赫德在歷史評價上也是一個具有兩面性的人物。中國的稅務、海關和郵政被一個外國人所掌握，這還是歷史上絕無僅有的事情。僅此一點，赫德就會很自然地被視為西方列強掌控中國的一個象徵。但是，我們現在談到中國現代海關、稅務和郵政制度的建立，都不能不提到赫德的作用。赫德還有一個貢獻，他創立了中外合一的文官制度，而他自己就是受益者，曾被授予九品文官中的三品，可戴淡藍色的珊瑚頂子。1875年時，就有大約408名洋員在清政府中任職。雖然如美國著名漢學家費正清所言：「維護傳統與國家的大一統才是他們的主要目的，辦洋務不過是權宜之計罷了。」但是這些人的到來對中國政府學習西方先進的管理技術大有裨益。

　　明治政府的成功證明，此時中國政府希圖借助外籍官人進行行政建設的願望也並不為錯，事實上是一種後起國家的務實選擇。

　　李鴻章幕府的人才結構清晰地反映出了他實幹的作風，各有專才、物盡其用是馭人的上乘境界。能夠聚集如此龐大有力的幕府資源本身說明了李鴻章的才能

---

34 參考（美）K・E・福爾索姆著，劉悅斌、劉蘭芝譯：《朋友・客人・同事——晚清的幕府制度》，中國社會科學出版社，2002年版。

和個人取向。反過來，這些人的知識構成和對世界的認知程度也大大影響了李鴻章的個人境界。

當然李鴻章作為一個脫胎於東方傳統的官僚，是不可能對於西方民主政治完全理解的，但是他也毫不掩飾自己對這種迥異於東方的政治模式的困惑和無知。

在訪問紐約時，當美國記者問到：「尊敬的閣下，您能否告訴我們，什麼是您認為我們做得不好的事呢？」

李鴻章回答說：「我不想批評美國，我對美國政府給予我的接待毫無怨言，這些都是我所期望的。只有一件事情讓我吃驚或失望。那就是在你們國家有形形色色的政黨存在，而我只對其中一部分有所了解。其他政黨會不會使國家出現混亂呢？你們的報紙能不能為了國家利益而將各個政黨聯合起來呢？」[35]

李鴻章無論如何也不可能知道，他的這個困惑和疑問將依舊困擾他離世之後的祖國很久很久。

基於對世界潮流較為清醒地認識，李鴻章雖然黯然離世，但是他所引領的洋務派已經不是昨天的洋務派了，它的內部早已經發生著巨大和可喜的嬗變。

郭嵩燾早在甲午戰爭十多年以前即已批評單純學習西方器物「是治末而忘其本，窮委而昧其源也」；1884年兩廣總督張樹聲以遺摺形式寫就了一篇著名政論，在遺摺中他對西方國家崛起的根本原因作了較為具體的探求，並且明確地提出應該著重學習西方「富強之本」。遺摺說：「夫西人立國，自有本末，雖禮樂教化，遠遜中華，然馴致富強，具有體用。育才於學堂，議政於議院，君民一體，上下同心，務實而戒虛，謀定而後動，此其體也。輪船、大炮、洋槍、水雷、鐵路、電線此其用也。中國遺其體而求其用，無論竭蹶步趨，常不相及，就令鐵艦成行，鐵路四達，果足恃歟？」同時，此摺中還有「聖人萬物為師，采西人之體，以行其用」等提法。

薛福成也很早開始注意到西方之強主要在議會，崔國因在1883年提出了開議院的主張，儘管他們對議院的主張與後期體制內外呼籲開國會的觀念相去甚遠。馬建忠則認為西方強大的原因是立憲政體。

王韜則在其《漫游隨錄》中盛讚英國「君民共主」的議會政治制度，在這本

35 《李鴻章接受美國記者採訪錄》，《紐約時報》，1896年9月3日。《帝國的回憶：〈紐約時報〉晚清觀察記》，第337頁。

著作中，王韜把君主專制與民主政治的結合看作是鞏固一個國家的君主與民眾之間「上下相通」的手段，同時也是實現「富強之效」的手段。

光緒初年，鄭觀應在《盛世危言》中同樣沿著這種思路來理解西方憲政。他認為，立憲與議會的好處是「集思廣益」並消除君民之間的隔閡。到甲午戰爭發生前，陳虬、陳熾、許景澄、張蔭桓等人，均以大體相似的方式和用語，介紹並讚揚了他們所理解的西方議會制度。

可見洋務派思想家對憲政化歷程很早就開始進行思想和輿論準備，具體表現介紹和推崇西方的君主立憲和民主政體，要求提高民權。這些行為對憲政發展的意義是啟蒙性的、積極的、基礎性的、不可缺少的和具有建設性的。洋務運動孕育了體制內外面向現代的新觀念和組織力量。沒有洋務運動，就沒有憲政思想的啟蒙。不能否認的是，後來憲政運動的發展最初是來自於體制內的力量而非民間。沒有洋務運動作為階梯，就不會有此後中國憲政建設的蓬勃發展。

他們的思想以及影響下的官員和社會進步人士，將在接下來歷時十年之久的「新政」中發揮至關重要的作用，甚至惠及民國以至當代。

歲在辛丑，中堂已去，新政的詔書已經頒布。

從此之後，清末十年新政在中國政治近代化過程中的重要意義將被逐筆書寫。中國近代化的啟動無疑是始自洋務運動，但新政則宣告了洋務運動的歷史性終結，社會變革進入了更深更廣的領域。從中國近代化的歷程看，洋務運動是一個承前啟後的歷史時期，是近代化鏈條上的一個不可缺少的中心環節。然而遺憾的是，這一環節太過脆弱，還在鍛造的過程中就被外力重創。

當時的中國一片迷霧，隱約可見幾絲曙光，「多難興邦」——老洋務派以及他們的後繼者們依然堅信著這一信條。一個舊的時代悄然結束，一個新的時代已豁然開啟。

兩位政壇巨子將進一步走向政治的最前台，一個是張之洞，一個是袁世凱……

辛亥前夜

第三章
新政上諭：「變法自強，為國家
安危之命脈。」

處於權威危機中的統治者將會迅速地變成真誠的改革
者，他對改革的真誠來源於他對保住權威的真誠，保住
權力的真誠。

——亨廷頓

她比康有為走出更遠

1901年1月29日，對於中國來說，這是一個灰色的卻又透露出一絲曙光的日子。

當北京城還在撫摸著自己身上滴血的傷口，當國人還在為政府的無能而憤慨時，尚在流亡途中的帝國政府卻向全國發布了一份態度鮮明的詔書：變法！

這份「變法上諭」內容氣勢恢宏，分析問題切中肯綮，以下文字為節選內容：

世有萬古不易之常經，無一成不變之治法。窮變通久，見於大《易》。

自播遷以來，皇太后宵夜焦勞，朕尤痛自刻責。深念近數十年積習相仍，因循粉飾，以致成此大釁。現正議和，一切政事尤須切實整頓，以期漸圖富強。懿訓以為取外國之長，乃可補中國之短；思前事之失，乃可作後事之師。

我中國之弱，在於習氣太深，文法太密。庸俗之吏多，豪傑人士少。文法者庸人借為藏身之固，而胥吏倚為牟利之符。公事以文牘來往，而毫無實際。人才以資格相限制，而日見消磨。誤國家者在一私字，困天下者在一例字。

著軍機大臣、大學士、六部、九卿、出使各國大臣、各省督撫，各就現在情形，參酌中西政要，舉凡朝章國故，吏治民生，學校科舉，軍政財政，當因當革，當省當並，或取諸人，或求諸己，如何而國勢始興，如何而人才始出，如何而度支始裕，如何而武備始修，各舉所知，各抒所見，通限兩個月，詳悉條議以聞。再由朕上稟慈謨，斟酌盡善，切實施行。自西幸太原，下詔求言，封章屢見。而今之言者，率有二途：一則襲報館之文章，一則拘書生之成見。

倘再蹈因循敷衍之故轍，空言塞責，省事偷安，憲典具存，朕不能宥。將此通諭知之。[1]

此諭還強調說如今皇太后和皇帝「母子一心」，「一意振興」，實行變法，「事窮則變，安危強弱全系於斯」。如果聖諭所宣稱的計畫能夠順利開展，確實不違光緒皇帝主持當年戊戌變法的初衷。這篇上諭即意味著晚清新政改革的正式開啟。

---

1 《光緒朝東華錄》，第4冊，第4602頁，中華書局，1958年版。

此上諭指明了變法革新的三點基本精神：第一，變法革新的目標是「富強」——繼承了此前的洋務運動、戊戌變法的經濟政治目標；第二，變法革新的方針是「取外國之長，去中國之短」，既承認了當前中國政治體制需要改革的迫切性，又明確了社會改革的最終方向；第三，革新的內容包括「朝章、國政、吏治、民生、學校、科舉、軍事、財政」等方面。從文件本身來看，體現的是一種全面的改革思維。這份上諭對於當時的國人有一種似曾相識的感覺——因為它幾乎是戊戌變法中《明定國是詔》的翻版。

據對宮廷內幕頗多了解的惲毓鼎在《崇陵傳信錄》中記載：「孝欽（按：慈禧太后）內慚，始特詔天下議改革。」發動這次變法革新之時，最高權力者當系慈禧太后，因光緒皇帝尚處於軟禁狀態，無權過問政治。

王樹增先生在《1901年》一書中這樣評價說：「如果不是白紙黑字，幾乎不敢相信這番話是慈禧說出來的，因為它像極了那個被朝廷通緝的康有為的原話。特別是『誤國家在一私字』一句，使得這道詔書酷似慈禧的檢討書。詔書極其準確地剖析了中華帝國虛弱的原因，觀點之精到令百年後依舊能夠讓人感到其鋒銳。」

事實上，詔書中對康梁所領導的戊戌變法也有了新的界定：指出康有為不是「變法」，而是「亂法」，並說「皇太后何嘗不許更新，損益科條？朕何嘗概行除舊，酌中以御？」

李立峰在他的《悲涼絕唱：關於晚清改革的歷史沉思》一書中這樣描述了當時慈禧的心境：

古老的帝都遭受著從來沒有過的苦難，而倉皇逃離這帝都的大清帝國的統治者們，此刻的心情也絕對不會平靜。特別是這個老太后，自己不是一向以「同治中興」的締造者自居嗎？難道說「中興」到了如今這個局面？如今這大清兩百多年歷史從未有過的屈辱該怎樣收拾？此刻的慈禧，又想起了兩年多前那場轟轟烈烈最後卻血雨腥風的康、梁變法。雖然她對康梁「固后（按：慈禧太后）殺祿（按：榮祿）」的「逆行」至今仍然恨得牙癢癢，但是她畢竟是一個縱橫捭闔三十多年的太后，是一個一切從利益和需要出發的現實主義者。眼前的現實使她對自己統治下的大清帝國的一切都發生了信任危機。她心底明白，這種局面再持續下去，大廈將傾的日子不遠了；她心裡明白，儘管決不會承認，康梁式的維新

變法改革本身是改變目前局面的唯一選擇。痛定思痛，慈禧非常清楚，要想挽大廈於將傾，只有認同康梁的維新變法思想，畢竟，比起目前在海外洶湧澎湃、在國內暗流湧動的革命風潮，君主立憲式的維新變法要緩和得多，不管自己情願與否，為了大清的江山，自己都必須許諾推行改革，必須向人民保證她的改革要比百日維新更完整、更深刻，只有這樣，也許才能收攏眼見紛紛離散的人心。[2]

　　從19世紀中葉以來，維新變革的速度曾因太平軍「叛亂」、第二次鴉片戰爭、中法戰爭、中日戰爭而受到刺激。戊戌政變之後，政治改革一度陷入停滯，軍事、教育、經濟等方面的改革則以小步子的方式進行。而此後義和團這樣的群眾性抗爭運動雖然具備自衛的正義性，卻受到朝廷中的極端頑固派的支持和裹挾，試圖把西方威脅、西方文明一概逐出中國。戊戌政變之後把持朝政的頑固派從文化角度來講，是最為保守、最為落後的狹隘民族主義者；從政治意圖上講，是最為自私、最為短視的既得利益集團。這樣一股政治勢力對政局的操縱只能使整個帝國最終遭到屈辱性失敗。而這種失敗的最終承擔者就落到了整個中華民族肩上，包括慈禧太后這個清王朝的最高統治者。軍事慘敗、巨額賠款、喪權辱國——這一系列的震驚以及震驚所帶來的連鎖反應，給了當政者一次前所未有的殘酷教訓，再加上逃亡旅程上的艱苦和磨難，就使得慈禧太后不得不面對這樣一個事實：如果要保持手中的權力，如果要使整個帝國避免再遭蹂躪，就不得不走戊戌黨人的老路——全面維新。顯然，這次新政改革如果不由當時的朝廷來主導，外部的壓力也會強加於清政府，對清王朝早已不抱合作態度的革命者們則會以更有力的方式衝擊現有體制，但是這兩種變革是以犧牲皇權、驅除皇室為代價。

　　很明顯，這次的新政改革企圖邁開更大的步子，傾向於以全方位衝刺的方式進行，其根本推動力一方面是國內的社會危機，另一方面是西方的軍事、政治壓力。

　　此前局部性的變革也使官僚體制內部發生著微妙的變化。張之洞、劉坤一、袁世凱等地方督撫，以及大權在握的滿族政要榮祿等人，這些人最初多以鎮壓內亂起家，並且肩負著抵禦外辱的使命，優勢的身分和地位提供給了他們更多開眼

2 李立峰：《悲涼絕唱：關於晚清改革的歷史沉思》，第158、159頁，南京大學出版社，2000年版。

看世界的機會，在社會上和同僚之間也有一定的威望，並且對「帝國」和「祖國」保持著高度的忠誠——理由很簡單：他們的權力來自於帝國政府，帝國的治亂興衰直接關係他們手中權力的穩固與否；在和西方列強的艱難周旋中也更刺激、強化了他們的國家情感——他們都鼓勵最高統治者倡導維新。

一方面，該上諭突破性地為新政改革的方向做出了大致的界定，另一方面，他們還是那樣的小心翼翼，強調作為中國傳統文化核心的綱常倫理是不可變更的，而作為制度層面的「治法」是可變的，即所謂的「世有萬古不易之常經，無一成不變之治法」。這一點是可以被理解的，因為此後的中國式變革也將沿用這一模式。與此同時，關於變革的範圍，清政府希望能夠突破此前洋務經濟運動的界限，進一步向西方學到「西政之本源」——即「近之學西法者，語言文字、製造器械而已，此西藝之皮毛，而非西政之本源……捨其本源而不學，學其皮毛又不精，天下安得富強耶？」

上諭宣示天下之後，朝廷立即下令成立了以慶親王奕劻、大學士李鴻章等人組成的「督辦政務處」以作改革的最高規劃、指導機構。

明治維新初期的1868年，日本明治天皇曾詔告天下五條誓文：「一、廣興會議，決萬機於公論；二、上下一心，以盛行經綸；三、文武一途，下及庶民，使各遂其志；四、破除陋習，從天地之公道；五、求知識於世界，以振皇基。將實現我國前所未有之變革。」此五條可以看出日本政壇的胸懷和氣慨，明治維新自此目標更加明確，一個東方民族順利走上了近代化之路。

對比日本，中國的變法詔書姍姍來遲，這一反省和決策來得太晚，但其間包含的去陳圖新意向畢竟是明確的。這個方針的確立還有助於為中國的走上近代化之路贏得較為寬鬆的國際環境。

盛宣懷看到變法上諭後即說：「今兩宮一心，已飭議行新政，將來中外必能益加修睦，悉釋前嫌。」他為清廷草擬致列強政府的信函中這樣寫道：「敝國現議實行新法，正期圖報各大國之惠於後日。」正式發出的國書中「實行新法」四個字改成了「力行實政」。這些都清楚地反映出新政的目的。

就這樣，在戊戌政變後不到3年，承繼百日維新事業並在某些方面走得更遠的變革再次出現於京師，波及於全國。史家將這次變革稱為「清末新政」。

此時的慈禧太后也更加不得不承認這個事實，那就是清王朝的繼續維持，依靠更多是漢族文武官員的才能和忠誠。在朝廷之上的權力衝突中，不管她內心所

思如何，在事實上她不得不對漢族官員袒護有加，並能壓制滿人權貴的不滿，進而成功拉攏雙方，她所把握的尺度也可謂「準確」，這一點不僅超過她的丈夫咸豐皇帝，而且也遠遠比她的後繼者攝政王載灃看得長遠，也更具有政治手腕。

很快，在她的首肯下朝廷廢除了滿漢不得通婚的禁令。

1901年的7月，下令自明年起科考取消八股文，在試題中引入了對國際局勢和國內政治討論等策論內容。教育領域的改革比較容易做到深化，在很短的時間內就完全恢復了3年前被扼殺的「百日維新」的各項措施，8月初，又下令革新整頓京師大學堂，將各地原有書院改成新式學堂，要求各省城設大學堂，各府設中學堂，各縣設小學堂。

大中小學應運而生之後，各學堂的入學條件、修業年限、學校性質、課程設置以及各級各類學堂之間的統屬銜接關係均沒有明確規定，這樣勢必需要一個學制系統給予規範。此外，自19世紀60年代以來，由中央政府興辦的以高等教育屬性為主的一類學校如何向下延伸，由民間、地方興辦的以初、中等教育屬性為主的一類學校如何向上銜接，散落各方、處於游離狀態的各個教育實體如何系統化、整體化？這一系列問題也需要解決。

張百熙被任命為管學大臣，負責設計新型教育體制構建方案。《興學詔書》的頒布，拉開了晚清10年間教育立法活動的序幕。

1902年（農曆壬寅年），張百熙上呈學堂章程，即《欽定學堂章程》，在此章程下所創立的教育體制史稱「壬寅學制」。第二年，張百熙、張之洞、榮慶合作又對該學制進行了修改，於1904年1月（農曆癸卯年底）由清政府正式頒布，即《奏定學堂章程》，史稱「癸卯學制」，這是中國開始實施的第一個近代學制。並且這些措施在此後10年中得到了切實有效的實施。在某種程度上可以說，教育改革的成功也是清末新政中成績最為明顯的改革項目之一。

同時，各省選派學生以官費送到國外留學的規模也進一步擴大，各省派遣公費留學生，則是百日維新沒有提出過的。詔書當時計畫給學成歸來的留學生們分別賞進士、舉人等頭銜，試圖把這批新型知識分子引入現行體制之內。

同年，清政府宣布廢棄纏足惡習，「全國十八省總督皆有戒纏足之示」，各地總督如袁世凱、端方、張之洞等積極呼應，李鴻章、袁世凱還讓子女親屬放天足。[3]

---

3 嚴昌洪：《中國近代社會風俗史》，第203頁。浙江人民出版社，1992年版。

政改方面，在響應朝廷的奏摺中，出使日本大臣李盛鐸首倡建立君主立憲制。1901年6月，他在變法條陳中寫道：「查各國變法，無不首重要憲綱，以為立國基礎。惟國體、政體有所謂君子、民主之分，但其變遷沿改，百折千回，必歸依於立憲而後底定。」「橫覽世界，殆無無憲之國可以建立不拔之也，而幸致富強者矣。」[4]

此後10年，中國改革者一直在強國、立憲的道路上摸索前進，其艱辛可歌可泣；革命者在進行民族革命、構建共和體制的道路上百折不饒，其過程值得今人深思。

但是，慈禧太后畢竟是鎮壓戊戌變法的「罪魁禍首」，她在庚子危機之中發布的變法詔書的態度值得信任嗎？她是要真變法還是假變法？革命黨人為何自始都不信任呢？

慈禧太后的「政見」

慈禧太后首先是一個嗜權如命的統治者。

她是一個非常精明而又善於玩弄權術的宮廷貴婦。她之所以能在錯綜複雜、風雲變幻的晚清權力鬥爭中屢戰屢勝，主要得力於三要素。一是在打擊政敵、排斥異己的過程中心狠手辣，最終得以成為獨攬大權的最高統治者。二是善於把握形勢、當機立斷，決不讓機會錯過。三是善於利用各派利益集團之內的矛盾，達到居間操縱駕馭的目的。如「辛酉政變」後，恭親王一度成為朝廷高層領導中唯一能與她抗衡的人物，她則巧妙地利用了盛昱等人的劾疏，將以恭親王為首的軍機大臣全班撤換，至此權力更加強固。及至恭親王被攻倒，她又打擊清流，致使以操守自居、對時局糊塗的清流黨人在短時間內摧折殆盡。還有她對滿漢政要們的態度——一方面她深知維持時局離不開漢人官僚，另一方面她也需要驕橫的滿人官員去制衡這些日益膨脹的疆臣們。但是戊戌政變後，頑固派的血腥反撲和極端排外又使她本人以及她的帝國遭受了前所未有的劫難。她的權術也為她帶來了沉重的代價。

但是也不能不注意到以下史實：

---

4 《時報》，1905年11月28日。

　　19世紀60年代興起的洋務運動，無疑得到了慈禧太后的首肯，在極權體制下，沒有最高統治者的理解和支持，諸多革新措施根本無法開啟。正因為如此，各項洋務事業雖遭清流黨與頑固派的多次抨擊和干擾也從未中斷，洋務派官員雖屢遭彈劾，聲名狼藉，卻始終位居要津。

　　1875年1月28日，李鴻章在致李宗羲的信函中透露說：「廿二、三、六日，太后召見六次，悲傷迫切之中，大有勵精圖治之意。」1885年，他在一封致曾國荃的信中，又披露說，「在京勾留兩旬，召對五次，慈聖與醇邸，有意改革，諸臣墨守成規，不足振興。」李宗羲和曾國荃均與李鴻章有著深厚的私人關係，李鴻章在給他們的私人信函中，尚不致言不由衷作官樣文章。

　　更值得注意的是慈禧太后處理兩件事情的方式：

　　在是否設置同文館的爭論中，倭仁反對「奉夷人為師」的理由之一是「天下之士，不患無才，……何必師事夷人。」她遂順水推舟，一方面命總理衙門在報考人員中認真選拔，然後送入同文館學習。另一方面令倭仁另保「天下之士」中精通自然科學的中國教師，擇地設館進行教學，與同文館對壘競爭。高談闊論、以賢達自居的倭仁一旦動起真格，便無計可施，敗下陣來。孰是孰非，也就不辯自明。

　　在中法戰爭中，清流派慷慨激昂，抨擊洋務派的軍事外交策略，把部分洋務派成員的主和方針一味斥為投敵賣國的漢奸之舉。慈禧太后遂將清流派的幹將張佩綸派往中法戰爭第一線，出任會辦福建海疆大臣，讓他以自己認為行之有效方式取勝於外人，忠信篤敬終不敵大艦巨炮，結果可想而知。

　　慈禧太后的上述手法頗有以子之矛攻子之盾的意味，其政治傾向也在不言之中。但她表面上置身於事外、不偏不倚的作法，一方面為她贏得了李鴻章等洋務派官員的信任和忌憚，也讓反對派甘願對她俯首稱臣。

　　慈禧太后對洋務運動的接受和支持體現了她思想中開放的一面。她的文化水平雖然不高，但是從史料上看，她又十分好學。慈禧不是孤立的個人，她是傳統文化和教育制度培育出來的上層人士的代表。與稗官野史的描繪相反，她生長在一個殷實的滿人官僚家庭，養尊處優，入宮後也一帆風順。[5] 中國古典文化名著她自然是讀過的，並且也閱讀了《海國圖志》和《瀛環志略》等宣揚近代化的圖

5　參見徐徹：《慈禧大傳》，第29頁，遼瀋書社，1994年版。

書，這些對於她了解近代世界是大有裨益的。[6] 在她身邊還有一大批重臣親貴具體參與決策和施政，他們都是傳統文化孕育出來的官僚。這些都是制約慈禧太后言行的決定性因素。[7]

慈禧太后登上權力舞台起源於1861年的「辛酉政變」，那是她聯合恭親王奕訢所進行的一次奪權政變，是晚清政治格局的一次權力再分配，被排擠出局的肅順等「顧命八大臣」在政治上表現出的是更大的保守性。這次政變的成功客觀上達到了在傳統政治格局中優勝劣汰的結果。

其後作為最高統治者，她需要也樂於平衡各派政治力量，她一面要應付頑固派、清流黨的高談闊論，以及對她的依靠和支持；另一面也需要給成績卓然的開明派官員以實際的支持。1878年，曾國藩的長子曾紀澤出使英法前夕，與慈禧太后有段對話頗耐人尋味——

慈禧：「也是國家運氣不好，曾國藩就去世了。現在各處大臣，總是瞻徇的多。」

曾紀澤：「李鴻章、沈葆楨、丁寶楨、左宗棠均忠貞之臣。」

慈禧：「他們都是好的，但都是老班子，新的都趕不上。」

曾紀澤：「郭嵩燾總是正直之人，此次亦是拼卻聲名替國家辦事，將來仍求太后、皇上恩典，始終保全。」

慈禧：「上頭也深知郭嵩燾是個好人。其出使之後所辦之事不少，但他挨這些人的罵也挨夠了。」

曾紀澤：「郭嵩燾恨不得中國即刻自強起來，常常與人爭論，所以挨罵，總之係一個忠臣。好在太后、皇上知道他，他就拼了聲名也還值得。」

慈禧：「我們都知道他，王大臣等也知道他。」

慈禧不僅對曾、左等老一代洋務老臣念念不忘，而且頗為憂慮後繼乏人。在他們談話中提及的郭嵩燾是洋務派的新銳，是清政府首任駐英法公使，他極力主張向西方學習，在頑固派眼中，郭嵩燾卻是士林敗類、名教罪人。

郭嵩燾出使英國的消息傳出時，清廷內部有不少王公大臣與名士還恪守著

6 參見左書愕：《慈禧太后》，第5~6頁，吉林文史出版社，1994年版。

7 參見袁偉時：《慈禧、康有為的兩面性及其啟示——戊戌維新百年祭》，原載《東方文化》，1998年第1期。

第三章　新政上諭：「變法自強，為國家安危之命脈。」

「天朝上國」的狹隘觀念，把郭嵩燾的出使行動看成是毀掉一世清名的差使。在當時人的眼中，郭嵩燾的洋務主張就已經標新立異，令人側目了，而這次，他竟自棄父母之邦，遠赴夷人之國。他的一些湖南同鄉更為他此行感到羞恥，甚至企圖毀掉他的老宅。當時，有人竟然編寫了這樣一副極為尖刻的對聯來羞辱他：「出乎其類，拔乎其萃，不見容堯舜之世；未能事人，焉能事鬼，何必去父母之邦。」

郭嵩燾出使英國，利用公務閑暇，悉心考察英國政治。通過對英國資本主義政治運作的實地考察，郭嵩燾逐漸擺脫了君權至上的思想束縛。在英國，他不僅敢於考究西方的民主政體，而且敢於肯定其優點。1877年（光緒3年）5月，劉步蟾、方伯謙、嚴復等人作為海軍留學生，在監督李鳳苞的帶領下到達英國。抵英次日，郭嵩燾便在公使館中設宴，為李鳳苞等洗塵。在郭嵩燾的安排下，這些留學生一部分被分派至英國艦隊中，另一部分則考入了皇家海軍學院，此後成了公使館的常客。

郭曾把使英途中見聞逐日詳記輯為《使西紀程》一書，內容有稱讚西洋政教修明、中國應採用其治國之道等話語，他將書寄回中國後，呈總理衙門刊刻，一時激起滿朝士大夫公憤，要求將其撤職查辦。翰林院編修何金壽參劾他有二心於英國，想對英國稱臣，就連郭的副使劉錫鴻也對其口誅筆伐，並列十款罪狀彈劾郭嵩燾。

由於清朝守舊勢力過於強大，從朝廷到京師大夫對郭嵩燾一片唾罵指責之聲，他不得已在任期未滿之時，奏請因病銷差，清廷立即同意並派曾紀澤接任。於是出現了上面慈禧與曾紀澤談話的一幕。

頑固派的力量之大讓作為最高統治者的慈禧也無法掌控和駕馭。恰恰慈禧又好權，所以頑固派又每每投其所好看準時機攻擊開明派，「好權」和「頑固」相結合只能造就一股強大的歷史逆流，給中華民族的近代化進程造成莫大的損失和阻礙。

戊戌變法中慈禧太后的悲劇恰恰就在於此。

中日甲午戰爭的失敗也同樣給她以巨大的刺激和精神震撼。1895年她告訴劉坤一，每當聽到來自甲午戰爭前線的壞消息時，她都與光緒皇帝相對哭泣。尤其是在甲午戰敗與《馬關條約》簽訂以後，民族危機加深這一嚴酷事實，使她對進一步變革也持較過去更為積極的態度。

最初光緒皇帝把自己「不甘作亡國之君」而決意變法的想法通過慶親王奕劻轉告給慈禧太后時，慈禧太后對其變法願望和志向予以贊同。

金梁在《四朝軼聞》記述說：戊戌變法期間，光緒帝因「懾於積威」，「事事請懿旨」，「太后方園居，厭其煩，遂諭帝但無違祖制，可自酌，帝稍稍得自行其志。」據費行簡《慈禧傳信錄》載，早在變法之初，慈禧即對光緒說：「變法乃素志，同治初即納曾國藩議，派子弟出洋留學，造船制械，以圖富強也。」「苟可致富強者，兒自為之，吾不內制也。」[8] 這兩則材料一方面說明對於光緒變法，慈禧太后雖有告誡，但無反對之意；另一方面則顯示慈禧太后對光緒皇帝事事請命的作法也並不完全認同，她希望自己培養出一個能夠果斷定奪的「明君」，以期再造中興，似乎也符合傳統中國社會的政治倫理，但也說明從改革伊始，慈禧就對光緒的辦事能力表示懷疑和不滿。總的來說，慈禧太后對光緒帝的態度是十分矛盾的。

1898年1月24日，總理衙門五大臣李鴻章、翁同龢、榮祿、廖壽恆、張蔭桓對康有為的召見，其實也是依照慈禧的意見行事的。史料中這樣記載：正月，康初上之書，上呈於太后，太后亦為之動。命署五大臣詳詢補救之方、編發條理。[9]——慈禧在開始也對康有為寄予了很大的厚望，希望能得到一劑挽救現狀、變法圖強的良藥。

翁同龢在1898年的日記中有類似的記載：「是日上奉慈諭，以前日御史楊深秀、學士徐致靖言國是未定，良是，今宜專講西學，明白宣示。」這段記述可以表明，慈禧的態度已趨向積極。

在廢除八股取士制度時，光緒皇帝態度堅決，準備接受維新派的建議，不經「部議」，繞過現有機制，直接頒詔推行。可是卻遭到守舊大臣剛毅的抵制，他說：「此乃祖制，不可輕廢，請下部議。」光緒皇帝回答說：「部臣據舊例以議新政，惟有駁之而已，吾意已決，何議為？」剛毅並未就此罷休，而是企圖借助慈禧太后的威力阻撓此事，便稱「此事重大，願皇上請懿旨」。當光緒帝到頤和園向慈禧太后請示時，她對此事予以默認。隨後的提倡譯書、開設新式學堂等文

---

8 費行簡：《慈禧傳信錄》，《戊戌變法》資料叢刊（一），第464頁。

9 蘇繼祖：《清廷戊戌朝變記》，載剪伯贊等：《中國近代史史料叢刊戊戌變法》，第1冊，第464頁，神州國光社，1953版。

教改革措施和發展民族資本主義、振興工商業等經濟改革措施，慈禧均未反對。

即使在戊戌政變之後，也有人這樣評價：「太后之心，未必不願皇上勵精圖治，未必不願天下財富民強。」「太后與皇上本不相能，大都小人間離，若二三明大義識大體，公忠正直之大臣，撮合其間，使太后知皇上已歸心，並非從怨謗，則遇皇上必慈，皇上感太后之寬仁，則事太后必順，成見釋於心，則兩宮和睦。」在1899年10月6日，她召見盛宣懷時說「外國欺我太甚，必要做到自強」。[10]「我希望我們中國將來會強大」[11] ——這是她身邊的女官德齡在回憶中記下的慈禧太后的言論。

以上材料可見，如果沒有慈禧太后首肯，光緒皇帝根本無從開啟一系列的變法措施，包括《明定國是詔》在內的不少「聖旨」下達前曾送慈禧審定。光緒是一位勇於接受新事物的皇帝。他對最新圖書的關注甚至超過了朝中的大部分大臣。介紹西方體制和日本變法的《英法政概》《采風記》《日本國志》他都讀得如饑似渴，康有為呈送的變法條陳和《俄波得政變記》及《日本變政考》和李提摩太等撰譯的《泰西新史攬要》《例國變通興盛記》均曾由光緒帝「恭呈慈覽」。因此，把慈禧太后說成完全因反對維新而發動政變，至少是把複雜的歷史事件看得過於簡單化了。

光緒皇帝素來懼怕慈禧太后，待到慈禧坦露心跡，他就在幾個下層知識分子的支持下行動起來，希望把一千年的任務在三五年之內便大功告成。

在變法中，不但翁同龢所主張的設立京師大學堂積極進行；而且禮部滿漢兩尚書、四侍郎因「阻撓新政」全部革職；京師裁撤詹事府等七個衙門；各省裁撤巡撫、河道總督、糧道等激烈措施，慈禧太后均未明確表達反對意見。

在此期間，頑固派由於除舊布新、特權不保，從一開始就持反對態度，其中的首腦，不是在天津的榮祿，而是刑部尚書剛毅。他們先是到慈禧太后那兒去哭訴，懇請太后出而訓政，慈禧也並不為其所觸動。

時在京任職，與奕劻、榮祿關係密切的陳夔龍是變法的反對派，他在《夢蕉亭雜記》中這樣表達了對慈禧太后的個人看法：「光緒戊戌政變，言人人殊，實則孝欽並無仇新法之意，徒以利害切身，一聞警告，即刻由瀬園還京。」這一說

---

10 《盛宣懷未刊信稿》，第276頁，中華書局，1960年版。

11 德齡：《慈禧御前女官德齡回憶錄》，第232頁，黑龍江人民出版社，1988年版。

法可為慈禧太后對待變法的初始態度以及態度變化原因提供參考。這裡就有一個問題：慈禧太后容忍變法的最低線在哪裡？真如傳統觀點所認為的：「后黨」就是一股反動勢力，與之相對應的「帝黨」就是革新勢力嗎？

1887年，16歲的光緒親政，但是他並不具備他的祖先康熙那樣的政治素質。翁同龢在日記中記載到光緒「見太后則戰慄」。慈禧太后在心底似乎也並不相信光緒具有真正的治國才能，在可見的原始檔案中，可以見到她偶爾誇獎皇帝有孝心，但卻從來沒有稱讚過皇帝的政治才幹。

從現實意義上講，一個16歲的少年也是無法主宰處在危機中的中國政局的，慈禧仍然在幕後左右決策具有某種程度的合理性。作為朝廷中的行政官員，本來對於誰處於權力的頂峰並不具有實質性的反對或者贊成。但是正當六部九卿的尚書、侍郎以及各省督撫這些當權派遇事向慈禧請示定奪時，又有一批非當權官員對此提出了異議，外加一些敢於直諫的清流派官員搬出祖制攻擊那些「不保皇上」卻「保太后」的當權派，再加上甲午戰爭的失敗造成了割地賠款的慘劇，他們認為責任就在當權派。所以在光緒皇帝的周圍，逐步形成了以光緒帝的師傅翁同龢、文廷式為代表的帝黨集團。後來以康有為為代表的維新派為實現自己的政治目的，與帝黨集團聯合，在一定程度上加強了帝黨集團的實力，但是帝黨集團和維新派並未掌握清廷的實權。

所以說，「后黨」與「帝黨」的最重要的區別其實是在於當權與否。「帝黨」中有大批希望恢復極權統治的傳統官僚，有希望通過變革以達自強的帝師翁同龢，也有竭力反對任何變法的清流名士李鴻藻。「后黨」的成分也相當複雜。

這樣的話，帝、后兩黨的關係呈兩重矛盾交織在一起：第一是當權與非當權的權力之爭；第二是改革與保守之爭。但是在光緒和慈禧呈矛盾對立的同時，不應忘記，面對列強瓜分的民族危機和顯赫皇權的不斷喪失，他們兩人都在考慮如何去改變中國這種極貧積弱的局面，所以帝后兩黨又有共同的政治利益。慈禧作為一個曾經的「天朝上國」的最高統治者，她所了解的中國甚至比許多海外革命者、地方各省大員、朝中大臣所知道的中國更全面、更真實，每天都有駐各國的公使、各省的官員送來的奏章材料，這些真正的一手材料在她的面前得以匯總。拋開對西方人認識的程度不講，只從心理上剖析，她同俄國的彼得大帝和日本的明治天皇一樣，希望帝國能夠在自己的手中重現昔日輝煌。這是任何一個有平常智力的專制統治者共同的心理。當甲午慘敗之後維新變法的聲音一浪高過一浪之

時，她沒有理由成為變法維新的反對者，如果變法成功，再造興盛，她不會拒
絕。也正因為如此，在改革的前一個階段，她不僅沒有阻礙光緒皇帝和康有為的
接觸，而且派出了5位政要大臣前去摸底，看看康有為是否真有強國之才。

在百日維新中，光緒12次赴頤和園見慈禧，在這12次的會談中，他們衝突也
好，妥協也好，其實仍是站在同一個政治聯盟下。

可見戊戌變法的開動，不是帝黨獨立於后黨的支持，更不是光緒撇開慈禧而
進行的單方面的偶然的舉動，而是在共同的現實政治危機和民族危機面前，帝、
后兩黨採取的共同救國救己之路。

那麼為什麼當光緒帝雷厲風行推動新政之際，慈禧太后卻突然出而訓政，第
三度掌握政權，結果光緒被幽禁於西苑，康有為之弟康廣仁、御史楊深秀，以及
光緒左右，專門辦理新政的軍機章京，被稱為「四京卿」的楊銳、劉光第、林
旭、譚嗣同被斬首。——此即是中外史家所稱的「戊戌政變」。

慈禧太后為什麼又以一個改革反對者的形象出現？

任何一場政治改革都意味著權力的再分配，即原有的權力分配格局將被打
破，新的權力分配格局便隨之形成，而由誰來領導這場政治改革，就意味著誰將
在新的權力結構中占據支配地位，因此，改革的領導權便成為權力結構中各種力
量爭奪的焦點。就清政府當時的政治形勢而言，光緒和慈禧共同分享皇權合法性
的特殊狀況，使得最高權威——皇權出現二元化，而這種二元化又是極不平衡
的，即慈禧在權力結構中居於主體地位。光緒要想從慈禧手中奪回應有的權力，
勢必要打破這種權力格局，使自己在權力結構中占據支配地位，這就必然要求光
緒在變法中居於領導地位，牢牢掌握變法的領導權，只有這樣才能按照自己的意
圖進行權的再分配。這對於慈禧來說，就意味著權力的削弱和地位的下降。這
樣，雙方的矛盾便突出地表現在對最高權威的爭奪上。這是政治改革所引起的權
力分配格局轉型時所不可避免的。

在這種情況下，本來應盡可能安撫慈禧太后，暫時不威脅其所擁有的最高權
威，以盡可能地減少慈禧太后對光緒皇帝的猜疑與不滿，緩和兩者之間的緊張與
矛盾，防止保守派與太后之間結成反對光緒帝的政治聯盟，以便在太后容忍的最
大限度範圍內從事變法，防止最高權威兩極分化的態勢。

但是，康有為為首的維新派採取的是孤立與排斥慈禧太后的策略，主張「尊
君權之道，非去太后不可」，對翁同龢「調和兩宮」以減少變法壓力，以及王照

多次提出光緒力弱不足恃，應奉慈禧以「變法之名」、讓她而非光緒充當維新變法的領袖的主張置之不理。翁同龢作為光緒皇帝的老師和軍機大臣，是舉薦康有為等維新派與朝廷聯繫的功臣。但是兩人在很多具體問題上並不能達成共識，康氏《新學偽經考》給他留下的印象卻是「真說經家一野狐也，驚詫不已」。[12] 管學大臣孫家鼐「頗言變法」，曾面請康氏出任京師大學堂總教習，也「上摺劾《孔子改制考》，並謂康某才氣可用，以為宜如漢文之待賈生，老其才折其氣而後大用之。」[13] 維新派的戰略不僅削弱了革新力量，且進一步激化了慈禧和維新派的矛盾，不僅沒有分化慈禧太后與頑固派之間的聯合，反而促使他們結成政治聯盟的可能性出現。慈禧太后對光緒所具有的潛在「否決權」以及她在群臣中至高的權威性乃是不容忽視的客觀事實。這種政治戰略顯然具有太高的政治風險。

　　慈禧太后很明顯地感覺到了自己在變法中受排擠的政治氣氛。在《明定國是詔》頒布後的第四天，即1898年6月15日，她迫使光緒皇帝連下三道上諭，在人事布置上打擊帝黨勢力，穩固后黨地位。第一道是下令免去翁同龢的軍機大臣等一切職務，逐回原籍；第二道是凡授任新職的二品以上大臣，須到太后面前謝恩，慈禧又把最高人事任免權收回到自己手中，使得光緒帝的用人自由度受到制約；第三道是任命她的親信榮祿署直隸總督這一實權職位。

　　但是到這個時候，還並不能證明慈禧太后已經開始阻撓改革。有學者通過原始檔案研究發現，翁同龢之所以被免去軍機大臣，非但不是因為其改革姿態，而是作為帝師的翁同龢在當時已經表達了對激進改革的不滿，即使如此，光緒皇帝也並不想失去這位左膀右臂，但在朝廷官員大起大落已經非常普遍的情況下，翁的姿態也讓光緒沒有充足的理由拒絕這項人事決定。再者，新啟用的直隸總督榮祿也並不屬於變法的絕對反對派陣營。

　　由於受到慈禧太后反擊，本來就對她十分忌憚的光緒皇帝變得更加憂慮，在一部分帝黨官員的策動下，他決定進行反擊，開始採取一系列激進措施，打擊后黨集團。光緒皇帝試圖通過裁撤冗衙冗官、壓制甚至罷黜后黨大臣，以控制人事任免權，便於任用帝黨官僚和維新派，使他們真正掌握朝廷實權。

　　這裡是康梁派所重點效仿的日本明治維新大體過程。1868年，日本的菁英集

12　《翁文恭公日記》，第33卷，第43頁。

13　《康南海自編年譜》，第48頁。

團擁立年幼的睦仁太子繼任「天皇」，並以動武要脅，迫使日本的實際統治者德川幕府還政於睦仁。睦仁太子即位後，定年號為「明治」。「明治」取自中國《易經‧說卦篇》的「聖人南面聽天下，向明而治」。新天皇希望日後自己能像聖人那樣廣納眾議，明察治國。這場運動的實際領導人很顯然並不是天皇本人，而是大久保利通、木戶孝允領西鄉隆盛並稱的「維新三傑」以及後來的伊藤博文等人。這些人出身藩閥，他們是日本最後的武士，也是最終埋藏武士制度的人。這充分說明在舊體制中是可以走出一股力挽狂瀾再造輝煌的新生力量的。他們中間大多在早年就接受蘭學薰染，有較為扎實的西學功底，同時又參與了幕府末期的藩政改革，積累了豐富的政治經驗。當他們與天皇一起推翻幕府政權的時候，已經是一批富有謀略高瞻遠矚的政治家和軍事家了。很顯然他們並非只是具有熱情和愛國之心的書生。

受甲午戰爭失敗刺激的中國志士們也不甘被宰割。但他們只是從社會下層初步走上來的知識分子；另外，很關鍵的一點就是當時中國的危機現狀使他們漸漸失去了政治耐性。這就決定了他們自身和所領導的這場運動的悲劇性。他們對自己的政治目標往往帶有一種理想主義的色彩，連梁啟超後來也認為，康有為「謂之實行者，不如謂之理想者」。[14]

在民間，康氏的這些言行也導致本已薄弱的維新勢力的分裂。1897年上半年，章太炎與康氏門人相遇，「論及學派，輒如冰炭」。[15]「章太炎不同意康有為『倡言孔教』。康有為門徒竟至『攘臂大哄』，章太炎憤而離開《時務報》」。[16]

對於鼓吹、宣傳西方政治思想，康梁也許是游刃有餘，能夠把近代政治理念借中國傳統儒學以宣揚之，但是在政治實際操作方面他們卻是等而下之的。

在日本的維新中，福澤諭吉一類的民間志士從事了康梁的政治鼓動工作。在《文明概略論》中他疾呼：「如果想使本國文明進步，就必須以歐洲文明為目標，確定它為一切議論的標準。」從而提出了較完整的日本歐化理論。作為日本啟蒙運動的先驅者，他享有「日本伏爾泰」之盛譽，但同時後人評論他的思想不

---

14 《戊戌變法》（四），《康有為等人傳記》，第36頁。

15 湯志鈞：《章太炎年譜長編》，第42頁，中華書局，1979年版。

16 湯志鈞：《章太炎年譜長編》，第43頁，中華書局，1979年版。

免帶有舊傳統的烙印，他主張「官民調和」而反對自由民權運動，強調伸張國權而支持政府的大陸擴張政策。他的軍國主義思想遺害無窮，但是「官民調和」等理念在那個特殊的時代無疑為日本的維新歷程縮小了政治成本。

歷史位置的錯位並不是中國維新派自己的責任，但是這一錯位，卻使康梁在駕馭政治改革的戰車時顯得力不從心。

維新派「捨我其誰」的功利心理讓他們陷入更大的孤立，不僅頑固派官員始終站在他們的對立面，即使像老洋務派這樣的開明官員也逐漸與之疏遠，這是進行政治革新的一大忌諱。

在當時的清廷官僚層中，從中央到地方都存在一種求變的思潮，在向西方學習進行變革以求民族自強的共識比以往任何時期都要強烈。甚至在最頑固的官員中間也有不少人開始轉化，認為「徐圖而漸更之」並非不可取。更何況洋務派是迄今為止官僚層的較為開明者，不僅主持著全國上下的近代化建設，而且大多位高權重，為朝廷所倚靠，具有豐富的政治運作經驗和高度的政治親和力，雖然屢次遭到清流派和頑固派的非難，可是地位巋然不降。而且洋務派自身也在發生著嬗變和進步，洋務派所重視的教育改革其實就是新一階段變革的思想體現，已經走出了初級的物質模仿階段；雖然沒有維新派的主張激進，但有許多洋務人士甚至已經把政治改革的主張著作成冊，在官員中傳播。他們對維新派的革新也存在著某種程度的認同、同情。

更有學者認為，「維新不是從戊戌年開始的」。[17] 甲午戰敗，人們痛定思痛，紛紛提出何以自處的問題。應向西方學習的呼聲在朝野上下迅速蔓延。最有代表性的說法出自順天府尹胡燏棻：「今日即孔孟復生，舍富強外亦無治國之道，而捨仿行西法一途，更無致富之術。」[18] 這個奏章比康有為發動的「公車上書」稍晚一些，但「公車上書」的各項主張在同時期不少大臣的奏章中也提出來了，如劉坤一、袁世凱、盛宣懷等。更值得重視的是清政府對這種主張不以為忤，且發出「上諭」，把應興應革各事歸納為16項，連同胡氏及張百熙、陳熾、康有為等人的7份奏章發給各大臣，要他們「悉心妥籌」、「實力講求」。[19]

---

17 閻小波：《論「百日維新」前的變法及其歷史地位》，原載：《學術月刊》，1993年第3期。

18 《順天府尹胡燏棻條陳變法自強之道》，《光緒政要》，第21卷，第16頁。

19 光緒二十一年閏五月廿七日上諭，《光緒朝東華錄》，第3631頁。

　　李鴻章曾試圖成為強學會的資助者，但是卻遭到維新派人士的斷然拒絕。地方大員中，一直以來於維新不遺餘力的湖南巡撫陳寶箴開始極力保薦康有為，但隨著改革的推行，也開始否認康有為的激進措施。湖廣總督張之洞曾多方聯絡維新人士，強學會的活動和《時務報》都曾得到他強有力的支持。但張氏「不信孔子改制，頻勸勿言此學」，[20] 堅決反對康氏用孔子紀年，康氏不聽，最終「以論學不合背盟」，[21] 維新派失去了最具實力的支持者。康有為等人不僅在意識層面上刻意把洋務派官員排斥在自我陣營之外，而且在行動上也把李鴻章、張之洞這樣漢族出身的洋務重臣簡單地以保守「老臣」對待，而要光緒「惟有擢用」下層資格淺薄的官員進行變法，這無疑把溫和的洋務官員也推到了自己的對立面。

　　維新派在政治上漸成孤家寡人。

　　俄、德、日等國尤其日本明治政府變法改革的成功，給當時中國的激進知識分子們提供了可供參考的藍本，彼得大帝、威廉一世、明治天皇等君主在本國所獲得的成功和威望，以及改革對民族所起到的化腐朽為神奇的力量，不僅讓光緒皇帝本人頗為神往，而且也深深感染了支持戊戌變法的大量知識分子。他們深信打造出一個強有力的男性君主是實現改革成功的唯一前提。

　　但他們只看到彼得大帝、威廉一世、明治天皇的君主身分，只看到他們的男性特徵，卻忽視了他們最本質的特性——真正的最高當權者，雖然日本的天皇在此時並不具有壓倒一切的行政優勢，但他具有無可辯駁的最高政治地位、神權地位。而在當時的中國，最高的權威掌握在一個女性——慈禧太后手中。機械地照搬日本等國的改革經驗，就必然導致他們在制定政治策略時出現失誤。

　　康梁是機械地依照日本明治天皇的變法手段行事的，試圖把光緒皇帝打造成中國版的明治天皇。在這一觀念的指導下，他們主張「尊君權之道，非去太后不可」，把慈禧看作「不可造就之物」。在康有為對光緒皇帝的進言中，勸說光緒皇帝認清太后面目，稱她表面上允許變法，實際上並沒有任何誠意，相反還暗中阻撓，稱慈禧太后是中國變法圖強之第一大阻礙。並激勵皇帝大膽無懼，以兵圍頤和園，取太后入城，禁於西苑之小島中，以盡其餘年。隨後可降一諭，數太后之罪惡，以後永不許太后秉政。但光緒皇帝深知軍權操於太后最信任之人榮祿之

20　《康南海自編年譜》，第31頁，中華書局，1992年版。

21　《康南海自編年譜》，第52頁，中華書局，1992年版。

手，故立意先不舉發。而恰恰在這時，光緒帝先後3次召見袁世凱，引起后黨集團更大的疑忌，認為皇帝意欲利用袁世凱控制北洋陸軍的指揮權，以實現其「圍園捕後」之目的。

慈禧本來就對維新派撇開她直接游說光緒帝而心存不滿和懷疑，隨著局勢的變化，她對光緒皇帝的不信任感也在加劇。

而伊藤博文的到來進一步加深了慈禧對光緒變法意圖以及個人政治能力的懷疑，伊藤博文的取名很可能源於《論語‧雍也》：子曰：「君子博學於文，約之以禮，亦可以弗畔矣夫！」他早年去英國學習現代海軍技術，在國內主持廢除太政官制，實行內閣制，出任首屆內閣總理大臣兼宮內大臣，並開始起草憲法的任務，被譽為「明治憲法之父」。1894年，伊藤博文參與策劃了日本對朝鮮的侵略和中日甲午海戰，戰後與中國簽訂《馬關條約》。在戊戌政變後，參與救援被捕的黃遵憲，並協助康有為和梁啟超逃往日本。1900年創立政友會，自任總裁，開日本兩黨政治的先河。伊藤博文是使日本邁進現代化國家、成為近代世界列強之一的功臣，但由於其一貫奉行對外擴張政策，在日本國內外都有著截然不同的評價。

光緒帝決定於9月20日召見伊藤博文的輿論傳開，使得整個后黨集團更為恐慌，他們深怕光緒皇帝同伊藤博文達成祕密協議，依靠支持，推翻后黨政權。當時國家半殖民地半封建的現實處境，決定了政府內權力爭奪的先決條件：一為聯絡列強，取得西方支持；二是掌握軍隊，取得壓倒性優勢。光緒皇帝無論採取哪種策略，外加康有為的「劫後」主張，都會使慈禧太后感到權力危機、生存危機的加重。

以慈禧、榮祿為代表的支持有限變革的當權派，以孫家鼐為代表的中間派，與以懷塔布、剛毅、葉德輝等人為代表的頑固派，出於對激進政策的不滿不約而同地走到一起，形成了強大的反對派陣營。

隨著維新派「堅持扶此抑彼之策」，以除掉慈禧太后為急務，權勢和地位受到直接威脅的慈禧太后，便利用百日維新所激起的反對力量，發動政變，推翻了帝黨。帝黨的政治資產——「戊戌變法」隨著載體的滅亡同樣遭到厄運

維新派對改革成效的期望過快。任何社會改革都是一個系統工程，希望畢其功於一役是不現實的。社會改革的承受能力，除了政治集團的利益衝突之外，還受到文化傳統、思維方式、體制外力量承受能力的影響，這是我們經常談及而又

不得不談的現實因素。他們甚至認為中國的變法只要雷厲風行一定比日本走得還要快捷,康有為在光緒面前說:「泰西講求三百年而治,日本實行三十年而強。吾中國國土之大,人民之眾,變法三年,可以自立。此後則蒸蒸日上,富強可駕萬國,以皇上之聖,圖自強在一反掌。」

在這樣的改革思路指導下,維新派在具體的改革措施上相應採取了全面出擊、齊頭並進的方針。「百日維新失於激烈,過於急進」,[22] 超出了社會的實際承受力,以致朝野上下一片恐慌。

維新派從一開始就把自己的政治底牌徹底亮出,把改革的最終目標和通盤計畫全部公諸於世,在整個社會各個階層尚未有充分的思想準備時,在康梁的周圍形成對自己有利的強大政治同盟是不可能實現的。維新派在自己尚沒有任何政治權威的的情況下,就廣泛宣布向以六部為中樞的整個傳統官僚宣戰並整個撤除六部。1898年1月24日,總理衙門的大臣延見康有為時,榮祿問他如何革新,康有為回答說:「殺二品以上阻撓新法大臣一二人,則新法行成!」

頓時全場愕然。以至於李鴻章譏笑他們只是經院書生。

這種與現實脫節的冒進手段只能給變法帶來更大阻力,給反對派以更為充足的反對藉口。

在維新的103天內,以光緒皇帝的名義接連下發了變法諭旨三百多條,來自中央政府的變法指導文件日均多達3份。內容涉及改革官制、選拔人才、裁汰冗員、廢除科舉、農工商業、法律、財政、軍事等社會的方方面面,幾乎是遍地開花。這種齊頭並進的變革措施缺乏充分的事先設計和安排,完全是在大幹一場、求勝求快的功利心態下發布的。只論官制改革一項,也絕不是一紙詔書就能解決的問題。因為它牽涉社會方方面面,不僅僅是涉及到官僚層的利益,還給整個社會帶來的巨大激蕩,給社會各個階層都帶來了困惑和懷疑。再看裁汰冗員,不要說是在一百多年的晚清政府難以操作,即使放在當下任何國家,這都不是一個可以簡單地在短時間內可以處理的問題。特別像廢除科舉這樣涉及全國百萬紳士,百萬紳士背後又有更為龐大的支持群體的情況下,事先並沒有給這些讀書人改弦更張的心理準備,這個群體又怎會支持這一改革?而像裁汰綠營、讓旗人自謀生路等,卻沒有給予相應的安置政策,也沒有相應的配套措施,這些人在軍營中為

22 《李提摩太傳》,《戊戌變法》(四),第234頁。

軍人，流落到社會即成流民，各省督撫們怎麼敢隨便裁汰綠營？

至此，康梁改革已經為社會的大多數所不能接受。

筆者述此，絕非是說綠營不可裁、官制不可改。康梁效仿日本維新，理解的卻單單是它的外在形式，而沒有對內部的成功經驗多加研習。這一點，梁啟超直到流亡日本多年後才認識到。

明治政府成立不久就著手廢除封建等級制度，取而代之的是皇族、華族、士族和平民四種身分，並宣布「四民平等」，取消傳統武士制度，並用公債的形式逐步有償收回了華族和士族的俸祿、祿米。華族和士族其實都是過去的武士階層，而他們中的上層則利用巨額公債投資於新興工業，成為新式資本家。

新舊之間的妥協在社會變革時期不僅是必要的，也是必須的。舊體制中的傳統人才應該在適當的政府引導下為新體制服務，這樣做也相應減少了社會變革的阻力。

這一點在庚子事件之後的十年新政期間政府有所重視，1905年9月2日清廷正式全面廢除科舉制，在此之前也制定了相應的安置政策。但是因為時間的倉促，還是留下了很大的隱患，新崛起的紳士階層中有大量的被科舉制度拋棄又沒有新的位置來安置的人員，有的轉化為堅定的立憲派，有的附和了革命，最終成為推翻清朝的實質性力量之一。

而戊戌變法後期，他們的反對聲音也不可小視。在朝廷上，在頑固派與整個官僚階層的壓力下，在自己權力私心的驅使下，慈禧太后作為清政府的實際最高統治者，直接出面干涉。

對於維新派的政治素質，西方人也有評議。胡繩在《從鴉片戰爭到五四運動》一書中，提到康有為在香港同一個從英國派到中國考察的貝斯福爵士談過話，貝斯福在所著書中記載了這次談話，表示對康有為很尊敬，但又說：「我很遺憾，只能得出這樣的結論，這些維新者辦事沒有章法，過分急於求成，因而造成了他們的救國事業的失敗。」

英國公使竇納樂於政變發生20天後給英國外交大臣的信上說：「我認為中國正當的變法，已大大被康有為和他朋友們的不智行為搞壞了。」還有上海英國人辦的《字林西報》轉述北京外交使館對百日維新的看法是：「維新黨的計畫是不合實際的。光緒皇帝可能把中國弄得不成樣子，太后是宮廷中唯一頭腦清晰的

人，而她之及時干涉是有裨於時局的。」[23]

蕭功秦在「天則經濟研究所」做的一篇名為《中國百年現代化的六次政治選擇》發言中這樣說到：

戊戌變法是開明專制化的第二個階段。它的基本特點是一批體制之外的邊緣知識分子突然進入了政治中心。他們雖然有著強烈的改革精神，有著明確的現代化意識，但是他們從來沒有當過官，他們和年輕的光緒皇帝相結合形成了推動中國現代化的菁英勢力。

戊戌變法的失敗有兩個根本的原因：

第一個就是他們心態上的危機感和他們強烈的焦慮感影響了他們的政治決策，使他們陷入了一種焦慮型的激進型當中，他們在一百多天的時間裡發布了近三百道改革的上諭，所有這些上諭彼此之間幾乎沒有相互的支持，甚至說缺乏政治上的基本章法。

他們失敗的第二個原因是他們的確沒有任何的經驗，他們當中絕大多數人沒有當過官，他們在邊緣狀態獲得了外部的一些支持，正是他們對外部支持相對有限的了解能夠使他們鶴立雞群，從而贏得了年輕皇帝的信任。然而當他們獲得了一些信任以後，缺乏在體制內實行改革的任何經驗。

由此可見，戊戌政變蘊含著各種複雜的意味，其間既包含保守勢力對維新變法的抵觸，也包括統治集團內部的權力之爭以及穩定大局、調整政策的需要。僅僅以反動、保守的概念去理解戊戌政變，似乎未能得其要諦。

維新派雖然在戊戌維新期間捲入了帝黨一派，百日維新的根本性目標卻不完全在帝黨的私利，更企圖解救中國落後於世界的困境。這一點也是清朝統治集團的共同要求以及慈禧太后最初支持變法的基本原因。正因為如此，慈禧太后不僅不可能在戊戌政變後全盤否定戊戌維新，而且必須在「百日維新」的基點上繼續推進改革。否則，她將處於與甲午戰後的強大變革潮流相對抗的不利地位。作為有多年統治經驗的慈禧太后，是斷斷不會走出這一步的。

於是，在戊戌政變後屠殺、捕拿維新派的政治恐怖氣氛中，一道頗為重要的諭旨從深宮中發出：「前因中外積弊過深，不得不因時制宜，力加整頓。而宵小

---

23 以上參見胡繩：《從鴉片戰爭到五四運動》，第571、552、553頁，人民出版社，1981年版。

之徒，竊變法之說，為煽亂之謀。業經嚴拿懲治，以遏橫流。至一切政治有關國計民生者，無論新舊，均須次第推行，不得因噎廢食。……嗣後內外臣工，務當清白乃心，一化新舊之見。凡有建白，但期有裨時局，不得妄意揣摩，挾私攻訐。」[24] 這裡集中體現了戊戌政變後慈禧太后的基本思路，也確立了清政府在此後一段時間內對待維新變革的基本態度。慈禧十分清楚，不管她的內心深處願意與否，中國所面臨的外憂內困都迫使她沿著變法的道路走下去。

所以在戊戌政變之後，慈禧下令取消變法詔令，對於頑固派來說，是得到的一次政治性回報；對於慈禧本人來說，不過是作一次表面文章。在她政變後發布的一系列詔書中，指責的重點並不是變法的措施，而是責罵康梁結黨營私。

所以有人認為：慈禧並不是戊戌變法的天然反對者，甚至直到戊戌政變，也不能說她完全反對變法新政，她所不能容忍的是通過變法新政妄圖奪走她手中權力的人，而不是這種新政本身。

基於百日維新的教訓，也迫於清政府內保守主義的壓力，慈禧太后於戊戌政變後基本上採取政治變革滯後、經濟變革優先的方針。8月29日，清廷頒發諭旨，指出：「國家振興庶務，凡有益於國有便於民者，均應隨時興辦，以植富強之基。前因商務為當今要圖，特諭劉坤一、張之洞就沿江沿海一帶先行試辦。……務期中外流通，確有成效，不得徒師空言，致負朝廷力圖振興至意。」[25] 10月25日，清廷准劉坤一所奏，宣布：「農商人等聯絡群情，考求物產」，「在所不禁」，但不准「妄議時政」。其基本精神大致可見。

然而，與政治變革相脫節的經濟變革終難大有成效，極端保守派高壓的格局更使戊戌政變後的有限變革呈現出萎縮狀態。這種萎縮一直持續到庚子事件結束。

1901年1月29日，由慈禧主持的「清末新政」正式開啟，雖然新政詔書中死活不承認康梁變法的合法性，實質上倒是又回到了戊戌變法的原點。

但是國際環境、國內狀況已經今非昔比，清王朝的統治權威開始真正喪失。

在1898年戊戌政變之後，反滿運動在國內外都增加了。當時，梁啟超那枝有才華的筆，正在啟發中國人的愛國心；孫中山在國內外的追隨者，則在煽動革

---

24 《光緒朝東華錄》，第4冊，第4224頁。

25 《光緒朝東華錄》，第4冊，第4224頁。

命。可是，在1898到1900年之間，國家所取得的多數實際成就，其榮譽既不歸於清政府最高統治者，也不歸於革命黨人，或者流亡在外的戊戌黨人，而應歸因於一些開明求進的督撫，特別是張之洞與袁世凱等人。

　　無數跡象表明，帝國有分裂的趨勢，這一切預示著這段新政之路勢必艱難坎坷，布滿荊棘……

辛亥前夜

第四章
張之洞：手握經卷的堅定改革家

計利應計天下利，求名當求萬世名。

——伊藤博文

張之洞的崛起歷程

當年在貴州安龍，有明朝永曆皇帝流亡至此時為其殉難的十八大臣的祠堂，張之洞曾撰《十八先生祠堂記》，內有「鏡愈磨而更皎，金百煉而愈精。……君危臣辱，是知其不可而為；身殺成仁，不濟而繼之以死」這樣的句子，又有「殺身以成仁，詢稱志士；臨難勿苟免，不愧先生」的親撰楹聯。當時的張之洞年紀輕輕，可內心深處以身報國的拳拳心志以及忠貞不二的傳統士大夫情結已彰顯無遺。

張之洞一生風雲浩蕩，經手錢財無數，卻自奉甚薄。民間對他的評價是「車敝馬羸，見者幾忘其曾為封疆大吏」；其「天津原籍，僅有破屋數椽。書畫古董，所值無幾。回鄉省墓，親戚故舊告貸者不絕於門，南皮苦之，匆匆登程而去」。

身後《清史稿・張之洞列傳》這樣評價他：「之洞短身巨髯，風儀峻整，蒞官所至，必有興作。務宏大，不問費多寡。愛才好容，名流文士爭趨之。任疆寄數十年，家不增一畝雲。」

這些都是他一生恪守傳統士大夫行為準則的真實寫照。

1909年，張之洞逝世，歸葬河北南皮，終於走完了於歷史可留濃重筆墨的一生。

1880年他憑才學走科舉正途，被授翰林院侍讀，次年擢內閣學士，又任山西巡撫。1889年8月，調署湖廣總督。

到甲午戰爭前後，張之洞雖僅居湖廣總督這一地方職位，但已經可與資望既深、職位又高的直隸總督兼北洋大臣李鴻章和兩江總督劉坤一並世比肩了，雖不居朝堂之高，但已經成為赫赫有名的地方實力派官員。

在晚清地方八大總督中，由於與西方通商和外交的需要，地位最為重要的是直隸總督和兩江總督二職。而前者基本上由李鴻章所代表的淮系洋務勢力所控制，後者則由曾國藩的湘系政治勢力所掌握，李鴻章和劉坤一都是在鎮壓太平天國的內戰中以軍功起家的新一代漢族官僚，深為朝廷所倚重。

張之洞則不一樣，他在武漢的異軍突起完全憑藉於任上的洋務功績。武漢本處長江要津，自從張之洞主張修建貫通南北的鐵路大動脈蘆漢鐵路和粵漢鐵路後，武漢三鎮再憑藉天然的長江水道優勢，成為名副其實的九省通衢。隨之武漢

乃至湖北也真正開啟了近代化建設事業，一時間武漢三鎮享有「東方芝加哥」的美譽。

當代著名歷史學家章開沅曾經不無感慨地說道：「湖北『對不起』張之洞，武漢『對不起』張之洞。」

他說當代湖北人「對不起張之洞」無非是說張之洞督鄂18年，於教育、於軍事、於工業殫精竭慮，雖屢有坎坷，但也功勳卓著，卻不能得到世人應有的評價。他認為早在辛亥革命時張之洞即被「妖魔化」了，翻開1903年至1905期間革命黨人在日本辦的刊物上，張之洞是一概的漢奸、封建衛道士形象。

但是在後來孫中山和日本友人討論建都時提到的「一京四都」說，「一京」即指武昌，恰恰又是革命黨人對張之洞為中國近代化所做貢獻的有力肯定。[1]

湖北的崛起，湖廣總督的地位日顯重要，無形中使得張之洞的政治資歷日漸隆起。

時人也對張之洞給予高度評價：「現今有為之士，不北走北洋，即南歸武漢，朝官外出，可寄托者，李與張耳。」

張之洞的政治地位已經開始攀升到可與李鴻章相提並論的程度。國家用人之際，清廷不可能無視這顆日漸攀高的政治新星。1894年，清政府下詔讓張之洞進京，令其改署兩江總督。按照慣例，兩江總督離任或者出缺，一般由就近的江蘇巡撫署理，清廷捨近求遠，想到的是武漢的張之洞。可見在朝廷的觀念中，他至少已經成為僅次於李鴻章和劉坤一的第三號地方實力派人物。並且自從《馬關條約》簽訂之後，李鴻章受到排擠，聲望日下，張之洞卻有進一步上升的趨勢。時人評價說：「合肥（李鴻章）留京，入閣辦事，兵權盡削，置之閑散，……南皮（張之洞）制軍寄重於外。」[2]

同近代中國的其他歷史人物一樣，我們給張之洞下一張臉譜性的定義是毫無意義的，也是有失於歷史真實的。張之洞在中法戰爭、甲午戰爭中，都是堅定的主戰派，在庚子戰爭中，他卻又是堅定的主和派，反對宣戰，力倡「東南互保」。

這一切說明他的個人認識也一直在發生著變化，這種變化應該得益於他從早

---

1 參見中新社武漢，2006年4月17日電，《湖北不應忘記張之洞——訪著名歷史學家章開沅》。

2 《致孫中凱書》，《宋恕集》，下，第685頁。

第四章　張之洞：手握經卷的堅定改革家

71

期高談闊論的清流名士轉化為從事實際近代化建設的官員的緣故。

張之洞走的是一條科舉正途，由於嚴父督責和名師指點，他在科舉路上一帆風順。他13歲中秀才，16歲中順天鄉試第一名舉人，26歲中會試第三名進士，立即得到翰林院編修的身分。其中有兩次會試因為他的族兄張之萬為考官，按規定不得不迴避這兩場考試，也就耽誤了兩次機會，否則他很有可能更快走完科舉歷程。他對中國的傳統文化頗有心得，即使作為湖廣總督操辦洋務時期，他也經常經卷不離手。在很大程度上，他之所以對帝國忠誠、對近代化事業一生執著，其動力就來源於這些儒家經典──這種儒學積澱也是他的前輩左宗棠和後來的同僚袁世凱所遠遠不具備的。

結合他後來的作為，可以看出他和前朝的張居正一樣是由科舉正途走出來的改革家。

不少傳記資料稱張之洞幼年聰慧，有「神童」之美譽，這在名人傳記中本不足為奇，但是他確實詩書才情出類拔萃，除卻一定的天賦，這應主要歸功於他的勤奮苦讀。他「起居大異於人，嘗終日不食，終夜不睡，而無倦容。」[3] 從政之後他常「分一日若二日」，這種不辭辛苦的工作精神也是他能夠成為一代名臣的基礎。

張之洞還曾做過四川學政，任滿回京之後，又作了幾年的閑官，在這段時間裡他加入到清流黨的行列。清流黨是當時京師官場的一個鬆散團體，絕大多數出身翰林，主要人物有總理衙門大臣李鴻藻、刑部尚書潘祖蔭、翰林院侍讀黃體芳、江南道監察御史鄧承修，以及張佩綸、陳寶琛等人。他們對外交涉主張強硬，反對妥協；文化上反對西方，獨尊孔孟。

清流黨常常聚會，議論時政，並常採取聯合上摺的策略來表達自己的政見，在官場是一股不可忽視的力量。清流黨人富有狂狷之氣，以彈劾大臣、整肅朝綱為己任，一時聲名鵲起，令許多權臣聞之色變。

但是張之洞與大多數清流人士有兩點本質不同，一是不頑固保守，二是不尚空談，有濃厚的務實精神。張之洞早年以湘軍著名將領、割據一方、權震朝野的人物胡林翼為師，深得乃師經世致用思想的真傳。

胡林翼是曾國藩的親密朋友，與曾國藩一起創建湘軍，於軍事、政治、學問

---

3 易宗夔：《新世說》，第4卷，第32頁。

上均有很高的建樹，官至封疆大吏、總督等職，是當時最有影響的「中興名臣」之一。曾國藩、左宗棠、胡林翼等人都接受了明末清初著名思想家王夫之經世致用的思想。

前面提到中法戰爭期間，張佩綸放言高論，以談兵事為能，對洋務派的主和政策不屑一顧，慈禧太后便任命張佩綸為福建海疆大臣，到前線指揮作戰。張佩綸臨事茫然，暗中叫苦不迭，不得已只好臨陣脫逃。

但是張之洞的清流經歷對於他個人又是大有裨益的。他們的政治活動要求自身必須嚴於自律，否則就會授人以柄，有損形象。他最終從清流黨脫離出來，成為洋務派的主要人物，也邁出了他人生蛻變的重要一步。這得益於他後來出任山西巡撫。

清流時期的張之洞任虛銜，少參實務，所以能夠做到臧否人物游刃有餘。出任封疆大吏之後，便負有實際的行政責任，就不得不務實，加之自己固有的經世致用思想，轉向洋務便成了自然的事情了。張之洞由京城言官外放為山西巡撫，不但奠定了他進入了權力中心的政治基礎，也使他認識到他所效忠的朝廷和治下的臣民之間有著難以克服的矛盾，一邊是腐敗的基層政權、超負荷的捐攤，另一邊是愚昧貧困和脆弱的小農經濟，它們共同滋生了行政效率的低下。當年國人在廣東為了抵制鴉片曾付出了巨大的代價，巨創未復。但是讓他想不到的是，在華夏腹地山西省，為生計所迫又為利益所惑的百姓居然棄農桑而大面積種植罌粟。雖然張之洞甚至調動了綠營來鏟除罌粟，又四處籌款復種豆麥，然而積弊已深，難以除根。

李鴻章後來感慨道：「天下事，為之而後難，行之而後知。從前有許多言官，遇事彈糾，放言高論，盛名鼎鼎；後來放了任，負到實際事責，從前芒角，立時收斂，一言不敢發；迨之勝任封疆，則痛恨言官，更甚於人。」[4] 李鴻章顯然是有所針對的。

但是這種雙重身分也讓張之洞名垂史冊。做京官，屬於「清流」，有敢言之名；做疆吏，屬於能臣，有治世之功。

張之洞所經歷的這樣一個過程，也恰恰是張之洞不同於李鴻章、劉坤一兩位總督的另外一個重要點，他是一位名副其實的「儒臣」，雖然自身積極參與洋務

4 《庚子西狩叢談》，第108頁，岳麓書社，1985年版。

自強運動，但是對中國傳統文化，他比及另外兩位大臣更有感情。面對著中國在近代化過程中產生的矛盾，他試圖調和中西，於是「中學為體，西學為用」開始形成在他的腦際中。在這一點上，他有其超過李鴻章和劉坤一兩位實踐派大臣的優勢，即對中國文化的前途和命運始終保有深切的憂慮和關懷。這也是中國在近代化過程中不得不面臨和回答的一個理論難題。

張之洞求變自強，而又自信於中國傳統文化的主體性，這就決定了他在戊戌變法期間與維新派的關係是複雜的。

馬關條約簽訂之後，張之洞痛定思痛，上書說到：「泥法而流於弱，變法則轉為強」。

歷史事實也確實如此，他與康梁維新派在關係上經歷了一個由合到分的過程。這種轉變的發生，除卻他與康梁的社會地位、政治地位不同這一原因以外，也是政治見解的根本分歧所致。

張之洞曾名列「強學會」，並被推為該會上海分會會長。他先後為「強學會」做了兩件重要的事情：一是知會上海、南京等地政府承認它的合法性；二是張之洞暗中從經濟上支持該學會，讓其經辦《強學報》和《中外公報》等報紙。他還暗中安排自己的親信包括自己的門生楊旭，時刻保持與康有為的接觸。享譽一時的《時務報》主辦者汪康年，也是張的舊屬。

但是變法方式的緩行和激進之分最終使兩者分道揚鑣。

張之洞的《勸學篇》集中體現了他在這個時期的政治觀點，即：中學為體，西學為用。

其實「中學為體，西學為用」自19世紀90年代以來就一直是中國思想界的共識。如梁啟超所言，此語雖是「張之洞最樂道之」，但已形成「舉國以為至言」的局面。

張之洞在這一理論中最大的貢獻在於，在《勸學篇》中對其進行了系統的闡述，並且通過自己的身分和地位把這一理念擴大到更廣大的社會群體中。

過去我們通常認為這一提法是為了維護綱常名教，也就是說，這一取向的重心是在「中學為體」。但如果細心考慮當時的變革需要和張之洞的思想背景，就會明白這一理念的提出其實是在強調「變革」的一面，而非「固守」的一面。

《勸學篇》中講「西學為用」的篇幅也多於「中學為體」，張之洞更明言中學也以「致用為要」，可見全書的重點在「用」字上。

人們也往往只看到「中學為體，西學為用」，卻不願意去看緊跟在它後面的「西藝非要，西政為要」一句，也就是說他認為西方器物層面的技藝其實是次要的東西，更需要注意的事是西方的政治組織形式。張氏又在「設學」一節中具體指出：小學堂可以先藝後政，中學堂就要先政後藝，「大抵救時之計、謀國之方，政尤急於藝」。如果不是對勸學篇的內容進行斷章取義的解釋，可以輕易看到張之洞對西方的認知程度還是相當深刻的。

理解到這一層次，對於後人理解中國近代化的成敗得失是大有裨益的。因為只有了解這些主持變革的前人的真實想法，才能真正找到問題的真正癥結所在，否則對歷史的反思和總結就無從談起。

由此可見，「中體西用」的價值取向不僅不像許多人說的那樣反動保守，反而是在前代的基礎邁出了新的一大步。

視張之洞為封建衛道士的形象，很大程度上是因為在戊戌變法時，《勸學篇》得到慈禧太后以及光緒帝的共同認可，而張之洞在政變後不僅沒有受到維新派的牽連，反而地位更高，這本書也因得到官方的贊助而被大力推廣。

其實《勸學篇》同時也受到了守舊人士的猛烈攻擊，當年有人指出：「近年以來，嗜西學者恐專言西學之難逃指斥也，因詭言中學為體，西學為用；中學為本，西學為末；以中學兼通西學者，乃為全才；此欺人之談也。」而新創各學堂「類皆以中學飾為外觀，掩人耳目，而專致志惟在傳布西學；以洋人為宗主，恃洋人為護符」。張之洞創辦的學堂中不僅有傳統經學、理學，還有算學、經濟學，守舊派看到張之洞已經走出了很遠。

守舊派官員徐桐在庚子年仍在指斥「《勸學篇》盡康（有為）說」。

在「中體西用」的旗幟下，「西用」的範圍是一個可以自如伸縮的無限範疇，只要時機成熟，所有變法的內容都可以囊括進去，還可以減少反對派的阻力。

所以說，張之洞同維新派的決裂並不意味著就與頑固派走在了一起。

張之洞無疑對慈禧太后這個最高統治者是效忠的，這一點無法否認。但是更不能否認的是他求變圖強的心理也是一成不變的，戊戌變法失敗後仍然是「提倡西學新法」，[5] 如故。在他的身邊，幕僚智囊也不乏開明者。政變結束不久，他的門生、出使俄國大臣許景澄即致電自己的老師交換雙方意見：「西人重維新，輕

---

5 張繼煦：《張文襄公治鄂記》，第57頁。

守舊，似應專罪康等謀，不訾變法，方杜籍口。」[6] 張之洞事實上也是這樣行事的，它一方面攻擊「康黨」，取得慈禧太后的進一步的信任，另一面在湖北繼續切實推行自強維新之道。並且「專罪康等謀，不訾變法」也成為戊戌政變後慈禧太后實際採用的政治策略。

這就是為什麼當流亡中的清廷發布新政詔書之後，他是最早響應的大臣的根本原因。

「會奏三摺」足使他名垂千秋

在頒布「變法上諭」之前，張之洞就明確表態：「欲救中國殘局，唯有變法一策。」並致書頑固派大臣徐桐勸他改弦更張：「若不急謀自強，恐再圖十年之安亦不可得。」

在接到新政上諭之前，張之洞就從端方和袁世凱的來電中得知：「不日將有上諭，舉行新政。」[7] 並且得知朝中的榮祿和鹿傳霖極力贊成新政，上諭的起草人就是榮祿的幕僚、張之洞的門生樊增祥。這就使得張之洞能夠在新政發出後立即做出反應。但是安徽巡撫王之春隨後的來電讓他疑惑不解：「密報……奏復變法，勿偏重西。」張之洞回電說：「變法不重西，所變何事？」[8] 他責怪朝廷的變法遮遮掩掩，對「談變革卻不能明說學習西方」的作法非常不滿。

為了弄清朝廷的真實意圖，張之洞致電鹿傳霖：「此後一線生機，或思自強，或圖相安，非多改舊章，多仿西法不可。若不言西法，仍是舊日整頓故套空文，有何益處？」[9]

鹿傳霖的回電否認了這種說法，並說明變法詔書是經過朝廷上下達成共識之後才頒布的，但電文中卻也有這樣的話語：「腐儒固執，宵小不利，阻擾必多，似不必拘定西學名目，授人攻擊之柄。」[10]

張之洞在某種程度上同意了這種策略。

---

6 許景澄：《致張制台電》，《許文肅公遺集》，第10卷，第39頁。

7 勞祖德整理：《鄭孝胥日記》，第2冊，第782頁，中華書局，1993年版。

8 《王撫台來電》《致安慶王撫台》，《張之洞全集》，第10冊，第8497～8498頁。

9 《致西安鹿尚書》，《張文襄公全集》，第171卷，第3頁。

10 《辛丑正月初十日鹿尚書來電》，《張之洞電稿》，所藏檔甲第182～209頁。

朝廷的謹慎態度也使他開始考慮採取穩健的步驟來回應新政詔書。

在變法詔書頒布不久，山東巡撫袁世凱和兩江總督劉坤一接連致電張之洞，希望他能先擬大綱，以供各省參照。在重要的政治關頭，封疆大吏們怕把握不準中央政府的意見，想在回覆朝廷時表現出大致統一的意見。

畢竟一場恐怖的政治諜變就發生在短短兩三年之前，戊戌政變的陰影和菜市口殺人的血跡仍在，這一點使疆臣們不得不對上諭的深意進行揣測甚至有所顧慮。以致於在上諭規定的兩個月期限內，竟然沒有一個地方督撫發表意見，他們都在謹慎地觀望。這大概就是一個專制政府在它即使真心願意改革的時候，也必然要付出的代價。孟德斯鳩在其名著《論法的精神》一書中把國家類型分為三種：君主制、共和制與獨裁專制，君主制靠的是榮譽，共和制靠的是品德，專制靠的是恐怖。連體制內的權臣都因恐怖無法把準政治脈搏，嘆息「聖意難測」，更不要說在黎民百姓中取得公信力。這一段小小的插曲和延宕，在某種程度上已經昭示了此後清政府推進新政的艱難坎坷。

張之洞所面對的是壓力也是動力，他慎重權衡之後，擬就了自己的變法主張，提出：「必變西法，人才乃能出，武備乃能修，教案乃能止息，商約乃能公平，礦務乃能開闢，內地洋人乃不橫行，亂黨乃能消散，聖教乃能久存。」並提出了一系列具體變法主張，告誡朝廷不可步子太小：「若僅整頓中法，以屢敗之國威，積弱之人才，豈能除二千年養成之積弊？」[11]

各省督撫看過之後，紛紛表示響應，願意聯銜會奏，但是由誰主筆來寫聯銜奏章，一時難以商定。各省大員的目光集中在張之洞和劉坤一身上。

正當此時，1901年4月21日，朝廷諭令設立「督辦政務處」。作為辦理新政的中樞機構，設立督辦大臣領辦事務，由慶親王奕劻、大學士李鴻章、昆岡、榮祿、王文韶，戶部尚書鹿傳霖充任。湖廣總督張之洞和兩江總督劉坤一則為政務處參預大臣，辦理全國學校、官制、科舉、吏治、財政、軍政、商務、邦交、刑律等事務。政務處成立後，凡有關督撫、將軍、各部院衙門為實行新政所上奏摺，均需先由該處審核、議奏，最後交由慈禧太后定奪。

這時距離新政詔書頒布，要求各省兩個月內復奏的期限已經過期，上諭特意催促「迅速條議具奏，勿再延逾觀望」。並且朝廷也不願意看到各省督撫聯銜上

---

11 《張文襄公全集》，第171卷，第30～31頁。

第四章　張之洞：手握經卷的堅定改革家

奏，希望看到疆臣們各自真實的意見。

接著張之洞與劉坤一兩人往返電商，並參考張謇、沈曾植、湯壽潛等社會名士的意見，「薈萃眾說，斷以己意，日撰一、二條，月餘始就」，後來只張、劉兩人聯銜上奏了如下三摺：即《變通政治人才為先遵旨籌議摺》《遵旨籌議變法謹以整頓中法十二條摺》和《遵旨籌議變法謹以採用西法十一條摺》，史稱「江楚會奏三疏」。

「江楚會奏三疏」是劉、張兩人通觀全局後提出的系統變革方案。

第一疏，論育才興學，所言以教育制度改革為主，其大要為設文武學堂、酌改文科、停罷武科、獎勵游學。

第二疏，論致治、致富、致強之道，所言以整頓變通中國成法為主，其要端為崇節儉、破常格、停捐納、課官重祿、去書吏、去差役、恤刑獄、改選法、籌八旗生計、裁屯衛、裁綠營、簡文法。

第三疏，論採用西法，其「切要易行者」為廣派游歷、練外國操、廣軍實、修農政、勸工藝、定礦律路律、交涉刑律、用銀元、行印花稅、推行郵政、官收洋藥、多譯東西各國書籍。

儘管劉坤一、張之洞一再聲明他們的主張與維新派之「邪說謬論」「判然不同」，但「江楚會奏三疏」卻不僅包容了自馮桂芬《校邠廬抗議》以來洋務派的改革意向，而且囊括了維新派的大部分主張。即使是對待西學、西政，張、劉兩人的主張也與維新派沒有大的分歧。劉坤一在戊戌年「惡聞民權」，時隔3年，他轉而承認西方國家的議會制度「意美法良」，是西法最善者，只因「事多阻格」，中國「未能照行」。張之洞曾於戊戌維新期間斥民權與議院之說「無一益而有百害」，但在致劉坤一等8位封疆大吏的電文中他卻聲稱：「變法有一緊要事，實為諸法之根，言之駭人耳。西法最善者，上下議院互相維持之法也。中國民智未開，外國大局茫然，中國全局、本省政事亦茫然，下議院此時斷不可設，若上議院即可仿行。」在「江楚會奏變法三疏」中，張、劉兩人又一致指出，西方國家的「政體學術」，「大率皆累數百年之研究，經數千百人之修改，成效既彰，轉相仿效，美洲則採之歐洲，東洋復採之西洋。」

奏摺遞上兩個月後，即8月21日，從北京傳來了慈禧太后的懿旨：「劉坤一、張之洞會奏整頓中法、仿行西法各條，事多可行；即當按照所陳，隨時設法

擇要舉辦，各省疆吏，亦應一律通籌切實舉行。」[12]

自此，清末新政正式進入具體實施階段。

「江楚會奏變法三疏」對歷時長達8個月的關於如何變法的問題做出了一個總結性的發言，使理論方面的討論終於有了實質性結論。

而此後數年湖北新政之所以取得較大的成功，「體制創新」是關鍵性的因素。據有關學者統計，張之洞督鄂期間，設置各類新型機構36個，其中25％是按中央政府的指示而設，75％是按張之洞的意見而設，明確標示出張之洞的自主性和創新性。新機構的設置，既是張之洞銳意創新的標誌，也是張之洞推行新政的重要手段。

史家馮天瑜先生對張之洞的評價是，經張之洞督鄂近20年的艱難經營，湖北由一個深居腹地、經濟文化均處中等發達程度的省份，一躍而為晚清全國最重要的機器工業中心之一，某些門類（如鋼鐵工業、軍火工業）在當時的東亞也占據領先地位。就清末洋務事業的綜合發展水平而論，湖北駕乎天津而直追上海後塵。

一生深受中國傳統政治倫理熏陶，且古典文化造詣頗深的張之洞，卻在1901年6月3日奏請朝廷改革科舉制度，在他與兩江總督劉坤一的連銜會奏中也重點提到改革文科及罷廢武科，並提倡興辦西學學校，以在10年之內漸次取締科舉。成為最早提出系統的科舉制度改革思路的高級官員。同年8月29日，清政府下詔自1902年開始，按張之洞之建議改革文科及罷廢武科。文科頭場首試中國政治史事論五篇，第二場試各國政治藝學策五道，第三場試四書義兩篇及五經義一篇，且禁用八股文模式，書法水平高低也不再成為評判的參考因素。次年3月13日，張之洞與袁世凱再次奏請遞減科舉名額，以免阻礙新式學校發展。最終，促成了1905年9月2日，直隸總督袁世凱、湖廣總督張之洞、盛京將軍趙爾巽、兩江總督周馥、兩廣總督岑春煊及湖南巡撫端方等六位大員上奏立廢科舉之事，朝廷從其議，千年科舉制至此完全取消。一個出身科舉，並在科舉體制中受惠的既得利益者，最終成了埋葬這種制度的掘墓人。

美國學者裴士丹在他的《邁入20世紀的中國：張之洞與一個新的時代》一書

12　《光緒宣統兩朝上諭檔》，第27卷，第188頁。

中這樣評價張之洞：[13]

　　他作為一個官僚型的民族主義者，其民族主義思想既包含了對中國資源和中國具有某些外國資本所需要的東西的自豪，也包含了對中國在不平等條約體系內行動所受的各種束縛和限制的認識。張之洞與外國人打交道的歷史表明他決不是一個易受西方外交官影響的人物，也不是外國利益的代言人。與1900年之後的其他官員一樣，張之洞在與外國人的交涉、維護中國利益過程中卓有成效。然而值得注意的是，在建立全國鐵路網的建設中，張之洞沒有抽象地譴責帝國主義，只要條件合理他願意向外國借款築路。但在1900年之後，幾乎所有與列強的協定不管其是否合理、必要，都會立即招致懷疑，結果導致各種利益集團的叛離，打擊了中央權威。在中國積弱、面對帝國主義強權的時代，張之洞的官僚型民族主義在阻止帝國主義的浸透上雖然最終沒有比公眾輿論的慷慨陳詞更為有效，但在能夠去除帝國主義之前，等待建立一個有強有力群眾基礎的國家政治體制是必不可少的。

　　在與中央政府的關係上，張之洞對他本人是中央政府的一員的認同是最為根本的。1895年之後，特別是1900年改革運動開始後，中央官僚機構在有關目標的制定、資源的控制、計畫的管理以及改革等方面的領導能力不斷擴大。作為一個國家官僚，張之洞對這一趨勢持歡迎和鼓勵態度。同時，他也意識到中央政府需要繼續與其他相關部門處理好關係，政治領域需要非官方的參與。張之洞對朝廷存在的各種弊端並沒有視而不見，他常常希望自己有能力清除朝廷內的各種阿諛奉承和無能，但他對中央政府的認同和忠誠從來沒有動搖過。

　　與關心士紳或地方勢力的威脅形成鮮明對照的是，張之洞對近代學生階層和以學生階層為基礎的革命運動並不那麼擔心。在他看來，只要民族主義是這些學生革命活動的主要動因，那麼只要改革派或政府部門滿足他們希圖國家強盛的訴求，與學生的合作之門還是敞開的；再者，只要這些學生大多數具有上層階級或士紳的家庭背景，那麼他們回國後也極易為這個在社會、經濟和政治上都占主導地位的階級重新吸納；他們與社會另一底端祕密會社的聯合通常表現不佳，一部分也是因為受他們的上層階級的家庭背景的影響。這些因素結合在一起，最終

13 Daniel H.Bays，*China Enters the Twentieth Century : Chang Chihtung and the Issues of a New Age*，1895～1909，University of Michigan Press，1978.

導致學生只能是一股不能產生實際影響的革命力量。只有當祕密會社捲入革命活動，他才對革命的威脅產生關注，對於大規模的祕密會社的活動，他總是迅速做出反應，毫不遲疑地用武力加以鎮壓。然而，儘管如此，張之洞並不認為祕密會社本身具有推翻朝廷的能力，他們只是製造騷亂；只有當祕密會社與上層階級的領導和組織聯合在一起時，他才害怕他們的力量。因此，當發現學生或知識分子與祕密會社的聯合努力取得進展時，張之洞總是做出強烈的反應，在1900年的自立會事件和1906年底的萍、瀏、醴起義中，他對學生和下層的叛亂進行了殘暴鎮壓。

在晚清中國政治結構中，中央和地方督撫的利益是一致的，在改革過程中並不存在地方督撫抗拒中央命令的「地方主義」，那種認為晚清地方督撫存在「地方主義」傾向的觀點難以令人信服。地方主義理論的失誤在於，錯誤地將晚清政治結構的動力歸諸中央與地方督撫的關係。

至此，張之洞還遠遠沒有達到他人生和權力的最頂點，他將在此後的新政運動中發揮其他權臣不可取代的重大作用。

當然，最後是張之洞訓練出來的湖北新軍推翻了他效忠一生的王朝……

歷史給他的評價錯綜複雜：

遜清遺老指責張之洞為「禍首」。惲毓鼎認為：清王朝是因為派東洋留學生、編練新軍、推行立憲等新政改革而滅亡的，究其根本，「罪魁禍首，則在張之洞」。[14] 王先謙說：「張南皮主辦學堂、新軍二事，遂為亂天下之具」。[15] 劉體仁稱：「文襄練兵廿載，至是成為戎首」。[16]

革命黨人後認為以張之洞是「功臣」。張繼煦認為，張之洞在湖北辦實業、練兵、興學等新政活動，使湖北「精神上、物質上，皆比較彼時他省為優，以是之故，能成大功。雖為公所不及料，而事機湊泊，種豆得瓜」。[17]

日本首相伊藤博文曾評價他為「中國最能辦事之人」。

甚至孫中山也說：「以南皮造成楚材，顛覆滿祚，可謂不言革命之大革命

---

14 惲毓鼎：《澄齋日記》（稿本），轉引自孔祥吉：《張之洞與清末立憲別論》，《歷史研究》，1993年第1期。

15 王先謙：《覆胡退廬侍禦書》，《葵園四種》，第938頁，岳麓書社，1986年版

16 劉體仁：《異辭錄》，第4卷，第49頁，上海書店，1984年影印本。

17 張繼煦：《張文襄公治鄂記》，第7頁，湖北通志館，1947年版。

家」。[18]

　　1962年，毛澤東說道：「談到中國重工業、談到鋼鐵工業，不能忘記張之洞。」

　　以上的歷史人物對張之洞的評價目的不同，觀察角度不同，但都從某個側面或某一方面對張之洞的歷史作用給予了高度評價。而事實上的張之洞，在清末新政事業中的所作所為比以上的評說更加有血有肉、蕩氣迴腸。

18　《時報》1912年4月15日，轉引自黎仁凱、鐘康模：《張之洞與近代中國》，第199頁，河北大學出版社，1999年版。

辛亥前夜

第五章
袁世凱：從朝鮮監國到政壇巨子

三十年更事之才，三千年來未有之會，可以成第一流人，而卒於群小之手。

——張謇評袁世凱

豫中豪門走出來的北洋大臣

在近代中國的關鍵時刻反覆出現「非袁莫屬」的歷史格局，決非偶然。

對於傳統中國官場的運作路數，他輕車熟路、游刃有餘。上有最高當權者對他的知遇之恩，其政壇引路人皆為晚清政壇的重量級人物，如李鴻章、榮祿，甚至包括他後來的最大政敵攝政王載灃，滿人「大佬」奕劻更是堅定地站在他的政治同盟中，可以說「至死不渝」；其同僚張之洞、劉坤一、端方、吳大澄、那桐、載振、周馥、盛宣懷、張謇、徐世昌、嚴修、唐紹儀、趙秉鈞、張鎮芳、孫寶琦、楊士驤等人則是對他欽慕有加；新軍將領王士珍、段祺瑞、馮國璋等人，更是其心腹股肱；另外他通過政治聯姻，精心營造編織了一張幾乎籠罩整個近代中國社會高層的巨型網絡。甚至革命黨中不少要人發自內心地對他寄予厚望。

然而，當時中國處「千年未有之變局」，從淮軍營中低級官吏到大清帝國內閣總理，這一過程的完成，僅靠投機鑽營、善於奉迎能夠得以實現嗎？

李鴻章去世前一日，口授遺疏，保薦袁世凱繼任直隸總督，竟如此讚譽他：「環顧宇內人材，無出袁世凱右者」。

幾乎見證了整個晚清史的外籍官員赫德更是盛讚他為「中國最有能力的人物」。

而在美國歷史學家費正清所主編的《劍橋中華民國史》第一部中則如此稱呼他：「天生的實踐家，沒有哪一個官員像袁世凱那樣，在如此短的時間內，為改良爭取到如此多的東西」。

「他身材不高，但長得較粗壯，令人感到他是一個果敢、精力充沛的人。」這是後任民國外交部次長的顏惠慶在回憶錄中對袁世凱的描述。近代中國著名外交家顧維鈞與袁世凱共處多年，他這樣形容自己對袁的印象：「他堅強、有魄力，誰一見他也會覺得他是一個野心勃勃、堅決果敢、天生的領袖人物。……是個老練的政治家。他不僅深知中國的貧弱，也洞悉日本帝國的擴張政策」，並拋棄成見肯定「他是一個愛國者。」[1]

同時袁世凱在日常生活中「談吐巧妙而流暢，還經常加進一些幽默」的風格，也給後來的美國駐民國公使萊因遜留下了深刻的印象。

---

1 中國社會科學院近代史研究所譯：《顧維鈞回憶錄》，第1冊，第85頁，第121頁，第367頁，中華書局，1983年版。

　　但他卻最終成為「禍國殃民」的罪魁禍首，既是大清朝的「亂臣賊子」，又是中華民國的「不赦罪人」。——這是後話。

　　在清末新政事業開啟之後十多年間，袁世凱一度是中國統一和穩定的強有力象徵，不管是土崩瓦解的大清王朝還是嗷嗷待哺的中華民國，都曾將他視為自己的救世主。清末新政10年中，他則以孔武有力、深謀遠慮的剛健姿態游走在大清帝國的政治舞台。

　　袁世凱，字慰亭。1859年9月16日，他出生在河南項城一個世代官宦的大家族。父祖多為朝廷顯貴，權重一方。其叔祖父袁甲三以督辦團練起家，官至漕運總督；叔父袁保慶先在袁甲三軍中帶兵，後官至江南鹽巡道。袁世凱自幼過繼給袁保慶為嗣子，頗受家族習武傳統熏染。同時堂叔袁保恆對其督教嚴格，他也最畏敬這位堂叔，隨袁保恆在京讀書的3年，也最為馴順。但袁保恆認為這位侄兒思慮太多，防患太深，教育他遇事必須當機立斷。這些提示，對袁世凱後來任事決斷有很大影響。袁世凱在骨子裡卻又不喜科舉，恰逢清季兵燹，便決定棄文投軍，他將詩文付之一炬，自詡：「大丈夫當效命疆場，安內攘外，焉能齷齪久困筆硯間自誤光陰耶！」[2] 然而，視讀書為「自誤光陰」的袁世凱日後卻經營著一個強大的幕府參謀集團，裡面頗有一批形形色色、學有專長的讀書人。

　　1881年，袁世凱帶領親信數十人投奔淮軍將領吳長慶。時年22歲。

　　此前，江蘇南通人士張謇於1876年受吳長慶的邀請入其幕府，張當年23歲，他因才華出眾備受重視，參與多項軍事籌劃，「慶軍」重要函牘，如《代吳忠壯公擬陳中日戰局疏》《朝鮮善後六策》等，大多出其手筆，並任吳長慶次子老師。在吳長慶的軍營中，張、袁兩人得以結識。

　　吳長慶對袁世凱帶數十人貿然投軍的印象並不佳，但看在與其嗣父兄弟交情的份上容留袁一人在營中讀書，指由張謇教導，遣散了其他隨從眾人。袁世凱並不擅長讀書作文，甚至連一篇八股文章也做得不像樣子，張謇無從指導，但他發現袁世凱處理日常事務頗有規劃且果敢利落。讀書之餘，二人常在一起談論時政和個人志向。張謇認為袁世凱雖然於科舉不感興趣但絕非等閑之輩。

　　某晚兩人促膝深談，張謇問起袁世凱日後的打算，袁說：「我家中有田可耕，衣食無缺，此來非為糊口，我以為中國現在正受到列強壓迫。法蘭西侵略安

---

2 沈祖憲、吳闓生：《容庵弟子記》，第1卷，第4頁。

南，擾及我南洋沿海，中法戰爭遲早必起，如對法戰敗，列強或將群起瓜分中國。我當初因吳公膺海防重鎮，需才孔亟，正是大丈夫報國之秋，不料到此以後，見吳公溫雅如書生，並無請纓殺敵，投鞭斷流的氣概，所以我也沒有久居此地之意。」張謇聞此話頗為動容。

隨著接觸的深入，袁世凱「能為激昂慷慨之談，且謙抑自下，頗知向學」的行事風格更加感染了張謇，認定袁日後必為「有造之士」，張謇尋找機會多次向吳長慶推薦，此後袁世凱得到了更多的歷練機會，也日益得到吳的器重。

1882年日本策動朝鮮親日派政治勢力向國王施壓，加緊吞併朝鮮的步伐，引發「壬午兵變」。由於宗藩關係，朝鮮國王向清政府求援，朝廷命吳長慶帶軍前往朝鮮平息政變。袁世凱在此事件中先被任命為前敵營務處差使，後被任命為先鋒營管帶。

袁世凱在仁川登陸之後，人不解衣，馬不卸鞍，直撲平壤，先於日軍到達，致使日方十分被動，暫時平息了朝鮮的緊張局面，也維護了清政府在朝鮮王國的政治、軍事影響力。吳長慶也頗為滿意，曾當張謇面誇讚：「慰亭真不錯，不負張先生識拔。」是年8月25日晚，吳長慶、丁汝昌、馬建忠等密謀了一個誘捕親日派，還政於國王李熙的計畫。27日袁世凱參與了這次軍事行動，兵不見刃，誘捕了親日派頭目大院君，並迅速平定了有可能進一步惡化的叛亂。

在處理朝鮮兵變的過程中，青年袁世凱頭腦靈活，辦事機敏幹練，初步表現出較高的軍事外交才能，頗為清政府朝野矚目，自此嶄露頭角，被清政府賞戴花翎，從而正式步入仕途，為以後政治上的發展打下了基礎。吳長慶為了表示對袁世凱的倚重，把有關外交的事務交由他去辦理。辦理通商交涉事務期間，他開始了與西方的接觸，在潛移默化之中，逐漸開始了解西方、學習西方；同時與日本侵朝勢力發生了多次重大衝突，讓他也進一步認識到清王朝在整個國際社會中的艱難處境。

兩年後中法戰爭爆發，駐朝鮮的吳長慶部被緊急調防國內。袁世凱因顯露才華，又趁勢結交權臣李鴻章，受李賞識，又得其在朝廷中的援引。此後袁世凱升任清政府「駐紮朝鮮總理」，得以「總理營務處，會辦朝鮮防務」，真正獲得了獨立辦理朝鮮事務的權力。吳長慶回國半年後病逝，張謇也隨後離開了慶軍，結束了他近十年的軍營幕僚生涯。張謇認為吳長慶的失勢與袁世凱通過其堂叔袁保齡攀援李鴻章有直接關係，對袁世凱頗為不滿，此後多年張、袁兩人並不融洽。

　　但張謇仍認為袁世凱是不可多得之才，支撐朝鮮政局非袁莫屬。1884年，張謇致袁子九（即袁保齡）的信函中這樣說道：「慰亭任事非不勇，治事非不勤，而時時難以世故客氣之習，故舉動輒不勝有識之求，而其材，固公家謝幼度也，方戍亂國，幸屬慎之。」在這裡張謇一方面對袁世凱身上的世故習氣頗為擔憂，又把他比作東晉名將謝玄，字裡行間流露出對袁世凱這個青年官員的推崇之意。可以想見，袁世凱是在張謇的一手保薦和栽培下成長起來的，張謇愛其才，對其寄予了很高的期望，不願看到袁世凱在仕途上走偏方向。

　　對於袁世凱在朝鮮的生命歷程，著名歷史學家郭廷以曾用這樣一句話概括：「袁世凱在朝鮮十二年是愛國志士之行。」

　　唐德剛則在《晚清七十年》中說袁世凱「從中原世族到朝鮮監國。比康有為小一歲，比孫中山大七歲。」字裡行間也透露出對袁的肯定。此後甲午戰爭期間，袁世凱負責籌撥糧餉。關於這一點，唐德剛認為「袁世凱在甲午開戰時曾在後方幫辦糧台，算是大材小用。」[3]

　　甲午戰爭中國失敗之後，張謇棄官從商，創辦工業，走「實業救國」的道路，成為中國近代化的重要領軍人物之一，也成為立憲派的菁英骨幹；而袁世凱力行新政、編練新軍，仕途順達，數年之後就登上政壇制高點。到後來新政立憲的呼聲愈來愈高時，由於兩人政見相仿，也因為張謇一直對袁世凱寄予厚望，希望他能夠成為中國新政事業中的大久保利通（明治重臣，日本「維新三傑」之一），兩人又重新走在了一起。到辛亥革命前後，張謇其實一直站在袁世凱的政治聯盟之中。

　　在這裡不能不提唐紹儀，這位近代中國著名的政治活動家、外交家，民國第一任內閣總理，也是袁世凱的重要幕僚。唐紹儀自幼到上海讀書，1874年官派留學美國，經中學升至哥倫比亞大學文科。1881年歸國後，派往天津洋務學堂讀書。1885年又入天津稅務衙門任職，1889年底被委任為駐龍山商務委員，即駐朝鮮漢城領事，在任上表現出幹練的外交才能。在朝期間，唐、袁兩人建立友誼。1896年10月，清政府正式委任唐紹儀為中國駐朝鮮總領事。1898年9月，唐紹儀因奔父喪返國，結束其出使朝鮮近十年的外交生涯。

　　1901年，袁世凱擢升為直隸總督兼北洋大臣，他重用唐紹儀為天津海關道。

---

3 唐德剛：《晚清七十年》，第4卷，第73頁，台北遠流出版社，1998年版。

唐紹儀在任期間，辦理接收八國聯軍分占的天津城區、收回秦皇島口岸管理權等事務，有理有節，不卑不亢，令同僚們刮目相看。袁世凱亦上奏朝廷，保舉唐紹儀。

有了在朝12年與各國交涉的豐富經驗，袁世凱對世界風雲看得更加明晰；有了這些幕友的鼎力相助，袁世凱可以看到、也可以做到他的國內同事們不可能看到、不可能想到的事情。他首先「旦夕譯撰兵書十二卷，以效法西洋為主」，[4] 結合當下帝國軍隊現狀，擬定了急需的《練兵要則十三條》以及關於官兵待遇的《新建陸軍營制餉章》，還有如何更好地引進外籍顧問的《募訂洋員合同》。這些看似瑣碎不值一提的細小片斷，恰恰是中國近代化道路上不可缺少的工作環節。今人不可能深切體會到這一系列規章制度的重要作用和意義，那是因為這一系列問題已經在歷史上得到解決。但是當時的人們並不這麼看。在督辦軍務處的朝廷大員眼裡，在各省的督撫眼裡，這些文件和規章解決了眼下實實在在的問題。軍隊需要改革，但軍隊又如何改革，如果沒有袁世凱的提議，這一切都終將會有人提出解決的辦法。但歷史的事實是，袁世凱最先把這一系列問題的解決辦法在政府層面拿了出來，並主動散發給有關負責機構和朝廷大臣，外加他的實幹作風和已有的資歷，所以歷史就眷顧了袁世凱，受其益處的權臣們更沒有理由不向最高統治者保薦他。

當然，歷史也會給出袁世凱另一種評價：他奔走權門，善於鑽營。

張之洞一生清廉，且政治背景、資歷、地位在此時要優越於袁世凱，並且二者還有著一種微妙的競爭關係。袁世凱無法以赤裸裸的銀票真正賄賂住他，但張之洞在向朝廷遞呈的奏摺中，仍極力保袁：「本任浙江溫處道袁世凱，該員志氣英銳，任事果敢。於兵事最為相宜，雖其任氣稍近於伉，辦事稍偏於猛，然較之世俗因循怯懦之流，固遠勝之。今日武備力亟，儲才為先，文員知兵者少，若使該員專意練兵事，他日有所成就，必能裨益時局。」張之洞在極力褒獎的同時，也談了對袁世凱個人性格和辦事作風之不足的看法，用了「伉」、「猛」二字。這裡需要注意兩點，第一，張之洞是科舉出身的「儒臣」之代表，個人稟性上勢必會與袁世凱有諸多迥異之處；第二，作為一名權臣向朝廷保舉人才，他當然希望所保舉的人日後能做出一番事業，受到朝廷肯定，但與此同時，他還必須對所

---

4 劉成禺：《世載堂雜憶》，第134頁。

薦舉的人負有政治責任。即使張之洞本人對袁世凱的「志氣英銳，任事果敢」風格欽慕有加，他也不可能將袁世凱說得完美無缺。

軍機大臣李鴻藻在向清政府進呈的推薦奏摺中說：袁「家世將材，嫻熟兵略，如令特練一軍必能矯中國綠防各營之弊。」[5]

1895年12月，負責天津小站練兵的胡燏棻被調去督辦津蘆鐵路，「定武軍」統帥空缺，督辦軍務處恭親王奕訢、慶親王奕劻、醇親王載灃會同軍機大臣李鴻藻、翁同、榮祿、長麟等遂聯名奏舉袁世凱負責編練新軍：

「今胡燏棻奉命督造津蘆鐵路，而定武一軍接統乏人。臣等公同商酌，查有軍務處差委浙江溫處道袁世凱，樸實勇敢，曉暢戎機，前往朝鮮，頗有聲望。……臣等復加詳核，甚屬周要。相應請旨飭派袁世凱督練新建陸軍，假以事權，俾專責任。現在先就定武十營，步隊三千人，炮隊一千人，馬隊二百五十人，工程隊五百人，以為根本；並加募步隊二千人，馬隊二百五十人，共足七千人之數，即照該道所擬營制、餉章編伍辦理。」

同日，清政府批准，命袁世凱赴天津接管胡燏棻的定武軍十營，作為改練新軍的基礎。同時嚴屬指出：「該道當思籌餉甚難，變法匪易，其嚴加訓練，事事核實。倘仍蹈勇營習氣，惟該道是問！」

對於袁世凱能夠順利被眾人保舉，唐德剛在他的著作中這樣分析道：「袁之練兵小站，實是眾望攸歸的結果。……而且這些大臣中像李鴻章和翁同龢，像恭親王和慶親王等彼此之間矛盾極深，甚至是終身的政敵。要他們一致讚譽，一致推薦袁老四這位小小的前駐韓商務委員，直隸總督的一個小下屬，他本身沒兩手，不成的呢！——所以我們執簡作史的人，因為對『袁世凱』三個字有成見，便硬說他出任要職是出於個人吹牛拍馬、攀援權貴而來，是有欠公平的呢。」[6]

對權貴的攀援，袁世凱定是有意為之的，這一點是他人格的極大缺憾，但同時不能忽略他的視野之開放和能力之出眾。

袁世凱於1895年12月16日前往小站鎮接管定武軍。雖然在朝鮮期間與日本發生直接衝突，甲午一戰日本攫取了中國重大權益，但是在這時袁世凱卻開始鼓動全軍學習日軍作風。袁世凱擔心如果不採取果斷措施，「橫逆以來，日益滋甚，

5 沈祖憲、吳闓生編：《容庵弟子記》，第2卷，第5～6頁。

6 唐德剛：《晚清七十年》，第4卷，第76頁，台北遠流出版社，1998年版。

蠶食鯨吞，不堪設想」。[7] 定武軍是在1894年底，朝廷採納李鴻章的德國軍事顧問漢納根的建議，派長蘆鹽運使胡燏棻在天津小站編練的一支新式陸軍，共計10營4750人，其中步兵3000人，炮兵1000人，騎兵250人，工程兵500人。

由袁世凱接管定武軍後，加募了步兵2000人，騎兵250人，將整支部隊擴編到7000人，並改名為「新建陸軍」，保留德式建制不變，繼續聘用德國軍官充任教習，還專門成立了由德國人組成的教習處。編制上以鎮為單位，鎮以下設協、標、營、隊、排、棚，綜合步馬炮工輜5種兵種。步兵又分左右兩翼，左翼2營，右翼3營；炮兵則分為右翼快炮隊、左翼重炮隊和接應馬炮隊。裝備方面，全部使用購自國外的新式武器裝備。各級軍官大量任用國內外正規軍事學校畢業生充任。軍中又設步兵、炮兵、騎兵、德文4所隨軍學堂，這些學堂的畢業生除學習德文者準備派赴德國留學外，其餘全部派充下級軍官。另外還設有專門對官兵實行輪訓的講武堂。遇有軍官出缺，一概不許在軍事學堂和新軍以外隨意選任。士兵的選拔招募，參照西方資本主義國家的軍隊條例，有較嚴格的限制：年齡從16歲至25歲；身高在四尺八寸以上；必須土著，應募時須報三代家口住址和指紋箕斗數目；吸食鴉片或犯有事案者，以及「城市油滑向充營勇者」也一概不收。

從新兵招募到軍官任用的條件可以看出，這支軍隊的設計者試圖竭力抵制兩種類型人混入其中：一為特權階層；二為有過舊式軍隊經歷的人。

袁世凱對清末軍隊改革的最大貢獻就是打破了以往中國舊式軍隊以鄉勇為基礎的組織方式，並打破舊軍隊中任人唯親的傳統，盡可能貫徹任人唯賢的能力主義，這在當時十分為人稱道。曾國藩的湘軍、李鴻章的淮軍等，都是以各地鄉勇的同鄉血緣關係為組織紐帶，軍官的任命主要根據同鄉血緣關係的親密程度。而袁世凱的「新建陸軍」中廢除了同鄉血緣關係的紐帶，徹底實行能力主義，使其成為一支近似於西方軍隊的新式軍隊。

在後來組建的「北洋六鎮」中，除第一鎮由滿人貴族鐵良任統制外，其餘五鎮均由袁世凱的親信王英楷、曹錕、吳鳳嶺、吳長純、段祺瑞等分任統制。

被稱為「北洋三傑」的段祺瑞是安徽人、馮國璋是河北人、王士珍是福建人，都與袁世凱沒有鄉族關係，而是根據他們的能力被袁世凱選拔上來的。段祺瑞、馮國璋都曾留學德國，年青的蔡鍔從日本留學歸來後，被袁世凱破格提拔為

---

7 《袁世凱奏議》，第1卷，第27頁。

雲南總督。當時「新建陸軍」的高級將官中，1/3以上都是留學生。

值得思考的是，後來袁世凱稱帝，支持其稱帝的多是一些以前的立憲派人士，他們又多是出於自己的政見——認為當時的中國適宜建立君主立憲制而非共和制——支持袁世凱的，比如楊度、孫毓筠、劉師培、嚴復等，而袁親手重用提拔的北洋軍將領們，卻大部分表示反對。段祺瑞和馮國璋辭官抗議，蔡鍔更是起兵討袁。可見這批所謂的「嫡系將領」與袁世凱之間並沒有形成舊式的追隨關係。

如果在這一時期，就說這支部隊是袁世凱的「私人軍隊」或是具有地方分離主義的武裝是沒有切實依據的。袁世凱之所以能控制建陸軍，更大程度上是通過他在北京的政治影響力，新建陸軍在財政和行政方面都依賴中央政府的支持和調度，由於新式建制的採用，新軍的各級軍官也頻繁變動，同樣限制了士兵和軍官之間發展成舊式的個人忠誠關係。更為重要的是，建立這支新軍的初衷也並不是國家或地方上為對付國內叛亂，而是針對列強對國家安全構成的威脅。

對於袁世凱的練兵成效，不但有清政府的監督監察，而且西方人士也在時刻關注。美國歷史學家拉爾夫·爾·鮑威爾在《中國軍事力量的興起（1895～1912）》一書中有這樣記載：「美國官員高第少尉，訪問了保定軍營。北洋軍的一整協為他作了操演，使他產生了極其良好的——也許是過譽的——印象。他的意見是，軍佐們都很聰明，並表明了『訓練極好』，而未入流的軍佐則不僅了解他們的職責，還能加以執行。士卒的軍容整潔，操練純熟，還能夠勝任最艱巨的工作。他們都配備了最新式的毛瑟槍，維護得也很好。」「在保定看到的士卒與中國的多數部隊都不同，槍法和美國軍隊一樣準確。」

與此同時，直隸提督聶士成挑選所部馬步軍30營，也按照德國軍制訓練，編為「武毅軍」，這支部隊雖然也是新軍制，但軍力相比較袁世凱的「新建陸軍」要弱小得多。

直隸全省的淮軍、練軍二萬餘人，也被編為20營，按西法操練，分駐各地。

1898年戊戌變法運動期間，袁世凱的新建陸軍與董福祥的「甘軍」（舊軍制）、聶士成的「武毅軍」，一同隸屬於直隸總督榮祿之下，並稱北洋三軍，同年12月，榮祿統一北洋各軍合稱「武衛軍」。

在京師大練新軍的同時，各省也開始了編練，湖廣總督張之洞在江南創設「自強軍」，計13營，同樣聘請德國教習，槍械、兵法均參照歐洲，次年又在湖

北練洋槍隊2營。兩江總督劉坤一也將江南省的江寧、鎮江、吳淞、江陰、徐州五路防軍，全部改為西法操練，使用新式武器。

近代戰爭手段導致了軍隊管理必須制度化和規範化，也導致了軍隊後勤保障的相應複雜化。

電報、電話等先進的通訊手段隨各國商人的遷入而傳入中國，並首先應用於軍事。在洋務運動中，清政府在各地設電報局，並設電政大臣，同時還廢驛行郵。在中法、甲午戰爭中，清政府軍隊已使用電報、電話，作為信息傳遞的主要手段。雖然晚清的近代軍事交通運輸還比較落後，但當時這一系列變化是帶革命性的。[8]

所以，即使在1900年之前，中國的陸軍近代化建設已經具備了一定的基礎。但這一時期所編練的軍隊只是在規制和練法上吸收了西方軍隊經驗。並且各地軍制不同，不能做到統一，這對於軍隊的國家化是一大障礙。

在1899年5月，袁世凱向朝廷上了一個奏摺，對訓練制度、戰術、軍紀與擬議使用的武器，都有規劃。美國歷史學家拉爾夫‧爾‧鮑威爾對於袁世凱在規劃整個帝國軍隊近代化中的作用也表示了肯定：「袁氏雖然還不是一個品級最高的官吏，他並沒有因為謙遜而對於根本大計和利於朝廷的事緘口不言，不去干預繼承的秩序。因此，他提倡建立一個在中樞控制下的大型兵工廠。他指出現行制度的缺點之後，建議新的兵工廠應設在接近產煤區的地區。而它的經費，則由用於地方兵工廠的款項內移撥。」[9]

義和團運動中，袁世凱署理山東巡撫，他的2個營被派到山東，鎮壓義和團的同時，也起著防止德國人軍事入侵的作用。同時他又將山東舊軍34營改編成馬步編隊20營，計14000人，定名為「武衛右軍先鋒隊」。此時，「武衛右軍」的實力又得到進一步發展。當八國聯軍侵入中國的時候，袁世凱參加「東南互保」拒絕宣戰。經過八國聯軍之役，武衛軍前、後、左、中軍或消滅，或沒落，唯有袁世凱的「武衛右軍」，非但沒有損失而且還有較大的發展。此時，袁世凱屬下的近代化軍隊總計已逾二萬人。

---

8 陳崇橋、張田玉：《中國近代軍事後勤史》，第77頁，金盾出版社，1993年6月版。

9 （美）拉爾夫‧爾‧鮑威爾著，陳澤憲、陳霞飛譯：《中國軍事力量的興起（1895～1912）》，第109頁。

　　雖然榮祿直到1903年去世時還在名義上擁有帝國軍隊最高指揮權，在八旗中也有著很高的虛銜，但他在實際軍事指揮中已不能起主導作用了。

　　鑑於八國聯軍入侵中清政府軍隊規制混亂帶來的困擾，在新政上諭中，清政府命各省督撫「將原有各營，嚴行裁汰，精選若干營，分為常備、續備、巡警等軍，一律練習新式槍炮，認真訓練，以成勁旅。」[10] 下決心全面改編軍隊，將全國軍事力量規劃為36鎮，將戰鬥力較強的軍隊改為常備軍，其餘編為續備軍，組織後備軍，按各省的人力物力及戰略地位的重要程度，進行分配，限期完成，軍事近代化建設的局面在全國更大範圍內鋪展開來。

　　1901年清政府下令永遠停止「武生童考試及武科鄉會試」，因「所習硬弓刀石及馬步射，皆與兵事無涉，施之今日，亦無所用」，並令各省在本年內嚴汰綠營、防勇十分之二三。

　　1904年開始，為進一步統一軍制，淘汰舊軍，特在北京設立練兵處，作為考查和督練新軍之總機關，各省又設督練公所。練兵處以奕劻為總理大臣，袁世凱為會辦大臣，鐵良為幫辦大臣。

　　袁世凱在新一輪的軍事近代化事業中占據了舉足輕重的地位。當時，「朝有大政，每由軍機處問諸北洋（袁世凱）」，[11] 當仁不讓，袁世凱成為「全面推行中國軍事現代化的第一人」，[12] 但這引起了清朝皇族和政敵們的嚴重嫉妒和不滿。

新政初期的變法舉措

　　是否因為袁世凱的告密導致了戊戌政變的發生？目前史學界較為統一的意見是：袁世凱向慈禧太后自我表功的《戊戌日記》係事後「補記」，其告密其實發生在慈禧太后發動政變之後，而非之前。有人評價其為「出於自保而不得不為」，其作用，是為表明自己竭力鎮壓維新派提供證據，向慈禧證明自己和康梁有明顯的界限。袁世凱同張之洞一樣，都在維新時期對康梁進行了資助，甚至直

10　《光緒朝東華錄》，第4718～4719頁。

11　張一麐：《心太平室集》，第8卷，第36頁。

12　章立凡：《袁世凱——一代梟雄的興亡》，載朱信泉主編：《民國著名人物傳（一）》，中國青年出版社，1997年版。

到政變之前一天，維新派還是對他寄予希望。袁世凱的政治選擇讓他被最高統治者擢升為山東巡撫。

古往今來，官僚們一直在製造著無窮無盡的歷史之謎。如果天衣無縫取信於人，就被捧為政治家；如果不慎敗露就只能被稱為政客或小丑——袁世凱不是一個理想主義者，而是一個典型的注重實際的官僚型人物。

袁世凱在庚子期間用血腥手段鎮壓義和團，他認為自己的行為完全符合國家利益：「局外之吹求，固不難捕風摭詞；當局之經營，不得不通盤籌劃。」

到了新政詔書頒布之後，袁世凱已出任北洋大臣，並兼任多個要職，隨著政治地位和局勢的變化，他的精力不再只是專注於軍事改革，他開始在更多地領域進行大刀闊斧的改革，他試圖重新塑造自己的政治形象。在發展國家工礦企業、修築鐵路、創辦巡警、廢止科舉、開辦新式學堂等方面，袁世凱都取得了卓有成效的業績。康有為等人在戊戌變法時所提出的改革方案和設想，多數在袁世凱當政期間變成了現實。袁世凱的作為使他成為清末中國改革陣營的巨星，受到許多新型知識分子和進步青年的擁護。

然而在改革過程中，不少人的利益受得觸動，特別是權貴們的利益。皇室親貴不斷上書彈劾袁世凱權高勢重，任用私人，民間傳稱袁世凱將成「曹操、劉裕」的說法其實最先出現在這批人的彈劾奏摺中。

袁世凱比張之洞、劉坤一更早向朝廷提出了自己的十條新政「管見」，包括整頓吏治、改革科舉、振興實業、增強軍備等。雖然沒有像「江楚會奏三疏」那樣成為系統性改革文件，但也反映了他個人一貫的務實作風。用他自己的話說是：「以上十條，雖皆卑無高論，務期切而易施」。

山東也成為全國最早推行新政的地區之一。

袁世凱雖然出身行伍，厭惡讀書，但已經深刻認識到「人才者，立國之本」這一理念，他所主導的地方改革也是從教育先行入手。1901年9月份，袁世凱將擬就的《山東大學堂章程》草案上奏清政府，內稱「國勢之強弱，視乎人才，人才之盛衰，原於學校。誠以人才者，立國之本，而學校者，又人才所從出之途也。以今日世變之殷，時艱之亟，將欲得人以佐治，必須興學以培才」。奏請先在省城設立大學堂，並分設相當於今天的大、中、小學學制。

官立山東大學堂很快在袁世凱的主持下建立起來，第一批招生300人。所選任的第一任校長是後來被譽為「北國工業巨子」的周學熙，並聘美國人赫士為總

教習，另有進士宋書升等三十餘人任經學教習，回國留學生沙慶、孔祥柯等任科學教習，另聘有外籍教習8人。到了1904年，更在「藩庫稅契項」名下撥白銀8萬兩，作為常年建學經費。大學堂學制3年，課程除傳統經學外，並設二十多門西式課程，包括文學、歷史、地理、法制、理財、兵學、格致、心理學、算學、物理、化學、博物、地質礦物、英文、德文、法文、日文、圖畫、音樂、體操等。

在山東，不僅大學教育成績斐然，新式中小學教育也取得了重大進步。以青州府為例，1902年春「中小學堂、蒙養學堂，均已具有規模」，袁世凱的教育改革比全國範圍的改革提早了很多，並且已見成效，所以清政府稱讚他的教育改革「著手頗早」，「與教育提倡頗力」。

為了推動在全國範圍內改革人才選拔機制，掃除新興學堂發展的障礙，袁世凱多次上奏遞減科舉名額。到了1905年8月，他與張之洞、岑春煊等人聯銜上奏，要求全方位廢除科舉。清政府不久就正式廢除了存在千年之久的科舉制。

廢科舉為歷史必然，但袁世凱的努力不可忽視。學堂之設、科舉廢止，為進一步傳播西學提供了重要條件，利於西方新思想的傳播。從袁世凱在投入立憲運動之前的一些經歷中，我們可以看到他不僅具有了一定程度的西方先進知識，而且還不斷將西方先進的東西，應用於他的各項具體改革活動之中。其他許多新政措施在他任內也即見成效，並在全國產生了重要影響。

在經濟上袁世凱大力舉辦近代企業。

1902年1月，袁世凱被委派為接收關內外鐵路督辦，8月又擔任了督辦津鎮鐵路大臣。他薦舉唐紹儀兼督辦京漢、滬寧鐵路大臣。後來唐又將梁士詒引入袁世凱幕府，梁先後擔任鐵路總文案，京漢、滬寧、正太、汴洛、道清五路提調、鐵路總局局長等職。

1907年，梁士詒又經手創辦交通銀行，把輪、路、電、郵四政從金融上統制起來，擴充了國家的經濟實力。

1902年，袁世凱委派周學熙籌辦銀元局，從此周學熙開始了他的經濟活動生涯，以後他在直隸及北方地區辦多家企業獲得成功，以至時人將其與張謇並稱為「南張北周」。

直隸工藝局的創辦，也是袁世凱在新政初期從事實業建設的另一重要內容。1903年3月，袁世凱再派周學熙赴日考察工商業。回國後周立即被委派創辦了直隸工藝局，力圖「招全省工學界之樞紐，以創興實業」。到1907年11月，直隸所

屬地區的工藝局和工廠，開辦者達六七十處之多，形成了中國北方實業的雛形。

但在1904年收回英商騙走的開平煤礦活動中，袁世凱並未獲得成功。

庚子事件中，英商從開平礦務局督辦張翼手中，以極低的代價「買」去了開平礦務局和唐山水泥廠，實屬商務欺詐行為。戰爭結束，中方方才洞悉。

1904年10月，張翼到倫敦法庭起訴英商，由於當時英國海軍迫切需要東方煤業基地，迫於英國政府與軍方的壓力，法庭雖然承認英商有欺騙行為，卻仍將煤礦判給英商。在袁世凱的背後支持下，周學熙提出了部分收回權益的提案，也就是先收回唐山水泥廠，經過一再交涉和抗爭，唐山水泥廠終於回到中國人自己手中，並改名為「啟新洋灰公司」。該廠此後生產的馬牌水泥被用於輔仁大學、燕京大學、大陸銀行、交通銀行、上海郵政總局等有名建築，壟斷中國水泥市場達14年之久，銷量占全國水泥的92％以上。

但是開平煤礦的經營權仍被英商霸占，並在煤礦周圍進行勘查，企圖開設新礦擴大經營。為遏制英商擴張行為，袁世凱於附近區域建立灤州煤礦，利用行政力量將開平礦區四周有煤層的地區全部劃入灤州礦區。直隸各界人士一方面對英商行為發起抗議，另一方面對灤州煤礦積極支持，紛紛投資入股，使灤州煤礦有了充裕的資金源流。

為了使本國工商業不受外洋的壓制，袁世凱提出了貿易保護政策，要重徵洋貨之稅，輕收本國之稅。對於商務也應及時整治，才能達到「內之而生計不憂終窘，外之而利權不盡旁傾」的目標。[13] 袁世凱當時對於英、德人的侵蝕深表憂慮，擔心利權進一步失落，因而他在山東整頓金融，抵制外國貨幣的侵擾。他還專門對本國的產品實行了免稅政策，以增強本國工商業競爭力和生存力，抵制外資的侵損。

詹天佑主持修築的京張鐵路在中國鐵路建設史上具有重大意義，在這一活動背後，袁世凱不僅是發起人，而且從始至終一直是堅定的支持者。

在新政初期，袁世凱大力支持民族資本家經營工商交通事業的同時，也傾入大量國家資本進行投資，與西方勢力爭奪市場，也從中謀得了高額利潤。他致力於近代企業的舉動，已經呈現出早期官僚資產階級的某些特徵。

但應該注意到，在這一階段，即使非政治層面的改革，袁世凱在基層所實行

---

13 《袁世凱奏議》，第10卷，第343頁。

的革新也不是平衡的，在大多數縣裡，因為財政和現實的束縛，教育、警察和經濟改革很少能夠做到同時進行，很多只是實行了其中的一項而已，但從改革需要漸進操作的意義來說，他的改革又是卓有成效的。

在實施過程中，袁世凱不但提高了基層官員的行政管理能力，還十分注意爭取地方士紳的理解與支持，使這些傳統社會的有名望者樂意與官方一道從事改革活動。在合法化的前提下，在近代化的名義下，取締保甲、團練這樣一些非正規的警察和武裝組織，以近代的警察和新軍取而代之，那些對社會動亂記憶猶新的地方菁英們滿意改革所帶來的相對安定環境；袁世凱所進行的教育改革和倡導，又先於全國其他地方，為士紳們的子女提供了接受近代教育的機會，因此這些士紳和他們的追隨者也願意忍受為此付出相應的代價；大量創辦實業、與外國企業爭利，不僅為家境殷實的人們提供了新的投資渠道、獲利機會，而且為袁世凱贏得了很大的社會名望和政治優勢，這種名望北京會關注，在民間也贏得了不少的擁護者。就這樣，袁世凱的一系列措施不僅擴大了自身在地方士紳中的聲望，而且受到朝廷和地方同僚們的推崇和效仿。袁世凱在直隸的改革也被《東方雜誌》等報刊報導，在全國得到廣泛的宣傳，甚至為他在辛亥革命期間獲得全國範圍的地方菁英分子的支持打下了基礎。

在清政府眼裡，袁世凱代表著地方督撫；在地方任上，他又代表著中央政府。袁世凱又能較好地激發縣級官員的政治積極性，地方菁英的政治熱情也被有序地引導著。在這一時期，社會各階層的人們同樣面臨著西方列強不斷增強的壓力，四者之間不但沒有出現大的協調危機，還一度呈現信任增加的跡象。這就為下一步的政治改革即立憲運動推行創造了積極條件。

唐德剛列舉袁世凱在立憲運動之前的建樹時，稱之為「袁世凱的變法改制」，斷言：「袁畢竟是近代中國數一數二的治世能臣。」

他萌生了立憲的願望

清末立憲運動，是資產階級人物、眾多開明官員、民間立憲士紳，以及像梁啟超這樣的海外知識分子共同要求結束極權統治、建立寬鬆、開放的政治環境的社會運動。袁世凱投入立憲，附和並助長了上層資產階級人物的要求，更加成為眾多立憲派人士的官方領袖。袁世凱在投入立憲以前的經歷及所從事的活動，可

以看到他是一個有一定的改革思想和具有「西學」知識的新派人物。

經濟上的行為必然導致政治上的變化。為了維護自己在經濟上的利益，袁世凱採取贊同具有資本主義性質的立憲政體的態度，已成為必然，這只是他贊同立憲的一方面原因。另一方面，袁世凱雖然在地方上政績卓著，北京城裡也有他的政治同盟，且擁有很大的軍事調度能力，但是他的地位並不穩固，袁世凱深諳傳統極權政治的奧妙所在，也深知其不確定性，如果政體不改，他所擁有的地位和軍隊可能會在一夜間拋棄他，特別是經歷過戊戌政變，讓他不能不對慈禧太后的權力和權術時刻感到惶恐，隨著新一代皇族王公的成長，袁世凱的政治前途更加充滿變數；與反之，如果採取立憲政體，他利用現有社會聲望和政治資歷，不但可以在新式政權中謀得關鍵性的一席，而且可以扼制親貴權要們的「隱性權力」，來自他們的政治壓力也會相應減小，這才是他傾向立憲的深層次原因。

與教育、經濟改革進行的同時，在政治上，袁世凱已進行了有限的吏治整頓。他明確指出：「吏治之得失，人才之進退因之，民生之休戚繫之，故欲轉移風氣，整頓地方，莫先於講求吏治。」[14] 在山東巡撫任內他還不斷上奏朝廷，裁撤屬吏。袁世凱提出了一攬子改革吏治的措施，基本精神是引進西法，改造官吏。課官院、課吏館、北洋法政專門學校在他的主持下設立，開設了許多外國政治、經濟、外交等方面的課程。在這些學堂中接受培訓的許多官員和士紳開始接受新思想、新知識。

這一點於今人對袁世凱的看法似乎最具有顛覆意義。就像前面所提到的李鴻章一樣，自己在政治生涯中屢屢被言官彈劾收受他國賄賂，但是在私下裡卻對宮廷奢華之風、官員貪瀆深惡痛絕，屢屢上書改弦更張。當然我們可以作出另外一種解釋：這些純粹是他們的政治作秀，但是似乎這樣解釋又過於牽強。就袁世凱來說，他不僅是把整頓吏治表達在提交給朝廷的奏摺中，而且已經上升到建立系統性的法政學堂、建立一系列官員考核機制的程度。

這似乎對於我們認識中國近代歷史人物又增加了一層謎團。

他效法西方，從事諸方面的改革，他的活動已經超出單純引進西方技術的範圍，開始觸及到體制的變革。這為袁世凱此後投入立憲活動，要求改變專制制度已經作好了一定的準備。因此從這個方面看來，袁世凱投入立憲，也並非驟然之

---

14 《袁世凱奏議》，第3卷，第91頁。

舉。袁世凱作為一個早期與日本這樣的帝國主義國家打交道的官員，不可能不萌生更強的民族主義心理，所以說長期以來的富國求強抵禦外辱的思想，是他投入立憲的又一主觀因素。

1904年1月7日，日本駐中國公使通知北京說，日本政府希望中國在日俄戰爭中嚴守中立。1月22日袁世凱再次向清政府強調了中立的重要性，因為帝國沒有能力阻止戰爭在它的領土上進行。他指出，保衛滿洲將需要數十萬人，即使保衛幾個重要據點也需要六至十萬人，可是帝國那時至多也只能動員二、三萬名士兵，而且他們的彈藥不足，因為《辛丑各國和約》禁止輸入武器。[15] 兩廣總督岑春煊等官員則主張聯合日本反對俄國，以圖規復滿洲。但是這個意見顯然是行不通的。戰爭一爆發，袁世凱就再次催促朝廷宣布中立，「以定人心」。[16] 在這個時候清政府發表聲明，同時呼籲交戰雙方要尊重瀋陽和盛京的陵寢，並不得僭奪中國在滿洲的主權：「三省疆土，無論兩國勝負如何，應歸中國主權，兩國均不得侵占。」日本聲明同意尊重中國的中立，並否認在戰後有任何領土野心，但俄國卻拒絕視滿洲為中立地區，也不願討論它的未來地位。[17] 帝國輿論痛斥俄國的驕縱，也批評政府的懦弱。

袁世凱當然不會在政治上幼稚到相信日本書面承諾的地步。日俄戰爭中英國給予了日本很大的支持。袁世凱清楚地看到當時在東方沒有一個國家的陸軍出日本之右，在西方沒有一個國家的海軍勝過英國。這兩個國家的結合產生了一個新的強國集團，它不僅影響東亞的局勢，也影響整個世界；但他們之所以這樣做是為了維護它們自己的民族利益，並不是真心想維護中國和朝鮮。袁世凱提醒朝廷不要期待英日同盟會帶來任何好處，相反，只要中國一放鬆警惕，該同盟就會給中國帶來麻煩。所以他冷靜地告誡人們說：「然欲保全本國疆土而仰望於別國聯盟之餘力，則一國之恥，孰有過於此者！」面對此恥辱，袁世凱敦請朝廷立即進行制度改革，加速訓練軍隊，開發資源和創辦近代教育，以加強國力。[18]

日本天皇的軍隊和俄國沙皇的部隊在中國領土和領海上展開殘酷廝殺。1905

15 參見《清季外交史料》，第181卷，第35頁。

16 參見《清季外交史料》，第181卷，第18頁。

17 參見《清季外交史料》，第181卷，第27頁；第182卷，第5、7頁。

18 參見王延熙、王樹敏編：《皇清道咸同光奏議》，第16卷，第18頁，1968年台北重印版。

第五章　袁世凱：從朝鮮監國到政壇巨子

年,日本聯合艦隊在對馬海峽幾乎全殲俄國波羅的海艦隊。這是工業革命以來,白人世界的第一次重大挫敗。由於國內出現革命浪潮,俄國沒有力量立即組織陸上力量進行反撲,日本的戰備物資也消耗殆盡。

雖然沙皇最終沒有向日本賠款,可是俄國在這場戰爭中確定無疑地失敗了。日本得以進一步向中國擴張。

10年前,被中國人視為蕞爾小國的日本徹底打敗了中國,清流黨人把責任推到李鴻章等人的身上。而到了1905年,沒有人再相信這種不負責任的言論。

包括袁世凱在內的很多中國人,將進一步思考日本得以擊敗俄國這個龐然大物的根本原因。他們認為答案是兩個字:立憲!

袁世凱對革命行為是極端仇視的,他所支持的立憲運動重要目的之一就是要消弭革命。1904年,他就在中國留日學生中安插密探,監視留學生的言行。同盟會成立後他立即奏請清政府,嚴加防範革命黨人。

至於如何組織立憲政體,袁世凱在奏摺中主張「改組責任內閣,設立總理,舉辦選舉,分建上下議院」。袁世凱所主張的設內閣、建議院是標準的立憲政體組織。他這種想法的基本依據是日本的君主立憲政治。日俄戰爭的結果,使袁世凱以及其他主張立憲的官僚們更加確信,中國只要效法日本實行立憲,也能後來居上。加上兩國情形的相似,使袁世凱等人更認為效法日本的可行性,「中國今日,欲加改革,其情勢與日本正復相似」。所以於各國得一借鏡之資,實不啻於日本得一前車之鑒,而且是「事半功倍,效驗昭然。」[19]

在1908年的某一天,美國記者托馬斯·F·米拉德造訪了袁世凱,此時的袁世凱對世界局勢和中國處境的認識較山東巡撫時期更為深刻:

「我們內部的管理體制必須從根本上加以改革。」袁世凱對托馬斯說道,「但這卻是一件說起來容易做起來非常難的事情。因為它牽涉到要徹底改變甚至推翻現行體制的某些方面。而這個體制已經存在了許多個世紀,諸多因素盤根錯節地緊緊交織在一起。就民意支持的狀況而論,我感到可以肯定的是,如果給我們時間再加上機遇,我們無論如何都能夠實現改革的大部分目標。」

「最需要改革的是什麼呢?」托馬斯追問。

「我們的財政制度、貨幣流通體系以及法律結構。只有做好了這些事,大清

---

19 《袁世凱奏議》,第1卷,第34頁。

國才能恢復完整的主權。而且，也只有等她徹底恢復了主權，才能真正理順國家正常的經濟和政治生活。這三項改革中的任何一項都與其他兩項有著密不可分的依賴關係。」

托馬斯問袁世凱，在完成這三項改革的過程中，像日本人那樣引進外國顧問以求援助，這樣的作法他是否認為有益？袁世凱對此避而不答，而是說，大清國還有很多很多東西要向西方學習，並且大清國將感謝任何善意的建議和忠告。

托馬斯在新聞稿中寫到：我相信，事實上，袁確實認為應該引進能幹的外國財經顧問和法律顧問，但是，如果在當前情況下公然迫切地提出類似建議，只能對他的政治敵人有利。因為時下諸如「復興的權利」（Right of Recovery）以及「中國乃中國人之中國」（China for the Chinese）等等觀點甚囂塵上，而袁則是一個如此出色的政治家，他在表面上是不會反對這些觀點的。雖然他主張他的國家能真正適應西方的觀念和方法，即使大清國也許還未做好充分的準備去接納它們。袁說，日本人僅僅是在時間上比大清國早一些通過某些純物質的外來幫助方式（大清國有幅員遼闊的國土和人民，在各民族、各地區的內部利益調整方面也與日本存在很大的差異，因而不太可能採用這種幫助方式），就取得了某些物質上的進步，但這並不能證明日本人在道德上和精神上就比我們優越，也不能證明在指導我們未來的方針上，日本人的作法從根本上就是正確的。

袁世凱強調說：「這也並不意味著他們的作法就更加聰明。日本人在完成他們國家發展進步的過程中，純粹是由於地理和政治環境對他們一直有利。而我們的事業卻比他們更加艱巨和繁重。我們沒有理由認為，我們自己就不能指望達到類似於日本現在所取得的成績。日本外有大國的友好支援，並且在其國土上也不存在來自列強的私欲和野心去牽制和阻撓他們。當把所有這些情況詳加考慮之後，我們應該認識到，在走向所謂現代化的進步過程中，要把日本和大清國在改革的具體部署上進行明確的對比是不可能的。我期望，西方，尤其是美國的開明人士在這方面能夠對大清國多加賞識和鼓勵，並能在大清國面臨的改革偉業面前，給予我們精神和道義上的支援，正像他們在一個類似的歷史時期曾給予日本的一樣。除非遭到某個列強大國的肆意進攻，在一般情況下大清國政府並不要求更多的外來援助。但我確實認為，在評估我們的發展進程時，應該充分考慮到，大清國政府所面臨的問題和困難是巨大的。我們正處在現代化進程的潮流之中，而假如我們一時沒有掌好舵，西方世界也不應該對我們批評得過於嚴厲和苛

刻。」[20]

　　托馬斯對袁世凱將遭到政敵排擠的擔憂絕不多餘。他的這篇專訪稿在《紐約時報》登載不過半年，即1909年1月6日，曾經萬眾矚目的袁世凱被剝奪一切職務，在驚恐之中回到原籍河南……

　　此後在河南安陽做一「洹上釣叟」期間，真如諸多演義中所說，袁世凱真能做到泰然自若、運籌帷幄嗎？從政績卓著的北洋大臣，到淒然離京的落魄官員，這中間中國政壇發生了什麼呢？

20　以上參見鄭曦原：《〈紐約時報〉晚清觀察記》，第142～143頁。

辛亥前夜

第六章
五大臣出洋考察終成行

判斷歷史的功績，不是根據歷史活動家有沒有提供現代所要求的東西，而是根據他們有沒有比他們的前輩提供了新的東西。

——列寧

政治考察前的國內外大背景

　　工商界人士最早感覺到了新政上諭頒布前後國家的變化。1904年，已經成為實業界領袖的張謇感慨，在過去的10年裡國家的發展程度超過了以往百年的時間。而接下來幾年的變化速度更會出乎他的意料。

　　對於從通商口岸發展起來的新型商人來說，這是一段被歷史忽視，卻又確確實實存在的重要時期。事實上，從1895年到1913年間，中國民族資本主義工商業發展速度年均為15％，比第一次世界大戰列強無暇東顧期間的發展速度還要高。

　　正在日本的梁啟超一直關注著中國的改革事業，雖然遭到通緝，但他並沒有被同胞冷落，朝廷官僚層中的不少開明人士一直和他保持著深度接觸，甚至包括皇族成員，這種接觸有可能是被最高統治層所默認的。

　　「庚子事件」期間，「自立軍」在湖北的武裝起義被張之洞殘酷鎮壓之後，梁啟超一度對清政府失望透頂，對光緒皇帝能否重掌政權也失去了最後的信心。「自立軍」起義是一次非常複雜的事件，裡面充斥著康有為的「保皇黨」力量，他們的目的是組織武裝北上「勤王」；也有接受了孫中山暴力革命主張的人；更有大量的會黨投機分子。雖然規模很小，但是事件之後，康有為的一些追隨者受事件本身影響轉到了革命的陣營。梁啟超的思想也變得激進起來，開始主張實行破壞主義，與革命派愈走愈近，似乎要完全拋棄改良主張。

　　1903年梁啟超第二次游歷美國。在游歷中，他通過自己的所見所聞所思，敏銳而深刻地剖析了美國的社會現實，同時又深深地思考著中國自身的問題，並為後世留下了兩本旅美遊記——《夏威夷遊記》和《新大陸遊記》。在紐約他切身感受了現代大都市的華麗與繁榮，也考察了這個最負盛名的資本主義國家的貧民窟，並拜會了時任美國國務卿的海約翰及總統西奧多‧羅斯福。此後又北上芝加哥，得到名士杜威的盛情款待，杜威以莊嚴的軍樂迎接梁啟超的到來，梁啟超還有幸來到當地的大教堂演說，聽眾多達六千人。更為重要的是，他除了身體力行切身感受美國社會各階層的現實生活之外，還對美國唐人街華人社會進行了深度研究。可以肯定的是，梁啟超的思想在美國已經發生了變化。

　　回到日本之後，他旗幟鮮明地放棄了排滿革命的主張，專言當下中國所需要進行的是政治革命——完成君主立憲，而非進行暴力革命。梁啟超是最早使用「中華民族」這個詞彙的中國人，他認為當下的滿人已經成為國家的一員。需要

改造的是整個社會，而不是單單把滿人驅逐。他還明確指出當下中國的政治體制和股份有限公司的性質最不相容，而股份公司必須在完全法治的國家才能興旺發達。

1903年開始，清政府先後頒布了《獎勵公司章程》《商標註冊試辦章程》《商人通例》《公司律》《破產律》，用以規範商業競爭，激勵工商實業，這一系列由海外歸國的法律專家擬定的規章制度頒布之後，中國的民族工商業地位在法律上得到了新的保證，去掉了更多的枷鎖和束縛，這就勢必導致新的社會階層的形成。在這個階層的影響下，有一股強大的社會力量在這個時期已經漸漸成為核心政治力量，它就是立憲派。

1904年2月6日，日本對盤踞在中國旅順口的俄國艦隊發動突襲，日俄戰爭爆發。日本侵占中國東北的「大陸政策」與俄國欲把東北變成「黃俄羅斯」的野心發生激烈衝突。

當時的中國人一面譴責這場邪惡的帝國主義戰爭，對祖國遭受塗炭深感痛心；一面對這場戰爭的勝負展開了激烈的大爭論。

日俄宣戰後的第三天，中國立憲派主導的《中外日報》即發表社論，認為長期以來都是白種人打敗黃種人，白種人對非白種人進行殖民統治，而這次戰爭將使人們認識到「國家強弱之分，不是由於種而是由於制」，明確提出國家強弱的關鍵在於制度，而不在其他。還有輿論預料日將勝俄，而此戰之後「吾國人之理想必有與今天大異」；甚至還有人認為這次戰爭將使國人「悟世界政治之趨勢，參軍國之內情，而觸一般社會之噩夢，則日俄之戰不可謂非中國之幸」，他們說得很明白：「蓋專制、立憲，中國之一大問題也。若俄勝日敗，則我政府之意，必以為中國所以貧弱者，非憲政之不立，乃專制之未工。」

日俄戰爭的結果正如立憲派所預料的那樣發生了。頓時，輿論沸騰。

有「北方清議」之名的《大公報》在戰後立即刊載文章稱：「此戰誠為創舉，不知日立憲國也，俄專制國也，專制國與立憲國戰，立憲國無不勝，專制國無不敗。」將兩國交戰的結果歸因於政體的不同，難免過於簡單草率，但此文卻立即得到社會廣泛響應。立憲人士更是為之積極奔走，立憲發展成為一股全國性的思潮。一時間「上自勳戚大臣，下逮校舍學子，靡不曰立憲立憲，一唱百和，異口同聲」。

日本的勝利也鼓舞了革命領袖孫中山，他認為這是東方對西方的勝利，甚至

認為「日本的勝利就是我們自己的勝利」，但是他並不認同日本的政治體制。他「驅除韃虜，恢復中華」的政治宣言正在悄悄擴散，雖然其口號酷似明朝開國君主的「驅除胡虜，恢復中華」，孫中山自己也並不避諱這一點。

日本最終能打敗俄國，影響的決不單單是中國這個古老的民族。當時16歲的尼赫魯正處在從印度到倫敦的旅程中，他在回憶中說道，「在多佛開出的火車上讀到對馬海峽日本海戰的大勝利，我的心情非常之好。第二天恰好是德貝賽馬日，我們去看了賽馬。」

前面已經說過，立憲並非偶然間的天外來物。早在洋務運動時期，就有大批涉外官員在自己的私人信函和向朝廷遞呈的奏摺中提醒「議會」之重要，那時立憲思想已見端倪。在新政上諭發出之後的1901年6月，立憲主張則由出使日本大臣李盛鐸首先正式提出，倡議建立君主立憲政體。

1904年3月24日駐各國公使孫寶琦（駐法公使）、胡惟德（駐俄公使）、張德彝（駐英公使）、梁誠（駐美、墨西哥、祕魯公使）等聯名電請朝廷宣布立憲，主張「仿英德日本之制定為立憲政體之國」，明定憲法，「先行宣布中外，以固民心，保全邦本」，否則「外侮日逼，民心驚懼相傾、自鋌而走險，危機一發，恐非宗社之福」。[1]

駐外公使們的上書給國內的立憲派活動及地方督撫的立憲要求以巨大影響和支持。孫寶琦還鼓動朝廷重臣端方和張之洞說服朝廷立憲。[2]

7月2日，直隸總督袁世凱、兩江總督周馥、湖廣總督張之洞聯銜奏請12年之後實行立憲，並請簡派親貴大臣赴各國考察政治。湖南巡撫端方在入朝召見之時，也反覆聲明實行立憲對國家、對皇室都有大利。

1905年11月，出使美國大臣梁誠、新任出使英國大臣汪大燮與前出使英國大臣張德彝、前出使法國大臣孫寶琦、前出使德國大臣蔭昌、新任出使大臣劉式訓、新任出使德國大臣楊晟聯合入奏，再一次強調保邦致治、自強富國，非立憲莫屬。認為應該實行5年的必要預備期，屆時正式改行君主立憲。因為中國自身體制已經傳承千年，實行迥異於傳統政治的立憲體制，必須實行三件大事：

---

1 《出使各國大臣孫上政務處書》，《東方雜誌》，第1卷，第7號。
2 《東方雜誌》第一年第7期，轉引自候宜杰：《二十世紀初中國政治改革風潮》，第49頁，人民出版社，1993年版。

第一，「宣示宗旨」，將朝廷立憲大綱列為條款，使全國人民奉公治事，一以憲法意義為宗，不得稍有違悖；

第二，實行地方自治之制；

第三，定集會、言論、出版之律。[3]

在此之前1905年9月，張之洞、袁世凱、趙爾巽、周馥、岑春煊、端方等將軍、督撫會銜上奏，要求立即停開科舉。他們警告說：「科舉不停，學校不廣，士心既莫能堅定，民智復無由大開，求其進化日新也難矣。」

這些大臣之所以主張首先從科舉入手，是考慮到科舉制度的改弦更張至少在表面上看來，比起根本政治制度的改正更易操辦，所以清廷對教育變革的態度也明顯比政治變革積極得多，當月即諭令從1906年開始廢除已有千餘年歷史的科舉制。客觀說，這一點也符合改革的需要，政治改革從易入手有諸多好處，可以做到不提早改動整個社會結構，也就為下一步可能進行深度改革減少阻力。

這的確是一個劃時代的歷史事件，時人認為「言其重要，直無異於古之廢封建、開阡陌」。科舉制的廢除使社會統治的傳統基礎——士紳階層開始分化。新的社會結構的形成，就需要新的治理方式。新式學堂的廣泛建立、工商業的進一步發展，都為數以十萬計的士子們提供了新的生存途徑，但是這些社會新型機構的吸納能力還遠遠沒達到實際需要的程度。這就預示著大批傳統知識分子失去了實現自身價值的場所，他們的不滿理所當然會針對當局，政治改革並沒有立即為他們帶來實質性的利益，這就是立憲派中的大量知識分子後來與政府決裂的重要原因之一。

歷史學家吉爾伯特·羅茲曼在其主編的《中國現代化》一書中更將廢除科舉比作1861年的俄國廢除農奴和1868年日本的廢藩置縣，認為它們都標誌著與舊制度的根本決裂，「在接近1500年的時間裡，科舉制度一直是維繫龐大的帝國運轉的核心機制，它締造了菁英階層，帶來社會流動，提供文化與道德上的價值信仰——這是古老的中華文明之所以延續多年的關鍵。它的中斷表明了這個體制的徹底運轉失效。」羅茲曼相信20世紀中國所遭遇的機遇與挑戰都與此有緊密關係：「它讓中國人在探索社會問題時大膽轉向了外部世界，它致使更多的年輕人出國留學，並帶回了各種新觀念與新力量。」

3 侯宜杰：《二十世紀初中國政治改革風潮》，第61頁。

　　1905年，在日本至少有8000名中國留學生，他們在那裡既感到了因民族積弱而帶來的挫折感，又為眼前的新世界振奮不已，還有很多學生在歐美國家留學。在新式學堂的學生人數則從1902年的10萬人增加到1912年的將近30萬人，他們一方面是新事物的吸納者，同時又繼承了中國士人傳統中的憂患意識。

　　這裡有一個問題：在這一階段，他們當中到底有多少對本國政府的改革抱以理解和支持？這是一個至今仍很難回答的問題。但是很顯然，學生們政見不同——這在很多地方都表現得出來，他們中有一部分毅然決然投向了革命的懷抱，另外一部分在同革命派進行著論戰，還有一部分已經回國試圖進入現存體制之內。

　　最高統治者慈禧太后也不得不走上立憲改革的戰車。有的官員深信，她對立憲沒有太深的成見，她最關心的事情只有四件：「一曰君權不可受損，二曰服制不可更改，三曰辮髮不准剃，四曰典禮不可廢」。1904年，慈禧太后在讀了《日本憲法義解》後認為日本有憲法於國家甚好，既可自強又可保皇室於永久。從這一事件中可以知道，至晚到1904年，慈禧太后已經對日本憲政體制有所傾向，但是即使是在最保守的日式君憲體制中，臣民也有了前所未有的權利，議會對皇帝的決議也有很大的牽制力，不可能實現君權「不受損」。顯然，慈禧太后是在極度矛盾的心境下發表了自己的有關看法。但無論如何，她的決議使當時中國的政治氣候一度比俄國要寬鬆。

　　遠在彼得堡的沙皇尼古拉二世在日俄戰爭後決定進一步加強他的專制力度。在這個喜歡體育運動、熱衷家庭生活的統治者看來，公眾抗議的高漲非但不是需要進行政治改革的信號，反而是需要恢復極權體制的信號。俄國的戰敗也絲毫沒能改變他的政見，在1904年就立憲改革舉行的高層會議中，尼古拉二世對部長們說：「我不是出於我個人的願望堅持專制制度。我堅持這樣做只是因為我確信俄國需要專制制度。如果只是為了我自己，那我會很樂意地放棄這一切。」在1905年6月的一次演講中他仍舊堅稱：「國家只有保留它過去的遺產，它才能夠強大和牢固。」4個月後，他卻迫於壓力不得不頒布《十月宣言》，承認人民有言論、出版、結社、集會、信仰、人身自由和參政的權利。11月6日，又下詔釋放所有政治犯。沙皇政府不得不著手實行政治體制改革，包括召開國家杜馬（議會），這標誌西方列強中最後一個專制政權結束。

　　駐俄公使胡惟德將此一情況立即通報清廷：「俄國現已公布立憲……亟宜立

定憲法，上下一心，講求自立之策，以防各國侵害。」俄國沙皇的命運無疑為清政府統治者提供了一個反面教材。

改革在加速，「立憲」已被從宮廷到地方視作解決種種問題的「萬靈藥」。但是政治改革應該如何操作、立憲是否適合中國這樣的疑問仍舊在許多人的腦中存在，這也是必須需要回答的兩個問題。

出洋考察對憲政改革的推動作用

袁世凱這個時候又一次站了出來，他奏請應效仿日本，在立憲前派重臣出洋考察政治以為參考。[4]

日本明治維新期間，為實現富國強兵，也派出了規模巨大的岩倉使節團進行海外考察。使節團於1871年12月23日從橫濱出發，渡過太平洋，在美國考察半年之後，越過大西洋，進入歐州，開始了在歐州諸國近一年的訪問。1873年7月20日使節團從法國馬賽港再起程，經蘇伊士運河，周游印度洋，於9月13日回到橫濱。歷時1年10個月。在使節團的骨幹中，有特命全權大使岩倉具視、副使木戶孝允、大久保利通、伊藤博文、山口尚芳等，此外，以一等書記官福地源一郎，二等書記官林董三郎為首，構成共46名的使節團，有18名隨從。使團成員回國之後進一步成為政府核心，把急於進行對外擴張的「征韓派」排擠出政治舞台。果斷制定了「殖產興業」、「富國強兵」、「文明開化」三大國策，並得到切實執行，日本的近代化事業由此而繼往開來。

很明顯，日本最開始的強國政策中並沒有把政治改革放在其中，日本帝國憲法的頒布是在明治維新成功之後21年的1889年由伊藤博文主持擬定、由天皇欽定頒布的。頒布憲法之後的日本政體實質上也不是英國式的君憲政體，而是參考了德國體制而建立的二元政治體制。雖然也有議會、有內閣，可是君主卻又可以凌駕於他們之上，內閣大臣對君主而不是議會負責，但是君主的聖諭如果沒有內閣的副署將不生效。由於明治天皇權力的實現來源於維新志士的支持，他不可能不遵從這一原則。這是一個非常微妙的政治體制，只從行政效率和效果上看，這一體制對於日本近代化的實現起到了決定性的作用。所以結合本國行政傳統，建立

4 中國近代史資料叢刊：《辛亥革命》，第4冊，第12頁，上海人民出版社，1961年版。

行之有效的政治體制才是務實、根本的解決辦法。

其實不單是袁世凱，當時清政府的很多朝廷大員們已經看出了日本政體的奧妙所在，但是後來的立憲發展勢頭會一步步超出他們的行政控制，同時清政府的財政狀況也在一步步惡化——這也是非常關鍵的一點。新政期間辦新式學堂、辦地方自治、辦近代軍事需要巨額的財政支持，而各項改革齊頭並進，一擁而上之時，也進一步加劇了普通國民身上的財政負擔，出現「無所不捐」的新政「累民」現象，各地出現的毀學風潮、抗捐風潮、抗拒禁煙風潮會進一步激化矛盾，如此政府將處於兩難境地。如果往前走，「累民」狀況會更深一步；如果放緩，政治上的反對派會更進一步獲得「假立憲」的證據。而各種政見的分裂最終將夾雜民變導致更為嚴重的激烈衝突，致使現有體制最終走向崩潰。而悲劇並不在於現有政權崩潰，政權與國家並不劃等號，而是在於出現了梁啟超多次警告的「共和專制」、軍閥混戰狀況，等數十年一切結束之後，重歸民生凋敝，而政治憲政依舊需要重新倡導、重新實現。當然，如果在1905年就說這種崩潰是必然的，筆者認為缺乏有力的事實依據。

在1905年7月16日，清政府正式宣布派遣官員出訪日本和歐美等國家，進行實地考察，尤其是在政治政體方面做出了順應民心民意、銳意改革的姿態，這道上諭後來被稱為「派載澤等分赴東西洋考察政治諭」，它這樣說道：

> 方今時局艱難，百端待理，朝廷屢下明詔，力圖變法，銳意振興，數年以來，規模雖具而實效未彰，總由承辦人員向無講求，未能洞達原委，似此因循敷衍，何由起衰弱而救顛危。茲特簡載澤、戴鴻慈、徐世昌、端方等，隨帶人員，分赴東西洋各國考求一切政治，以期擇善而從。嗣後再行選派分班前往，其各隨事諏詢，悉心體察，用備甄采，毋負委任。所有各員經費如何撥給，著外務部、戶部議奏。

後來的史實說明，此舉之所以重要，不僅在於清廷首次正式派員就政治問題進行考察，更因為大臣據考察所得，為仿行憲政闡述了系統性的主張，提呈了方案，推動清廷作出了「預備立憲」的決定。

當時中國的主要報紙都在第一版全文刊登了以光緒皇帝的名義發布的簡派大臣出洋考察政治的上諭。

對政府此舉，「五洲人士咸屬耳目」，外報驚呼此乃當今「世界之要

事」。[5] 社會主流輿論也給予了很高的評價和希望——「偉哉此舉」，相信不久「必將有大改革以隨其後，人心思奮則氣象一新」。[6]「洞中窾要」，不僅「內政之希望無窮」，而且「外交界之效力有指顧可見者」，[7] 各界人士無不奔走相告。

　　但也有少數立憲派激進人物如《大公報》主筆英斂之等人，頗為冷靜地指出這一派員出洋考察的舉動所存在的問題：「慮所遣之非人，未必能探取各國政治之精義，將有寶山空歸之嘆」，並提出，希望以「侯官嚴又陵、丹徒馬湘伯、南海何沃生、三水胡翼南」等人代替出訪的5位大臣，以提高政治考察的效果。但是可以看到，這種分歧並不是對政府派大臣考察政治這一決策本身的否定，而是怕所派「非人」，達不到考察效果。

　　在此之前，對於出洋考察經費的籌備問題，頗費周折。因為國家預算是在數年之後成立的資政院上才被首次正式提出，所以對於這筆臨時性財政支出，當時的戶部無力支付，與外務部聯合發電求助於南、北洋大臣，以及湖廣總督等地方大員。

　　各省雖然經費困難，但也都紛紛響應，南洋大臣籌解經費1萬兩，直接匯到了上海；湖廣總督、河南巡撫則分別認籌了5萬兩，直隸、江蘇又各認領10萬兩作為今後幾年的出使費用。新疆這樣的邊遠省份也認籌了1萬兩支持大臣們的政治考察。兩個月的時間過後八十多萬兩經費被各地認領。但是已改制的「度支部」（原戶部）對很多省份未能如數解交，表達了強烈的不滿。後來根據度支部對考察大臣們的經費監察來看，端方和戴鴻慈一路花了庫平銀379544兩8錢1分，超支了36187兩1錢4分5釐7毫7絲。載澤團用了330016兩4錢8分，結餘1211兩6錢8分。主要耗費是月資、客寓、電報、治裝、贈送各國禮品和購買譯書資料，雜用占最小比例。

　　其實，從清政府決定派遣大臣出洋考察憲政到頒發聖旨的這段時間裡，由於種種原因，出洋大臣的人選問題一直變化不定，朝廷也害怕「所派非人」。最終確定下來了以下5位官員，他們分別是鎮國公載澤、戶部左侍郎戴鴻慈、兵部侍

5 《外交報彙編》，第4冊，第228頁。

6 《讀十四日上諭書後》，《時報》，1905年7月18～21日。

7 《外交報彙編》，第2卷，第23頁。

郎徐世昌、湖南巡撫端方、商部右丞紹英。這5位大臣的頭銜和官職不一，有的是來自皇室宗親，代表了宗室貴族利益，有的是來自地方改革勢力，屬於銳意進取的新式開明官員，有的是來自掌管財政和工商業的大臣，也有統籌軍事方面的官員。

出國考察憲政最初計畫兵分兩路，一路由載澤、戴鴻慈和紹英等帶領，考察俄、美、義大利、奧地利等國家，另一部分由徐世昌和端方等率領去考察英、德、法、比利時等國家。

1905年9月24日，第一路考察大臣在親友、大臣、社會各界人士的簇擁下，在北京正陽門火車站登車出發，人潮湧動，社會各界群集相送。

突然，「聞轟炸之聲發於前車人聲喧鬧，不知所為」。

原來在開車前，革命黨人吳樾一身皂隸裝扮，混上了火車，他在懷裡藏著自製的炸彈。吳樾的目的是想用此玉石俱焚之手法，將這5位大臣一併炸死。但炸彈提前爆炸，硝煙散去，共炸死3人，載澤、徐世昌略受輕傷，紹英傷勢較重，吳樾也當場身亡。而戴鴻慈和端方由於坐在後面的車廂中，故躲過一劫，「旋面澤公，眉際破損，餘有小傷。紹大臣受傷五處，較重，幸非要害。徐大臣亦略受火灼，均幸安全」。

吳樾乃安徽桐城人，最初選擇投身仕途，庚子事件後轉向革命道路。當時社會中革命暗殺思潮盛行，吳樾受此影響，將暗殺視為解決民族危機的可行之道。在他看來，「排滿之道有二：一曰暗殺，一曰革命。暗殺為因，革命為果。暗殺雖個人而可為，革命非群力即不效。今日之時代，非革命之時代，實暗殺之時代也。」[8] 吳樾的所作所為讓社會各界人士看到了革命暗殺的力量。一時間，社會上議論紛紛，不少人驚駭於革命對於立憲的阻礙，譴責革命黨人的暗殺行為。

《大公報》首先發文對此件進行深入分析，「此事實為推動清政府立憲之一大動力……我若畏難而退，彼必趁虛而入，……我政府即迎其機而速行改革，以絕彼黨之望，宣布立憲，以固其內力……」，「蓋恐政府力行新政，實行變法立憲，則彼革命伎倆將漸漸暗消，所以有此狂悖之舉，以為阻止之計。當此之際，更宜考求各國政府，實行變法立憲，不可為之阻止」。此報認為出外考察活動非但不能受此事件影響，反而應加緊籌備，將政治改革提上日程，消弭革命在社會

---

8 吳樾：《暗殺時代》（手稿），選自南郭：《吳樾》，金蘭出版社，1985年版。

上的影響。

　　上海復旦、南洋等32所學校則聯合向考察大臣發來慰問電，考察大臣則發去感謝電報，端方在電報中說：「反動立憲，致有暴動，殊為嗟嘆。一身原無足惜，中國前途可慮耳。」[9]

　　戴鴻慈在日記中記載到：出使大臣被吳樾投炸彈後，慈禧太后「慨然於辦事之難，淒然淚下」。[10] 她在後來的遺詔中也說及此事：「前年頒布預備立憲詔書，本年頒行預備立憲年限，萬機待理，心力俱殫」。由此可見，五大臣被炸事件強烈地衝擊了晚年的慈禧太后，她可能根本沒有想到清政府的權威已經衰落到這種地步。但這一事件的客觀效果對於中國向近代社會轉型是有一定的積極意義的，就像歷史學家們所評述的那樣：「革命促使新政進一步深入」。

　　一時間北京城謠言四起，說「必有大亂」。地處萬壽山附近的王公官邸都加強了戒備。10月8日，早已進入籌備階段的巡警部提前成立，徐世昌擔任巡警部尚書。

　　此時，考察團中的許多大臣奏請盡快啟程。因各國均有來電，對中國考察團的政治考察活動表示歡迎，並做了妥善安排。端方認為：如果因為一顆炸彈就導致活動遲緩，有損國家威嚴。[11] 社會各界要求清政府派遣大臣出洋考察政治盡快成行的呼聲也更加高漲。

　　這一切都在有力地表明，新政與革命的競賽已經正式開始。

　　1900年的惠州起義失敗後，孫中山革命的信心跌落到了谷底，在那個時候，即使在他的家鄉也很少人願意與他為伍。孫中山的傳記作家史夫林如此描寫當時的情景：「康有為已不理睬他，梁啟超背叛了他，李鴻章仍不想和他拉關係，劉學洵繼續捉弄他，自立會不買他的帳。卜力爵士曾在香港為他開了門，但張伯倫又把門關上。日本的騙子使他損失了軍火，而正當他最需要幫助的時候，東京政府卻將他棄之不顧」。但到了1905年，同盟會成立了，它意味著從前那些常常是局部的、散漫的、沒有統一的革命行為，如今可能擁有了統一的指揮機構。

9　《時報》，1905年9月28日。

10　轉引自候宜杰：《二十世紀初中國政治改革風潮》，第57、59、71頁，人民出版社，1993年版。

11　轉引自鴿子：《隱藏的宮廷檔案：1906年光緒派大臣考察西方政治紀實》，第102頁，民族出版社，2000年版。

在考察大臣中，紹英受傷較重，仍在養傷。時人譏諷紹英，說他藉口養傷，其實是不準備去了。紹英聽到這些話，面臨很大的政治壓力，他憤然說道：「如果我死了，而憲法確立，則死而榮生，死我何惜？各國立憲，莫不流血，然後才有和平。」[12]

1905年12月，派遣大臣出國考察的事宜又重新提上議事日程。

這次出行，仍然是兵分兩路。一路由載澤、尚其亨、李盛鐸等人赴英、法、比利時、日本等國家；另一路，則由戴鴻慈、端方等人前往美、德、義大利、奧地利等國。

考察團暗中部署，分期啟程，沿途由袁世凱負責周密布置。1905年12月7日，北風刺骨，出外考察成員們事先在家中完成拜祭祖先儀式，求得祖宗庇佑。戶部侍郎戴鴻慈、湖南巡撫端方等人已待命出發，是為第一路考察團。鑒於上次出行的教訓，此次出發時，北京前門火車站採取了嚴密的保護措施，實行全面戒嚴，所有無關人等一概不得入內，車站稽查嚴密。

第一路考察團正式團員33人，各省選派考察人員4人，赴美留學生11人，另有聽差、雜等人。他們又從秦皇島乘「海圻」號兵艦，到達上海海面，泊於吳淞口，此時行隊伍又增至四十餘人。12月19日下午2時，美國太平洋郵船公司的巨型郵輪「西伯利亞」號載著全部考察人員，也載著清政府和立憲派人士的期望收錨起航，向日本方向駛去。在戴鴻慈的日記中可以顯示，剛剛上船，他就詳細記錄下了整個郵輪的構造和設置等情況。

由載澤、尚其亨、李盛鐸率領的考察團於1906年1月14日乘法國輪船揚帆啟程。計畫先赴日本，再轉歐洲諸國。在這路考察團中，有各省選派隨團人員6人、留學生1人。另有先期赴日者7人，先期赴英國者8人、學生2人，先期在比利時者1人，留守上海者3人。

考察大臣隨員中很多人本身就具有相當程度的立憲傾向，其思想對考察大臣能產生潛移默化的作用；有的隨員還與梁啟超、張謇等有著千絲萬縷的微妙關係，往往成為考政大臣與立憲派之間溝通的橋樑。

可以看到，考察團的行程遍布日、美、英、法、比、德、奧、丹麥、瑞典、挪威10國。

---

12 《時報》，1905年10月15日。

考察團成員整理大量有關各國憲政的文章，隨時送回國內，在官報上發表，並不間斷彙報考察成果。

端方在載澤之前先期到達日本，寓居日本的梁啟超與端方頻以書札往還，梁啟超在考察前後代端方等朝廷官員草擬了有關憲政啟動的奏摺數量高達「二十萬言內外」。[13] 端方與梁啟超早有聯繫，在戊戌變法期間，端方署理農工商總局，思想開明，與梁啟超志同道合，變法雖然遭受挫折，但端方依舊受到重用，並且職位日漸攀高。在梁啟超代端方寫的奏摺中，端方授意梁啟超應該在上面寫上赦免戊戌黨人的請求。

戴鴻慈在回國之後則任法部尚書，在1907年曾托匯豐銀行轉梁啟超一封電報，向他請教有關中國司法行政事宜和大理院審判權限的意見。在後來給梁啟超的親筆信中，戴鴻慈先交待了國內體制改革的困難，又坦誠表白自己對歐美各國司法行政如何劃分並不清楚，只是依據了日本法典，請求梁啟超賜教：「日本改良之始，經濟困難必視我國尤為甚，其開辦從何處著手？」

這裡就有一個疑問：考察大臣和梁啟超這個「清廷要犯」的頻繁聯繫是個人行為，還是清廷默認的政府行為？

在日本，憲法學家穗積八束等人給中國的考察大臣們提出了許多意見。

日本首相伊藤博文既詳細講解了日本憲法，又對載澤等人就立憲國君主在任免官吏、統率軍隊及宣戰、媾和、簽約、發布命令等方面所提出的權限問題，做了詳細解答。

載澤對伊藤博文曾有這樣的提問：「立憲當以法何國為宜？」

伊藤回答說：「各國憲政有兩種，有君主立憲國，有民主立憲國。貴國數千年來為君主之國，主權在君而不在民，實與日本相同，似宜參用日本政體。」

載澤又問：「立憲後於君主國政體有無窒礙？」

伊藤答：「並無窒礙。貴國為君主國，主權必集於君主，不可旁落於臣民。日本憲法第三、四條，天皇神聖不可侵犯，天皇為國之元首，總攬統治權云云，即此意也」。[14]

---

13 李守孔：《論清季之立憲運動》，載《幼獅學報》，第2卷，第2期；又見《梁啟超年譜》，第353頁。

14 載澤：《考察政治日記》（與蔡爾康等《李鴻章曆聘歐美記》和戴鴻慈《出使九國日記》合訂本），第579頁，岳麓書社，1986年版。

載澤在日本考察完畢後向清廷報告時總結說：「大抵日本立國之方，公議共之臣民，政柄操之君上，民無不通之隱，君有獨尊之權。」[15] 他對日本的整體性評價是：不恥效人，不輕捨己，故能合歐化漢學，熔鑄而成日本之特色。

對於議會政治的作用，考察大臣們也思考了很多。在英國，他們注意到「議員分為政府黨與非政府黨兩派。政府黨與政府同意，非政府黨則每事指駁，務使折中至當，而彼此不得爭執。誠所謂爭公理、不爭意氣者，亦法之可貴者也」。[16]

在義大利考察時，戴鴻慈等官員看到義大利議會中往往由議院就可以決定國王任命大臣之去留，此事讓他們感到十分詫異和佩服：「義國任命大臣之權，操諸國王之手。而大臣之不職者，得由下議院控訴之，而由上議院以裁判之。歐洲諸國，政制相維，其法至善，胥此道也。」[17] 流露出對於這種政治體制的驚奇和贊嘆。

戴鴻慈等人在德國考察時也注意到該國立憲政治之中對於軍隊力量的重視，因此不無感慨地說：「立憲之要在自治，自治之要在民兵。」[18]

到俄國後，考察憲政的大臣們尤其重視俄國人對於中國實行立憲的意見。因為中俄兩國領土相接，且都歷史悠久，加之俄國政治也正處在歷史的十字路口。戴鴻慈等人拜訪俄國前首相維特時請教關於中國立憲等具體事宜，維特認為「中國立憲，當先定法律，務在延中西法律家斟酌其宜；既定之後，君民俱要實行遵守，然後可言立憲，約計總以五十年準備」。維特也指出了在中國社會改革各項準備事宜需要齊頭並進，這樣可以縮短準備時間，否則在近代內憂外患的狀況下，怎麼可能如此耐心地循序漸進。這一見解，得到考察憲政的大臣們之普遍贊成。可見，中、俄兩國的政要都對時局都產生了焦灼感，他們這種「求快」的激進思想勢必對各自國內的政治產生重大影響。

考察憲政之餘，成員們也對日本和歐美社會的物質和文化事業產生了濃厚興趣。這樣的社會氛圍對於他們非常重要，因為「憲政」為抽象的政治概念，而眼

15 《出使各國考察政治大臣載澤等奏在日本考察大概情形暨赴英日期折》，故宮博物院明清檔案部編《清末籌備立憲檔案史料》，上，第6頁，中華書局，1979年版。

16 《清末籌備立憲檔案史料》，上，第111頁。

17 《清末籌備立憲檔案史料》，上，第249頁。

18 戴鴻慈：《出使九國日記》，第132頁，湖南人民出版社，1982年版。

前令人耳目一新的物質社會對他們的衝擊更大更直觀，他們更感到了中國改革的迫切。

考察團還考察了很多社會部門和機構，包括政府機關、郵局、鑄幣局這樣的行政管理和服務部門，還考察了商肆、工廠、礦場。

在美國期間，船抵檀香山時，迎接考察團的是人山人海的美國市民以及在美華人，檀香山的官員身穿禮服立於岸旁，華僑們則手持國旗，夾道歡迎，清一色的華人學生樂隊也奏起迎賓曲。這使考察團大為感動。戴鴻慈感嘆道：其希望立憲之熱誠，溢於言色，亦足見海外人心！

在戴鴻慈等人看來，在這些實行憲政的國家中，執政黨和在野黨之間為了國家利益做出的溝通以及君主和議會之間的互動關係，讓他們耳目一新。當踏上美國時，看到議院中的議員們「恆以正事抗論，裂眦抵掌，相持未下，及議畢出門，則執手歡然，無纖芥之嫌。蓋由其於公私之界限甚明，故不此患也。」[19]

在美國的考察路線如下：檀香山──舊金山──芝加哥──華盛頓──紐約──費城──愛米亞──波士頓──樓蘭──西雅圖──落基山──新坡（聖保羅）──安亞巴──奈亞葛拉（尼亞加拉）。

李鴻章在庚子事件前訪美期間就批判了美國的排華政策。數年之後，華人仍舊寄人籬下，時刻擔憂被驅逐出境，這也使考察大臣們大為傷心。他們調查了華人的生活狀況，並迅速成文，希望回國後引起重視。

稍後，載澤考察團也到達美國，華僑也紛紛向考察團訴苦，聲淚俱下，紛紛表達共同心聲：希望中國富強。

1904年排華的《格力條約》期滿之時，旅美華人聯名上書清廷和駐美公使梁誠，要求抗議條約的繼續生效。清廷也指使公使館修改條約，與美方談判。華人在美國受到的不公平待遇在中國國內媒體也陸續得到報導和揭露。國內掀起了大規模的抵制美貨運動，支持同胞的鬥爭。京師大學堂師生搜集各種報刊資料，編印《廣勸抵制美約說》一冊，揭露美國迫害華工的事實，同時開列美國商品數百種，號召全國人民進行抵制美貨鬥爭。

端方、戴鴻慈到達舊金山後，首先詢問了美國國會對條約的表決情況。美國政府對中國政府的態度以及民間的抵制運動不能不考慮，不得不試圖調整。美國

---

19 《清末籌備立憲檔案史料》，上冊，第85頁。

總統力主修改條約，但是又怕改動太大在國會受阻。專程從華盛頓來接待考察團的總統特使精奇告訴考察大臣，國會為反對黨所把持，恐怕很難做到修改。

考察團後來帶著遺憾離開了美國。此情此景，不能不深深刺激這些來自大洋彼岸的帝國官員。

幾個月後，舊金山發生大地震，一座現代化的城市化為廢墟。

清政府特別撥款救濟在美僑民，還撥專款支援美國災區，但美國政府婉言謝絕。

同年底，中國蘇北發生了罕見的自然災害。美國政府呼籲美國公民募捐相助，國會通過議案，運送糧食，支援中國。舊金山市民還從地震賑款中撥出專款支援中國。這使清政府非常為難，不知道應不應該接受。於是外務部給駐美公使館發出電報，要求弄清賑災款來自民間還是政府。使館後來弄清這筆款項由美國紅十字會經手，係民間性質。清政府遂接受了救濟。時任閩浙總督的端方提出由美國監察發放情況，由地方自治機構紳董發放。端方指出，如果種方案安排不妥，可由中美公使館和美國政府協商改進。[20]

1906年2月12日，正當中國派出的兩路考察政治大臣在旅途中忙碌的時候，英國《泰晤士報》發表了一篇題為《中國人的中國》的文章，作者 Bland John Otway Perey 對中國的這次考察活動寄予了厚望：

> 日本打敗了俄國在中國產生的影響使全中國清楚地感覺到，這個影響是潛伏在人民所處的壞環境中的若干原因造成的；這樣造成的形勢是政治家必須予以估量的。人民整個態度發生了顯著的變化，膽小怕事的亞洲人似乎突然間認識到西方列強不再是無敵的。其結果就是立即喚醒了民族的本能和表現她的民族政策——中國人的中國。……人民正奔走疾呼要求改革，而改革是一定會到來的。……變革在進行中。例如北京有了碎石字鋪的馬路，有極好的警察，有良好的秩序，有馬車，有外國式的住房，有電燈和電話，今天的北京已經不是僅幾年前你所知道的北京了。中國能夠不激起任何騷動便廢除了經歷那麼久的科舉制度，中國就能實現無論多麼激烈的變革。[21]

20 羅香林：《梁誠的出使美國》，第333～334頁，香港中文大學亞洲研究中心，1977年版。

21 *The Correspondence of G.E.Morrison I*，1895～1912，Edited by LoHuimin，Cambridge University Press，1976，473.

　　1906年夏秋之際，歷時半年的海外考察，兩批出洋大臣先後回國。五大臣考察歐美日各國，切身感受到立憲政治已成為時代潮流。

　　此一行，也更強調了日本政體對中國的適應性。他們認為：美國大抵「以工商立國，純任民權」，其制度與中國「不能強同」；[22] 英國固然法良意美，但設官分職「非中國政體所宜」；[23] 日本雖萬機決於公論，而大政仍出自君裁，「以立憲之精神實行其中央集權之主義，其政俗尤與我相近」。[24]

　　因為歷史上有人記載五大臣回國後「歸至天津，世凱勞以酒，曰：『此行勞苦，將何以報命？』皆愕然莫會其意。袁世凱出疏稿示之，曰：『我籌之久矣，此宜可用。』遂上之。」[25]——五大臣見到袁世凱時，袁問他們有什麼建議提給朝廷，幾人「愕然」，於是袁就拿出了自己代他們擬好的奏摺。以後有許多人就此段記載，就推測說「五大臣出外一趟只是走馬觀花沒有任何收穫」，其實這是帶有成見的主觀臆度。他們的考察過程和結果其實都是富有很大成效的。

　　此前梁啟超和楊度等立憲派首領人物在東京事先寫好的有關實行憲政的意見書，考察大臣們全盤接受。由此看來，海內外立憲派和開明官僚們在促請清政府仿行憲政的問題上，無形之中產生了「共振」。由於前者的優勢在立憲思想，後者的優勢在政治地位。五大臣出洋考政後奏請立憲的奏摺更顯得有理有據。出洋大臣們據此草擬了一份「考察憲政報告」，正式提出了實行君主立憲的主張，並且明確指出「立憲利於君，利於民，不利於官」。

　　端方一行考察回國抵達上海時，江浙立憲派首領張謇接連與端方會晤了七八次，竭力勸其速奏立憲，「不可再推宕」。端方等人致各省督撫請求支持立憲的電稿，也由張謇代為起草。

　　出洋大臣們還「復門纂輯」，去粗取精，分門別類編撰了大量書籍。如載澤考察團共成書67種共146冊，另外還採輯東西文書籍434種；[26] 戴鴻慈考察團編有《歐美政治要義》4冊18章、《列國政要》32冊132卷、《續列國政要》32冊94

22　《清末籌備立憲檔案史料》，上，第7頁。

23　《清末籌備立憲檔案史料》，上，第11頁。

24　《申報》，1906年12月1日。

25　參見胡思敬《大盜竊國記》，近代中國史料叢刊，台北文海出版社，1969年版。

26　《申報》，1906年12月1日。

卷。這些書籍的內容，上議國家憲法、下議地方自治，遠述古代羅馬法律、近述列國三權分立制度，「包羅宏富足稱大觀」。[27] 考察大臣結合親歷所及，對列國政治「博考其規模、深求其原理」，較為廣泛、深入地介紹了立憲的基本知識和世界各主要憲政國家的概況。這種介紹有效地傳播了考察大臣的實地見聞，並使官僚階層以及廣大知識分子中的開明力量得到增強。考察大臣們在介紹列國憲政的同時，明確提議仿行憲政，這就使開明官僚們的立憲要求得到有力的支持和鼓勵。許多駐外使節、地方督撫乃至王公大臣爭相呼應考察大臣的立憲之請，有的還進一步提出了許多具體建議。

在此基礎上，考察大臣們又借被召見之機「以變法敷陳」，常使帝、后默然。考察結束後，除李盛鐸留駐比利時外，其他4位先後共被清廷召見7次，垂問周詳。載澤於召見時「剴切陳奏」，帝后皆「為之動容。」[28]

端方一人奉旨觀見3次，因答對有方被賜予禦書匾額「以示優異」，[29] 此後「可以隨時見太后，且可長談」。[30]

考察大臣們在《奏請宣布立憲摺》中告誡朝廷，立憲政治不僅勢在必行，而且時不我待：列強「環視逼處」，我國「岌岌然不可終日」；若不速行憲政以「保邦致治」，5年內外各種危機將「有觸即發」。[31]

這些一手考察材料和官員們的陳請，「不僅對於改革政治和其他制度具有重要參考價值，而且也使慈禧和當權親貴對於世界大勢有所了解，憲政知識有所增長，有利於基本國策的確定」。[32]

考察大臣們對立憲的宣揚更引起了頑固派的反對，他們以立憲「有妨君主大權」、「利漢不利滿」等為由，「肆其簧鼓、淆亂群聽」。[33]

考察大臣們則曉之以理，連篇累牘上疏請求朝廷堅持立憲主張。他們對最高層使用的是「曉之以利」、「曉之以害」、循循善誘的辦法，說立憲可「利於

---

27 《大公報》，1906年11月29日，「要聞」。

28 《辛亥革命前後——盛宣懷檔案史料選輯之一》，第26頁。

29 《清德宗實錄》，第564卷，第4頁。

30 《辛亥革命前後——盛宣懷檔案史料選輯之一》，第26頁。

31 參見《辛亥革命》，第4冊，第27、14、25頁。

32 侯宜杰：《二十世紀初中國政治改革風潮》，第63頁，人民出版社，1993年版。

33 《辛亥革命》，第4冊，第14頁。

君」；他們指出，對立憲「故作異同論」者，實際為的是保一己之私權、獲一己之私利；而「滿人之言立憲不利者」，也只是為其一身利祿起見，但若為了排漢而不立憲「必至自取覆亡」。

考察大臣中本來大多就具顯赫地位，出洋考察又使他們有了同僚們所沒有的海外閱歷優勢，這又自然增加了不少的政治優勢，他們在統治集團的決策中遂頗受重視。

軍機處中非議立憲的榮慶、鹿傳霖、鐵良很快被同時開缺，出洋五大臣之一的戴鴻慈則「入內調處」，其實也是最高統治者的一種政治表態。在這場論爭中，考察大臣成為了勝利者。他們的勝利使清末「新政」轉向了「預備立憲」的軌道，正如時論評說，「此次宣布立憲，當以澤公等為首功。」[34]

五大臣的謀劃面涉及較廣，擇其要端，大致有如下四個方面。

第一、「定國是」。即確定實行立憲政體的大政方針。還在考察途中，載澤等人因「見聞較切」而「緘默難安」籲請以5年為期改行立憲政體。他們要求請政府仿照日本明治時期行祭天誓誥之舉，使全國臣民「南針有定，歧路不迷」。

第二、「改官制」。試行三權分立：設責任內閣，下轄內務、財政、外交、軍、法、學、商、交通、殖務九部；並設集議院，作為正式國會成立前的「練習之區」；設會計檢查院、行政裁判院、都裁判廳等為監督、司法機關。

第三、「平滿漢」。他們認為盎格魯與撒克遜兩支民族「絕無內訌」，大英帝國由其合流而成，中國也完全可以實現多民族之間的真正融合。端方由此希望國內「諸族相忘，混為一體」，是「奠安國基之第一義」。為盡快消泯滿漢界限，他提出了兩條辦法：一是除去官制中的「滿漢缺分名目」，京師各衙門所有堂官司員都「不問籍貫、唯才是用」；二是「永遠裁撤」各省駐防的旗兵，令旗兵中掛名兵籍者仍居原駐地方並編入民籍。

第四，提高「民智」。實行憲政，必須爭得國民的支持，這就需要廣大人民具有相當的「普通知識與法律思想」，考察大臣借鑒列國經驗後提出了幾條提高民智的途徑：其一，廣辦學校，尤其多設法律學校；其二，派員留學，重點是「分班出洋學習法律」；其三，多方「導民」，在全國城鎮因地制宜修建各種圖書館、博物館、動物園和公園等等，以此促進全民增強學力、豐富見聞、陶冶情

34　《辛亥革命》，第4冊，第17頁。

趣；考察大臣們還提出，取各國地方自治制度，儘早讓本國人民了解和熟悉，並為實行地方自治作輿論宣傳；取英、德、日諸君主國現行條例，編制集會律、言論律、出版律，迅即頒行「以一趨向而定民志」。

在五大臣出洋考察歸來之後，清政府遂設立考察政治館，以其作為總結政治考察的臨時最高機關。

袁世凱繼而上奏，認為有必要再擇大臣赴德、日詳細考憲法，指出「前者載澤等奉使出洋，原考求一切政治，本非專意憲法，且往返僅八月，當無暇洞見源流。」所以在袁世凱等一批擁護立憲的官僚的支持下，緊接著第二次三大臣考察團也得以成行，他們是達壽、李家駒和于式枚，此次考察不作其他方面社會考察，專就日、德、英君主立憲進行考察，標誌著清末憲政又往前邁進了一大步。

第二次出洋考察憲政大臣回國時帶回不少詳細的憲政資料。在日本，達壽在伊東巳代治的幫助下，得到了穗積八束、有賀長雄、太田峰三郎等著名學者的指導，進呈考察憲政書五種：《日本憲政史》《歐美各國憲政史略》《日本憲法論》《比較憲法》《議院說明》，這些考察資料不僅對清末的君主立憲，而且對此後中國的立憲理論都產生了重要影響。在憲政編查館的資助下，考察各國憲政大臣們的奏摺交由政治官報局編輯成書，「以為官民講求憲法之淵鑒」。另外，一些官方印製的憲政宣傳品如《立憲綱要》等也頗為流行。

這些日漸深度的改革和考察一方面充分暴露了舊制度的種種弊端，喚起了不同政治地位的人們的紛紛覺醒，對「公民社會」的初期建設起到了啟蒙性、基礎性的作用；另一方面又造就了新興的社會力量，並引發新舊勢力之間的矛盾，如果舊制度不能有效地控制這些新的社會力量，並化解各種政治勢力之間的矛盾，就只能加速統治危機。

清末新政改革尤其是憲政改革，涉及到各派政治勢力，深深觸動了各個既得利益集團的權勢與利益，在現行體制內部，就引發了一系列的矛盾衝突，這些矛盾主要表現在以下幾個方面：

一是朝廷與地方督撫的矛盾；

二是滿族權貴與漢族權臣之間的矛盾；

三是皇族親貴內部的矛盾；

四是立憲派官僚內部的矛盾。

如果不能有效地解決這些內在的矛盾，反而使矛盾與矛盾之間交叉化、複雜

化，對於現行體制來說，結果將是災難性的。

更為嚴重的是，在這一系列矛盾之外，立憲派與革命派的衝突也同時升級。1905年之後，立憲、革命兩派分別以《民報》與《新民叢報》為中心，雙方論戰達到新的高潮，論戰的結果是雙方都沒有互相說服對手。

但互相攻擊言辭之偏激，令人可嗅到火藥味，隨著時間的推移，兩派政治勢力在海外更加難以相容。他們的分歧主要是君主立憲與民主共和的政治方案之爭，關鍵在於是否保存君主，由此而決定了運動方式的選擇：是武裝暴力革命還是和平政治變革？立憲派以「保皇」建立君憲體制為旗幟，宣稱這樣可以縮小民族進步的成本，避免無謂流血；革命派則以「排滿」建立共和體制為宗旨，認為滿清政府無可救藥。這就決定了兩派對清政府預備立憲的態度不同。立憲派組織團體積極活動，希圖以和平請願的方式敦促清政府盡快走上立憲軌道。革命派則始終堅持以「排滿」建立共和體制為宗旨，不懈努力，他們一方面紛紛痛斥清政府在搞「假立憲」、「偽立憲」，[35] 另一方面則不斷地發動武裝起義，用革命的武器對清政府作出堅決徹底的否定和批判。

然而愈到後來，在這場論戰中，革命黨人開始處於上風。梁啟超則認為自己曾參與實際政治，對政治操作之難有切身體會，且對美、日整體研究頗深，自己的主張絕非書生之見。可他的最大劣勢卻在於，他所鼓吹的君主立憲的美好前景還遠遠沒有出現，並且已歷盡磨難，而革命黨人宣揚的清政府的腐敗和邪惡卻是所有人的共識。

後來梁啟超的論戰情緒日漸緩和下來，在《論政治能力》一文中，他提出立憲與革命的關係是相輔相成、相互推動的，試圖中止內耗，折中彼此。他主動向革命派提出結束論戰，隨即革命派宣稱這場論戰已方獲勝。

1903年，中國留日學生中的軍國民教育會召開全體會議，有15名會員提交了一份《意見書》，要求將該會的原宗旨實行「愛國主義」改為實行「民族主義」。這一意見雖遭到湖北留學生王璟芳等人的反對，稱「不可背負大清」，但是大多數會員表示接受。此前，孫中山來到日本的時候沒有多少人想見他，甚至把他看作江洋大盜。這一年，情形大不一樣了，不少留學生開始去拜訪他。孫中山也受到了鼓舞，他在東京青山創設了一所革命軍事學校，敲定了「驅逐韃虜，

35 楚元王：《諭立憲黨》，《辛亥革命》，第2冊，第368頁，上海人民出版社，1957年版。

恢復中華，創立民國，平均地權」的誓詞，很快，這套誓詞通過走私渠道，來到了中國大陸。

軍國民教育會主張以三種手段進行排滿革命：宣傳、起義、暗殺，他們計畫從搞政治暗殺入手，逐步行刺清政府各級掌權官員。1904年，他們曾潛入北京，蹲點在西直門，計畫在慈禧太后去頤和園的路上將其炸死。沒有成功。

同年，另一個重要的革命組織光復會在上海正式成立，龔寶銓、陶成章、章太炎、秋瑾、徐錫麟、王金髮等人都是光復會的著名人物，甚至連蔡元培這位清政府翰林院編修都加入進來，潛心研究毒藥和炸藥，並積極發展便於實施暗殺的女會員。

10月下旬，華興會的首領黃興計畫在慈禧太后生日之際發動長沙起義，但計畫洩露，黃興逃往上海。

針對當時的社會局勢，第二次出洋考察憲政大臣于式枚曾這樣警告清政府要審慎而行：「行之而善，則為日本之維新；行之不善，則為法國之革命」。[36]

---

36 《清末籌備立憲檔案史料》，上，第337頁。

辛亥前夜

第七章
立憲上諭在爭論中出籠

遍四萬萬人中所謂開通志士者，莫不喘且走以呼籲於海內外曰：立憲！立憲！！立憲！！！

——柳亞子

激烈的廷辯

1906年8月25日，清廷召開了一次御前會議，參加者有醇親王載灃、軍機大臣奕劻、政務處大臣張百熙、大學士孫家鼐、王文韶、世續、那桐和參預政務大臣袁世凱。

袁世凱奉詔入京時說了這樣一句話：官可不做，法不可不改。[1] 在今天看來，這是一個體制內官僚的政治作秀；在當時來看，這是一位當政官員旗幟鮮明地擺出自己的政治姿態。

載灃負責召開此次御前會議。他們共同參閱討論考察大臣條陳的摺件──主要是端方、戴鴻慈連上的三摺和載灃所上的兩摺。[2]

戴鴻慈等人在《奏請改定全國官制以為立憲預備摺》中，援引東洋日本的先例，認為「日本之實施憲法在明治23年，而先於明治7年、明治18年兩次大改官制，論者謂其憲法之推行有效，實由官制之預備得宜。誠以未改官制以前，任人而不任法，既改官制以後，任法而不任人。……中國今日欲加改革，其情勢與日本當日正復相似」。他們主張在制定憲法之前，先進行必要的官制改革以做準備。

針對改定官制的具體措施，端方、戴鴻慈兩人的意見可以歸納為如下步驟：

一、略仿責任內閣，以求中央行政統一；

二、劃分中央和地方權限，地方重要衙署皆設輔佐官（次官），中央各部主任官（長官）事權應當統一；

三、調整中央機構；

四、變通地方行政制度；

五、裁判、稅收官員獨立；

六、取消吏胥，代以書記；

七、重新制定任用、升轉、懲戒、俸給、恩賞諸法及官吏體制。

──此方案明確表示了仿行三權分立和建立責任內閣，並建議設立官制改革的領屬機構編制局以操辦具體事宜。

---

1 陶湘：《齊野東語》，見陳旭麓主編：《辛亥革命前後》，第28～29頁，上海人民出版社，1979年版。

2 《時報》，1906年9月5日。

當天慈禧太后召見了袁世凱，袁世凱也提出了「先組織內閣，從改革官制入手」的主張。

次日在頤和園又召開了第二次大臣會議。

這兩次會議是專門討論是否把立憲作為既定國策的重要會議。

第二天的廷辯，場面異常激烈，大臣們的意見形成重大衝突。但是分歧的重點絕非如不知情人所說，是關於「是否贊成立憲」的爭論，其證據之一是根據陶湘在《齊東野語》中的有關記述——書中說袁世凱、端方與鐵良的衝突異常激烈，端方在慈禧面前主張立憲，鐵良則「甚為反對」，袁世凱、奕劻支持端方，向鐵良展開反擊，雙方達到水火不能相容的地步。但是相信這種說法的人往往忽略了陶湘的補充說明：「此皆道聽途說，是否如此，無從得確。」

我們還是從檔案中來看當時發生的實際爭論：

慶邸（奕劻）先言：「今讀澤公及戴端兩大臣摺，歷陳各國憲政之善，力言憲法一立，全國之人，皆受治於法，無有差別，既同享權利，即各盡義務。且言立憲國之君主，雖權利略有限制，而威榮則有增無減等語。是立憲一事，固有利而無弊也。比者全國新黨議論，及中外各報海外留學各生所指陳所盼望者，胥在於是。我國自古以來，朝廷大政，咸以民之趨向為趨向。今舉國趨向在此，足見現在應措施之策，即莫要於此。若必捨此他圖，即拂民意，是捨安而趨危，避福而就禍也。以吾之意，似應決定立憲，從速宣布，以順民心而副聖意。」

奕劻的政見非常明確：認為「立憲一事，固有利而無弊」，主張從速立憲。

孫中堂家鼐即起而言曰：「立憲國之法，與君主國全異，而其異之要點，則不在形跡而在宗旨。宗旨一變，則一切用人行政之道，無不盡變，譬之重心一移，則全體之質點，均改其方面。此等大變動，在國力強盛之時行之，尚不免有騷動之憂；今國勢衰弱，以予視之，變之太大太驟，實恐有騷然不靖之象。似但宜革其叢弊太甚諸事，俟政體清明，以漸變更，似亦未遲。」

孫家鼐時任文淵閣大學士，早在戊戌變法以前，他就與翁同龢同為光緒帝老師，並列名於強學會。戊戌變法期間，他主辦過京師大學堂，並積極主張發展近代教育。當時英文版的《北華捷報》把他稱為立憲問題上的中間派。[3] 可見他並不根本上反對立憲，他的反對根據是，重大的立憲問題必須在國家的政治資源與

3 《北華捷報》，1906年11月9日。

權威相對強大的情況下，才能推行。他認為當下的中國還不具備這樣的條件。

徐尚書世昌駁之曰：「逐漸變更之法，行之既有年矣，而初無成效。蓋國民之觀念不變，則其精神亦無由變，是則惟大變之，乃所以發起全國之精神也。」

徐世昌時年51歲，這位在袁世凱的提拔下走向前台的新型官僚並不否認中國的困窘局面，但他認為正因為如此，國家才急需進行大刀闊斧的改弦更張，才能根本性地解決政治危機。他認為支離破碎、漸進具體的改良方式，在過去的半個世紀裡已經嘗試多年，但並不奏效，也無法發動各個社會階層來參與國家改革，他害怕過於謹慎會導致危機變本加厲、接踵而至。而要克服這種惡性循環，只有通過大手術進行治療。

孫中堂曰：「如君言，是必民之程度漸已能及，乃可為也。今國民能實知立憲之利益者，不過千百之一，至能知立憲之所以然而又知為之之道者，殆不過萬分之一。上雖頒布憲法，而民猶懵然不知，所為如是，則恐無益而適為厲階，仍宜慎之又慎乃可。」

張尚書百熙曰：「國民程度，全在上之勸導，今上無法以高其程度，而曰俟國民程度高，乃立憲法，此永不能必之事也。予以為與其俟程度高而後立憲，何如先預備立憲而徐施誘導，使國民得漸幾於立憲國民程度之為愈乎。」

張百熙時年59歲，任郵傳部大臣，他認為國民程度的提高應該是憲政改革的結果，如果要靜等國民程度嚴格達到立憲的標準時才實行憲政，那麼立憲之日將永遠不可能來臨。

榮尚書慶曰：「吾非不深知立憲政體之美，顧以吾國政體寬大，漸流弛紊，今方宜整飭紀綱，綜核名實，立居中馭外之規，定上下相維之制，行之數年，使官吏盡知奉法，然後徐議立憲，可也。若不察中外國勢之異，而徒徇立憲之美名，勢必至執政者無權，而神奸巨蠹，得以栖息其間，日引月長，為禍非小。」

47歲的軍機大臣、協辦大學士、蒙古籍官僚榮慶認為，只有使官場清廉，使官吏都能做到奉公守法，然後才能逐步推行立憲。如果不考慮中西差別，而僅僅為了追逐立憲的政體形式，其結果勢必使政府無法控制局勢的發展，執政者將處於權力資源盡失的境地，這樣帶來的是整個社會的動亂。他害怕各級官僚的為非作歹和貪腐伴隨著不成熟的憲政推行，會更加變本加厲。他主張先運用傳統的權威整頓秩序，為立憲道路掃清路障。

瞿中堂曰：「惟如是，故言預備立憲，而不能遽立憲也。」

鐵尚書良曰：「吾聞各國之立憲，皆由國民要求，甚至暴動，日本雖不至暴動，而要求則甚力。夫彼能要求，固深知立憲之善，即知為國家分擔義務也。今未經國民要求，而輒授之以權，彼不知事之為幸，而反以分擔義務為苦，將若之何？」

43歲的軍機大臣、陸軍部尚書鐵良認為國民要求立憲的熱情還不夠火候，他害怕貿然立憲不但不能立即給平民帶來益處，反而會激起民權過大，進而引起民變。他還是主張立憲政改應該選擇在社會各階層成熟之後進行。

袁制軍（世凱）一方面認為不必苛求本國改革完全遵循外國成例，另一方面也在某種程度上認可了鐵良意見的合理性，認為要改良社會意識在座的諸位責無旁貸。他說：「天下事勢，何常之有？昔歐洲之民，積受壓力，復有愛國思想，故出於暴動以求權利。我國則不然，朝廷既崇尚寬大，又無外力之相迫，故民相處於不識不知之天，而絕不知有當兵納稅之義務。是以各國之立憲，因民之有知識而使民有權，我國則使民以有權之故而知有當盡之義務，其事之順逆不同，則預備之法亦不同；而以使民知識漸開，不迷所向，為吾輩莫大之責任，則吾輩所當共勉者也。」

鐵良繼而說：「如是，則宣布立憲後，宜設立內閣，釐定官制，明定權限，整理種種機關，且須以全力開國民之知識，普及普通教育，派人分至各地演說，使各處紳士商民，知識略相平等，乃可為也。」很顯然，鐵良是漸進立憲改革的擁護者。

袁制軍曰：「豈特如是而已。夫以數千年未大變更之政體，一旦欲大變其面目，則各種問題，皆當相連而及。譬之老屋，當未議修改之時，任其飄搖，亦若尚可支持。逮至議及修改，則一經拆卸，而朽腐之梁柱，摧壞之粉壁，紛紛發見，致多費工作。改政之道，亦如是矣。今即以所知者言之：則如京城各省之措置也，蒙古西藏之統轄也，錢幣之畫一也，賦稅之改正也，漕運之停止也，其事皆極委曲繁重，宜於立憲以前逐漸辦妥，誠哉日不暇給矣。」袁世凱再次肯定了鐵良的意見，他同意「逐漸辦妥」，但是也提請各位注意時間和局勢的緊迫性。

鐵尚書又曰：「吾又有疑焉，今地方官所嚴懲者有四，劣紳也，劣衿也，土豪也，訟棍也，凡百州縣，幾為若輩盤踞，無復有起而與之爭者。今若預備立憲，則必先講求自治，而此輩且公然握地方之命脈，則事殆矣。」他認為，如果推行立憲，地方自治必須先期進行，但如果急於推行地方自治，劣紳、劣衿、土

豪、訟棍利用既往優勢地位公然把握地方命脈，這一矛盾又不好解決。

袁制軍曰：「此必須多選良吏為地方官，專以扶植善類為事，使公直者得各伸其志，奸慝者無由施其技，如是，始可為地方自治之基礎也。」袁世凱的建議是從眼下做起，盡可能選取賢良的官吏推行地方自治，作必要的立憲準備。隨後他在天津的地方自治中他如實推行了這一主張，並且天津自治工作走在了全國的前列。

瞿中堂曰：「如是，仍當以講求吏治為第一要義，舊法新法，固無二致也。」瞿鴻禨時年56歲，當時深得慈禧太后信任，他認為不必苛求於在形式上標榜新舊，還是應該從眼前的整頓「吏治」入手。

醇親王曰：「立憲之事，既如是繁重，而程度之能及與否，又在難必之數，則不能不多留時日，為預備之地矣。」[4] 醇親王載灃的總結性意見為此後清政府的政改工作奠定了基調。

另有原始檔案記載，在會議上甚至「有人言戊戌將見者」。[5] 眾所周知，由於害怕大權旁落，慈禧太后對戊戌變法參與者是非常嫉恨的，但是此時在重臣會議中竟有人提出「戊戌將見」的觀點，從一個側面可以反映出，當時政治改革的程度確實已經非常深刻了。

其實早在1899年頑固派當權之時，名士劉士驥就公開作《戊戌公案》一書，為康梁等人辯護。上京應經濟特科時，他再一次上書請求朝廷開放「戊戌黨禁」，撤消逮捕康、梁等人的通緝令，並解除黨禁，讓康梁黨徒回國從事政治活動。此時他背後的支持者是廣西巡撫丁振鐸，可見他的這種政見在官僚層中並不孤立。

新政之後劉士驥又受兩廣總督岑春煊重用，從事吸引僑資、創辦實業、發展教育等工作。這就表明在新政初期清廷對於「解除黨禁」、赦免康梁的請求雖然沒有同意，但是也沒有對陳請之人進行「封殺」。這在一定程度上表明最高統治層不得不傾向革新的政治姿態。

到了1904年，在官僚層中，要求赦免維新黨人的呼聲愈來愈高。

史書記載：「五月丙戌，懿旨特赦戊戌黨籍，除康有為、梁啟超、孫文外，

---

4 吳玉章：《辛亥革命》，第3冊，第15頁，人民出版社，1961年版。

5 《辛亥革命前後・盛宣懷檔案資料選輯之一》，第26頁。

褫職者復原銜，通緝監禁編管者釋免之」。[6] 這就等於由官方出面，對戊戌黨人等政治犯進行了有限度的「平反」。但是康、梁本人除外，外加一個革命黨人孫中山。

為什麼慈禧太后始終不願意赦免康、梁兩人？

因為兩人直接參與了當年試圖在頤和園搞政變殺掉慈禧的計畫，這就讓慈禧太后這個專制者永遠不可能赦免兩人。雖然直到民國時期康梁都不承認有過這樣的計畫，但是此後中國學者在日本外務省的檔案中發現當時「劫後」參與者畢永年等人的日記原本，與諸多材料相互印證，這個世紀之謎才得以最終解開。

「赦免戊戌黨人」是一個極其重要的歷史時刻，甚至在中華民族民主化道路上應該記下它濃重的一筆。因為這道上諭的下達意味著帝國政府正式承認了戊戌黨人存在的合法性，這就預示著當下的改革將會走出更遠。

戊戌黨人在此之前就不同程度地參與了政治改革以及實業建設，因為「褫職者復原銜，通緝監禁編管者釋免之」，此後他們政治地位的提高也就預示著將發揮更重大的歷史作用。

在官方已經承認維新黨人合法地位的前提下，官員們之間的分歧就不可能還停留在是否贊成「立憲」的初級程度，因為戊戌維新中就已經提出「設議會，行君主立憲」等政治主張。

從廷辯的內容也可以看出，大臣們的真正爭執其實是這兩方面意見，即：

奕劻、徐世昌、張百熙、袁世凱一派主張：立憲有利無弊，符合民意，應從速宣布；孫家鼐、榮慶、鐵良和瞿鴻禨等反對者提出：中國情勢與外國不同，實行立憲，必至執政者無權，壞人得栖息其間，為禍非小；人民不知要求立憲，授之以權，不僅不以為幸，反而以分擔義務為苦；實行自治，壞人便會掌握地方命脈，會導致底層民怨沸騰，矛頭必將指向最高統治層。所以應該緩行立憲。

主張立憲的官員們的統一意見是：國民程度的高低全在政府勸導，如坐等提高，永遠不能立憲，只有先事預備立憲，誘導提高國民程度；正因中外情勢不同，才定為預備立憲，而不是立即實行。

而醇親王載灃則採取了中間偏奕劻一派的立場。很明顯，這實質上是一次占主流地位的立憲派與占非主流地位的立憲緩行派之間的思想交鋒。

---

6 《德宗本紀二》，第24卷，第948頁。

當時的《東方雜誌》曾對這次廷臣會議的情況作了詳細的報導。

從總的情況來看,這次大臣會議上並沒有人公開反對立憲,幾乎所有的參與論者都不同程度地把立憲政體作為一種良好的制度出路予以肯定。但在當前的情況下是否應該立刻仿行立憲體制,兩派卻存在著很大的分歧。

大臣們政見的不同當然也反映了利益的衝突,但是單純從辯論的各自依據來看,這種兩派交鋒,反映的也正是東方傳統國家在仿效西方政體過程中存在的兩難矛盾,即使沒有背後的權力之爭,這也是不得不解決和回答的問題。這次廷辯交鋒其實也是當時中國政治改革過程矛盾的集中寫照。

這樣的爭論當然並不是對立憲問題爭論的開始,也遠遠不是結束,而只是暫時的階段性總結。

經過這次激烈的辯論,載灃做出了總結,達成了宣布預備立憲的統一性意見,遂於「次日面奏兩宮,請行憲政。」

會議最後決定以開啟民智與官制改革為當前急務,並制定了四大原則:

一、自今日起,十或十五年為期,實行立憲政治;

二、大體效法日本,廢除現行督撫,各省通過改革官制,設立新型督撫,權限與日本府縣知事相當;

三、財政、軍事權,從各省收回到中央;

四、中央政府的行政組織原則,與日本的現有體制相等。[7]

但也有媒體報導,此次的會議並沒有設定具體的立憲年限,有外電稱設置時間表只是端方個人的建議。[8]

在後來預備立憲的最初詔書中,也確實沒有預備年限。那就存在這種可能:就是清廷內部有10年或15年的計畫,但並不對民間宣布。單從這一策略來講,可以看到立憲官員們的立憲主張在最初還是很穩健的,因為一旦對外宣布立憲年限,則會增加政府的立憲壓力,須知如地方自治、教育普及、抵制地方分離主義以及憲政思想的宣揚並不是政府單方面所能操控的,而這些又都是立憲的必要基礎。一旦不能如期完成,政府將面臨多重壓力,只能增加政治改革的阻力。但是局勢並沒有按端方等人的設想發展,在後來的詔書中還是下達了「九年預備」的

---

7 《東方雜誌》臨時增刊。《民報》8號,第33頁。

8 《時報》,1906年,9月3日、4日。

期限。隨著改革中矛盾的出現，後來的載灃政權把年限縮小為5年，但是仍不能滿足社會各界的要求，請求立即召開國會的數十萬人請願活動隨之在全國各省展開，而國會的召開在西方經歷數百年之醞釀，在日本經過20年之準備，政府的不願讓步又必將導致更大的衝突與緊張，這就意味著局勢開始真正失控。

但是在1906年，輿論對於清廷這一決定給予積極反應，並且《東方雜誌》等重要媒體也對諸位出洋大臣、載灃、袁世凱等人給予了高度的評價：「苟非考政大臣不惜以身府怨，排擊俗論，則吾國之得由專制而進於立憲與否，未可知也。故說者謂此次宣布立憲，當以澤公等為首功，而慶王袁制軍實左右之，……吾知他日憲政實行，則開幕元勛之稱，如日人之所以讚美伊藤博文者，固將捨是莫屬矣。」[9]

輿論希望他們能夠做出日本的伊藤博文等維新志士那樣的歷史功績。

哪些人在推動改革？

學者鄭大華在他的一篇文章中這樣說道：「我們以前在分析預備立憲時不承認統治集團內部有一個主張立憲的派別，認為清統治集團鐵板一塊，沒有任何政治派別的分野，這是不符合歷史事實的。其實，任何一場來自上層的經濟或政治改革，統治集團內部因經歷、地位和利益的差異、不同，總有贊同、反對的分野」。[10]

他的這一說法無疑是對當時官僚層狀況的客觀描述。事實上在上面主張立憲的朝廷權臣中，除了皇室王公外，還包括滿族官員端方、榮慶等，大多出身於行政官員，有著豐富的行政閱歷和廣泛的信息來源。他們大多是憑藉自己的出色才能走向政治核心的。

如果說在中國近代化過程中，全部官僚都是守舊的，也不符合基本的思維和邏輯。

鄭大華在評價此後的政治局面變動時還說了這樣的話：「當統治集團內部立憲派的勢力比較強大，能影響清廷重大決策時，預備立憲能得以發生和進行下去，但一旦宣統年間政局發生重大變動，統治集團內部立憲派的核心人物袁世

9 《憲政初綱》，《立憲紀聞》，第5頁。

10 鄭大華：《清末預備立憲動因新探》，原載：《求索》，1987年06期。

凱、張之洞、端方等，或被罷官，或以憂病死，其勢力一落千丈，朝廷為載灃為首的保守派所控制時，預備立憲就日益走向窮途末路，最後徹底失敗。」[11]

在此，他前一部分的分析無疑是中肯的，開明官僚們推動了新政中憲政建設的長足發展，但是後面對預備立憲最終走向失敗的論述似乎顯得簡單化了，僅僅歸咎於「朝廷為載灃為首的保守派所控制」。

其一，載灃並不是始終如一的保守派；其二，載灃與袁世凱、張之洞等人的衝突不是單純的滿漢衝突，更不能概括為立憲與反立憲的衝突，還有一點是中央集權與地方勢力擴張的衝突。

如果承認後發展國家需要經歷中央集權的話，對於此後政治格局的變化，我們就不應該簡單地用孰對孰錯來概括了。那麼在當時，推動立憲的力量都來自於哪裡呢？

第一是貴冑立憲派；

第二是官僚立憲派；

第三是士紳立憲派。

在貴冑立憲派中，主要有鎮國公、出使大臣載澤。毫無爭議，他是貴冑立憲派的中心人物，並且才能出眾，又具有穩固的皇室根基。他是道光皇帝的直系後裔，又與最高統治者慈禧太后的家族有姻親關係。這一切都決定了他的地位令別的王公不可比擬。這位極有可能成為皇室繼承者的少壯貴族，最後卻在慈禧的政治權衡中被排擠出局。儘管如此，他一度也是慈禧太后最為賞識的年輕一代王公。

英文《北華捷報》曾對載澤進行了大量的系列報導。出使歐美日歸來，該報評估他「在提倡憲政改革方面，是所有的出使大臣中最為直言不諱的」，他痛斥阻礙政治改革的人是「叛逆」。[12]

前面提到過一些滿族官員反對立憲的理由是「利於漢不利於滿」，載澤的眼界讓他對這種落後言論不能忍受，他憤然反駁道：「方今列強逼迫，合中國全體之力尚不足以禦之，豈有四海一家自分畛域之理？至於計較滿漢之差缺，競爭權力之多寡，則所見甚卑，不知大體者也」，「不為國家建萬年久長之祚，而為滿

11　鄭大華：《清末預備立憲動因新探》，原載：《求索》，1987年06期。

12　《北華捷報》，1906年8月31日。

人謀一人一家之私有」，「忠於謀國者決不出此。」所以當時的《東方雜誌》說朝廷立憲「澤公等為首功」，也是這位開明親王應得的榮譽。

在教育改革方面，媒體更是評價他為「迫切希望使教育體制現代化的開明派貴族」。[13]

在1908年3月，載澤甚至向慈禧太后談到了新聞媒體對官員的監督作用，主張「給予新聞出版以完全的自由，使他們能夠批評和評論公共事務和政府官員的行為」。

所以有人評價說：「這位充滿革新熱情的貴族官員已經走得相當遠了。……他與其他士紳官僚派一樣，確實從日本在日俄戰爭的勝利中受到了鼓舞，日方的勝利被簡單地解釋為立憲的勝利，他們更傾向於直接仿效日本，他們從日本歷險中受到兩方的啟示，一是天皇的權力不但沒有因立憲而削弱，而且反而得到了加強。二是立憲使全國軍民上下一心，他們由此而相信，立憲可以在不影響皇帝權力基礎和對全國政治的控制能力的條件下，達到動員民眾致力於富強目標的目的。」[14]

還有蕭忠親王善耆，他被當時的西方報刊稱為「最具自由思想的親王」。[15]他曾任民政部尚書，這位親王後來主持審理汪精衛暗殺攝政王未遂案，曾對汪說過這樣一席話：「中國的政治十分複雜，各種民意紛纘不一，改革政體豈能操之過急？螳螂在前，黃雀在後，列強不是在覬覦著我們嗎？不忍不謀則亂，還請汪先生三思。」——令激進的汪精衛對他另眼相看。從這則史料可以看到這位親王的真實視野。

攝政王載灃——在許多文學作品中，這位攝政王橫行霸道、咄咄逼人，似為紈絝子弟。在某部影視作品中，他甚至肆無忌憚把北京街頭執行交通法規的天津巡警捆綁起來。歷史中真實的他是一個溫和的改良主義者，1901年的德國之行讓這位時年18歲的皇族受到極大的精神震撼。他「平生喜讀西書」，在頤和園廷臣會議中，我們可以看到他溫和的改良主張，在後來1908年的國會請願運動中時，他呼籲果斷確定召開國會期限，以免使國民灰心。這一主張在當時起到了與民

13　《北華捷報》，1907年6月7日。

14　蕭功秦：《危機中變革》，第169、172頁，上海三聯書店，1999年版。

15　《北華捷報》，1907年6月7日。

間立憲派裡應外合的作用。[16] 在帝國存在的最後3年中，他扮演了極其重要的角色。

但是他的個性特點卻讓他不能成為一個出色的政治家，他謙抑退讓、疏懶自樂，也無甚心計，更沒有太大的政治野心。做攝政王對他來說甚至是一個沉重而毫無樂趣的負擔。還有他的弟弟載濤、載洵等，他們對於「促成立憲派成為新政的既定國策起到了很大的作用。這些人大多年紀很輕，涉世不深，也沒有多少政治經驗。」[17] 但他們卻具有較為激進的政治熱情。

慶親王奕劻——他是最後一位被封為「世襲罔替」世爵的親王，他早期掌管總理衙門，具有接觸外部事物的充分條件，後又與李鴻章共同主持辛丑議和。他在辛亥革命爆發後奏啟重用袁世凱，帝國消亡之後則被親貴遺老稱為「賊子」。同時奕劻也是一位對物質極為貪戀的親王，但是恰恰是這樣的一位親王，又是極力支持憲政改革的王公大臣。

不可否認，奕劻與袁世凱堅固政治聯盟的最初結成，與袁世凱的金錢攻勢密不可分。但是在帝國存亡的關鍵時刻，他仍舊保舉袁世凱出山，這一點就值得深思了。應該說他對袁世凱的能力是發自內心地信任的。

慶親王在立憲中的關鍵作用也是其他王公大臣所不可比擬的，在同情與支持立憲的官員中，他的地位之高也讓其他任何人都無法替代。在慈禧太后眼裡，他老成持重，比年輕一代的親王更具有政治閱歷。他的立憲主張是持續升溫的，到頤和園廷辯時，他的主張也可以說是最傾向於立即立憲的貴族，這也就對慈禧最終決定立憲施加了關鍵性的影響。但是，他的立憲熱情的出發點與年輕一代的王公又有不同，他沒有太過熱烈的立憲理想，但是立憲之後可能使他得到更多的好處，更重要的是舉國上下的立憲熱潮已經形成，這使他產生了空前的危機感。這位在政治方向上「務實」的親王在關鍵時刻選擇了順應時代，順水推舟，這也是他一生的為官原則。早在義和團運動期間，他本身是不主張對外宣戰的，然而一旦看到主和的大臣被處決，他立即選擇了沉默。

奕劻的兒子載振在政見上也受到其父很大的影響。

還有皇族溥倫，這位在1907年後歷任資政院總裁、農工商大臣、參與政務大

---

16 轉引自侯宜杰著：《二十世紀初中國政治改革風潮》，第216～218頁，人民出版社，1993年版。

17 蕭功秦：《危機中變革》，第168頁，上海三聯書店，1999年版。

臣等要職的貴族，甚至在民國後曾任北京大總統府政治顧問，在1915年任北京政府參政院院長。

1904年溥倫帶團參加在美國聖路易斯舉辦的世界博覽會，這一活動對他的影響極大。

1902年，美國駐華公使康格極力敦請中國皇帝、太后赴會。慈禧以年老體衰、不便遠行為由推辭，但應允簡派親王與會，以示重交誼、敦和好。這年7月，世博會籌辦委員會主席巴禮德親自來到中國，受到光緒皇帝的接見。

《一個美國人眼中的晚清宮廷》書中記載：「當有人第一次提議為她畫像並送往聖路易斯博覽會時，慈禧太后十分驚訝。康格夫人向她做了好一番游說，說歐洲各國首腦的畫像都在那兒展出，其中包括大英帝國維多利亞的畫像，還說如果慈禧太后的畫像大量在海外流傳，也有利於糾正外人對她的錯誤印象。經過康格夫人的這一番勸說，慈禧太后才答應和慶親王商量商量再說。此事好像就到此擱淺了。但很快她就派人傳話給康格夫人，說她準備邀請卡爾小姐進京為她畫像。」

在外務部的奏摺中，正式把籌備事宜提上了日程，奏摺中說：

「賽會之設，在羅致各國物產工藝，實於通商之中，隱寓勸工之意。中國……工藝未興，商情渙散，亟應加意講求，期於工商諸務，有所裨益。」[18]與此同時，朝廷勸諭工商界「或挾資或前往，專事考求；或辦貨同行，兼圖貿易」[19]，以促成中外經濟交流。

對於此次赴美賽會，帝國從上到下都予以了高度重視，特撥巨款鼎力支持，各省及地方政府對此次赴美賽會也十分重視。反響最為熱烈的是紳商。他們在清廷和地方政府的鼓勵下，紛紛合股集資，購物赴美。在廣東、上海、浙江等地還出現了一些專為參加國際博覽會而籌組的公司。如廣東的廣業公司、茶磁賽會公司等等。

1904年3月4日，溥倫攜其隨從離開京城，途經日本抵達美國首都華盛頓，受到美國總統的接見。6月初，一行抵達聖路易斯博覽會。華商所帶展品在美獲得了較高評價。茶磁賽會公司的紅茶、綠茶在博覽會上被獨推為第一，獲得超等文

18 《光緒朝東華錄》，第5卷，第4976～4977頁。
19 《光緒朝東華錄》，第5卷，第4976～4977頁。

憑，一時名揚會場，所帶茶葉全部被搶購一空。該會所帶的瓷器亦獲得獎牌，總理蘇慕東還被贈與頭等寶星一枚。北京工藝局因賽會場地狹小，偏僻異常，許多商品未能陳列展出，故而銷售甚少，業績不如茶磁賽會公司，但也獲得了超等文憑三張，金牌、銀牌若干枚。黃中毅亦得寶星一枚，並與工藝局的其他兩人一起被推舉為會中評議員。

雖然比及西方國家中國在此次賽會中的成績顯得弱小，但是對於改革中的帝國來說，這無疑是一次開放姿態的展示。

溥倫赴美期間，曾向各地華僑和美國記者表示了帝國急圖自強、振興國脈以改變積弱局面的決心。賽會後，社會輿論對清廷的政治變革寄予了更多希望，也更加嚴厲地督促清廷採取實際行動，要求溥倫實踐對海外華僑所做的諾言：披肝瀝膽，向西太后進立憲改革之言，「以啟沃兩宮，而為改革政體之助動力」。

這樣的海外閱歷和社會壓力，使得晚清赴美賽會對中國經濟、政治產生了很大影響，也有助於溥倫本人政治境界的提高。

在1903年4月，駐德國公使孫寶琦又在上奏中鼓動國人以及工商界走出國門，去了解世界，展現自我：「中國貨物，本為歐人所喜悅，故當會場陳列，爭先購買。乃貨主不來，以致法人欲向定購，無從面議，機會可惜。」[20]

當年6月份，時任商部尚書的載振攜頭等顧問張謇一行就來到日本大阪考察日本的博覽會舉辦情況，回國會奏稱「會場百物羅列，具臻精美」。建議「中國宜亟提倡，以為將來賽會之基礎」。[21]

這些相對開明的皇族貴冑既是特權階層，優越的條件讓他們又成為中國當時較早具有開放視野的人群。所以說，他們在力爭立憲主張的時候，具有極其重要的政治資源。當時有巨大影響力的《東方雜誌》就已經指出：沒有這股政治勢力的積極活動和爭取，立憲運動根本不可能出現。

在官僚層中，袁世凱與端方兩人的立憲態度最為明確。

袁世凱在當上直隸總督後，手握北洋重兵，兼多個要銜，權傾朝野，以維新領袖自命，同時也受到廣大立憲派人士的推崇和擁護。在1905年7月，他奏請朝廷12年後實行憲政時，站在所有官僚的最前列。

---

20 《光緒朝東華錄》，第5卷，第5015～5016頁。

21 《清實錄》，第58卷，第799頁。

據胡思敬的《大盜竊國記》載：

世凱知黨援不盡可恃，而孝欽年逾七旬，衰病日增，有愆期倦勤之態，恐皇上親政後修戊戌前怨，日夕焦思，反謀益急，遂倡議立憲，冀新內閣主權歸總理，天子不得有為。私擬一奏，使載振上之，大旨言救亡非立憲不可，立憲非取法鄰邦不可，朝廷不悟其奸，立派載澤、戴鴻慈，端方、尚其亨、李盛鐸分赴東西洋考察憲政。

　　袁世凱的立憲動機摻雜政治野心這一事實不可否認，但另一方面，他能識時務，敢擔風險，比起那些不行動也毫無歷史責任的大臣們來說，他一度可謂是歷史的先行者。

　　學者劉田玉曾撰文指出中國的近現代史充滿著詭異的「極致性」對抗政治。政治操作常被賦予非常崇高的道德目標，對抗雙方都聲稱是道德正義和社會公正的化身、代表著全體國民的意志和利益。「這種在政治領域中的道德優越感與道德獨斷論，與『正邪兩叉分類』的思想方法相結合，必然進而在邏輯上產生不寬容、不妥協的鬥爭心態。」[22]

　　對於袁世凱這類處於新舊社會之間的歷史人物，存在評價上的爭議本不奇怪，但是他的反對者往往「因人廢事」。對於他促請考察憲政成行一事，他的批評者——無論是今人，還是他當時的政敵，根本不願意提及此事在歷史中的重大積極意義所在，而傾向於用道德標準推究事件背後的原因，這樣輕而易舉就可以把袁世凱定在卑劣的柱子上，原因就是道德裁判權完全在他的批評者手中。而今天的盲從者往往忽視一個很重要的方面，那就是他們從來沒有考慮過袁世凱的批評者屬於哪一個人群：一部分是儒學原教旨主義者和極端保守的官員，他們抱殘守缺，看不得這個傳統社會有半點變動，袁世凱的主變姿態自然成為他們的眾矢之的；一部分像瞿鴻禨、岑春煊這樣的同僚，本人並不是保守主義者，但是由於價值觀、道德觀與袁世凱的迥異，以清流自居，又因為和袁世凱存在權力的衝突，往往雙方互相羅織罪責，抱著把對方除去而後快的黨爭心理，今人可以輕易從他們的互相攻擊中找到彼此的缺陷；另一部分是像張之洞這類本來與袁世凱處於同一政治陣營的開明官僚，因為利益觀、價值觀衝突也會對袁世凱「頗有微

22 蕭功秦：《危機中的變革》，第113頁，上海三聯書店，1999年版。

詞」，數年之後張、袁兩人之所以同入軍機處，清廷就是看準了兩者的矛盾可互相制衡。但是張之洞這樣的官員畢竟屬於開明派，且明白自己的政治處境，當攝政王在後來罷黜袁世凱時張之洞極力諫阻，他知道袁世凱一旦倒台，自己政治命運的結束也不會太過遙遠。因為兩者都屬於在新政建設中成績卓著的地方勢力代表，是政府所實行的中央集權政策的清剿對象。

再加上袁世凱本人確實有眾多缺陷，這就為客觀認識他這位近代官員更增加了難度。

所以今人去看袁世凱，不宜過於簡單地解讀。

在所有官僚中，袁世凱所領導的天津地方自治成就最大，影響深遠。

在袁世凱的直接推動下，天津地方自治於1906年開始啟動。在1906年9月1日的《仿行立憲上諭》中，就包含著實行地方自治的內容。所以他實際推動地方自治的行動走在了全國最前列。直隸地方自治首先從天津開始。

袁世凱之所以選擇率先在天津試辦地方自治，一是因為19世紀末20世紀初的天津，是當時中國推行近代化的先進地區，在鐵路、電報、電話、郵政、採礦、教育、司法等現代化建設方面，均開了全國之先河。

這年8月，由袁世凱委派天津知府凌福彭等籌辦的天津自治局正式成立。自治局設督理二員、參議三員，下置法制、調查、文書、庶務四課，其中法制課負責制定章程，調查課負責調查戶口、風俗、教育、生計，文書課負責辦理文牘、編寫白話報及講義，每課的工作人員由官員和紳士各半組成。自治局成立後，首先選派曾學習法政的士紳為宣講員，至天津府屬城鄉宣講實行自治的法理和利益，每月編印法政官話報、白話講義各一冊，分發學習張貼。

自治局設立後，袁世凱命令道：「此次試辦地方自治為從前未有之事，凡在官紳務必和衷共濟，一秉大公，以為全省模範。」並表示「期以三年一律告成」。

同時，為了深入研究地方自治的法理學則，袁世凱在天津初級師範學堂設立地方自治研究所。命令天津府所轄7縣派紳董入所學習，大縣8人，小縣6人，共計50人。同時招收學習法政和熱心自治的旁聽生59名。學習期限為4個月，所學內容包括自治科、選舉法、戶籍法、憲法、地方財政論、教育行政、警察行政、法學通論等。畢業學員均回家辦自治學社，以研究法政、培養人才、講求地方公益為根本目的。此外，袁世凱還從學員中選拔了一些人組成考察團，對日本進行

了為期4個月的實情考察。隨後組成執行委員會，在政府的支持下為改善民眾的財產、教育、衛生、水利、稅務、公務勞動、習俗等進行工作，並提出禁種鴉片，以加強天津的地方自治運動。

在充分準備的基礎上，袁世凱仿照日本，批准成立了天津自治期成會。該會會員由自治局人員、自治局共舉紳士12人、學會共舉20人、商會共舉10人以及4名官吏諮議員組成，以共同擬訂自治章程。自治期成會總計開會19次，議訂章程達111條。其中，選舉章程的有關選舉資格規定：年滿25歲的有業男子，不仰地方公費賑恤、能寫姓名地址、非本籍人士但在本地居住5年以上並在本境內有2000元以上資產者，享有選舉權；那些觸犯國法、經營不正當、財產信用尚未清了、有心疾、吸鴉片、現為官吏胥役者及其他宗教師者，則沒有選舉權。關於候選人資格，除具備最基本的選舉人資格外，還必須具備如下條件：高等小學堂畢業，有2000元以上資財，曾辦學務或地方公益，曾出仕或得功名。

選舉規章制定以後，隨即開始了選舉的準備工作。由於當時大多數人缺乏選舉知識，以及對於填寫調查表「財務」一項會導致以後加稅的恐懼，以致20萬張調查表只散發了7萬張，回收的調查表中僅為13567張。其中，享有選舉資格者為13567張，占到總人數的3％，而符合候選人資格者僅為2572人。1907年6月16日，選舉正式開始。選舉分為初選和複選。16～18日間，舉行城內初選，投票者達到1700餘人；26～28日間，4鄉進行投票，參加人數達到7000人。城鄉合計8764人，投票率達到70％。總計當選票共5997張，廢票427張，初選當選人135名。7月24日，複選開始，當天前往127人，8人未去，每人投30票，共計3810票，當選者最多200票，最少13票，共選出議員30名。8月18日，天津議事會宣告成立，會上選舉在籍度支部郎中李士銘為議長，分省補用知縣王邵廉為副議長。議事會設董事會，執行日常工作。袁世凱派專人表示祝賀：「今日為天津議事會成立之日，可為天津賀，並可為直隸全省賀，不但為直隸一省賀，可為我中國前途賀。」這是中國歷史上普選制度破天荒地第一次試運行，能夠得到參加者占成年人口41％、投票率初選70％、複選90％的成績，尤為難能可貴。在試辦地方自治的過程中，為推動選舉而介紹、宣傳的西方憲政思想、制度，對廣大民眾來說無疑是一次學習和熏陶的機會。地方自治章程中規定的議事表決方式、方法，為天津初步營造了一種民主氛圍，客觀上促進了立憲思潮的廣泛傳播。

就地方自治的主張而言，時任直隸總督兼北洋大臣的袁世凱並不是孤獨的，

因為地方自治是實行立憲政治的重要條件之一，沒有地方自治，真正的憲政根本無從談起。

就清末的全國情形而言，天津地方自治成就最大，影響深遠，直隸因此替代湖南成為全國地方自治的模範省。隨著天津地方自治的試辦成功，直隸的井陘、肥鄉、長垣、寧津、清苑、獻縣、大興、趙州、景州、慶雲等地，或從開民智著手，或以籌設議事會為準備，或成立自治會、公議局、會議所。

當然，也有一些督撫大員，如吉林將軍達桂、山東巡撫楊士驤、湖南巡撫岑春煊、安徽巡撫恩銘、浙江巡撫張曾揚、新疆巡撫聯魁、江西巡撫吳重熹等人對地方自治持反對態度。

但是反對地方自治的督撫大多並不是從根本上不同意自治，而是限於本地條件，根本無法在短時間內完成這一政治近代化任務。

統治階級中的立憲派身居高位，有職有權，比起那些在野的資產階級立憲派來，他們的陳奏，份量極重，清政府不可不加以重視。因此，在晚清憲政改革中，他們的作用不容低估。

蕭功秦這樣評價道：「（如果說）支持立憲運動的權貴派、權勢派對這一運動的主要作用，在於利用他們擁有充分的同族人的政治資源，所處的關鍵地位，以及最高決策者對他們個人的信任，影響最高執政者的目的的話，那麼，士紳們則在動員輿論，發起集會以及在國民中促進立憲運動方面具有重大的作用。這些不同勢力的相互影響與作用，是清末立憲運動得以在一二年的短短時間內就風起雲湧，並足以影響最高決策的基本原因。」[23]

無論是御前會議的召開，還是地方自治的舉行，在其背後並非只有開明官僚層的引領，還有強大的士紳立憲派的強勢推動，在帝國存在的晚期，由於這一群體倡導起影響巨大的國會請願運動，迫使上到軍機大臣，比如袁世凱、張之洞，下到地方官員，比如東三省總督錫良，都在立憲問題上趨近激進。

士紳立憲派主要代表人物首推梁啟超。

毫無疑問，在中國的近現代歷史上，梁啟超是最值得推崇的啟蒙思想家之一，以至於百年後的今天，我們無論以怎樣的溢美之詞讚美他都不為過。如果認識不到這一點，一方面說明我們對自己的先輩太過苛責，另一方面則說明我們對

23 蕭功秦：《危機中的變革》，第181頁，上海三聯書店，1999年版。

他的了解還太過膚淺。有人說他最欣賞的是英國政體。[24] 其實這位思想巨擘本身的思想一生都處在不斷的變化之中。前面的行文中提到戊戌變法之後，他曾經主張「破壞主義」。旅美歸來後，他追求共和、革命破壞的熱情則迅速冷卻下來。在他代出洋考察大臣草擬的「政治報告」及後來代作的官制改革報告中，基本上主張議會君主立憲政體。其憲政改革的制度化方案在其代為草擬的《代五大臣考察政治報告》中可以歸納為：實行兩院制；司法權獨立；最高之行政裁判委之議會，實行立法、行政、司法三權鼎立，以定國基各部大臣；定責任內閣制，一切政務、責任歸首相，非經宰相及該部大臣副署，則不成為公文；實行地方自治，各省設立議會，在不損於國家前提下，可以頒行本省之法律，自理本省之財政，各省還有一定的外交、軍政、關稅諸權，劃定中央和地方的權限。[25]

1907年梁啟超在日本東京創辦政聞社，投入政黨建設活動。

他認為擺脫專制後的中國人民實行共和尚需時日，長期生活在專制國家的人民缺乏訓練，革命後的總統選舉，必然發生攘奪政權的慘劇，國無安寧，最後政權歸於一人，實行專制，同時人民剛剛獲得自由，也無能力實行議會政治、政黨政治。清政府倒台後，憲政改革依然失敗，以及袁世凱的悍然稱帝則驗證了梁啟超的上述預見。

士紳立憲派的代表人物次推楊度。楊度早年倡導革命，後來成為著名的憲政理論專家。在對立憲運動的實際操作層面，他所發揮的作用也許並不低於梁啟超。他精通憲政原理，在體制內外都得到信任。說他是立憲派的另一領袖人物毫不為過。並且他的地位另兩位立憲派領袖人物梁啟超與張謇都不具備。1906年，考察政治大臣尚在行程中，楊度就為端方等譯述各國憲法，這就要求他對憲政原理有較為準確的把握，在這個過程中他的憲政修養也必然得到提高。楊度協助起草報告，得到朝廷重臣袁世凱、張之洞等立憲派官僚的器重，並在內廷為慈禧太后講解憲政知識。仿行立憲的詔書頒布之後，政府工作的重要組成部分是由沈家本主持的修律活動，這個時候的楊度以憲編查館提調身分參與《大清新刑律》的最後核定，並出席資政院議場，向議員闡述講解《新刑律》。

楊度對《新刑律》的理解反映出他的憲政思想的深刻性——

24 鍾叔河：《走向世界》，第443頁，中華書局，1985年版。

25 《代五大臣考察政治報告》，《梁啟超選集》，第439～448頁。

「立憲的原則，立法司法是分離獨立的」，司法、立法不分開、不獨立，「與憲政原則最相違反」；

「現在我國憲政日日進行，立憲國體既許人民之自由，即不可不有一種正當的法律以防範之。其所以防範者，使其自由於法律之中，不得自由於法律之外」；

「舊律既不適用，不能不改用新刑律」，使「一切法律都與憲政相符合」，「……世界文明，各國的法典，都有法學共同的原理原則，無論何國的法律都不能出乎此原則之外。」

「原則原理相同的國家，司法上彼此尊重國家主權。中國舊律由於不合各國的法律原理原則，所以司法上產生兩個惡果：領事裁判權的確認；教案。」[26]

楊度還認為要以個人本位的國家主義代替傳統的家族主義：新刑律與舊刑律的根本不同就是「精神上主義上之分別」——舊律依據家族主義，新律依據國家主義。所有國家的法律都經歷家族主義階段。「如無家族制度，社會不能維持，即國家亦不能維持」，進入國家主義階段，法律亦以國家主義原則而制。

楊度是制度決定論的力倡者，主張制定限制君權的憲法，建立責任政府，以及成立賦予人民以參政權的國會。他認為開國會問題最重要，評價憲政程度高低的主要標準是國會。在這種意義上看待當時世界上的君主立憲國家，英國憲法是最高的，德國次之，日本憲法則再次之。「既有國會，斯不患無憲法；且必有國會，而後有程度較高之憲法。何以故？必有國會而後國民有提議憲法、承認憲法之機關，始可以國民之意識加入於憲法範圍之內，乃可望憲法之程度高也。」[27]

楊度對開設國會的倡導是身體力行的，他的主要方式是上書政府和民間演講，並期望政府在一二年內就能夠開設民選國會。在此後的1907年9月他發起了憲政研究會，並引領湖南人民向當局發起大規模的請願運動。在憲政編查館，他時刻以倡導開國會為己任。

在民間大規模的國會請願運動後，當局不得不考慮確定召開國會期限問題。楊度曾對袁世凱、張之洞說：「公等以開國會相召，僕以開國會應召而來，此次

---

26 《資政院議場速記錄》，第23號。

27 楊度：《金鐵主義說》，《中國新報》，第1～6期，轉引自侯宜杰著：《二十世紀初中國政治改革風潮》，第178～179頁，人民出版社，1993年版。

能否留京，以開國會與否為斷。若仍枝枝節節辦起，公等幕下人才濟濟，似毋須用僕參與其間。」「此次晉京，專為國會而來，入政府不早頒布開設國會年限，仍當出京聯合各省要求國會。在朝既不能為富貴所淫，在野更不能為威武所屈，宗旨已定，生死禍福皆所不計，即以此拿交法部，仍當主張到底。」[28]

楊度力倡開國會，其意圖之一是與革命黨展開政治競爭，他曾經致函梁啟超說：「……所以必以國會號召而不可以他者，因社會上明白人甚少，……必其操術簡單，而後人人能喻，此『革命排滿』所以應用於社會程度，而幾成為無理由之宗教也。……以此為宗教，與敵黨競爭勢力，彼雖欲攻我，亦但能曰辦不到，而不能曰不應辦也。」[29]

張謇在憲政運動中也起了重大的推動作用。

在1903年初，日本駐江寧領事天野通過徐世昌致函張謇邀其參觀日本第五次勸業博覽會。張謇立即東渡日本，一方面參加博覽會，一方面考察日本教育和社會各項公益事業，這些考察經驗為南通地方公益事業建設提供了借鑒。

在日本期間，張謇除參觀博覽會外，一共參觀了35個教育機構和30個農工商單位，他考察的重點是教育和實業，且旁及政治和社會問題。由他自己確定的參觀程序是：「先幼稚園、次尋常高等小學、次中學、次高等、徐及工廠。」

作為改革家、實業家、教育家的張謇，在日本考察教育和實業中發現，中日兩國共同面臨的許多發展問題，在日本解決得很好，在中國卻是障礙重重，或者根本解決不了。通過對日本的實地考察分析，他認為，只寄希望於通過宮廷鬥爭，光緒皇帝重掌大權，或者僅僅依靠思想開明的地方督撫來推行新政，都不是根本解決中國問題的辦法，必須在展商會、農會、教育會等社會團體基礎上，擴大政治活動，組織政治團體，以至新式政黨，在全國範圍內掀起立憲運動。張謇於7月29日回到上海，回國後他把自己訪日期間的日記整理出來，題名為《東游日記》，編印成冊，分贈友人和各界人士。

但張謇認為，權臣最能推動朝廷的決策，實施立憲也要靠政要主持，要促成立憲，必須使權貴重臣贊成並進行陳請。他的策略得到了一定程度的回應。

---

28 轉引自侯宜杰著：《二十世紀初中國政治改革風潮》，第199～200頁，人民出版社，1993年版。

29 《梁啟超年譜長編》，第398頁，轉引自侯宜杰著：《二十世紀初中國政治改革風潮》，第179～180頁，人民出版社，1993年版。

朝廷頒發上諭：「張謇著賞加三品銜。作為（商部）頭等顧問官。」張謇毫不推辭地接受了任命。商部顧問官既是新制，又冠以頭等，這就為他借此參與立憲運動增加了份量。

1904年5～6月間，張謇與湯壽潛、蒯光典、趙鳳昌等為鄂督張之洞、江督魏光燾起草了一份摺稿請求「仿照日本明治變法立誓，先行頒布天下，定為大清帝國憲法。一面派親信有聲望之大臣游歷各國，考察憲法」。

摺稿擬就後，謹慎的張之洞並未立即出奏，他讓張謇探詢袁世凱的態度，以決定進止。

張謇也認為如能得袁世凱的倡導，對立憲的推進大為有利，因此與斷交了多年之久的袁世凱正式復交。

他在致袁世凱的信中說：「日俄之勝負，立憲、專制之勝負也。今全球完全專制之國誰乎？一專制當眾立憲，尚可幸乎。日本伊藤、板垣諸人共成憲法，巍然成尊主庇民之大績，特命好耳。論公之才，豈必在彼諸人之下。即下走自問志氣，亦不在諸人下也。」

但是此時的袁世凱也以為時機未到，答以「尚須緩以俟時」。

7月，張謇聞悉商部尚書載振等有贊成立憲之意，「北方殊有動機」，以為「原動力須加火以熱之」，除為張之洞修改奏稿外，還加緊組織編譯刊印《憲法義解》《日本憲法》《日本議會史》等書，分送各方面重要人士，更以《日本憲法》12冊托人祕密送入皇宮。[30]

《日本憲法》傳入宮中，慈禧太后閱後，召見大臣說：「日本有憲法，於國家甚好」。當時在場的朝廷樞臣相顧無言，不知所對，這就促進了權臣對立憲思想的進一步接觸。

1905年，隨著日勝俄敗及民族危機的加深，國內立憲輿論日益高漲。張謇為抵制美貨事件再致袁世凱一函說：「日處高而危，宜准公理以求眾輔。以百人輔，不若千；千人輔，不若萬；萬人不若億與兆。自非有所見，為公進此一言也。且公但執牛耳一呼，各省殆無不響應者。安上全下，不朽盛業，公獨無意乎？及時不圖，他日他人，構此偉業，公不自惜乎？」

張謇深知袁世凱政治野心很大，但是他也考慮到袁世凱的政治利益與立憲政

30 轉引自候宜杰著：《二十世紀初中國政治改革風潮》，第50頁，人民出版社，1993年版。

治本身的契合。由於局勢的發展，清廷不敢公然違背民意，袁世凱的態度也不再有任何含糊，但作為官僚，他頗有心計地將張謇請到了行動的前台：「各國立憲之初，必有英絕領袖者作為學說，倡導國民。公夙學高才，義無多讓。鄙人不敏，願為前驅。」

儘管如此，張謇對袁氏此舉極為賞識，褒獎倍至，將他比作日本維新功臣大久保利通。

張謇與袁世凱正式結成政治聯盟，極力向清廷鼓吹立憲，一北一南，在朝在野，遙相呼應。當大臣們回國時，張謇專程來到上海與載澤、端方、戴鴻慈等商談，並發起商、學兩界公宴為他們洗塵。同時，他還為考察團起草了《為立憲致各省督撫電》，以擴大此次考察的影響。

此外，張謇還爭取到樞機要臣瞿鴻禨的支持和信任，向慈禧太后進言。

瞿鴻禨對憲政知識的領會也受到張謇的影響，派人赴上海選購了大量的憲法書籍。[31]

瞿鴻禨為湖南善化人，1871年中進士。因受清流名臣李鴻藻極力舉薦，為慈禧太后所重用。庚子事件以後，入軍機處，兼任外務部尚書，一時間位高權重，是慈禧最為倚重的大臣之一。他在浙江學政任上，曾先後錄取了汪康年、湯壽潛、陳黻宸等人為進士，這種傳統中國社會的門生關係被他的學生們所利用，彼此之間書信往還，討論立憲問題，請他在朝中鼓吹立憲思想。

查新近發現的《瞿鴻禨朋僚書牘》一書，收有1904至1906年江浙立憲派人或直接或間接地寄給瞿氏關於立憲的書信十餘通，信中往往附有說帖、條陳、問答等，詳細陳述了自己的立憲觀點。

概括而言，親貴立憲派對於促成立憲成為新政的既定國策起了很大的推動作用；權臣派人物受實際利益的驅使，積極運用自己的權勢和影響，促進了立憲決策的形成；士紳派是立憲運動最廣泛的社會基礎，他們主要以民族自強作為立憲的基本動機，構成立憲運動的中堅力量。不同立憲派的政治主張和立憲動機有諸多差異，但他們的思想立場有共同之處：都認識到立憲乃大勢所趨，專制政體已無力挽救清王朝的覆滅；同時承認清王朝的統治合法性，並不懷疑和挑戰王朝的

31 《辛亥革命》，第4冊，第158～159頁，轉引自韋慶遠等著：《清末憲政史》，第101頁，中國人民大學出版社，1993年版。

正統地位。立憲派的政治態度處於清王朝最高統治者的頑固不化和革命派的暴力激進之間，結果得不到他們任何一方的認同。

立憲上諭引發新一輪紛爭

早在戊戌變法時期，嚴復就擔心猝然的政治改革會導致出現「新者未得，舊者已亡」的困境。

清末籌備立憲過程中，在積極立憲派與緩行立憲派之間，一直存在著相當激烈的論爭和思想衝突。廷辯的暫時結束，清廷預備立憲決心的作出，並不意味著爭論也跟著結束。

考察憲政大臣于式枚、御史趙炳麟、王步瀛等人也提出了自己對時局的看法。他們認為簡單地仿效西方憲政形式，將會對中國的變革，對現體制下的秩序穩定帶來嚴重的危機，因而他們認為應該推遲預備立憲，到時機成熟以後，再考慮以漸進方式來推進憲政改革。從他們的政治主張來看，他們對西方強盛和日本崛起的深層次原因的認識程度，與那些提倡立即進入立憲倒計時的官員相比可能相差並不太多，不同於御史胡思敬、翰林院侍讀柯劭忞這些人——他們對西方憲政既無興趣也無認識，他們之所以反對立憲，乃是擔憂東方傳統被西方政體衝擊毀於一旦，對專制君主的信仰與效忠是深入骨髓的。

于式枚公開表示，在現階段，應以加強君權，發展實業，實行開明專制為手段，中國立憲應在20年之後才可以提到議事日程上，這種態度使他在當時顯得極為孤立，以致成為立憲派士紳們的眾矢之的。

還有江西道監察御史劉汝驥，他認為，專制政體不如立憲政體，這是人人皆知的道理，但這一點並不能成為中國當下實行立憲政治的理由。他指出：「歐洲百年前，其君暴戾恣睢，殘民以逞，其病蓋中於專制，以立憲醫之當也。」而中國的情況則是：「官驕吏黷，兵疲民困，百孔千瘡。其病總由於君權之不振。何有於專，更何有於制？」他主張應該當下急務乃加強中央集權，實行開明專制主義。[32]

留學日本的陸宗輿提醒一心以日本為榜樣的同僚們：「日本明治維新是立憲

---

32 《劉汝驥奏請張君權折》，《清末籌備立憲檔案資料》，上，第107頁。

改革」這一斷言根本上是不能成立的。恰恰相反，明治維新推行的是「專制政治」，而決不是「民權政治」。因此，決不能把日本作為中國應實行立憲的例證。明治維新以前，庶民只知有幕府而不知有皇室。而明治的中興正是以重新樹立天皇的權威開始，而議院、國會是遲至十年二十年以後才召開的。

他們對立憲的基本方針可以概括為「朝廷有一定之指歸，齊萬眾之心志」，設京師議院，舉辦地方自治，廣興教育和儲備人才均是實行立憲的先決條件，為了使立憲得以取得實效，「凡與憲政相輔而行者，均當先事綢繆而不容遲緩也」，這樣的作法一方面將「不使泥於守舊者有變夏之疑，」另一方面，又不會「使急於趨新者有蔑古之慮」。[33]

更有當代學者也認為：「單純把憲政看成是改變國家落後的工具，是中國歷次憲政失敗的最大原因。」

劉軍寧說：「一百多年來的中國憲政運動有不變的地方，有變的地方。不變的是從上上個世紀以來對憲政的追求始終沒有停止，變的是以前對憲政的追求多半從趕超的角度來理解，中國被西方打敗後，很多人都在問中國為什麼落後了？結論是制度落後了。那麼，怎麼改變這種落後的局面？結論是從制度入手實行憲政，西方就是靠搞這個強大的。

這個邏輯聽起來沒錯，中國的落後也的確與沒有憲政有一定關係，問題在於對憲政抱著完全工具主義的態度，當作一種橋梁。

談憲政，不能再抱著工具主義的態度，不能單把它看作是改變落後的工具，而應該把憲政看作是實現政治正義的工具，看作是實現政治正義的唯一途徑，看作是保障公民個人權利和自由的唯一途徑。

如果從這個角度看，憲政是不可取代的，就不會輕易放棄它。在今天談憲政，應該改變工具主義的態度，實際上中國幾次憲政失敗最主要的便是對憲政持有工具主義態度。」

《南方周末》更是在文章中指出：「事實上，西方在設計憲政制度之初，並不是把憲政作為國家富強的工具，而是在尋找一種被認為是最好的治理國家的手段，當推行憲政制度後，國家富強起來了，但兩者實際上沒有必然聯繫。

我們在學習西方憲政制度的時候，是把西方選擇的一種治理國家的方式，作

---

33 《清朝續文獻通考》，第393卷，第11482頁，「憲政五」，商務印書館。

為強國的實用工具拿到中國來的，百年來知識分子們始終抱著這樣的心態，這是一個最大的誤區，就是過分強調了憲政的工具作用。

這個問題不能完全由政治家負責，知識分子也應當承擔責任，正是知識分子把西方的憲政思想作為一種實用工具介紹到中國的，誤讀了憲政的本來思想，才使得我們在憲政制度的設計上走入誤區。」[34]

可見，關於這段歷史爭論到今天還一直在持續。

但是在1906年9月1日，光緒帝在慈禧太后的首肯下，命令京師和地方高級官員開始憲政的準備工作，宣布《仿行立憲上諭》。此時，這位太后依舊控制著這個陸地面積占全球1/15，人口占全球1/5的龐大帝國。

上諭稱：

「我朝自開國以來，列聖相承，漠烈昭垂，無不因時損益，著為憲典。現在各國交通，政治法度，皆有彼此相因之勢，而我國政令積久相仍，日處陸險，憂患迫切，非廣求智識，更訂法制，上無以承祖宗締造之心，下無以慰臣庶治平之望，是以前派大臣分赴各國考察政治。現載澤等回國陳奏，皆以國勢不振，實由於上下相暌，內外隔閡，官不知所以保民，民不知所以衛國。而各國所以富強者，實由於實行憲法，取決公論，君民一體，呼吸相通，博采眾長，明定權限，以及籌備財用，經畫政務，無不公之於黎庶。又兼各國相師，變通盡利，政通民和有由來矣。時處今日，惟有及時詳晰甄核，仿行憲政，大權統於朝廷，庶政公諸輿論，以立國家萬年有道之基。但目前規制未備，民智未開，若操切從事，塗飾空文，何以對國民陰昭大信。故廓清積弊，明定責成，必從官制入手，亟應先將官制分別議定，次第更張，並將各項法律詳慎釐訂，而又廣興教育，清理財務，整飭武備，普設巡警，使紳民明悉國政，以預備立憲之基礎。著內外臣工，切實振興，力求成效，俟數年後規模初具，查看情形，參用各國成法，妥議立憲實行期限，再行宣布天下，視進步之遲速，定期限之遠近。著各省將軍、督撫曉諭士庶人等發憤為學，各明忠君愛國之義，合群進化之理，勿以私見害公益，勿以小忿敗大謀，尊崇秩序，保守平和，以豫儲立憲國民之資格，有厚望焉。」

這道「上諭」，可以說是清末預備立憲的「總綱」。

---

34 《「憲政」之路——從尊重憲法開始》，《南方周末》，2003年10月23日

其要點有三：首先，預備立憲的原則，是「大權統於朝廷，庶政公諸輿論」，這表明中央政府試圖控制立憲的內容和進程；預備立憲的目的，是「以立國家萬年有道之基」，是為了維護皇室的延續；其次，預備立憲的步驟，是先從官制改革入手，理由是：「規制未備，民智未開」，故須改革官制以除積弊，廣興教育以啟民智，釐財備武以資立憲之基；第三，待預備工作初具規模，再為妥議立憲之期，期限長短俟機而定。

清廷宣布仿行憲政，不僅開啟了政治體制改革的閘門，也為資產階級立憲派的活動大開了綠燈。

其實仿行立憲上諭在爭論中頒布並不奇怪，它勢必受到各方輿論和利益的影響，在一定程度上是緩行派和立憲派妥協的產物。

英國被譽為「憲政母國」，其憲法的妥協性是眾所周知的。美國憲法也不是激進民主主義的產物，「制憲者們在將自由看成是政府權威的基礎的同時，也把它看成是一種必須加以鉗制的、對正當政府管理行為的威脅。在這個意義上，憲法代表了一種從與爭取獨立的鬥爭相伴的強大民主潮流中的後退」。美國聯邦憲法是權力分立制衡原理貫徹得最徹底的憲法，因而具有很強的平衡性甚至保守性。

在清末，立憲派在朝廷宣布預備立憲後，逐步形成了一個有一定目標、有相當組織、與政府能夠相制衡的全國性政治力量。當政府預備立憲詔書發布的時候，立憲派表示了極大的熱情，肯定它為「本朝二百餘年未有之盛舉」，「是我國歷史以來五千餘年未有之盛大舉」。

紳商學子也認為：「以五千年相沿襲之政體，不待人民之請求，一躍而有立憲之希望，雖曰預備亦環球各未有之美矣」。[35]

他們「奔走相慶，破涕為笑」，莫不「額手相慶曰：中國立憲矣，轉弱為強，萌芽於此」。在歡呼的同時，全國許多地方召開了慶祝會，四處張燈結彩，敲鑼打鼓，熱烈慶賀。首都北京最先行動，9月5日，商務印書館、公慎書局、江西學堂以及一些報館、閱報社，就開始高懸國旗慶賀。11月25日這一天（農曆十月十日）是慈禧壽誕，北京各學堂萬餘人還齊集京師大學堂，舉行了慶賀典禮。另外，在天津、江蘇、南京、無錫、常州、揚州、鎮江、松江等地都舉行了立憲

35 《論實行立憲不定期之善》，《南方報》，1906年9月4日。

慶賀會。

張謇欣然致函袁世凱，對他的推動作用深表讚賞：「朝廷宣布立憲之詔，流聞海內，公之功烈，昭然為揭月而行。而十三日以前，與十三日以後，公之苦心毅力，如水之歸壑，折而必東。下走獨心喻之，億萬年宗社之福，四百兆人民之命，係公是賴。」[36] 張謇的筆墨，有過譽之處，但畢竟反映了袁世凱在一定程度上，對清政府採取預備立憲態度起到了不可忽視的作用。《東方雜誌》也載文對袁世凱的作用予以肯定。

立憲派和各省立憲勢力決心進一步組織起來，建立預備立憲公會，發動全國各界人士向清廷施加壓力，希望政治改革更為深入。

1906年12月16日，預備立憲公會在上海宣告成立。公會宗旨是教育國民，為立憲作好思想準備，人民應關心、研究、議論國政，以供政府採擇。

預備立憲公會推舉鄭孝胥為會長，湯壽潛、張謇為副會長，主要成員多為江浙工商界代表和具有開明思想的東南紳士。上海預備立憲公會的成立，反映了江浙資產階級的崛起，同時也表明，上海正以中國近代第一大都會的資格與中國古老的政治中心北京分庭抗禮。

由於預備立憲公會半數會員均投資近代企業，因此他們特別重視保護工商業者的合法權利。

預備立憲公會也得到了時任兩廣總督的岑春煊的鼎力支持。

同時湖北憲政準備會、湖南憲法政分會、廣東粵尚自治會、貴州的憲政預備會和自治學社等先後成立。1907年，梁啟超在日本也成立政聞社，研究各國憲政模式，為以後的政治參與做準備；楊度在東京組織以擁護帝國政府的人為主要成員的憲政講習會。

在歡呼慶祝之餘，立憲派積極展開諸如聯絡同志、結合團體、辦報演說、請願集會等旨在參與國家政權的一系列活動，他們鬥爭的側重點更多地放在批評、監督、敦促清政府的籌備立憲問題上，從而掀起了立憲運動的高潮。

從民間反應來看，這些以地方紳商為主體的新興政治干預群體的積極性是相當可觀的，對政府提出的「預備立憲」的宣示的回應也是及時的，態度是積極的、認可的，也是認真的。

---

36 張謇：《為運動立憲致袁直督函》，《張季子九錄·政聞錄》，第3卷。

在發布仿行立憲上諭的第二天，朝廷諭派載澤、世續、那桐、崇慶、袁世凱共同釐定新官制，並命端方、張之洞、周馥、岑春煊等派員來京隨同參議，由奕劻、孫家鼐、瞿鴻禨總司核定。正式開啟官制改革。

9月6日，官制編制館宣告成立，是為官制改革即行政改革的核心統籌機構。

但是在「仿行立憲」的第二年，革命黨人徐錫麟因為刺殺安徽巡撫恩銘被處死，臨死之前徐錫麟說了一句話：「假立憲帶來了真革命」。革命派首領孫中山則認為：「革命、保皇二事決分兩途，如黑白之不能混淆；如東西之不能移位。」[37] 並且他這樣的觀點在海外正受到年輕一代的接受。

整個帝國因為革命黨人的預言而焦慮。

但是在權臣中，已經沒有人公然反對立憲。無論是奕劻、袁世凱，還是瞿鴻禨、岑春煊，紛紛向立憲人士示好，向整個社會表達自己的變革姿態。官制改革也按計畫開始展開，但這也預示著更大的紛爭開始醞釀，紛爭就發生在這些自命為革新者的權臣中間……

37 《孫中山全集》，第1卷，第232頁，中華書局，1981年版。

第七章 立憲上諭在爭論中出籠

辛亥前夜

第八章
黨爭紛擾中的官制改革

在政治中，實驗即意味著革命。

——迪斯累利

「責任內閣制」遭遇挫折

　　由傳統帝國官僚制向現代責任內閣制的轉變，是政治體制由專制走向民主的重要表現。清末預備立憲時期的官制改革是一項重要的制度和政策創新，也是中國傳統政治體制向現代政治體制轉型的一次有益嘗試。

　　首先從行政改革入手，這是政治改革的一般規律。政改是一項極為複雜、艱難的事業，稍有不慎，就有可能導致政局的混亂甚至政權的崩潰，對於由傳統君主政體向現代民主政體過渡的變革，由於變化幅度巨大，其操控難度就更大。

　　中央體制改革在全面的官制改革之前就已經開始著手施行。在1901年，應西方各國的要求改總理各國事務衙門為外交部，1903年設商部，1905年又增設巡警部和學部。另外還增設財政處、練兵處和稅務處。這些新機構的設立，打破了隋唐以來中央一直以六部行其政令的傳統格局，可以看作清末政體改革的序曲。

　　時論在1904年大聲疾呼：「以今日之勢，非大舉政界而改革之，不足以救亡」。[1]

　　1906年9月1日，清廷頒發了仿行立憲的上諭，確立預備立憲為基本國策，並決定從改革官制入手，以為立憲的基礎。這是一個震動中外的大舉措，宣布了國家由此正式進入預備立憲的實際操作階段，即由封建專制制度向資本主義政治制度過渡的新時期，標誌著中國政治制度開始近代化。[2]

　　立憲前的準備工作之艱巨，非一朝一夕所能蹴成，主要涉及三個方面的內容，一是行政改革，包括司法改革、教育改革；二是設立議會；三是實行地方自治。

　　關於官制改革與「預備立憲」的關係，在仿行立憲的「上諭」中這樣說道：「目前規制未備，民智未開，若操切從事，塗飾空文，何以對國民而昭大信。故廓清積弊，明定責成，必從官制入手，亟應先將官制分別議定，次第更張。」[3]

　　帝國有4萬萬人口之巨，卻只有2萬個行政官員職位，而其中一半在京城；平均每縣人口為25萬，行政官員卻僅有5名。[4]

1　《嶺東日報》，光緒30年（1904）7月13日。

2　侯宜杰：《評清末官制改革中趙炳麟與袁世凱的爭論》，《天津社會科學》，1993年第1期。

3　《清末籌備立憲檔案史料》，上，第44頁。

4　（美）吉爾伯特‧羅茲曼：《中國的現代化》，江蘇人民出版社，第80～81頁，1988年版。

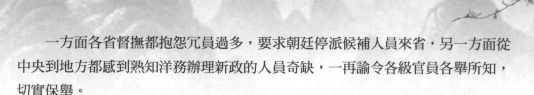

　　一方面各省督撫都抱怨冗員過多，要求朝廷停派候補人員來省，另一方面從中央到地方都感到熟知洋務辦理新政的人員奇缺，一再諭令各級官員各舉所知，切實保舉。

　　1906年，出使各國考察政治大臣戴鴻慈等人在《奏請改定全國官制以為立憲預備摺》中，認為日本的憲政改革之所以順利，就是因為「官制之預備得宜」，「未改官制之前，任人而不任法，既改官制以後，任法而不任人。」

　　立憲政治自然需要民眾的廣泛參與，但由於中國民眾歷經數千年而沒有參政的經驗，加之普通民眾的文化水平低下，因而官方的引導和調控是十分必要的。這就要求改革政府機構，提高政府效能，適應憲政改革的要求。[5]

　　當時身在海外康有為就認為：要進行憲政改革，就必須對現行行政機構進行大幅度的改革，如不先行整頓行政機構，任何政治革新的努力都將徒然而無功。[6]

　　朝廷接受了考察政治大臣的建議，確立了師法日本的指導思想，明治維新從改革官制入手，帝國政府亦然。清政府的中央機構原有吏、戶、禮、兵、刑、工六部和都察院，大理寺；行政中樞為軍機處，軍機大臣無定員，均有兼職；內閣原為行政總匯之地，後逐漸被軍機處取代，至清末已成為閑曹；此外尚有太常寺，翰林院等機構。

　　官制編制局所擬官制，「大抵依端制軍等原奏斟酌而成」。[7]領班軍機大臣奕劻在核准撤銷軍機處和決定成立責任內閣的同時，所設置的資政院、大理院、審計院等等，也基本上是以考政大臣所提出的「三權分立」設想作為藍本。對於制定官制，編纂大臣似定了五條基本原則：

　　一、「參仿君主立憲國官制釐定」，此次只改行政，司法，其餘一律照舊；
　　二、改革要做到「官無尸位，事有專司，以期各副責成，盡心職守」；
　　三、實行三權分立，議院一時難以成立，先從行政，司法釐定；
　　四、欽差官，閣部院大臣，京卿以上各官作特簡官，部院所屬三四品作為簡
　　　　官，五至七品為奏補官，八九品為委用官；

---

5 《清末籌備立憲檔案史料》，上，第367～368頁。

6 轉引白高旺：《晚清中國的政治轉型》，第82頁，中國社會科學出版社，2003年版。

7 《辛亥革命》（四），第19頁。

五、另設集賢院、資政院安置改革後的多餘人員。

朝廷隨後批准成立編制館，以為官制體改革最高主導機關。

編制官制事務本由載澤主持，但由於袁世凱在立憲運動中的聲望，且在編制館中有大量的成員都是他的追隨者，以及慶親王奕劻的一貫支持，使袁世凱成為官制編訂事務的真正主持者。

1906年前後，袁世凱不但控制著一支10萬人之巨的近代化武裝力量，而且他自己還身兼八大臣職位，分別是：參預政務大臣、督辦山海關內外鐵路大臣、督辦政務大臣、直隸總督兼北洋大臣、督辦天津至鎮江鐵路大臣、督辦商務大臣、督辦郵政大臣、會辦練兵大臣。

國內立憲派人士對袁世凱的讚譽先不說，就是當時悄然崛起的美國，對袁世凱也是盛讚有加。美國記者托馬斯‧Ｆ‧米拉德在他的《清國鐵腕袁世凱採訪錄》中開篇就說：「在西方人的眼裡，長期以來代表大清國形象的，只是從4萬萬芸芸眾生中站出來而非常突出和確定的幾個人而已。正是這些人扮演著重要的角色，或許能夠開闢出一條道路，以迎來一個新中國的誕生。……袁世凱是這些人物中非常凸出的一位，他也確實在這些趨向進步的高層官員中被認為第一。」[8]

袁世凱期待中國也能建立起日本式的責任內閣。

立憲運動在中國近代史上，提出了資產階級的政治要求，要求改變封建專制政體，建立資產階級的立憲政體。凡是能促進這一運動的人物和行動，都可視之為順應了歷史潮流，具有進步的意義。袁世凱投入立憲運動，並身體力行採取了積極行動。他的推動憲政的力度超越了許多與他地位相當的官僚。

經過一個多月的整訂，編制館拿出了一個全面改革官制的初步方案，除對原有的各部院提出精簡合併外，還增設了一些新的機構，最重要的提出建立責任內閣、資政院、行政裁判院、集賢院、大璍院、審計院等具有現代性質的行政機構。

這一草案被稱為《新官制改革案》，它規定內閣政務大臣由總理大臣1人、左右副大臣各1人，各部尚書11人組成，「均輔弼君上，代負責任」，「凡用人、行政一切重要事宜」，由總理大臣「奉旨施行」，並有「督飭糾查」行政官

8 鄭曦原編：《帝國的回憶》，第135～136頁。

員之權；皇帝發布諭旨，內閣各大臣「皆有署名之責，其機密緊急事件，由總理大臣、左右副大臣署名」，關涉法律及行政全體者，與各部尚書聯銜署名，專涉一部者，與該部尚書共同署名。[9]

該草案的進步意義在於：取消軍機處，設立責任內閣制，使「立法、司法、行政各有責任，互不統屬」。

但是在討論會上，當袁世凱提出這一議案時，「醇王（載灃）聞言益怒，強詞駁詰，不勝，即出手槍，擬向余（袁世凱）放射」。[10]

可見袁世凱的政治命運遠沒有那麼順達。他堅持說：「別無良策，仍不外趕緊認真預備立憲一法，若仍悠忽因循，則國勢日傾，主權日削……」[11]

袁世凱的立憲主張得到了相當一批地方實力派的支持，這也使得他本人在當時的民族資產階級上層中樹立起良好的形象，並獲巨大支持。

官制改革是一次權力的再分配過程，牽涉到帝國所有官員和政治集團的利益，阻力至少來自三個方面，一是各部大員；二是各部司員；三是滿族官員。

成立責任內閣的草案傳出以後，擁護者和反對者之間的鬥爭立即升溫至白熱化。

反對派的主角之一為軍機大臣鐵良、榮慶。他們本不反對立憲，但是涉及具體改革步驟時，則直接造成了立憲的延宕。

如果成立責任內閣，規定官員不得兼職，榮慶則只能專任學部尚書，政治地位下降，鐵良出任內閣副總理，其財政權和兵權將同時失去，因為他此時身兼戶部尚書與練兵處會辦等要職。

鐵良聲言「立憲非中央集權不可，實行中央集權非剝奪督撫兵權財權，收攬於中央政府則又不可」，他的攻擊矛頭直接對準了袁世凱、張之洞等地方督撫。

為了達到自己的政治目的，反對派甚至煽動太監鬧事，宣揚說一旦改革官制，所有宮監都會被驅除，內務府也要裁撤。這個在中國極端專制體制下存在了千年之久的特殊群體聞風而動，來到慈禧太后面前泣訴，一向對漢族官僚崛起心存妒忌的宗室王公、貝子們這個時候也把攻擊表面化。

9 見《內閣官制清單》，載《改定官制原奏全錄》。

10 郭劍林主編：《北洋政府簡史》，第49頁，天津古籍出版社，2000年版。

11 郭劍林主編：《北洋政府簡史》，第61頁。

慈禧太后被干擾得寢食俱廢，竟對人說：「我如此為難，真不如跳湖而死。」[12] 這不單是個人的疲倦，也顯示出一個體制的疲憊。

為避免引起更大動盪，清政府宣布了官制改革中的五不議原則：第一：軍機處之事不議；第二：內務府事不議；第三：八旗事不議；第四：翰林院事不議；第五：太監事不議。

但是，由於官制改革牽涉範圍極廣，反對者何止太監、宗室，朝中百官幾乎全起而發難。

反對派不謀而合，群起而反對，矛頭對準了新官制的提倡者們。

9月22日，御史王步瀛奏陳改革官制應「兼采眾議」，朝廷遂令百官各抒所見。

於是朝臣和地方官員的奏章像雪片一樣到達北京。反對的浪潮一浪高過一浪。

翰林院撰文李傳元、內閣學士麒德、御史塗國盛等認為，改革不能全面更張，不能過急，應從緩辦理。

御史劉汝冀說，總理大臣代替君主負責，是「率天下士大夫，內背朝廷」，「不可輕設」。

御史張瑞蔭、吏部主事胡思敬說，內閣權重，「用人偶失，必出權臣」，君權將被取代，軍機處萬萬不可廢。

翰林院侍讀周克寬全面否定官制草案，主張保留舊制。

內閣中書王寶田、戶部筆帖式忠文、戶部郎中李經野、兵部外郎馬毓楨等反對體制改革，更反對立憲。他們聲稱：立憲「有大謬者四端，可慮者六弊，不可不防者四患」；改革官制更是「用夷變夏，亂國法而害人心」，設立內閣「實陰以奪朝廷之權」。

內閣學士文海指責立憲有「削奪君主之權」，內閣有「敗壞國家」等「六大錯」，要求裁撤編制館，飭令袁世凱應速回本任。

御史趙炳麟、蔡金台、石長信、王誠羲、吏履晉一致反對立即設立責任內閣，認為現在還不是成立的時候，否則就會出現「大臣專制政體」。

在部院尚侍以上的大員中，王文韶、鹿傳霖均持反對意見，都御史陸寶忠則

12　《辛亥革命前後——盛宣懷檔案資料選輯之一》，第29頁。

反對袁世凱參加主持體制改革。

在這些反對者的聲音當中，真正站在立憲對立面的占少數，很多人直接把彈劾的矛頭直接對準袁世凱和奕劻本人。

反對派的陣容之強大使慈禧太后感到左右為難，她只得勉勵釐定官制大臣和衷共濟，妥善協商，釐定官制大臣們最終作了妥協，於是原擬裁撤的吏部、都察院被保留下來。

在擬定的新方案中仍設內閣制，置總理大臣，左右副大臣各一人，各部尚書同為內閣政務大臣，均輔弼君主，代負責任。所設之部為外務、民政、財政、陸軍、海軍、法、學、農工商、交通、理藩、吏部。另設政務處為資政院，禮部為典禮院，大理寺為大理院，都察院仍舊，增設集賢院、審計院、行政裁判院和軍諮府。

總司核定大臣奕劻、孫家鼐、瞿鴻禨復核時，又將財政部改名度支部，交通部改名為郵傳部，取消典禮院，恢復禮部，將行政裁判院和集賢院刪去。

1906年11月6日，清廷發布裁定中央官制的上諭，宣稱：

「設官分職，莫不因時制宜。今昔情形既有不同，自應變通盡利。其要旨惟在專責成、清積弊、求實事、去浮文，期於釐百工而熙庶績。」[13]

最終任命奕劻為內閣總理大臣，那桐為會辦大臣，瞿鴻禨為會辦大臣兼尚書；鹿傳麟為吏部尚書；徐世昌為民政部尚書；溥頲為度支部尚書；溥良為禮部尚書；榮慶為學部尚書；鐵良為陸軍部尚書；戴鴻慈為法部尚書；載振為農工商部尚書；張百熙為郵船部尚書；壽耆為理藩部尚書；陸寶忠為督察院都御史。

與此同時，奕劻、瞿鴻禨仍留軍機處，世續補為軍機大臣，林紹年以侍郎用，在軍機大臣上學習行走。鹿傳麟、榮慶、徐世昌、鐵良，均須辭去軍機大臣職務，專管各部事務。

政體改革的程度沒有獲得立憲派的認可。

但這樣的改革畢竟使中國中央政治機構向近代化的方向前進了一步。行政、司法機構開始出現分立跡象；軍機大臣職數減少，各部尚書均充參與政務大臣，責權加重，表現處向責任內閣演進的趨向；中央各部只設尚書一人，侍郎二人，均為專職，有利於加強官員的行政責任心、提高行政效率；同時還準備增設資政

13 《清實錄》，第59卷，第467～468頁。

院、審計院、海軍部和相當於參謀部的軍諮府，陸軍和海軍、軍政和軍令分開，向世界通行體制表現出靠攏姿態。但是與最初袁世凱所主張的改革草案相比，又保守了許多。

草案遭到多方面的否定，其原因是多方面的。

御史趙炳麟曾連疏陳論「立憲精神全在議院，今不籌召集議院，徒將君主大權移諸內閣，居心何哉？」特別是他的《新編官制權屬內閣流弊太多摺》，緊緊抓住奕劻、袁世凱不設議院，獨設內閣這個關鍵問題，論析如果遵照這樣的程序進行官制改革，必然造成任內閣正、副總理的奕劻、袁世凱專權的局面。

這一論點不但使慈禧太后大為「感悟」、使光緒帝動容。[14] 而且此折「敷陳透徹，緬緬萬言，兩宮動色嘉納，一時都下傳誦殆遍」，[15] 可見其政治影響的波及範圍之大。

趙炳麟自問自答，把袁世凱的居心說得非常明白：袁世凱自戊戌政變與皇上有隙，慮太后一旦升遐，必禍生不測，欲以立憲為名，先設內閣，將君主大權潛移內閣，已居閣位，君同贅疣，不徒免禍，且可暗移神器。[16]

趙炳麟的奏摺確實闡明了西方議會內閣制中內閣與國會的關係，他寧願在國會成立之前仍讓君主執掌國家大政。

軍機大臣瞿鴻禨雖不公開表達對官制改革的發對意見，但卻緊緊抓住袁世凱「欲乘機行責任內閣制，俾奕劻以總理大臣握行全權」的政治目的，多次「短袁於太后，謂其專權跋扈」，並對其官制改革方案「隱沮之」，他向慈禧進言：袁世凱熱衷於設立責任內閣，禍心彌天，萬不可批准。慈禧太后最終「采鴻禨之議，仍用軍機處制」。[17]

而袁世凱對瞿鴻禨「大失望，益銜鴻禨」。[18]

瞿鴻禨，這位21歲即中進士而入翰林的湖南人，為官清廉而剛正，向來以通達時務和清德孤操而被人所稱頌。慈禧太后也十分倚重於他，任軍機大臣兼工部

---

14 參見趙炳麟：《趙柏岩集》，第614～615頁、623頁。

15 趙啟霖；《游園集》，第4卷，第18頁

16 趙炳麟：《津院奏事錄》，第1卷，第18頁。

17 汪詒年：《汪穰卿先生傳記》，第4卷，第8頁，1938年版。

18 汪詒年：《汪穰卿先生傳記》，第4卷，第8頁。

尚書。

　瞿鴻禨出身科舉，袁世凱出身戎馬，這就決定了兩者在為官之道上的很大不同，儒家文化一向重文輕武，這就為瞿鴻禨對袁世凱的不滿埋下了伏筆，再者瞿鴻禨一向站在道德操守的優越地位，就更難以和袁世凱走在一起。袁世凱也曾主動結交瞿鴻禨，希望強強聯合結成政治同盟，但是遭到瞿鴻禨斷然拒絕。朝野上下因為各種原因反對奕劻、袁世凱的官員就暗奉瞿鴻禨為首領。從心理上來說，這種以正義一方自居的非我莫屬的「責任感」更加擴大了瞿鴻禨與袁世凱的裂縫，雖然他們在立憲問題上並沒有根本性的不同。

　瞿鴻禨在1904至1905年期間，經過江浙立憲派湯壽潛、張美翊、陳黻宸等人的說服動員，思想有明顯轉變，不僅採納立憲派的進言，主張派人出洋考察政治，而且「自請親赴歐美考察政治」，並向慈禧、光緒「造膝密陳」，積極促成了政府派遣大臣出洋考察政治。1906年，他又是積極主張宣布預備立憲的決策者之一。所以他反對立即設立責任內閣並不說明他不贊成改革。

　瞿、袁的分歧表象上是要不要立即設立責任內閣，而其真意所在乃是「黨爭」。

　很顯然，此時的瞿鴻禨主動應和了最高統治者的狹隘心理，對君憲進程和政局產生了重大的影響。這次官制改革的結果致使袁世凱的各項兼差皆被免去，北洋六鎮也被清廷收回四鎮。

　當時的天津道，袁的親信毛慶藩曾上書袁世凱，「勸其學湘鄉（指曾國藩）之謙退。」袁雖「雅重之」，「然軍人性質頗與胡文忠所言包攬把持為近」，[19]及時的功成身退這一為官策略在專制體制下為人所稱道，但是袁世凱並不肯就此罷手。

　清末官制改革的主要目的，也是為了強化中央集權，尤其是削弱地方督撫的權力，加強中央對地方的控制以及地方對中央的責任。

　載澤早在《奏請宣布立憲密摺》中就說過：「憲法之行，利於國，利於民，而最不利於官」，「蓋憲法既立，在外各督撫，在內諸大臣，其權必不如往日之重，其利必不如往日之優」。[20]

---

19 張一麐：《心太平室集》，第8卷，第36～37頁。

20 《清末籌備立憲檔案史料》，第174頁。

　　所以有人評論說是因為袁世凱太過招搖才招致這樣的結果，這其實是皮毛之論。

　　與此同時，袁世凱也在朝廷上當面指責鐵良「大權獨攬」。[21]

　　1907年7月，袁世凱又攻擊鐵良管轄下的陸軍部「無振作之氣象，興革之舉動」，不但於兵法之釐定，兵區之規劃，兵備之籌計，兵數之擴充，兵才之作養，兵格之增強，各國兵勢之偵察，東西各國兵學之會通，「皆未遑議及，即本部章制，亦迄未見實行」，特別是袁所交出的北洋四鎮，因「付諸謬妄人之手」，而每況愈下，若長此以往不圖改變，必將使「中外騰笑，將士解體」。[22]

　　鐵良聞訊立即反擊，面奏慈禧太后，攻訐袁世凱「心存叵測，若不早為抑制，滿人勢力必不能保全」。[23]

　　如果官制改革草案成為現實，當時的反對者以及當今許多學者都擔心有可能出現內閣專制的可能性。

　　筆者認為這是完全的多慮。

　　官制改革草案的被否定本身就說明了傳統政治力量以及政治反對派的強大，一旦袁世凱一派所主張的內閣成立，雖然它沒有嚴格意義上的議會監督，但也有政治反對派實質性的制衡，這就決定當時的帝國政府內部根本不可能出現內閣專制。

　　再者，從政治史上來看，即使出現內閣專制體制，它也是一種比單純的君主專制先進得多的政治體制，清末官制改革草案中的內閣制固然不同於西方意義的議會內閣制，但是比及君主政體，是一種更為合理的集體決策機制。這種政治改革中的小步走，有利於政治現代化的最終實現，是一種必要的過渡形式。

　　但是由於政治利益的嚴重衝突，袁世凱的反對者們根本不願去看到這一點，也不願提及這一點。袁世凱參與中央官制改革，全力支持清廷實行責任內閣制，趙炳麟直接指出他「冀以內閣代君主，可總攬大權」，[24] 並且明確表示「寧要君主專制，不要內閣專制」的心理。

21　《辛亥革命前後——盛宣懷檔案資料選輯之一》，第26頁。

22　中國第一歷史檔案館藏：《直隸總監袁世凱密陳管見十條清單》。

23　《神州日報》，1907年8月29日。

24　趙炳麟：《松柏叢集》，第614頁，台北文海出版社，1971年版。

　　無論是時人還是今人，都認為袁世凱是一個單純的行政官僚，認為他並沒有明確的政治理想。但是令人匪夷所思的是，在官制改革前後，比及他的反對者，袁世凱自己倒是顯示出了政治主張的一貫性，而他的政敵們的政治主張在此前後卻顯得非常矛盾。

　　毫無疑問，在頤和園的御前會議上，主張立憲緩行的大臣們並不是對西方憲政一無所知，更不要說御史趙炳麟等人，他們對憲政的理解程度可能大大超出我們今天的料想。

　　當大臣們就是否把立憲作為基本國策進行討論的時候，他們理解到憲政並非空中樓閣，要求政府注重憲政前的準備工作，不主張立即大幅度進行政治改革。而此時的奕劻、袁世凱、端方、徐世昌等人則主張立憲工作應立即著手。

　　但是到了官制改革進入實質性操作階段，袁世凱利用自己的政治影響，在改革草案中提出建立責任內閣，他的反對者們卻立即旗幟鮮明地指出，這樣的內閣並非是西方意義上的內閣，要建就要建立議會監督下的內閣，如果無法立即建立，就應該保持現狀。

　　當這些言官和反對派官僚對官制改革草案大加討伐之時，袁世凱以及大批的地方官僚已經開始就地方自治工作進行了多年的試驗。

　　英國是議會內閣制的發源國。但是其內閣體制也不是一蹴而就實現的。英國內閣首相在位時間最長者出現在18世紀，名叫羅伯特·沃波爾，也是英國歷史上的第一位首相。當年，喬治一世移居倫敦並開始統治英國，但由於他不懂英語，無法與各級官員包括自己的顧問們直接溝通，於是選中了沃波爾，給了他「首相」之名。從1721到1742年，沃波爾在任時間長達20年零314天。如果用當今的政治觀點來看，這是一位專制的首相。

　　沃波爾曾因貪汙罪，被投入倫敦塔監獄。但是由於在處理轟動一時的「南海泡沫」事件中，挽救了南海公司，使之免於徹底破產，因而得到商業資產階級和金融資產階級的熱烈讚揚和支持，使他名聲大噪。

　　沃波爾任第一財政大臣時，不但政府的各項活動須有大量財源作為基礎，而且在議會議員選舉及議會活動時，也賄賂公行。有了大量金錢，就可以操縱議員的選舉和影響議會的活動，從而通過議會來達到政治目的。因而，沃波爾掌握了財政權，就等於掌握了國家的政治命脈，掌握了一筆用以政治活動的「祕密服務資金」。在討論或執行政策的時候，各大臣往往唯他馬首是瞻。

在法國路易十三時期（1610～1643年），首相黎世留極端專權，他推行重商主義的經濟政策，促進和保護工商業的發展，營造了良好的社會法律環境。

普魯士的首相俾斯麥更是撇開議會，獨斷行事，被人稱為「鐵血宰相」。

被新政時期的朝野人士極端推崇的伊藤博文，於1878年大久保利通被暗殺後繼任內相。1881年，伊藤博文聯合一派勢力，發動政變，排除異己，成為日本首相。1882年3月，伊藤博文赴歐考察憲法，決定制定一部符合日本國情、確保天皇擁有絕對權力的憲法，並親自負責制定憲法。1885年12月，在伊藤博文的建議下，日本廢除了「太政官」，建立內閣制，44歲的伊藤博文出任第一任內閣總理大臣。伊藤博文在任期間利用手中大權，打壓政治反對派。到1889年 2月11日，「大日本帝國憲法」正式頒布。次年10月，日本憲法開始實施。10月，伊藤博文出任貴族院議長；11月，正式成立帝國議會，伊藤博文成為制憲元老。

由此可見，各個大國的崛起都經歷了官制的改革過程，但是這種改變並不是生硬地對他國體制的照搬。英、法、德、日等國都先後走上了自己的強國之路，但是各國的政治體制迥異。都不同程度地經歷了首相專制階段。

作為一個東方古老的國家，要想在短時間內建立一個完全符合西方意義的議會內閣制，無異於痴人說夢。官制現代化需要經歷探索期和過渡期，這個過程不可跨越。

雖然遭遇曲折，但是「從改革方案的設計及推進改革的謀略這一角度看，清末官制改革中，有不少問題值得後人總結吸取。這些問題中，有一些屬於改革過程中的局部問題，後來一定程度上得到了糾正；有一些則屬於全局性、深層次的問題，不僅在最初的改革方案設計、謀略抉擇上就存在嚴重偏差，而且未能有效調整、控制，以致釀成了巨大的隱患」。[25]

比如在官制改革中，政府缺乏通盤周密的籌劃。

1904年底，政務處奏請將漕運總督改為江淮巡撫，以漕運總督原駐地方為行省，江寧布政使所屬江淮楊徐四府及通海兩直隸州，全歸其管理。那時候的理由是：「江北地方遼闊，宜設重鎮」，因為漕運全停，漕運總督的設置已經沒有必要，因此建議改設巡撫，朝廷立即批准，上諭稱：「著即改為江淮巡撫，以符名

---

25 劉光永：《大清的挽歌——末改革管窺》，第169頁，三秦出版社，1999年版。

實而資治理。」[26]

　　然而短短3個月之後，朝廷又下上諭，命令裁撤剛剛設立的江淮巡撫，上諭這樣說道：「政務處奏復會議蘇淮分立立行省一折，蘇淮分省，於治理既多不便，著即毋庸分設。江淮巡撫，即行裁撤。所有江淮鎮總兵，著改為江北提督，以資震攝。」[27]

　　客觀說，如果據此一味批評清政府朝令夕改也有失公允，這種「出爾反爾」情況的出現也反映了中央變革之心的急切，並且在各國的政體改革中出現這樣的事情也不算罕見，但是清末整個社會的躁動已經無法讓人冷靜地看待這一系列行政上的失誤。

　　如果是在承平年代，這不過是一個失誤的個案，但是在此時，它更加嚴重地損害了政府主持改革的應有形象，使人們對改革的信心和對政府行政能力的信任大打折扣。

　　這樣的時代特點要求政府具有更加高超的行政藝術，處在危機中的清政府很難把握好分寸。

　　再比如裁汰冗員問題。早在1904年6月，朝廷就發出上諭要求中央各部堂、地方督撫「破除情面，認真釐剔，奏明裁併，以節虛糜而昭核實。」[28]

　　精簡機構、裁汰冗員是每一個處在變革中的政府都不得不妥善處理的問題。但是晚清政府所面臨的情況又更為複雜。

　　數月之後，政務處又奏請「免裁各省員缺」。如果僅把問題看到這一層，則不免把複雜問題看得太過簡單，政務處之所以有這樣的考慮是「以為畢業生升途」。因為接下來科舉制度的廢除將導致社會上出現一個龐大的游離群體，這個知識群體本是傳統政府的堅定合作者，而作為政府層，不可能不考慮對這個群體的安置，而與此同時大量從新式學堂中走出來的畢業生也需要妥善安置。

　　以後的歷史表明這兩個群體都背離了當局，可以肯定地說，大多數人的背離並不是因為他們具有比君主立憲更為崇高的政治理想，而是急變的體制不能很好地把他們吸納進體制內部。

26　《清實錄》，第59卷，第179頁。

27　《清實錄》，第59卷，第215頁。

28　《清實錄》，第59卷，第72頁。

第八章　黨爭紛擾中的官制改革

報紙的批評如期而至：「裁汰官缺，為近我國一大政，舉國皆屬耳目。不料忽有此反訐之舉也！……夫國家近者亟亟於派游學、興學堂，豈不知學生為國家將來之所恃賴者」，本該「高其位置重用之，以收其成效，而乃僅擇一在可淘汰之員缺以位置之」，「未免輕視學生」。[29]

輿論再次證明，帝國的人民已經漸漸失去耐心和理性……

加之帝國上空一直彌漫著黨爭的陰雲，這道裂縫將愈發不可彌補。

沒有最終的贏家

丁未政潮是清末一次大的政治風波，始於1907年4月，終於同年8月，歷時四個月有餘。在此期間朝廷朝命夕改，樞臣頻繁更動，政客暗設機關，言官大加彈劾。因當年為丁未年而得「丁未政潮」之名。

丁未政潮由岑春煊入京參劾奕劻掀起，最終以瞿鴻禨、岑春煊被開缺而告終。

瞿鴻禨入值軍機，頗有清望。岑春煊則是地方督撫中少有的能與袁世凱相抗衡的人物，時有「南岑北袁」之稱。此兩人都主張對袁世凱應加以裁抑。適值預備立憲，袁世凱建立責任內閣的主張又直接觸及了兩人的利益，故兩人聯合起來發動了「丁未政潮」。

岑春煊一入京，孫寶瑄就在其日記中寫道：「岑尚書乃一活炸彈也，無端天外飛來，遂使政界為之變動，百僚為之蕩然。」[30]

盛宣懷更是早有預見，說岑春煊之入京，必有「大舉動」。[31]

陳寅恪後來曾撰文指出：「至光緒迄清之亡，京官以瞿鴻禨、張之洞等，外官以陶模、岑春煊等為清流；京官以慶親王奕劻、袁世凱、徐世昌等，外官以周馥、楊士驤等為濁流。」[32]

其實無論清、濁，兩派都主張立憲，提倡興利除弊。所不同者在於以袁世凱

---

29 《未免輕視學生》，《東方雜誌》，第1年第12期「時評」。

30 孫寶瑄：《忘山廬日記》，第1020頁，上海古籍出版社，1983年版。

31 《辛亥革命前後——盛宣懷檔案資料選輯之一》，第26頁。

32 陳寅恪：《寒柳堂集》，第171頁，台北文海出版社，1984年版。

為首的一派從自身利益出發，「想借立憲機會，打破滿人政治的優越勢力」；[33]
清流派除了與之有利益衝突之外，更以道德高尚者自居，頗看不慣袁世凱的行為
方式。

瞿鴻禨、岑春煊一向以打造良好的政治環境為名對袁世凱、奕劻大加撻伐，
把兩派之爭自比清濁之爭，想借此獲得朝野輿論的支持。

早在雲貴總督任上時，岑春煊就利用官制改革的機會將親信于式枚派進北
京，向瞿鴻禨遞交了密電號碼本，使兩者之間的聯繫更為密切及時。[34]

同時瞿鴻禨又指派汪康年在北京開辦《京報》，「京報成立未久，即以伉直
敢言，攖政府要人之怒。」[35]

後來岑春煊自武漢「迎摺北上」，面見太后，參劾奕劻，指出「太后固然真
心改良政治，但以臣觀察，奉行之人，實有欺蒙朝廷不能認真改良之據」。[36]

圍繞官制改革的問題，兩大對立政治集團的明爭暗鬥極為激烈。

東三省督撫的任命就是兩派鬥爭的焦點之一。

關於地方官制改革的方案，編訂官制大臣的意見很不統一。一些人主張大規
模的變革，另一些人堅持在原有的基礎上先作小規模的變革，次第進行。

第一種辦法認為應該效法中央體制，在地方全面推行「三權分立」。設置行
省衙門作為行政系統，由總督總理一省政務；設置各級審判庭作為司法系統，與
行政系統相分離；至於立法系統，強調設立董事會、議事會等各級自治機構。

第二種辦法認為當下之急是合併、裁撤舊機構，按需要設置農工商等新機
構，以提高行政效率，但並不主張向督撫分權，堅持督撫仍應掌管一省軍政、外
務，同時監督行政、司法。

帝國政府最後決定將兩種辦法作為問卷調查，下發到各省督撫，討論後再作
取捨。

1907年2月17日，督撫們的反饋意見陸續到抵京。多數督撫對合署辦公表示
支持，對於設立各級審判庭、辦理地方自治也都表示同意，但是所陳請的經費困

33 李劍農：《中國近百年政治史》，上，第237頁，台灣商務印書館，1971年版。

34 劉體仁：《異辭錄》，第376～377頁，台北文海出版社，1971年版。

35 汪詒年：《汪穰卿先生傳記》，第60頁，台北文海出版社，1971年版。

36 岑春煊：《樂齋漫筆》，第15頁，台北文海出版社，1971年版。

第八章　黨爭紛擾中的官制改革

難、人才短缺也是現實的存在。編訂官制的大臣們經過商議也認為如果全國同時並舉，國家財政根本無法承擔，同時也具有一定的政治風險，最後決定：「以東三省根本重地，經畫宜先」，主張從東三省入手，先行試辦。[37]

東三省為清王朝的「龍興」之地，行政體制與內地迥異，實行的是民、旗兩個管理系統。隨著移民的增加和工商業的發展，這一體制日益不能滿足行政需求。加之日俄兩國在中國東北的領土野心日益明顯，所以盡快在東北完成行政改革已為當務之急。

在1906年4月，黑龍江將軍程德全就奏請裁併旗營，實行與內地相同的行省體制。1907年改盛京將軍為東三省總督，5月22日，總督徐世昌擬就了東三省改制方案。

經過改制後的東三省行政體制還是體現了總督集權的特徵，總督不僅在軍事、財政、外交方面有重大的權力，而且節制司法機構與審判機關。但是已經顯示出行政與司法分權的特徵。高等以下各級審判廳與檢察廳實現了分設，為司法獨立奠定了基礎；設立地方議事會等自治機關，為地方自治奠定了基礎。所以東三省改制在地方行政體制改革中仍舊是一大創舉。總督權力的凸出，使其權責統一，有助於提高行政效率，應付各種變局。

在1906年載振、徐世昌赴東三省考察期間，路經天津，段芝貴為載振獻一歌妓，名曰楊翠喜。

1907年春，東三省體制確定，朝廷宣布徐世昌為總督，唐紹儀、朱家寶、段芝貴為三省巡撫。

瞿鴻禨見所任名單皆為袁世凱的追隨者，遂加以反對。在他的支持下，借「楊翠喜」一事，御史趙啟霖、趙炳麟、江春霖紛紛上書彈劾奕劻、載振父子「置時艱於不問，置大計於不顧，尤可謂無心肝」。[38]

汪康年主持的《京報》也極力配合，揭批奕劻、載振父子的腐敗行為。

輿論嘩然。

慈禧太后大怒，段芝貴立即被革職，奕劻被怒斥。不久之後，載振在活力之下請辭農工商部尚書及一切職務，朝廷立即允准。

---

37 見《清末籌備立憲檔案》，上，第505頁。

38 《光緒朝東華錄》，第5660頁。

但是在這次的事件中奕劻、袁世凱的穩固政治地位並沒有受到實質性的影響。

在接下來的調查中，朝廷雖命載灃、孫家鼐等重臣前往天津詳加調查，但是由於袁世凱的精心布置，以及兩人不願與奕劻、袁世凱形成仇隙，最終以查無實據上奏。

瞿鴻禨、岑春煊在參劾奕劻、袁世凱一黨腐敗的同時，又大力拉攏朝野立憲黨人，「瞿、岑戊戌前，皆嘗與康有為、梁啟超款曲」。[39]

由此可以更加清楚地看到，兩派的爭鬥絕對不是立憲與否的鬥爭，而是權力之爭。瞿鴻禨在朝廷中力舉康、梁，並請求解除黨禁，岑春煊則對在野立憲黨人大力提拔重用。他們都試圖把立憲派這股強大的政治力量拉進自己的陣營。

與此同時，奕劻、袁世凱一派則抓住慈禧太后仇視戊戌維新黨人的心理，以瞿、岑暗通康、梁為由加以反擊。

某次慈禧太后對瞿鴻禨言及奕劻時，有意讓這位操守不佳的老親王退休。瞿鴻禨得意之餘，向夫人提到這個事情，而瞿夫人與汪康年之妻又是閨中好友，汪康年獲知此事後又告知《泰晤士報》記者曾廣銓。「慶王失寵，將出軍機」便作為一條重要的政治消息在西方人士中流傳開來。英國公使獲悉之後，害怕親西方的慶親王下台影響到英國在華利益。恰逢慈禧太后在宮中設宴招待外賓，英國公使夫人詢問此事，慈禧聞聽大驚。

慈禧太后料想泄漏此事非瞿鴻禨莫屬，異常憤怒。奕劻、袁世凱則立即抓住這個機會，對瞿鴻禨進行反攻。

御史惲毓鼎對瞿鴻禨的彈劾最終觸動了慈禧太后最為敏感的神經：「暗通報館，授意言官，陰結外援，分布黨羽。」

慈禧太后憤然，立命孫家鼐、鐵良嚴查，孫、鐵兩人尚未調查結案，太后即發出上諭：「姑免深究，著開缺回籍。」

奕劻、袁世凱大呼「快哉！」

慈禧太后本擬罷黜奕劻，瞬息之間瞿鴻禨卻遭驅逐，政情的變幻莫測實在讓人驚愕。

1907年5月28日奕劻上朝獨對時，直接指出瞿鴻禨、岑春煊聯合掀起政潮的

39 《北洋軍閥史料選輯》，第56頁，中國社會科學院出版社，1981年版。

第八章　黨爭紛擾中的官制改革

目的在於「推翻大老（奕劻），排斥北洋（袁世凱），為歸政計」。[40] 還將岑春煊在戊戌年保舉康、梁的三份奏章拿出。[41]

慈禧太后歷經晚清政壇數次險境，不可能洞察不到事情背後的實質，所以奕劻彈劾岑春煊是康梁死黨的說法也未能說動她。

端方這時授意蔡乃煌在上海的照像館裡偽造了岑春煊與康、梁的合影，[42] 作為攻擊瞿、岑的有力憑據。

不應忘記的是，端方這位相對開明的滿族官員，早在五大臣出洋考察政治期間就與梁啟超發生了深度的接觸，但是激烈的黨爭已經讓他顧忌不了那麼多。

惲毓鼎對岑春煊的彈劾更是有力，此奏章的出籠顯然也與奕劻、袁世凱兩人有關，其內容可從惲毓鼎的日記中窺見事情的脈絡：「七月初一日，九點鐘到館，未初歸寓，閉戶自繕封奏，劾粵督岑春煊不奉朝者，退留上海，勾結康有為、梁啟超、麥孟華留之寓中，密謀推翻朝局，情跡可疑，……康、梁自日本來，日本以排滿革命之說煽惑我留學生，使其內離祖國，為漁翁取鷸蚌之計，近又迫韓皇內禪，攘其主權，狡恨實甚。余懼岑借日本以傾朝局，則中國危亡，不得不俱實告變，冀朝廷密為之備也。」[43]

從這則日記可以看出，惲毓鼎不但把岑春煊與康梁扯上了關係，而且把康梁說成革命的煽動者。日本明治維新之後，國力大增，在甲午一戰中使中國慘敗。中國自此從上到下熱衷向日本學習，但又懼怕日本干涉中國政局，這種疑慮並不是多餘的。1907年7月20日又發生了日本強迫朝鮮國王退位事件。中國社會各個階層在這一時期對日本的心理十分複雜。

作為最高統治者的慈禧太后無論如何也不願意看到自己的大臣私下和日本有所聯絡。

由此可見，兩派的政治紛爭已經到了羅織罪名、不擇手段、不致對方於死地不罷休的血腥程度。

慈禧太后看到照片和奏摺之後，默然良久，最終作出決定：開缺岑春煊。

40　《北洋軍閥史料選輯》，第55頁。

41　《北洋軍閥史料選輯》，第55頁。

42　劉垣：《張謇傳記》，第151頁，台北文海出版社，1973年版。

43　惲毓鼎：《澄齋日記》，第22冊，轉引自《近代史研究》，1989年，第5期。

在權臣們為了立憲領導權而激烈爭鬥時，在野的立憲黨人也加入了進來，海外立憲黨人的動作幅度非常之大。

1907年夏天，梁啟超與蔣智由、麥孟華等在日本組織了政治團體政聞社，發行《政論雜誌》，發表宣言，為立憲運動鼓吹，並在宣言中明確表示「其對於皇室，絕無干犯尊嚴之心」。[44]

徐勤、麥孟華、何天柱等人及時將國內政局動向報告給身在日本的康、梁。

如果說奕劻、袁世凱一派對岑春煊的反擊全為憑空羅織也不符合歷史事實，岑春煊與康有為的女婿麥孟華的關係確實非同一般。

當奕劻、袁世凱一派攻擊對方勾結康梁的同時，其實自己也在極力拉攏流亡海外的立憲黨人。在1906年，梁啟超、熊希齡、楊慶等人改組帝國立憲公會一事，就得到了袁世凱、端方等人的鼎力支持。[45]

而身在國內立憲派人士，是一支受到清政府承認的合法政治力量，所以無論是袁世凱、端方、周馥，還是瞿鴻禨、岑春煊都同張謇、鄭孝胥等立憲派巨擘有頻繁的聯繫。

在官制改革時，在上海成立的中國第一個立憲社團——預備立憲公會，就是在岑春煊的支持下成立的，副會長鄭孝胥是其老部下。[46]

可見在政治爭端中兩派都企圖得到立憲派的支持；立憲派也企圖借助朝內重臣推動憲政改革。

如果按這樣的邏輯發展，無論哪一派在政治鬥爭中獲勝都會推動政治改革向前發展，但是歷史往往不會按線型思路發展。由於立憲派個別領導人與袁世凱在歷史上有很深的矛盾，因此在政潮中很多立憲派人士積極支持他的政敵。

而瞿鴻禨、岑春煊的最終落敗則使立憲成果大打折扣，也使立憲力量大為削弱。

袁世凱在內政、外交上的實力非他的反對派所能比，瞿鴻禨、岑春煊試圖以鼓動政潮的方式，促使袁世凱倒台，與當年清流黨人的作法有相似之處。

黨爭消耗了大臣們太多的精力，也進一步造成了各派政治勢力的分裂。官僚

---

44 轉引自李劍農：《中國近百年政治史》，第262頁，台灣商務印書館，1971年版。

45 丁文江、趙豐田：《梁啟超年譜長編》，第372頁，上海人民出版社，1983年版。

46 《鄭孝胥日記》丙午年七月二十二日，上海古籍出版社，1985年版。

立憲派內部的矛盾與衝突消耗了改革的基本力量，加劇了社會的分裂，使本來就稀有的政府資源更為嚴重地流失。由於帝國政府缺乏足夠的政治控制能力，反而造成它的權威與合法性危機日漸加深，從而就難以實現像日本那樣的由傳統專制政體向開明權威政體的轉型。

這種內部爭鬥、傾軋，嚴重瓦解了帝國的統治力量，加重了它的統治危機。被時人稱為「有學有術」的端方，當時就對此憂心忡忡。1907年8月，他感嘆說「現在內患外侮，極為可憂，苟中外臣工仍以敷衍苟安為計，以傾軋排擠為能，恐安危之數，不在黨徒之煽亂，而在政論之紛歧」。[47] 其實連他自己也不自覺地捲進了黨爭之中。

所以有人認為，清末「預備立憲」前後的清廷政爭既不是立憲與不立憲之爭，更不是滿漢之爭，或新舊之爭，而是「預備立憲」問題的緩急之爭，其中心點即為責任內閣制，圍繞這一問題，官僚立憲派之間展開了對立憲領導權的鬥爭。鬥爭結果，激進派獲取了立憲領導地位，從而使清末憲政運動開始以較快的步驟向前發展。[48]

同時在滿族官僚內部因為政見的不同也有很大的矛盾。比如端方和鐵良的衝突就十分激烈，端方在慈禧面前主張立憲，鐵良甚為反對，袁世凱和奕劻支持端方，向鐵良展開反擊，雙方由於政見的不同達到水火不相容的地步。

這一時期的激烈黨爭不但未能給新政創造出一個安定穩固的政局，反而使海內外立憲派從對清廷的熱切希望與合作，變為失望與不滿，批評清廷「汲汲以中央集權為祕計」，[49] 大罵清政府「政界反動復反動，竭數月之改革，迄今仍是本來面目」，甚至「公決密謀革命」，[50] 或「祕密會議，將以各省獨立要求憲政」，[51] 使在野立憲派與清廷的政治裂痕發展到了前所未有的地步。

這就客觀上有利於革命思想的蔓延，「立憲派人求和平的改革不成，復受當

---

47 《清末預備立憲史料》，上冊，第47頁。

48 雷俊：《官僚立憲派與清末政爭》，原載：《華中師大學報》，1992年第4期。

49 《時報》，光緒32年12月13日，《改革官制慎言》。

50 《梁啟超年譜長編》，第368、514頁。

51 伍憲子：《中國民主憲政黨黨史》，轉引自《紀念辛亥革命七十周年學術討論會論文集》，中華書局，1983年版。

時籠罩全國革命氣氛的影響，除了轉趨同情革命，似乎沒有更佳的選擇。」[52]

袁世凱、端方、程德全等紛紛上奏，警勸清廷在武裝革命日益走向表面化之時，亟應「俯從多數希望立憲之人心，以弭少數鼓動排滿之亂黨」，完全「不必懲禍變而悔新政」。[53]

雖然「丁未政潮」以奕劻、袁世凱一派獲勝，瞿鴻禨、岑春煊被排擠出局告終，但這場鬥爭其實是一場發生在立憲派官員之間的政治鬥爭，雙方對立憲成果的削弱都負有不可推卸的歷史責任。

早在官制改革中，袁世凱被朝廷果斷開去八項兼差就預示著他不可能是最終的勝利者。而在「丁未政潮」中瞿鴻禨的親信林紹年被調入值軍機處，他其實是一顆布置在袁世凱身邊的制衡棋子。瞿鴻禨被開缺後，載灃又入軍機，以至時人評論滿族權貴「聯翩而長部務，漢人之勢大絀」。[54]

「丁未政潮」這場強強之間的消耗戰在清末這樣特殊的時期只能導致兩敗俱傷。

遠在武漢的張之洞對此很是洞察。就在奕劻、袁世凱獲得表面勝利兩個月後，張之洞與袁世凱同時被調入軍機處。兩人此前分任湖廣總督和直隸總督，不但握有一方的軍、政、財權，且能辦理相當一部分的對外交涉，他們雖在朝外卻可影響中央決策。

軍機大臣的職位當然要高於地方總督，但是他們的提升意味著他們不再能直接統兵。這兩個統率最強大的帝國軍隊的人，就這樣明升暗降地被剝奪了權力。最後，在1910年，北洋軍隊全部六個鎮都被置於中央陸軍部的直接統馭之下。

清政府以明升暗降的方式將袁、張兩人調入軍機，目的是削弱地方實力派，同時使兩人能夠相互制衡，試圖對兩人陽為尊崇，陰實裁抑，以便其操控政局。

對此，無論是頑固保守派，還是袁、張本人都看得十分清楚。

因此，儘管袁、張在立憲問題上「微有不同」，「南皮主張緩進，項城主張急進」，兩人也確曾有過勾心鬥角，互相「齟齬」，甚至有人預言袁、張兩人將成水火之局，門戶之爭，但總的來說，兩人是因利害相關而「深相結納」的。

---

52 張朋園：《立憲派與辛亥革命》，第112頁，台北中央研究院近代史研究所，1983年版。

53 《清末預備立憲史料》，上，第47頁、259頁。

54 胡思敬：《國聞備乘》，《近代稗海》，第1冊，第239頁，四川人民出版社，1985年版。

　　袁、張兩人聯袂入樞之後，能夠做到拋棄前嫌，客觀上也促進了清末預備立
憲之發展。張之洞曾賦詩曰「射虎斬蛟三害去，房謀杜斷兩心同」，他把自己和
袁世凱分別比作貞觀明相房玄齡、杜如晦，可見兩人在立憲問題上達成了默契。

　　在袁、張的一手策劃下，預備立憲在政潮後的一段時間依然搞得有聲有色。
政潮後立憲進程並不減慢：

　　一、光緒三十三年（1907年）七月初五日，應親王奕劻等人之請，改考察政
　　　　治館為憲政編查館。

　　二、同年初二日，派汪大燮、達壽及于式枚，並赴英、日、德三國考察憲
　　　　法。

　　三、同年八月三十日，派溥倫及孫家鼎為資政院總裁，負責籌劃該院章程及
　　　　其有關事宜。

　　四、同年九月三十日，著各省督撫均在省會速設諮議局，其各府州縣議事會
　　　　亦一併為籌劃。

　　五、光緒三十四年（1908年）八月初一日，發布憲法大綱，議院與選舉要
　　　　領，及九年籌備清單。[55]

　　自1908年軍機重組之後，清政府的《資政院章程》《欽定憲法大綱》等一系
列立憲文件相繼頒發，從中央到地方的各級立憲機構相繼設立，清廷立憲政治的
步伐明顯加快。袁世凱也由此獲得中國資產階級立憲派的好感，他們在袁世凱的
身上寄托著中國實行立憲政治的希望。[56]

　　但是因為立憲派官員的政治鬥爭導致自身力量受損，滿族親貴的趁機跟進，
則給預備立憲造成了無可挽回的影響。

　　雖然載灃、載澤這些皇族少壯派也是站在立憲前台的政治力量，但是由於政
治地位的不同，他們與漢族立憲派官員之間的裂縫天然地不可彌補。處於政治核
心的各派力量過度分裂則會製造更大的動蕩。帝國的臣民從心理上對權貴出身的
高層已經開始排斥。

　　在後來袁世凱被開缺，張之洞病卒之時，朝野立憲派頓失砥柱，即使到袁世

55 《德宗景皇帝實錄》第567卷，第4頁；第577卷，第4頁；第577卷，第17頁；第578卷，第14～15
　　頁；第595卷，第1～3頁，中國書店，1987年版。

56 郭劍林主編：《北洋政府簡史》，第52頁，天津古籍出版社，2000年版。

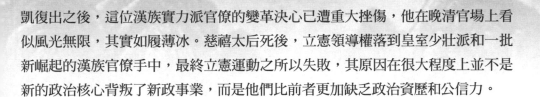

凱復出之後，這位漢族實力派官僚的變革決心已遭重大挫傷，他在晚清官場上看似風光無限，其實如履薄冰。慈禧太后死後，立憲領導權落到皇室少壯派和一批新崛起的漢族官僚手中，最終立憲運動之所以失敗，其原因在很大程度上並不是新的政治核心背叛了新政事業，而是他們比前者更加缺乏政治資歷和公信力。

辛亥前夜

第九章
聚焦北京：立憲應否預備？

對於捲入現代化進程而又面臨嚴峻考驗和紛爭的發展中國家而言，最有效的改革方式就是將貫邊式策略同閃擊式策略結合起來，改革者應該隱藏改革的終極目標，把一個個問題分割開，一個時間只推行一項改革，而在解決每一個問題時又竭力盡可能快地促使其成功。

——亨廷頓

「九年預備立憲」：一個激進的改革方案

1908年8月27日，帝國政府正式頒布《欽定憲法大綱》，以及附屬文件《議院法選舉法要領》，並明確了9年預備立憲期限，即在第九年（1916）正式頒布憲法，並進行第一次國會選舉，按此計畫清帝國第一屆國會將於1917年召開。

上諭指出：「當此危急存亡之秋，內外臣工同受國恩，均當警覺沉迷，掃除積習……所有人民應行練學自治教育各事宜，在京由該管衙門，在外由各省督撫，督飭各屬隨時催辦，勿任玩延。」並嚴令「逐年應行籌備事宜，均屬立憲國應有之要政，必須秉公認真次第推行」。最後說：「自本年起，務在第九年內將各項籌備事宜一律辦齊，屆時即行頒布欽定憲法，並頒布召集議員之詔。」「上自朝廷，下至臣庶，均守欽定憲法，以期永遠率循，罔有逾越。」[1]

此上諭對官吏要求之嚴格實屬罕見，反映了朝廷的決心和態度。

慈禧太后叱咤晚清政壇達半個世紀之久，關於她是是非非的爭論會一直持續下去。但在此時，她已心力交瘁，這道上諭是她生前頒布的最後一道重要諭旨，也可以說是她的政治遺囑。

諭旨和清單在她的要求下被刊印謄黃，分發中央各部堂和地方衙門懸掛正堂之上。中央部臣和地方官吏們被要求照單依次舉辦，並每6個月奏報一次籌辦實績。督撫交接之時，前後任應會同將前任辦理情形奏明，以免推諉；部與省同辦之事，由部糾察各省；同時令憲政館設立專門機構，切實考核；都察院負責察訪，指名糾參逾限不辦或陽奉陰違者。

與此同時，朝廷以「內多悖逆要犯，廣斂財資，糾結黨羽，化名研究時務，明圖煽動，擾亂治安」[2]為罪名查禁著名的立憲政治團體政聞社，而對其他性質相同、大小不一的政治社團卻並不取締，如江浙的預備立憲公會，湖北的憲政籌備會，湖南的憲政公會，廣東的自治會等，仍然繼續活動。朝廷對政聞社雖然採取了嚴厲的手段，對團體的領導人並沒有給予更大的壓制。對政聞社的查禁起因於政聞社成員、法部主事陳景仁對于式枚的彈劾，于式枚時任派往德國考察憲政大臣，他兩次電請朝廷不可急切立憲，陳景仁在奏摺中不但予以反對，而且主張在3年內即開設國會。這說明清政府希望利用自身尚存的權威震懾作用，創造出

---

1 《清末籌備立憲檔案史料》，上，第57頁。

2 《申報》，光緒34年6月28日。

相對平緩的政治環境，以減小政治變革的壓力。

《欽定憲法大綱》取法東洋，以日本1889年頒布的《日本帝國憲法》為範本。它開宗寫道：大清皇帝統治大清帝國，萬世一系，永永尊戴；君上神聖尊嚴不可侵犯。「君上大權」的重要地位顯露無疑。

革命黨人的報紙立即駁斥它「欲假此名義⋯⋯以鞏固其萬年無道之基」。

與此同時這部憲法大綱還需直面清政府內部守舊勢力的攻擊──「竊外國之皮毛，紛更制度，惑亂天下人心」，稱此舉是「速貧、速亂、速亡」之道。

大綱的頒布，其實是以官方文件的形式，規定了清末憲政制度的基本框架。所以也有大量立憲派人士評價它為「超軼前古之舉動」。[3]

但後人對這一憲法大綱的評價基本援引了革命派的觀點，認為它「旨在鞏固和強化君主專制統治」，「是用法律的形式把封建時代專制皇帝的絕對權力予以確認」，「彰明昭著地暴露了清政府假立憲之名，行專制之實的用心」。

日本在頒布憲法之前，設置「制度取調局」，主持憲法擬定工作，清政府則將「考察政治館」改為「憲政編查館」，專門編纂憲法草案，《欽定憲法大綱》便是其工作成果。從內容上看，它也大部源自《日本帝國憲法》；從制憲原則上看，兩者都是二元君主政體。

以下為《欽定憲法大綱》與《日本帝國憲法》的逐條對比。

首先比較兩國君主權力：

《欽定憲法大綱》	《日本帝國憲法》
大清皇帝統治大清帝國，萬世一系，永永尊戴。	第一條：大日本帝國由萬世一系之天皇統治之。
君上神聖尊嚴，不可侵犯。	第三條：天皇神聖不可侵犯。
欽定頒行法律及發交議案之權。凡法律雖經議院議決，而未奉詔命批准頒布者，不能見諸施行。	第六條：天皇裁可法律，命公布與執行。
召集、開閉、停展及解散議院之權。解散之時，即令國民重行選舉新議員，其被解散之舊員，即與齊民無異，倘有抗違，量其情節以相當之法律處治。	第七條：天皇召集帝國議會，其開會、閉會、停會及眾議院之解散，皆以天皇之命行之。

3 轉引自侯宜杰：《二十世紀中國政治改革風潮》，第211頁，人民出版社，1993年版。

第九章　聚焦北京：立憲應否預備？

設官制祿及黜陟百司之權。用人之權，操之君上，而大臣輔弼之，議院不得干預。	第十條：天皇規定行政部門之官制及文武官員之俸給，免文武官員，但本憲法及其他法律有特殊規定者有特殊規定者，須各依其規定。 第五十五條：國務大臣輔弼天皇而負其責任。
統率陸海軍及編定軍制之權。君上調遣全國軍隊，制定常備兵額，得以全權執行。凡一切軍事，皆非議院所得干預。	第十一條：天皇統率陸海軍。 第十二條：天皇規定陸海軍之編制及常備兵額。
宣戰、講和、訂立條約及派遣使臣與認受使臣之權。國交之事，由君上親裁，不付議院議決。	第十四條：天皇宣告戒嚴。
爵賞及恩赦之權。恩出自君上，非臣下所得擅專。	第十五條：天皇授與爵位、勛章及其他榮典。
總攬司法權。委任審判衙門，遵欽定法律行之，不以詔令隨時更改。司法之權，操諸君上，審判官本由君上委任，代行司法，不以詔令隨時更改者，案件關係至重，故必以已經欽定為準，免涉分歧。	第五十七條：司法權由法院以天皇名義依法律行使之。
發命令及使發命令之權。惟已定之法律，非交議院協贊奏經欽定時，不以命令更改廢止。法律為君上實行司法權之用，命令為君上實行行政權之用，二權分立，故不以命令改廢法律。	第九條：天皇為執行法律或保持公共安寧秩序及增進臣民之幸福，得發布或使令政府發布必要之命令，但不得以命令改變法律。
在議院閉會時，遇有緊急之事，得發代法律之詔令，並得以詔令籌措必需之財用。惟至次年會期，須交議院協議。	第八條：天皇為保持公共之安全或避免災厄，依緊急之需要，於帝國議會閉會期間，可發布代法律之敕令。此敕令應於下次會期提交帝國議會，若議會不承諾時，政府應公布其將失去效力。
皇室經費，應由君上制定常額，自國庫提支，議院不得置議。	第六十六條：皇室經費依現在之定額每年由國庫支出，除將來需要增額時外，毋須帝國議會之協贊。
皇室大典，應由君上督率皇族及特派大臣議定，議院不得干預。	第七十四條：皇室典範之修改，毋須經帝國議會之議決。

再比較「臣民」權利與義務：

《欽定憲法大綱》	《日本帝國憲法》
臣民中有合於法律命令所定資格者，得為文武官吏及議員。	第十九條：日本臣民依法律命令規定之資格，均得就任文武官員及其他職務。
臣民於法律範圍以內，所有言論、著作、出版及集會、結社等事，均准其自由。	第二十九條：日本臣民在法律規定範圍內，有言論、著作、印行、集會及結社之自由。

臣民非按照法律所定，不加以逮捕、監禁、處罰。	第二十三條：日本臣民非依法律，不受逮捕、監禁、審訊及處罰。
臣民可以請法官審判其呈訴之案件。	第二十四條：日本臣民接受法定法官審判之權不得剝奪。
臣民應專受法律所定審判衙門之審判。	
臣民之財產及居住，無故不加侵擾。	第二十七條：日本臣民之所有權不得侵犯。因公益需要之處分，依法律之規定。
臣民按照法律所定，有納稅、當兵之義務。	第二十條：日本臣民依法律規定有服兵役之義務。 第二十一條：日本臣民依法律規定有納稅之義務。

　　從以上的條文上可以看出，除個別條款或文字有所不同外，兩者如出一轍，所不同的是，《欽定憲法大綱》是一個綱領性指導的文件，簡明扼要；而《日本帝國憲法》是一部成文憲法，系統全面。

　　如果認定日本明治時期制定的帝國憲法是一部具有資產階級性質的憲法，那麼就沒有理由把《欽定憲法大綱》貶低得一文不值。而《日本帝國憲法》已被國內外學者一致認為是二元制君主立憲制憲法，把立憲精神與《日本帝國憲法》一致的《欽定憲法大綱》說成是「旨在鞏固和強化君主專制統治的封建法典」，就顯得偏頗了。

　　我們一般這樣評價英國1689年的「權利法案」：說它是「資產階級與封建勢力的妥協，但終究是時代的勝利」。

　　所以說，將《欽定憲法大綱》評價為只是將清朝皇帝既有的權力加以法定化，毫無進步可言，這樣的說法是不具有說服力的。

　　《欽定憲法大綱》真正的積極性意義在於，把政府的權力納入到制度化的軌道之中，對皇帝的權力進行了限制，又在憲法中高度肯定和保障了「臣民」應有的權利。從中國近代政治制度、法律制度史等方面來分析，它畢竟開啟了中國政治制度近代化的先河。

　　至於《欽定憲法大綱》中最為人們所抨擊的「大清皇帝統治大清帝國，萬世一系，永永尊戴」和「君上神聖尊嚴，不可侵犯」的規定，它本身就是君主立憲區別於共和體制的重要特徵。一切君主立憲制的國家，無論是英國、俄國、德國還是日本都是如此，並不違反立憲精神。在任何一個君主立憲的國家無不有類似規定，君主立憲國家都實行君主世襲制，君主為國家元首，不負實際責任，只能

讓他處於特殊的尊貴地位。所以說，在君主立憲制國家的欽定憲法中，君主作為國家元首，擁有一定的特殊權力是正常的現象。但視各國國情而定，各君憲國家君權的大小區別也很大。

軍機大臣奕劻對憲政的理解並非如人想像的那樣膚淺，他認為：「憲法一立，全國之人，皆受治於法，無有差別。」在《憲法大綱》的序言中則明文表示：「夫憲法者，國家之根本法也，為君民所共守，自天子以至於庶人，皆當率循，不容逾越。」

《大綱》的第一部分是「君上大權」十四條，在這裡，皇帝雖然擁有頒行法律、召集及解散議院、設官制祿、黜陟百司、統率海陸軍、編定軍制、宣戰講和、訂立條約、宣告戒嚴、爵賞恩赦、總攬司法等大權，但與當時德、日等君憲國家之規定沒有根本性的不同。

但憲政體制下的君主已不能如同專制帝王那樣隨心所欲，必須遵守憲法條文的規定。皇帝在行使統治權力時須受到議院、內閣和司法機關的制約。

例如皇帝頒行法律權一條規定：「凡法律雖經議院議決，而未奉詔命批准頒布者，不能見諸施行」。在這裡雖然強調了皇帝的「批准頒發」權力，但也明確規定了立法主體是「議院議決」，兩者權限分明，符合君主立憲的原則。

再如皇帝總攬司法權一條規定：「委任審判衙門，遵欽定法律行之，不以詔令隨時更改。」司法權與行政權的分離是近代國家的基本特徵之一，這裡將司法權劃歸「審判衙門」，而非皇帝，實際上是取消了皇帝的最高審判權，「不以詔令隨時更改」則在憲法的高度限制了君主對司法的惡意干涉。

又如「君主立憲政體，君上有統治國家大權，凡立法，行政，司法皆歸總攬，而以議院協贊立法，以政府輔弼行政，以法院遵律司法。」這就確定了國家政體採取「三權分立」的原則，君主在行使權力時，必須受議院、政府和法院的制約。除了根本法之外，其它普通法也不得隨意推翻。「惟已定之法律，非交議院協贊奏請欽定時，不以命令更改廢止。」皇帝無權「廢止」議院通過的法律，實際上這是對「朕即法律」專制皇權的否定。「以法院遵律司法」和不能「以詔令隨時更改」，說明君主在司法方面的權限是受制的。君主要改變法律，也需通過法定程序，先由議院「協贊」通過。

儘管《欽定憲法大綱》對臣民權利的規定比《日本帝國憲法》更為狹窄，但它畢竟還是用國家根本大法的形式對臣民的一些基本權利予以確認，尤其是規定

臣民的財產「無故不加侵擾」，反映了「私人財產神聖不可侵犯」這一資產階級憲法的核心內容，實質上是「物權」的初步表述。在它的附屬法《選舉法要領》中又規定，「選舉用投票之法」，得票多者當選，凡合乎選舉資格的臣民，都有選舉權和被選舉權等。而這些都是封建法典和極權政體不可能容忍的。

當時《欽定憲法大綱》的反對力量不但來自於革命黨人等政治激進分子，甚至不單是一些頑固官員，還有大量的既得利益分子，主要包括三種人：

一是部分排漢思想頗為強烈的滿族親貴，他們認為「立憲政體利於漢人，而滿人歷朝所得之權利皆將因此盡失，故竭力反對之」。[4]

二是與立憲派官員矛盾較深的漢族大臣，如大學士王文韶、孫家鼐、吏部尚書鹿傳霖、都御史陸寶忠等人。這些人都是「久處要津廣蜚令譽者」，其權力地位來自舊的政治體制，擔心「立憲利新進不利耆舊」，一旦按《欽定憲法大綱》變更政治制度，實行三權分立，自己的權力地位隨之下降，於是也附和部分親貴反對《欽定憲法大綱》。

第三才是閉目塞聽、恪守祖宗成憲不能變的頑固官吏，如內閣學士文海，京師大學堂總監劉廷琛等。在這些人看來，中國固有的政治制度「乃歷代聖神文武垂創後世，我朝列祖列宗損益至三」。他們要求「明降諭旨」，廢除《欽定憲法大綱》，「宣明國會以下劫上，長奸墮威，大亂天下之道不可行」，[5]鼓吹繼續實行封建君主專制統治。

在古今中外的所有政治變革中，統治者都需要慎重處理同兩方面的關係：一方面是激進派，他們是政治上的理想主義者，對美好將來有著虔誠的憧憬，誓死與現實決裂，並善於鼓動；另一方面是留戀既往的頑固派，他們往往是既得利益者，對變革有很大的牽制力。

只要有一方得不到安撫，政治改革就有可能毀於一旦——如果激進派占了上風，由於缺乏現實政治操控能力，社會就會陷入更大的混亂；如果頑固派力量過大，社會就會重歸保守，就有可能再次上演庚子年的悲劇。無論哪種結果，都預示著災難的降臨，因為若干年後還要重新面對老的問題，悲劇性的循環由此而生。

---

4 《梁啟超年譜長編》，第5冊，第473頁。

5 《清末籌備立憲檔案史料》，上冊，第346頁。

所以有人認為，無論從《欽定憲法大綱》的本身內容，還是從資產階級立憲派圍繞立憲與清政府的爭論，或是統治集團內部守舊勢力對《欽定憲法大綱》的攻擊諸方面分析，《欽定憲法大綱》的性質都是二元制君主立憲的憲法綱領，說它是一部「旨在鞏固和強化君主專制統治的封建法典」，是與歷史事實不大符合的。[6]

其實在人類歷史的發展過程中，君主立憲政體自有其存在的歷史意義。如果把它置於幾千年君主專制傳統和後發外生型現代化國家的背景下加以考察，那麼實行「大權統於朝廷」的中央集權制也有其存在的合理性。[7]

孟德斯鳩在《論法的精神》中認為，民主制和君主制都是合理的政體，專制政體則不合理。專制國家中，法律等於零，君主的意志統治一切，這樣的國家是按照恐怖原則實行的殘暴統治；共和政體雖好但不易實現，只有「古人之英雄美德」占優勢的地方才能夠實現，而要求現代人具有這樣的品德是難的；君主制循法而治，這種根本法不容許專橫任性。

資產階級民主思想及政治制度，是資本主義經濟發展後產物，而在近代中國，兩者的關係卻顛倒過來，先有民主思想及政治思想的傳入，然後才有資本主義生產關係的產生。

雖然此時的立憲力量已經作為一支不可忽視的政治力量崛起，但在絕對數量上，全國廣大人民不知憲政為何物。就是在這樣的社會背景下，立憲領袖們要求全國選舉開設國會、革命領袖們則內外籌措進行著暴力革命。

關於中國民主進程的起點、速度及建立何種程度的民主政體問題，當時的中國有三種不同的設想。革命派主張在中國建立美國式民主共和國；立憲派的主體則主張以開明專制為之過渡，繼而建立以責任內閣為中心的議會君主制政體，即英式虛君共和；而清政府則熱衷於建立日本式的二元君憲政體。

脫離社會現實去評價政體的好壞與否是沒有任何意義的。

早在20世紀初期，議會政治在西方已有兩百餘年的歷史，它顯示出了比封建專制制度的無比優越性，成為後發外生型國家學習的楷模。

但是近代大國崛起的歷史經驗教訓也證明，議會君主制及民主共和制產生於

6　鄭大發：《重評「欽定憲法大綱」》，原載：《湖南師範大學社會科學學報》，1987年第6期。

7　高旺：《晚清中國的政治轉型》，第167頁，中國社會科學出版社，2003年版。

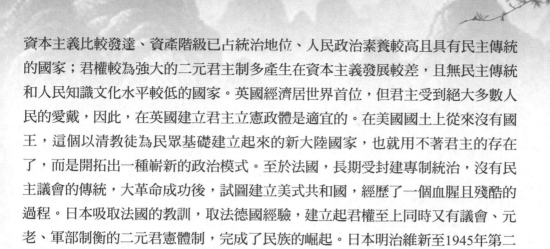

資本主義比較發達、資產階級已占統治地位、人民政治素養較高且具有民主傳統的國家；君權較為強大的二元君主制多產生在資本主義發展較差，且無民主傳統和人民知識文化水平較低的國家。英國經濟居世界首位，但君主受到絕大多數人民的愛戴，因此，在英國建立君主立憲政體是適宜的。在美國國土上從來沒有國王，這個以清教徒為民眾基礎建立起來的新大陸國家，也就用不著君主的存在了，而是開拓出一種嶄新的政治模式。至於法國，長期受封建專制統治，沒有民主議會的傳統，大革命成功後，試圖建立美式共和國，經歷了一個血腥且殘酷的過程。日本吸取法國的教訓，取法德國經驗，建立起君權至上同時又有議會、元老、軍部制衡的二元君憲體制，完成了民族的崛起。日本明治維新至1945年第二次世界大戰結束，歷經七十餘年，一直走在從二元君主制向議會君主制過渡的道路上。事實上，明治時期日本的政體被後人稱之為「偽立憲絕對主義」，[8] 是傳統神權體制和家長制與憲法在形式上的嫁接。但就是在這樣的政體之下，日本艱難地完成了它的近代化道路。

日本的成功和強盛對當時的中國有極大的誘惑力，由此，不能不使當時的人們認為日本模式是一條終南捷徑。

在此基礎上，上層決定採取立憲政體，實施「欽定憲法」，此後的憲政改革秩序、憲法以及中央政府機構的設置等都「事事步趨日本」。

有學者認為，即使這種謹慎的改革，「在事實上，⋯⋯不是來自社會最低層的呼籲，而正是在中國最高領導者的倡導下開始的」。[9]

各國民主政治的起步和發展，是一種社會演進的綜合反映過程，它是以漸進發展為基礎的。不能速成，不能割斷，不能飛躍，欲速則不達，這是社會發展的基本規律。馬克思在《政治經濟學批判序言》中說，無論哪一個社會型態，更高的生產關係「在它存在的物質條件在舊社會的胎胞裡成熟以前，是絕不會出現的」。

由於此前幾十年清政府沒有打好基礎，在觀念層面不敢啟蒙大眾，在物質層面不願藏富於民，不論英式君主立憲或美式共和政體的前提條件，在清末社會的胎胞裡都沒有成熟。

如果我們不受既往觀點的干擾，而是找出原始材料，立足史實，客觀分析9

8 參見（日）信夫清三郎：《日本政治史》，上海譯文出版社，1982版。

9 馬勇：《超越革命與改良》，第61頁，上海三聯書店，2001年版。

年預備立憲的內容及施行情況，就會清楚地看到，清末新政期間的立憲進程其實是一個在政治上相當激進的改革方案。

九年裡都需要做什麼？

在經過1905～1906年的立憲籌備後，清政府於1907年9月宣布設立資政院；10月，又命各省督撫準備在省會設立諮議局；次年7月，公布《諮議局章程》《議員選舉章程》《資政院章程》的總綱及選舉兩章。8月，頒布《憲法大綱》及《九年預備立憲逐年推行籌備事宜清單》。從此，預備立憲進入實施階段。

可見，不要說最終實現憲政需要一定時間的準備期，甚至決定把憲政作為政治目標的確立都是需要充分準備的。

《逐年籌備事宜清單》是籌備立憲的總體規劃方案，有主辦機構，有進度要求，有責任目標等，內容涉及諮議局的籌備和舉辦；資政院的選舉和開辦；地方自治和戶籍調查；融合滿旗畛域；財政方面則涉及制定國稅、地稅，頒布會計法，確定皇室經費，設立審計院，以及確定預算決算等在普及教育方面，主要是提高識字率；同時，法律、司法、官制的改革也有待進一步深化。

這些內容的出現，是中國資產階級民主政治的必要開端。

由傳統力量主持的政治改革從來都不是主動的，但並不是從來都沒有成功。

清政府在施行憲政的過程中，也不得不考慮傳統勢力的制衡，但它畢竟大多數都按期實行了，很多事項在立憲派和革命黨人的壓力下還得到了提前執行。

明治維新後日本天皇被迫宣布於1890年召開國會，時隔22年。清政府計畫經過9年（後縮短至5年）籌備，實行上、下兩院制，頒布憲法，這種步驟及速度，在世界憲政史上也是絕無僅有的。

9年預備立憲清單規定在7年之內，全國城鎮鄉及廳州縣地方自治機構一律成立，鄉鎮以上一律設立審判廳，至於人民識字的任務，政府規定各地方大辦教育，嚴格執行，識字率要在第七年達百分之一，第八年達五十分之一，第九年達二十分之一。

清末地方自治，自上而下用行政命令在全國範圍內迅速推廣。到1911年，全國大部分城鎮都成立了地方自治機關，如直隸成立自治研究所99處，四川成立了地方自治會100處，鎮會143處，鄉會67處，東三省城鎮鄉自治區域46處，已成立

24處。這種大規模以行政指導方式舉行的地方自治，不免形式大於內容，出現偏差，但也絕不是沒有內容，沒有成績。

自治機關成立之後，開始著手在士紳和普通百姓中普及憲政知識，讓一些人首次接觸和參與了選舉，並讓一些知名士紳辦理地方事業，這對促進傳統士紳及知識分子了解西方民主憲政起到了促進作用。

早在1907年12月，張謇就與湯壽潛、蒯光典等籌議了有關國會和立憲問題，大力支持預備立憲公會與憲政公會、政聞社、憲政研究會，共同籌備成立國會期成會，領導全國請願運動。

1908年6、7月，張謇又與鄭孝胥、湯壽潛代表預備立憲公會兩度致電憲政編查館，要求在兩年內召開國會。

對時局感到焦灼的立憲派普遍感到9年預備期過長，認為只要不懈努力，期限是可以縮短的，與其繼續「空言要求」，「不如切實從諮議局入手較為得當」，[10] 因而放棄向政府繼續請願，轉而把主要精力轉向了籌辦諮議局、辦理地方自治這些必要的具體準備工作上。

北京等地的立憲人士甚至「歡聲雷動」、大表賀忱，認為「明詔宣示欽定憲法及召集議員的年限，實在是我大清帝國雄飛宇宙第一的大紀念日期，凡我國各地方及全國國民，全當懸燈結彩，開會慶賀才是」。[11]

立憲派情緒稍見緩和。由此可見，一直到這個時期為止，立憲派與政府還保持著最大程度的合作，並且對立憲前景寄予希望。

與革命派的立場不同，立憲派並不認為滿漢之間的不平等是簡單的種族壓迫問題，而認為是中華文明中極端專制政治的產物。因此，滿漢問題的解決應當從政治變革開始入手。從中國已經是多民族國家的意義上看，沒有理由實行排滿政策，也沒有理由在國家元首問題上摻雜太多的民族主義因素，而應該努力把滿族出身的中國皇帝改造為具有現代因素的新式君主，而這在近代憲政改革史中是屢見不鮮的。

經過近三百年的民族衝突和融合，滿族人漢化是相當成功的。其實，滿族出身的貴冑作為一個統治集團，在相當程度上，既不是滿族人共同利益的代表，更

---

10 《浙江國會請願代表之報告》，《時報》，1908年9月21日。

11 《北京日報》，1908年8月29日。

不是一個獨立的民族或孤立的階級，而是一個特殊的高高在上的利益群體。實質上就是一個既得利益集團和特權階層。如果不從政治體制的層面去規避，而只用暴力的手段予以革除，那麼有朝一日就會產生出新的群體去取代它的位置。

立憲派人士認為，有無君主並不是民主與專制的區別，更不是政體先進與否的標誌。

清政府所固守的滿洲貴族的利益雖然只是一種假像，但歷史上的民族衝突和現實中的政治腐敗，勢必激起強烈的民族仇恨和民族復仇主義情緒。從而使本以現代化的追求為主要目標的中國改革運動，不幸演化成一種民族解放運動，致使中國在相當長的一個時期裡不得不陷入一種狹隘的民族主義誤區。[12]

侯宜杰甚至認為：「革命派的民族主義是一種退化和倒退。在全球性的競爭社會，革命派的民族主義是一種分裂主義。」[13] 毫無疑問，革命黨人所設計的政治藍圖遠比清政府的改革目標要美好得多，但是他們卻選擇了驅除滿人作為革命的首要宣傳口號，這讓他們輕易就獲得了大量的追隨者，不失為一項行之有效的壯大策略。但在另一層意義上，也給崇高的革命事業本身增加了一層灰色，更為此後外國勢力干涉中國內政、扶植傀儡政權提供了絕佳的「參考」和藉口。

在進行憲政改造的方式上，立憲派對革命派的武力暗殺持強烈的批評態度，他們主張循序漸進的社會改革。楊度作為在中國憲政道路上起先鋒作用的領軍人物，他認為推動召開國會的「武力」是製造社會輿論引導政府，迫不得已時動用武力也只不過是警告政府而已。

在1907年9月至1908年8月發起的聲勢浩大的國會請願運動中，楊度闡述了他所主張的實現憲政方式：「有強壓國民必敗之政府，而無要求政府不勝之國民。」「接踵而起，與政府為再度、三度、十度、百度之宣戰，非得勿休，非獲莫止。」[14]

立憲派堅決反對法國式的社會革命，主張中國這樣一個東方落後國家通過君主立憲之路達到民族自立與富強。

在預備立憲的速度問題上，清政府堅持9年籌備清單的規定，謹慎、漸進地實行著改革；而革命黨人在海內外持之以恆地進行著推翻腐敗無能的清政府的號

---

12 參見馬勇：《超越革命與改良》，第63頁。

13 侯宜杰：《二十世紀初中國政治改革風潮》，第172～177頁。

14 轉引自侯宜杰：《二十世紀初中國政治改革風潮》，第172～177頁。

召，並且影響愈來愈大；民間立憲派在危急存亡的形勢下，認為只要召開國會，一切問題就可以迎刃而解，於是組織了一次次要求盡快召集國會的請願運動。

這樣，清政府在改與不改、緩改與速改問題上進退維谷，面臨兩難抉擇。如果不能滿足立憲派的要求，就會遭到民眾的譴責和背離。在清政府與政治反對派的博弈中，由於朝廷已經缺乏足夠的權威性，難以將激昂的民眾政治納入秩序軌道，為了維繫局面的暫時穩定，若採取明顯的壓制手段，其結果就會把憲政改革的社會基礎——立憲派推向了自己的對立面；如果一概應允民眾的要求，但囿於現實，根本無法實現，在地方自治事業剛剛開展、大量的國人連憲政為何物都不明了的前提下，所召開的國會只能是一種形式上的「國會」，並且還會進一步引發後續壓力，各種矛盾和問題會以爆炸的方式噴薄而出。

不幸的是只有速改的變革才能夠滿足這些善辯、活躍、焦灼的立憲派人士。帝國政府在從事一場最微妙、最危險的政治游戲。

政改的艱難性要求改革者必須選擇適當的策略。美國學者亨廷頓認為：「對於捲入現代化進程而又面臨嚴峻考驗和紛爭的發展中國家而言，最有效的改革方式就是將費邊式策略同閃擊式策略結合起來，改革者應該隱藏改革的終極目標，把一個個問題分割開，一個時間只推行一項改革，而在解決每一個問題時又竭力盡可能快地促使其成功。」[15]

而清政府為了實現眼前的政局穩定，盡可能滿足立憲派的願望。日本的強國之路、立憲過程並非不可借鑒，但清政府逐條拋出9年預備立憲籌備清單，就將政改計畫全盤暴露於世人面前。如果社會穩定，反對派弱小，這樣的改革方法未必不可。但在清末社會，不但有日漸壯大的立憲派，更有絕對不與政府妥協的革命派。這種局面是清政府在長達多半個世紀裡親手造成的。

在調動普通民眾參與政治改革的同時，也使政治反對派的隊伍日漸擴大。因為政治改革的複雜性不可能按部就班依照清單進行，政治前景不是不可作預測，而是不可具體入微的布置。一旦因為某種原因改革無法推行或者只是某個步驟受阻，就預示著改革阻力的增加——那意味著政府失信於民，反對派就可以得到無數的責難藉口。

任何由傳統向近代過渡的政治體制，都無法在短時期內做到吸納全部新興社

---

15 （美）塞繆爾・亨廷頓：《變革社會中的政治秩序》，第338頁，華夏出版社，1988年版。

會階層，這是一個漸進而艱難的過程，此時的清政府更是陷入對局勢的疲於應付之中，似乎沒有更好的選擇。

對於預備立憲清單所規定的任務，梁啟超當時就在《立憲9年籌備案恭跋》裡指出，這是絕對辦不到的。他說，樹人之計，期以百年，「雖以德國，日本教育之盛，而發達之程度，且經十年猶未能增進一倍，今我乃欲兩年而一倍，三年而五倍，天下有如此容易之業耶？」

梁啟超在後期愈來愈熱衷於英國式政體，認為在那樣的政體之下可以避免不必要的流血紛爭，又能實現民主自強。但他還是覺得立憲清單上的進程過於急切，可以從這個角度看出預備立憲的絕對必要性，以及9年預備時間的倉促性。

實際上，即使是《欽定憲法大綱》簡明條款的產生也不是從天而降的，在此之前有長時期的準備過程。從新政早期就已經開始的法律和司法改革，主要由沈家本和伍廷芳等法學專家一線主持，基本上是按照西方的法律原則改革傳統的封建舊律。

1907年，中國近代第一部專門化的刑法法典——《大清新刑律》草案初稿完成。還先後制定了中國近代第一部商法——《欽定大清商律》、第一部訴訟法——《刑事民事訴訟律》、第一部破產法——《破產律》，以及《法院編制法》《違警律》《商法總則草案》《親屬法草案》等一大批中國前所未有的新型法律，為中國近代法律體系框架的建立和全面走向近代法制開創了道路。

這些法律成果的背後蘊含著無數近代人物的艱辛努力，沒有洋務時代涉外官員的大力提倡，沒有新政早期開明官員的鼎力支持，沒有大量憲政人員一次次游歷各國出外考察，沒有立憲派人士滿腹熱情的內外奔走，沒有革命黨人的體制外壓力，這部憲法大綱的出籠是根本不可能的。

如果把《欽定憲法大綱》的出台簡單地認定為當局的敷衍行為、欺騙行為，這不單單是對一段民族歷史的扭曲認識，更是對中國政治近代化艱難探索歷程的武斷否定。離開具體歷史背景對憲政的盲目反思，是對神聖憲政本身的莫大褻瀆，是一種矯情的反思。對後世進行政治改革不僅起不到有益的借鑒，反而是一種貽害無窮的誤導。

當革命黨人的領袖們引領追隨者不遺餘力對這部憲法大綱進行批判的時候，他們無論如何也不能料想到，當自己成為政壇新領袖後，「共和」名義下的公民甚至得不到當年皇帝許諾給臣民的權利。

辛亥前夜

第十章
皇族少壯派與地方權臣在角逐

了解過去時代的人们是怎樣想的，要比了解他们是怎樣行動的更為重要。

——伏爾泰

攝政王塑造自己的改革形象

1908年末，整個新政事業已經進入到第七個年頭，深度的政治改革也已開啟長達3年之久，整個改革進程由此進入到最為關鍵也最為艱難的階段。

然而，由於受到局勢發展的刺激，無論是民間的立憲人士還是朝中的立憲官僚，他們的立憲主張陡然變得更加激進，開始向政治改革的主持者施加前所未有的壓力。

另一方面，光緒皇帝與慈禧太后的相繼去世，致使帝國失去了象徵性的和實際上的權威中心。光緒皇帝雖然在最後階段並沒有掌握實權，可是他歷來的革新姿態為他在海內外贏得了相當多的理解者和同情者，甚至包括部分列強。並且作為皇帝，他的象徵意義和歷史作用在特殊時代裡任何人無法比擬，也就意味著在他的名義下所進行的改革可以得到更大程度的支持。慈禧太后的權術和鐵腕同樣有它存在的必要性。

清末新政中的政治改革實際上歷經慈禧太后和攝政王載灃兩代皇室領導人的主持，在新舊過渡階段的政治體制中，領導者的個人素質對於政局的影響非常明顯。慈禧太后當然不是一位立憲改革的激進領導者，但也絕對不是一位天然的反對者，就像日本明治天皇、俄國的彼得大帝，雖然都是封建君主，但仍能在他們主政時期完成歷史性革新。在某種程度上，甚至並不需要這些跨越新舊兩個時代的最高統治者具有過多激進觀念，他們只需要跟隨近代化的浪潮往前走，並且對新事物、新思想、新體制保持一種善意的寬容，就不辱他們存在的使命。慈禧太后的弄權行為、保守思想無論對當時還是後世都貽害無窮，但是也需要認識到，如果把中國近代化歷程的坎坷過多地歸咎於她一個人的因素，只能說是一種極其膚淺的反思，這樣的所謂反思除了滿足口舌之娛外對認識問題毫無用處。

梁啟超在後來對李鴻章評價時說過這樣的話：「若以中國之失政而盡歸於李鴻章一人，李鴻章一人不足惜，……而我四萬萬人放棄國民之責任者，亦且不復自知其罪也。」同樣的道理——如果以近代中國之失政而盡歸於慈禧太后一人，即或把她罵得狗血噴頭，也不足惜。但同時也掩蓋了更為複雜、更為根本性的社會因素。

至少在清末新政開啟之後，正是慈禧太后這一政治權威的存在，保證了包括中央與地方關係在內的整個政局的相對穩定，各項新政事業也能大體做到按步運

轉。一位考察了清末政治的西方學者認為：慈禧的突然死亡「使王朝失去了一個最能幹的人物」，「失去了維繫這個解體的國家的強手」。[1]

一個異國學者的事後考證並不能客觀反映歷史真實，同時也不能過度誇大這個權威的歷史作用，但是慈禧太后的突然死亡，確實導致了清末憲政改革更加坎坷，社會分裂程度進一步擴大。

慈禧太后作為新政改革的掌舵者差強人意，但是面對紛亂的利益之爭以及改革困境，她的內心極度矛盾和焦灼，甚至愈發感到力不從心。

其實早在庚子事件中，就顯示出她對局勢不能掌控的跡象，這種跡象在很大程度上並不是表現在督撫們對她的諭旨置之不理，因為李鴻章、袁世凱這些實權人物一面抗詔不遵，與列強簽訂「東南互保」，一面卻不得不對她表示出最大的忠誠以得到她的支持和諒解；更重要的是表現在她不能阻止強大頑固派的極端舉動，她並不是看不到義和團排外行為的危害性，她也不願看到頑固王公帶領團民衝入皇宮劫殺光緒皇帝，但是一切可怕的事情都發生了，並且她一步步捲入進去並擔當了罪魁禍首的角色。洋務運動時期的種種事情可以表明，比起同時代的眾多官僚，她並不保守，可是她無法抵禦強大的頑固逆流，夾雜私欲，自己被其淹沒也並不自知。

舉行新政之後，她的改革欲望非常強烈，並且盡其所能作出了種種努力和嘗試。但是因為她的閱歷、認識的限制，她無力應付新政過程中日益湧現的新矛盾、新問題。新政改革風起雲湧、前途幻化莫測之時，適逢她的晚年，一方面新政的前景為她帶來希望，另一方面現實困境使她陷入更大的悲觀。

張謇在中國近代化過程中影響巨大、聲望頗高，筆者在內心深處一直對他心存由衷的景仰，認為像他這樣的歷史人物才是真正的近代化中堅力量。他性格堅定且視野寬廣，有著牢固的民族文化根基且勇於接受新的事物，還有崇高的政治理想，但並不是只停留在幼稚的幻想階段。在張謇眼裡，沒有比國家利益更高的政府利益。當一個舊體制願意更新並處於更新階段時，他會與其保持最大誠意、最大程度的合作；任何人都不會說張謇頑固、保守。即使當現行體制遭遇不測、命懸一線時，他仍舊會為其效命奔波，他這樣做並不是出於對舊體制的「愚忠」，只是為了將民族革新的代價降到最低點；但是如果這個體制真的被排擠出

1　（美）李約翰：《清帝遜位與列強》，第15～16頁，中華書局，1982年版。

局，張謇就會毅然決然與新政府展開合作，而決不會對舊時代存在絲毫的留戀。無論處於任何政治集團、任何人主宰的政府，他都會勇於站到前台嚴厲批評當局的失策。

張謇受到慈禧太后的青睞。從1907年春開始，他受到慈禧太后4次召見，最高統治者希望從他那裡得到真實有效的反饋信息和有益建言。據他後來的回憶，慈禧太后多次「語及時局之非，不覺淚下」。張謇直言官制的混亂和行政效率的低下，以及為推行新政籌措資金，國家財政陷入兩難的窘境，還如實陳述稅收加重，官吏盤剝，怨聲載道等世情。又言及海外留學生對國內官員腐敗和憲政進程不滿，紛紛擁護革命，民心渙散令人震驚。慈禧太后聞此不禁失聲痛哭。

張謇曾直面向慈禧太后問道：改革是真還是假？

太后愕然：因為國家形勢不好才著手改良，改革還有真假不成？

她在張謇面前毫不掩飾自己的心力交瘁：「我久不聞汝言，政事敗壞如此。你可以問問皇上，現在召對臣工，不論大小，甚至連縣官也時常召見，哪一次我不是用言語以求激發天良，要求他們認真辦事？萬不料全無感動！」

其實慈禧太后在新政中、在憲政改革中也是大體跟著革新的潮流往前走，她的作用就在於利用她的鐵腕和權力保證了大局的平衡和穩定。

1908年11月14日，37歲的光緒皇帝拖著久病的身軀在孤寂之中離開人世。

第二天，74歲的慈禧太后也隨之去世。慈禧太后時代正式宣告結束。

但是她的影響還在延續。慈禧太后在病榻上立下政治遺囑，立3歲的溥儀為嗣皇帝，溥儀是第二代醇親王載灃的長子，載灃順理成章成為實際上的最高統治者。

第一代醇親王奕譞共有七子。次子名為載湉，即光緒帝。五子為載灃，承襲醇親王爵。七子載濤，承襲貝勒。所以清朝兩代醇親王，每一代都出了皇帝，也都是父以子貴。

醇親王載灃在外表看來相貌堂堂，頗有風采。當年出入宮廷的美國醫生曾這樣描述說：「他緘默少語，相貌清秀，眼睛明亮，嘴唇堅毅，腰板筆挺，雖不及中等身材，但渾身透露著高貴。」

載灃攝政初期，外國政府和國內外立憲派都曾對他寄予厚望，原因有以下幾點：

第一，他曾出訪歐洲，「平生喜讀西書」，眼界超出一般王公貴族，載灃堪

稱清朝皇族親貴中走向世界的第一人。1901年他18歲,以皇弟的顯貴身分率使團赴德國柏林,為去年義和團運動時德國公使克林德遇刺一事向德國皇帝威廉・亨利謝罪賠禮。他帶領參贊大臣張翼、蔭昌等經香港、新加坡、錫蘭、瑞士到達德國。載灃抵達柏林後,雙方對謝罪儀式一度發生爭執。德方要求載灃晉見德皇時行三鞠躬禮,參贊隨員均行跪拜禮。此種侮辱,使載灃不堪忍受。後經據理力爭,謂世界各國使節觀見彼此元首時均不行跪拜禮,若德皇強欲清朝使者行中國禮,受禮者未必光榮,如傳聞於他國,反為德國之恥。措詞委婉而有理,經多次往返交涉,德皇終決定俱行鞠躬禮。這次出使經歷對他改革思想的形成有著積極的影響,並且他此後多年參與憲政籌備工作,在1906年政府討論立憲問題時,他就是立憲傾向較為明顯的王公之一。1908年國會請願時,他呼籲確定開國會期限,以免使國民灰心。[2] 應該說在政治主張上,這位身兼軍機大臣的親王是一個傾向於立憲救國論的政治人物。

第二,他是光緒帝的弟弟,人們認為他理應繼承乃兄遺志,認真籌備憲政,當對改革有著順理成章的熱情。

第三,他在言行上給人們留下了開明的印象。載灃出使歐洲後回到北京,攜帶「布魯厄姆」歐式馬車回國,駕著它到處來去。並且進入貴胄學堂,主修算學、化學、電學等13門近代課程。並自購地球儀、天文望遠鏡等科學儀器,在這位親王的日記中,經常出現哈雷彗星、五星連珠、日食月食的記載,這些大多出自他的親自觀測。此後這位攝政王首先使用汽車、電話、剪辮子,也是第一個穿西服的王公。這些新的生活方式,在當時代表著一種全新的文化,人們有理由相信,這位攝政王會在立憲方面取得新的進步。

馬勇在《超越革命與改良》一書中這樣評價已持續7年之久的新政革新,並對它接下來的發展形式進行了評估:「不僅晚清的實權人物西太后確曾真誠地主張進步與革新,因為如果沒有她的默許和支持,恐怕沒有晚清的『新政』之舉,即使1898年的維新運動也無從發生。而且西太后之後的清廷掌權者(載灃等人),既無力拉歷史的車輪倒退,將局面歸復到西太后之前,更無心這樣去做,他們實際上繼續著西太后在世時業已開始的政治改革。不論清政府這一措施的實

2 參見侯宜杰:《二十世紀初中國政治改革風潮》,第216~218頁,人民出版社,1993年版。

質目的如何，它在政治上不可避免的效果便是為政治改革打開了通路。」[3]

在具有這些天然優勢的同時，他會是一位理想的改革領導者嗎？

一名優秀的改革領導者除了應具有鮮明而進步的政治理念外，政治心理學者認為：政治行為者的個人素質對政治過程具有獨特的和無所不在的影響。[4]

溥傑在《父親醇親王載灃》中這樣描述載灃的性格：

我父親雖然成了國家擁有最高權力的人，可是他是個老實人，也和我祖父一樣，都是把權力看得較淡。

父親喜歡讀書，各種書報雜誌都看，經常讀的是史書，尤其是《資治通鑒》。晚年自號「書癖」，他有方圖章，刻的是「書癖」兩字；也愛看戲，喜歡看楊小樓、梅蘭芳、譚鑫培等人的戲。他甚至還喜歡學點天文學。夏季夜晚，他給孩子們指認天上的星座。每逢日食出現，他和孩子們隔著薰黑的玻璃片觀察太陽，並把日食、月食經過的情況記入日記，附上工筆繪畫的圖形。

我常想父親如果不當攝政王，專門讀書研究的話，一定會有相當成就的。我後來喜歡讀書，也是受到家庭的影響。

載灃在讀書中自娛自樂，有感而發寫過這樣一副對聯：

有書有富貴，無事小神仙

載灃自己很欣賞這副對聯的意趣，還命人精刻下來，掛在書房門口。

深知其底蘊的胞弟載濤這樣評價他：「遇爭優柔寡斷」，「做一個承平時代的王爵尚可，若仰仗他來主持國政，應付事變，則決難勝任」。

光緒帝病歿時，在皇室近支溥字輩中，恭親王溥偉年歲最長，乃祖恭親王奕訢生前有保存社稷之功，歿後配享太廟，這樣的政治影響不是其他近支所能比擬的。溥偉曾經被輿論認為是最為合適的皇位繼承人。再如溥倫，無論個人性格還是能力資質也都在載灃之上。

慈禧太后為何在嗣位問題上又一次棄大選小？

其一，與溥儀家的個人關係最近。

---

3 馬勇：《超越革命與改良》，第62頁，上海三聯書店，2001年版。

4 （美）格林斯坦、波爾斯比：《政治學手冊精選》，上冊，第346頁，商務印書館，1997年版。

其二，防範袁世凱。溥儀的父親載灃是光緒皇帝的親兄弟，太后選定他為攝政王，主要是為了對野心勃勃的袁世凱預作防範。因為戊戌政變中袁世凱的不光彩行為，醇王府一系的政治勢力與袁世凱在感情上相互排斥。選載灃為攝政王，對袁世凱的權勢將是有力的鉗制。

還有一點很重要，載濤在他後來的回憶中曾做過這樣的分析：「慈禧太后自認為身體尚好，準備在接下來的新皇時代繼續垂簾聽政，所以側重於冊立幼君。」[5] 這就要求新君背後的政治勢力絕對聽命於她，而當時較為符合條件的就只有3歲的溥儀和他的父親載灃。換言說，正是載灃性格的溫和讓慈禧太后垂青於他。

由此可見，是慈禧太后對權力的貪欲和私欲導致了載灃軟弱政權的出現。

學者蕭功秦這樣評價慈禧太后此舉：可以說，慈禧選擇載灃與年僅3歲的溥儀作為大清皇權的繼承者和監國者這一件事，是這位執掌中國大權達40年之久的最高執政者所犯的許多錯誤中，最後的也可以說是最為致命的錯誤之一。因為，當中國最需要一個有經驗、能力和意志力的決策權威人物的關鍵時期，慈禧竟然為了一己私欲，而選擇了最不適於作為最高執政者的人物來充當此任。[6]

他還以俄國最後一位專制君主尼古拉二世與載灃作比，發現兩者有著驚人的歷史相似性。在1894年，尼古拉二世繼承亞歷山大三世成為新的沙皇，尼古拉二世具有優秀的個人品性，他簡樸、謙和，熱愛家庭，頗具教養。但是令人遺憾的是，他的這種高貴優雅的素養對處理政治危機毫無用處，因為危機時代需求的治世之才，除了眼界開闊、富有政治魅力，更應該具備頑強、果敢、靈活的特性。「可以肯定的是，在19世紀與20世紀之交的俄國，只有另外一個像彼得大帝那樣的俄國沙皇出現，才能夠拯救羅曼諾夫王朝和帝制俄國，而尼古拉絕不是這樣的君主。清王朝的攝政王載灃也同樣如此。」[7]

歷史已經證明，從中世紀社會向近代社會轉型可以通過內部的改革而實現，條件之一是必須有雄才大略的領袖及其助手組成的領導者群體的籌劃、決斷。德國的俾斯麥與威廉二世、俄國的彼得大帝，還有明治時期的強力政府都曾成功地

5 載濤：《載灃與袁世凱的矛盾》，《晚清宮廷生活見聞》，第79頁，文史資料出版社，1982年版。

6 蕭功秦：《危機中的變革——清末現代化進程中的激進與保守》，第246頁。

7 蕭功秦：《危機中的變革——清末現代化進程中的激進與保守》，第246～247頁。

第十章　皇族少壯派與地方權臣在角逐

扮演過這樣的歷史角色。一個無可辯駁的事實是20世紀初期的中國沒有這樣的強力權威應運而生。這一切都決定了載灃政權運行的艱難性。

但載灃被超拔為攝政王之後，在主觀上深知責任重大，很想勵精圖治，使帝國呈現出新氣象，使各項改革逐步推進。在宣統皇帝繼位的第二天（1908年12月3日），攝政王以皇帝名義發出上諭，強調政治改革事業的連續性：「凡先朝未竟之業，莫不敬謹繼述」「屆時即行頒布欽定憲法」「仍以宣統八年為限，……期在必行」。[8]

攝政王還頒發諭旨，規定自此朝廷的諭令須由軍機大臣署名方生效，意在參照君主立憲國由國務總理附署之制。攝政王每日必臨朝聽政，並頻繁召見臣工。一切奏章，他都要親自批閱，還仿照雍正皇帝，在所有奏摺上勤加朱批。即使在普通的謝恩折上，攝政王也打破常規，加以批示，諄諄以憲政為囑。

居喪期間，攝政王經常召集軍機大臣和會議政務處大臣籌商預備立憲之策。特別指示他們，凡是朝廷交議的有關憲政事件，要首先研究，議覆不得超過5天。他認為諮議局是立憲的基礎，非常重視。他關心羅致憲政人才，應端方之請，還重新啟用了在戊戌變法期間被罷黜的翁同龢以及原湖南巡撫陳寶箴。並不時敦促督撫認真籌辦憲政。[9]

1909年3月6日，在頒布的上諭中，攝政王再次重申預備立憲國策的不可動搖性，「國家預備立憲，變法維新，疊奉先朝明諭，分年預備，切實施行」。[10]

為了表示政府的立憲決心，6月23日，帝國政府以陝甘總督升允奏阻立憲開缺，從而打破了立憲以來處分地方大員的記錄。[11]

攝政王還借著對已故皇帝舉行奉安典禮的時機，邀請各國使節和日本親王來到皇宮參加宴會，希望他們能夠理解並支持帝國的改革事業。至少從表面看來，他能夠做到舉止文雅，從容自若，與各國代表一一握手，氣氛十分友好。[12]

攝政王力求人們把他看作一個開明的、力求與各國友善的新一代中國執政

---

8 《清末籌備立憲檔案》，上，第68～69頁。

9 參見侯宜杰著：《二十世紀初中國政治改革風潮》，第221～228、470頁。

10 《清末籌備立憲檔案》，上，第71頁。

11 韋慶遠等：《清末憲政史》，第280頁，中國人民大學出版社，1993年版。

12 （美）李約翰：《清帝遜位與列強》，第33頁。

者。他希望以自己的改革姿態贏得社會各個階層的信任。客觀評價，這樣的願望和作法，對於任何走向前台的新一代執政者，都是至關重要的，也是必要的。

攝政王主政初期的一系列變革姿態贏得了一定的社會擁護，包括立憲派的高層人物對現行政府依舊抱有希望。

在國內，各省的立憲派都積極籌備諮議局以為憲政作基礎。在海外，原政聞社社員們在東京成立了諮議局事務調查會，並出版《憲政新志》，介紹各國議會的運行機制，並向海內外華人隨時報告國內憲政進程，或批評政府的稅收政策，希望對政府工作產生積極影響。

梁啟超則在攝政王主政之前就上書載澤，建議於宣統元年頒發「大詔」，廣拔「賢才」，向全國表明立憲的決心。[13] 此後，更加密切關注國內的立憲革新動向。

但是攝政王一旦著手進行深度改革，就會發現事事受阻，推行不易。

在傳統王朝推行的現代化運動中，有兩個因素一旦相互結合，將可能導致這個專制王朝的新政改革過程迅速走向改革危機。第一個因素是民眾與知識分子自下而上的政治參與壓力的急劇膨脹並超越了現存專制政治的承受限度；第二個因素是傳統政治中心的權威與整合能力由於某種原因而急劇流失，從而使中央政權喪失對時局與社會矛盾的控制能力。[14]

攝政王正是面臨著這樣的難解困局，在沒有足夠政治權威和缺乏政治安全感的前提下，他試圖拉攏有辦事才能的親貴壯大自己的力量。

攝政王之胞弟載濤雖只是年輕親王，卻渴望縱橫疆場，並與馬產生了不解之緣。不但愛馬，而且騎術精湛。在當年的北京城中，濤貝勒騎馬、養馬、相馬是出了名的。他對軍事懷有特殊的興趣，這是有歷史原因的。滿族人具有我國北方騎射民族的特點。到清後期，雖然皇室腐敗現象日益嚴重，但對滿族官員仍強調文武兼備。載濤的父親老醇王是皇族中公認的軍事將才，一生主要是帶兵、練兵。

其實載濤身上雖沒有乃兄載灃性格中的猶豫，也同樣缺乏必要的政治經驗。

但1908年12月19日，剛剛登上攝政王寶座的載灃，就使用宣統皇帝的名義，

13 參考《梁任公先生年譜長編初稿》，第5冊。

14 蕭功秦：《危機中的變革——清末現代化進程中的激進與保守》，第240頁。

下旨晉升載濤的爵位：「貝勒載濤著賞加君王銜」。1909年8月15日，載濤又得到一枚二級寶星榮譽勛章。這個勛章等位頗高，不輕易頒發，只獎給那些有特殊功績的人物。同時受勛的毓朗、鐵良、薩鎮冰等人都是在新政事業中功勛卓著的大臣，但得到的勛章級別卻低於載濤。同年10月14日，載灃再次下旨晉升載濤的爵位：「賞郡王銜人多羅貝勒載濤佩戴郡王爵章」。在短短不到一年的時間內載濤加官進爵，離實封郡王只差一步之遙。

除了載濤，庚子事變之後迅速崛起了一批皇室親貴子弟，他們在思想傾向上屬於追求變革的少壯派政治人物。這樣的政治聯盟產生的影響可想而知。

直到此時，袁世凱在長期的政治生涯中仍舊能夠做到準確把握時局，順勢而動，其開明態度、鐵腕形象在朝野上下乃致國內外都具有強大的政治號召力。不論袁世凱在這個時期於主觀上是否有分離傾向，他的勢力之大足以讓新崛起的政治核心心存顧慮。同時，由於慈禧太后這一權威的消失，也在客觀上為袁世凱減少了政治上的束縛。無論是袁自己，還是皇族少壯派們，雙方都心存猜忌，兩者的不信任導致時局更加緊張，甚至達到劍拔弩張的狀態。

但是事情絕非這麼簡單——矛盾和猜忌只存在於皇族少壯派與袁世凱個人之間。因為袁世凱並不孤獨，他雖然入值軍機，坐鎮中央政府，但一直是地方實力派的代表人物，並且身後有強大的立憲派力量作為後盾。

而以攝政王為代表的皇族少壯派也並不單單是滿人政權的代言人，同樣也是中央政府天然的忠實維護者，也是繼慈禧太后之後近代化改革運動的實際主持者。無論哪一派政治力量在角逐中落敗——不管是袁世凱還是皇族少壯派，都意味著新政改革必將受損。

一旦袁世凱在政治上被排擠出局，則預示著立憲派中的大部分人將與政府結下仇隙。更預示著地方督撫權力遭到削弱，局勢勢必朝著危機方向發展——轟轟烈烈的政治改革很可能以政治紛爭、國家分裂而告終。

一旦皇族少壯派的中央集權政策受阻，則意味著近代化進程遭遇挫折。作為一個後起的東方國家，在沒有強有力中央權威的前提下，不僅為列強的強勢干預提供了便利條件，而且政治體制的轉型、新政政策的順利施行也無從談起。

也正因如此，兩者的對立和矛盾更顯得錯綜複雜。

中央政府與地方督撫紛爭的背後

帝國的新政是在內憂外患的險惡歷史背景中開展的。

本來開局還算順利，戊戌政變之後慈禧太后在壓制政治變革的同時，並沒有放棄實業經濟的建設，所以帝國已經具備了一定的新政根基。新政詔書頒布之後，社會的經濟、軍事、文化教育等各項改革大體能按部就班地進行，並直接推動了政治體制本身的變革；但是改革形勢的發展，不但沒有消除帝國內憂外患的壓力，而且進一步激化了一系列的新矛盾。

新政改革尤其是憲政改革，涉及到各派政治力量的權力和利益衝突。

太平天國運動的發生是漢族官僚崛起的重要契機，曾國藩、胡林翼、李鴻章、左宗棠等出任地方督撫、朝廷重臣，取得了軍事、財政兩大權力，開始打破中央集權的局勢，「自是督撫權力得發舒矣」。[15]

在庚子事件中，當中央政府對列強宣戰時，東南沿海、沿江各省的漢族督撫，如劉坤一、張之洞、李鴻章、袁世凱、劉樹棠等，甚至包括在戊戌時被光緒革職，後被慈禧太后委以閩浙總督重任的許應，不但未能如太平天國運動時期的曾國藩、胡林翼那樣見危受命，挽危救顛，反而與列強簽訂《中外互保章程》。雖然對中央政策的抵抗是在「亂命」、「矯詔」的名義下進行的，且對皇權主義的象徵與體現者光緒皇帝表現出政治上的擁戴和支持；雖然這個時候地方督撫表現出與西方緩和的開明姿態使中國大半領土免於兵火，但這畢竟是地方勢力足以和中央抗衡的重要標誌。

新政正式舉行之前，張之洞、劉坤一的《江楚會奏三摺》，袁世凱的《新政條陳》，又顯然成為地方新政的指導藍本，並且直接促成了全方位新政事業的開啟。地方督撫，特別是漢族督撫對中央政府、政局的影響急劇加強，出現了「各省督撫之力，未嘗不足以敵中央」的局面。[16]

自從頑固派官僚剛毅自作聰明製造出「漢人強，滿洲亡，漢人疲，滿人肥」的口訣以來，滿漢之間的成見和相互猜疑已深植滿族親貴心中，這就使中央與地方的矛盾同滿漢矛盾混淆交織在一起。

在地方官制改革之初，地方督撫對中央政策的牽制力度之大已經非常明顯。

---

15 《民報》，第8號，《滿洲立憲與國民革命》。

16 《東方雜誌》，第7年，13期，《社說》。

坐鎮湖北的張之洞針對地方官制改革方案，第一個站出來明確表示反對態度，以民情浮囂、物力匱乏為由，請求「舊制暫勿多改」，只可「就現有衙門認真考核，從容整理」。繼之以二電，論駁設立高等審判廳以專司審理案件之事。他認為假如實行司法獨立，而督撫卻無權過問，就會有人強行套用西方法律，而革命黨人則「曲貸故縱」，不過數年，就會「亂黨布滿天下」，「羽翼已成，大局傾危，無從補救」。[17]

張之洞作為一個地方軍政官僚，他這樣的擔心並非沒有道理，但是在他防止革命亂黨、維護清朝統治的忠言背後，又維護了督撫們的司法權力。

在1908年的《東方雜誌》上即有人指出了張之洞的政治用心：「鄂督之爭司法權也，清議然尤之。夫以鄂督之公忠明達，豈不知三權鼎立為今日國家學之通義哉？故弗顧公論而為此囂囂爭者，彼誠見夫兵權，財權既已盡去，則疆臣益無以自主。」[18]

在預備立憲過程中，中央與地方督撫間的矛盾不斷加深，地方官員對清廷「不能無憤」，不能不懷抱「惡感」，不可避免地促使督撫與中央情意分離。[19] 使包括滿蒙督撫在內的大量地方官員同中央政府的矛盾幾近公開化。

清末新政期間，中央各部都設法在省一級設立直屬機構。各省督撫對設在本省的部屬署、局普遍持反對態度，有的省份明確反對，多數下設機構只是在名義上隸屬中央部堂，實際操控權還在地方官員手中。

在1904年，商部尚書載振計畫在各省建立商部分支機構商務局，以期從中央到地方實現政令通達，全國商務有序展開。但是由於各省的實業建設早在中央下達政策之前就已經大面積開展，所以早已經有了類似於商務局的官方機構，這就涉及到中央與地方的利益分割問題。各省督撫普遍反對商部的決定。但是在各省設置中央直屬機構是近代化國家不得不做的一項行政改革工作，所以在當年的8月份，商部的直屬機構商務局還是在朝廷的強制要求下於各省成立。但是具體設置方式已經不得不與地方督撫妥協。

按照商部的要求，商務局的負責人商務議員必須精通工商事務，具體職責為

---

17 《時報》，光緒32年12月3日，光緒33年1月12日。

18 《東方雜誌》，第4年，第2期，《社說》。

19 《東方雜誌》，第7年，第12期，《社說》。

貫徹落實商部制定的有關發展工商業的政策，並協助、監督本省的落實狀況，以及進行工商實業和相關事務的調查統計，並按期編制統計數據上報商部，此外還有保護工商業者和歸國僑商的任務。

商務局作為中央部堂直屬機構，自然有直接向商部報告的權力，但其報告的副本需要同時呈送所在省督撫。

但是後來的運行情況讓商部十分尷尬。到1908年，全國已經任命了44名商務議員分派各省，但是他們卻無法執行商部的指示。他們在名義上是商部的屬員，在實際上卻是各省督撫的行政下屬。據當時的媒體揭露，有些省份對於商部的問詢函件過了六七個月都不回覆，商部官員多次電報催問，還是一味推遲。[20] 致使商部不得不訴諸朝廷。

在1906年，商部為監督各省各段鐵路建設，提出設立路務議員，在此之前制定了《路務議員辦事章程》12條，分發各省督撫，希望能得到配合。商部設置路務議員是為了統一全國鐵路建設，其重點是控制財權與用人權。這一設置必將受到督撫們的抵制。

時任直隸總督、北洋大臣的袁世凱在接到章程的第二天，就將反對意見呈奏。奏章中對章程進行了逐條反駁，其觀點頗能代表多數地方官員的意見。

袁世凱在奏章中提及政治改革、新機構設置帶來的權限劃分問題，他認為國家設官任職，關鍵之處在於劃清「立法、行政」兩類機構的權限：「內而各部皆為立法之地，此中央之所以集權；外而各官皆為行政之人，此地方之所以寄治。」

袁世凱強調，在當時的情況下，中央各部與地方各省之間，在推行政務的過程中，應該通過各部首腦與各省督撫發生往來，中央部堂的意見不應該越過督撫而通過直屬機構聯繫。他警告說，如果中央蹴然間實行高度集權的手段，會造成權限不明，如果行政關係不夠順暢，則可能導致嚴重的後果，甚至「事墮法亂，而國危矣」！他特意強調說，他提出這個意見的初衷是「政體攸關，治亂所系」，無意與「部臣爭事權」。[21]

隨著彼此裂縫的擴大，剛剛走向政治前台的皇族少壯派由於缺乏政治資源，

20 《東方雜誌》，第2年，第9期，第88～90頁。

21 《袁世凱奏議》，下，第1291～1294頁。

愈發不敢委以權臣重任。皇族少壯派成員對實權的占據所帶來的負面影響，重點並不在於他們本身不具備優良的行政能力，而是在政治感情上造成了地方督撫更大的離心傾向，在實際利益上地方督撫的權力受到了侵蝕，同時，督撫權力在短時間內被削弱，在操作上也增加了他們推行新政的難度。地方督撫與中央政府的矛盾，在這一時期主要表現為對皇族親貴的政治離心傾向。

在中央官制改革之後，從袁世凱控制的6個鎮的新軍中抽調出4個，交付新任陸軍部尚書鐵良親自指揮，同時宣布各省新軍統歸陸軍部掌管。儘管在表面上實現了軍事中央集權，但是這種集權是極其脆弱的，因為鐵良雖有治軍之才，卻並不能在短時間內獲得新軍中上層軍官的支持，袁世凱在軍中的威望還存在著。另一方面，對袁本人的過度排斥也激起了袁的離心傾向和戒心。

1908年12月底，攝政王載灃欲以「跋扈不臣，萬難姑容」[22] 的罪名，嚴懲袁世凱。

善耆和載澤也從集權中央的角度出發，建議攝政王將袁世凱嚴加處置：「此時若不速作處置，則內外軍政方面，皆是袁之黨羽；從前袁所畏懼的是慈禧太后，太后一死，在袁的心目中已無人可以鉗制他了，異日勢力養成，削除更為不易，且恐禍在不測。」[23]

海外立憲派的某些領導人因為在感情上不能容納袁世凱，也乘勢煽動。康有為在《上攝政王書》中，認定光緒實為袁世凱所殺，請「殺賊臣袁世凱」：

罪臣康有為稽顙上書監國攝政王爺殿下：

十月二十一日驚聞大行皇帝上賓，天地晦冥，山川崩竭，薄海號痛，泣於昊天，鼎湖攀髯，呼號莫及。嗚呼痛哉！豈謂御宇三十四年捨身愛民之聖主，而棄我臣民如此其速，且如此其酷也。

有為僻居海外，遙聽所得，僉謂逆臣袁世凱蓄謀篡弒，已歷歲年，今次大喪，又適與大行太皇太后之喪後先銜接；稽諸前史，從所未聞，舉國洶洶，杯弓蛇影之痛，懷莫能釋，自推原禍首，莫不集矢於逆臣袁世凱之一身。有為痛急之餘，不揣冒昧，曾僭電殿下，請討賊臣人安社稷，未審九閽深邃能達典簽否也？

---

22 《近代史資料》，1980年第2期，《端方密函》。
23 《辛亥革命回憶錄》，第6集，第324頁。

自頃日讀宮抄，見大喪之禮無異常，豈先帝之喪實由天禍，而非有如外間所擬議者耶？抑有深哀隱痛，為臣子所不復忍言，而為先帝諱之者耶？海外孤孳，固不敢妄為臆測。雖然逆臣袁世凱為先帝之罪人，固已昭昭然天下所共見，苟有弒逆之事，其惡固擢發難容，即無弒逆之跡，其罪亦難從末減。有為躬受先帝厚恩，而先帝之知世凱，實由有為，今有為若不揭其惡而正其罪，則將何面目以見先帝於地下，故敢瀝述前事，為殿下陳之。[24]

這個時候，康、袁兩人在立憲主張上並沒有根本分歧，至於真正的隔閡，則在於康有為對袁世凱的不信任，而這種不信任是在10年前的戊戌政變期間造成的。

但張之洞卻極力反對，這一點也是康有為事先預料到的，張之洞勸告攝政王不可感情用事——「主少國疑，不可輕於誅戮大臣」，[25] 請求允許袁世凱辭職「乞骸骨」。[26] 張之洞之所以能在入軍機後與袁世凱相容共處，並於關鍵時刻祖護袁世凱，一因兩人都是在地方督撫位置上崛起的漢族官員，是中央集權的削弱對象，有共同的政治命運：他在為袁送行時嘆息說「行將及我，亦自危其勢之孤也」。[27] 二因皇族少壯派的崛起在客觀上削弱了張之洞的地位，張之洞雖入軍機，但徒擁高位。攝政王雖然在感情上希望籠絡這位老臣，常以擬就諭旨使其覆核，「然垂詢之意，僅在文義之協否，而非事實之當否也」，一旦涉及實際操作層面的問題，攝政王並不尊重張之洞的意見，所以張之洞雖有所「諫諍」，但「孤掌難鳴」。[28] 三因張之洞本人的政治道德。

攝政王就懲戒袁世凱之事還密電徵詢北洋新軍中的漢族軍官意見，第四鎮統制吳鳳嶺、第六鎮統制趙國賢的答覆是：「請勿誅袁，如必誅袁，則先解除臣等職務，以免兵士有變，致辜天恩。」

袁世凱在醇親王載灃被任命為攝政王以後，也曾做了一番努力。他以國家需

24 康有為：《上攝政王書》，《戊戌變法》（二）。

25 薄傑等著：《晚清宮廷生活見聞》，第80頁，文史資料出版社，1982年版。

26 《近代史資料》，1980年，第2期，《端方密函》。

27 張一麐：《心太平室集》，第8卷，40頁。

28 《東方雜誌》第6年，第11期，《南皮張故相遺聞》；第6年，第10期，《體仁閣大學士張公之洞事略》。

立長君為由，建議載灃自己做皇帝，他希望以擁立載灃做皇帝，來求取對方的政治諒解，可是他這個建議不僅未被載灃接受，反而召來一頓嚴厲申斥。袁世凱不得已，乃稱病請假到天津小住。

袁世凱的政治影響不單局限在國內。當時英國駐中國公使朱爾典認為袁世凱是中國「唯一強有力的人」。伊藤博文在袁世凱被排擠出局後這樣評論道：「隨著袁世凱的退休，北京政府中再也沒有一個性格堅強，並有知識和才能的人。」

因為筆者所掌握的材料有限，尚不能確知伊藤博文拋出此番話語的真正目的，不能排除他試圖利用自己的政治影響挑撥清王朝政局的目的，但是從一個側面也反映出袁世凱的政治影響力之大。

對中國局勢觀察仔細的另一西方人士指出：慈禧太后的去世與袁世凱的去職，使中國出現了政治權力上的真空狀態。

攝政王最終於1909年1月2日以宣統皇帝名義降下上諭：「軍機大臣外務部尚書袁世凱，夙蒙先朝擢用，朕登極之後，復與殊賞，正以其才可用，使效馳驅，不意袁世凱現患足疾，步履維艱，難勝職任。袁世凱著即開缺，回籍養痾，以示朝廷體恤之意。」

很顯然，在上諭用語中攝政王十分慎重，這是他權衡利弊後的決斷。袁世凱接到「回籍養痾」上諭時身在天津，他的恐懼是發自內心的。

英國公使朱爾典出面表示願意擔保其生命安全，於是袁世凱懷著沉重的心情由天津返回北京，向攝政王辭行。

袁世凱一手打造的北洋六鎮在這個時候各個統制的名單為：第一鎮統制何宗蓮，第二鎮統制馬龍標，第三鎮統制曹錕，第四鎮統制吳鳳嶺，第五鎮統制張懷芝，第六鎮統制段祺瑞。

袁世凱雖發跡於朝鮮半島，但在政壇上真正崛起還是因為創制並訓練了規模宏大的新式軍隊，即北洋新建陸軍；他被攝政王勒令回籍也大半是因為他坐鎮北洋，權高蓋主。

正所謂「成也北洋，敗也北洋」。推而廣之，這句話甚至可以概括他的整個生命歷程。

袁世凱惶恐而慘然離開北京時，很多人躲之不及，名流中，只有楊度等立憲派人士送行。他們對袁的寄托和仰仗是發自內心的。

袁世凱先從北京回到河南項城，繼而移居彰德府北門外的洹上村。洹上村有

天津何氏的別墅，袁世凱予以購置添修，題名養壽園，自號「洹上釣叟」。

但是在朝廷上，袁世凱的政治追隨者徐世昌並未因他的失勢而受影響，仍舊外放總督、內調尚書，後升任內閣協理大臣（內閣副總理）；袁世凱的幕僚之一趙秉鈞則任民政部侍郎；兒子袁克定仍在郵傳部任丞參；此外，內閣總理大臣奕劻、陸軍大臣蔭昌也和他保持著密切的聯繫；在各省督撫大員中，袁世凱還有眾多的政治盟友。

但很難說此時的袁世凱對整個政局有多大的把握，充其量可以說他是一支「政治潛力股」。

攝政王載灃受德國皇室影響很深，他曾親眼目睹德國皇族從幼年時起，就身受極為嚴格的軍事訓練，他認為國勢的強盛即源於皇室的強盛。但載灃身邊的支持者當中，除了載澤、善耆等少數人外，都沒有太多的政治經驗。他在不待羽毛豐滿之時，就迫不及待地向地方督撫開了刀。

攝政王對袁世凱的驅逐也為日漸高漲的革命派的反滿宣傳提供了又一個有力證據。

學者雷俊在他《載灃集權政策與清末政爭》一文中這樣評論道：

清代兩百多年，滿漢民族矛盾一直尖銳，加之載灃上台後以打擊袁世凱為首要目標，因此，人們常誇大民族矛盾在政爭中的影響，把載灃的集權政策歸結為打擊漢族勢力，實行滿州貴族集權，把清末政爭說成滿漢之爭。其實，光緒末年政爭雙方多為漢族大臣，如1907年「丁末政潮」時的瞿鴻禨、岑春煊和袁世凱、奕劻之爭，而載灃時期的政爭基本上在滿州重臣間展開。載灃集團內部也產生混戰。載灃、載澤、善耆在對付奕劻、袁世凱時結成統一戰線，但在政治利益面前，他們的分歧也愈來愈深。善耆雖然反對袁、慶，但他對載灃兄弟三人是極力敷衍，貌合神離，在憲政問題上與載灃存在分歧，主張速開國會，設立內閣，對立憲派也極力拉攏。鐵良與袁世凱矛盾甚深，載灃上台之初對他十分倚重，但不久就將他拋棄。載灃這樣做出於兩方面考慮：一是鐵良在滿州親貴中號稱「知兵大員」，軍中聲望僅次於袁世凱，既有才幹，又有經驗，若由他掌握軍隊，載灃兄弟勢必大權旁落；二是載灃等認為鐵良曾受奕劻提拔，是奕劻的心腹之一，不去鐵良，則奕劻勢力依然存在，仍將永遠把持朝政。在載灃等人的排擠下，鐵良只得托病辭去陸軍大臣。載澤為載灃集團有頭腦、有膽識的幹將，但亦與載洵、

載濤不睦。當時，新加坡《星洲日報》曾以「清廷之內亂」為題發表評論，對清末貴族之明爭暗鬥進行深刻揭露。載灃打擊的對象既有袁世凱這樣的漢族重臣，又有奕劻、端方、鐵良這樣的滿州貴族；既有阻撓立憲的蒙古人陝甘總督升允，又有玩忽憲政的漢人毛慶藩。依靠的對象既有載洵、載濤、良弼等少年親貴，又有吳祿貞等大批漢族留日士官生。清末政爭，不僅有漢族大臣參與，更有滿州貴族充當主力，政爭的任何一方，都有漢人參與支持。因此，清末政爭早已超過滿漢之爭的範圍。參與政爭的各派均為清末預備立憲的實際主持者。載灃集團的主要人物都堅持立憲，如度支大臣載澤、民政大臣善耆與國內外立憲派關係密切。較受立憲派擁護的海軍大臣載洵也與海外立憲派梁啟超暗中往來，奕劻等人對立憲的態度和決心仍然未改變。論爭雙方的中心問題是自己一方在預備立憲中的地位，新內閣中的職位如何分配即為焦點。[29]

　　由此可見，這一時期統治集團內部的爭奪實質為權力的再分配，具體來說是對憲政改革領導權的爭奪。因而將它視為單純的滿漢之爭只會掩蓋爭鬥的背後真相。在官僚體制內部，民族矛盾已不再是主要矛盾，或者只能說是表面矛盾。清末預備立憲進入攝政王主政時代後，載灃從實現中央集權目標出發，堅持既定的9年預備立憲期不可猝然改變，而許多立憲派官員和民間立憲人士則認為9年之期太長，要求在短期之內召開國會，成立立憲政體下的責任內閣。這一時期的政爭又是立憲急進與緩進之爭的一次大爆發。

　　以攝政王為首的少壯派勢力也並不是鐵板一塊，載灃的個人性格以及政治背景已經無法讓他成為像慈禧太后那樣的鐵腕人物，所以就無法形成一個強有力的權威中心。在這樣的情況下，不僅大量漢族官僚的離心傾向日益明顯，就連在親貴內部，也無法達成共識，載灃難以控制那些素質並不低劣但實在是桀驁不馴的親貴高官，以致於形成「政出多門」的政治局面。

　　以保守著稱的御史胡思敬在民國時期回憶說：「大清之亡，亡在皇綱不振，威柄下移，君主不能專制，而政出多門。」他認為攝政王載灃若能把握政權，力行專制，「雖以無道行之，未遂亡也」。[30] 胡思敬將清王朝滅亡的原因，歸結為

---

29 雷俊：《載灃集權政策與清末政爭》，原載：《荊門職業技術學院學報》，2005年7月。

30 胡思敬：《退廬全集》，總第1301頁。

沒能建立起獨裁專制，無疑是大大的錯誤。這一時期的中國所需要的不再是獨裁專制，它救不了中國，更無法挽救自己的頹勢和終將滅亡的命運，獨裁專制只能將國家引向更大的分裂和危機。但是在清末新政的政治改革中，國家內部民族矛盾日益尖銳，統治集團內部的政見紛爭，「政出多門」更是加重了局勢的混亂，削弱了政府對整個社會的整合能力。

袁世凱被驅逐出政治舞台之後，攝政王為了填補權力的空白，啟用了大批從日本歸來的軍事留學生，他們成為新軍的領導人。新任陸軍部尚書蔭昌是從德國歸來的人員，禁衛軍協統良弼是留日的士官生。在地方各省，留日歸來的士官生們也成為新軍的領導人。吳祿貞、藍天蔚、閻錫山以及蔡鍔等人已經坐到標統的位置，後來，張紹曾、吳祿貞甚至有權調動整支軍隊。攝政王希望這批新興力量能夠效忠帝國，但是結果讓他非常失望，因為比及袁世凱這樣的老一代漢族官僚，這些年輕人更容易接受革命思潮的影響，甚至在成為軍方高級將領之前，他們中的很多人就已經接受了孫中山的革命排滿學說。

滿人官員鐵良同樣也受到新一代政治核心的排斥，雖然他在接手袁世凱的北洋四鎮之後遭到袁的彈劾，袁在慈禧太后面前攻擊了他的治軍思想，但是事實情況是，這位旗人頗懂軍事，甚至在軍事知識方面並不亞於袁世凱。他成為袁世凱之後能夠調度北洋新軍的唯一人選，但是他也被捲入到權力的更新過程中。奕劻的反對派們認為鐵良是其得力臂膀，欲除奕劻，應先驅除鐵良。權貴內部的紛爭也在削弱著中央政府的掌控力量。

《張謇日記》中寫道：

> 假如袁世凱一旦死亡，北洋的新軍，據我所知，只有鐵良尚能運用，鐵良在旗人中，是比較幹練而有計畫的人。他對於陸軍，亦曾埋頭研究，他在軍事上的知識，並不低於袁世凱。不料載灃聽先入之言，罷斥鐵良，而用，不啻自壞長城也。[31]

袁世凱、端方罷職後，官僚立憲派力量大損，人們甚至普遍對載灃的立憲態度產生了懷疑。二人素來被視為官僚立憲派的兩面旗幟。端方在要求速開國會呼聲日益高漲之時，上奏速開國會，認為時局險危，非速開國會不足救危，並試圖

---

31 劉厚生：《張謇日記》，第167～168頁。

說服攝政王不要「孤立於廟堂之上」。

在1909年，中央政府出現了真正的新老交替現象。

這一現象其實從庚子事件時候就已經開始。1901年，李鴻章去世，第二年，實權派人物劉坤一也離開人世，開明的滿族官員榮祿繼而在1903年辭世，王文韶在當年也離開了政治舞台，在1908年帝后幾乎同時崩猝，張之洞隨之於1909年在北京病死。繼而，連孫家鼐、鹿傳霖、戴鴻慈這樣一批稍具宏觀視野的老一代官員也紛紛謝世，端方則被驅逐。

1909年10月4日，這是張之洞在世的最後一天。攝政王前往他的府上探視，張之洞對攝政王進行了最後一次勸諫，他希望這位真正的掌權者能夠正視帝國面臨的危機，採取協商而不是對抗的政策處理一切政治爭端，革除積弊，以圖振作。攝政王並沒有指望從這位垂死的老臣那裡得到治國良策，只是做了象徵性的慰問：「中堂公忠體國，有名望。好好保養。」張之洞則說：「公忠體國，所不敢當，廉正無私，不敢不勉。」

張之洞的臨終建言沒有對攝政王起到絲毫的作用。

載灃離開之後，陳寶琛問張之洞：「監國之意如何？」

張之洞長髯抖動，感慨道：「國運盡矣，概冀一悟而未能也。」[32]

張之洞一生赤膽忠心，坐鎮武漢，心向朝廷。入軍機後在形式上由地方官員而入閣拜相，達到了一個士大夫所可能達到的最高地位，他試圖力挽狂瀾，卻並不受重用。他的同僚胡思敬說他「生平多處順境，晚歲官愈高而境愈逆，由是鬱鬱成疾。」[33]

漢族實力派官員締造了帝國的中興局面，雖然現代化之路走得坎坷蹣跚，仍舊可以說成績不少。他們對最高統治者忠心耿耿，並且歷經磨練，慈禧太后在世期間雖然多方對他們進行制衡，但是大體也能夠做到人盡其材，用人不疑，這是一段漢族官僚同清朝皇室之間的合作「蜜月期」，兩者的政治關係較為穩固。與此同時，這些風格各異的地方權臣們擁有自己獨特的個人魅力，在士紳階層甚至社會底層擁有較高政治威信，特別是在漢族群體中，他們的存在維繫著帝國皇室的合法性。

---

32 許同莘：《張聞襄公年譜》，第223頁。

33 胡思敬：《國聞備乘》，《近代稗海》，第1輯，第301頁。

　　榮祿、端方、奕劻，甚至鐵良，這些滿族官員，雖然他們之間的政見並完全不相同，但是因為自身的政治影響力的存在，與不同的漢族官員形成了政治同盟，也是維持帝國穩定的重要紐帶。

　　然而，到了1909年，這樣的調和型政治人物愈來愈少，各派政治力量的矛盾日益表面化、複雜化。

　　西方人士也不無感嘆：「這一切都表明，中國在充滿危機和困頓的時期，卻沒有突出的中國領袖人物足以應付可能發生的困難。」[34]

　　攝政王領導下的新政治核心雖然取得了暫時的勝利，但所要面臨的時局也更為嚴峻，他們試圖通過進一步加快中央集權步伐消弭矛盾。

　　「督撫大權，無過兵、財二政，將事裁抑，此為最先。」[35] 1909年1月11日，在攝政王的主導下頒布《清理財政章程》，中央設清理財政處，各省設立清理財政局，由度支部派專任監理官赴各省清理財政；從本年起，各省清理財政局必須按季度詳報本省財政收支數字。該章程公布後，地方督撫紛紛上書，或婉言抵制，或指控彈劾本省財政監理官獨斷專橫，一時間紛爭四起。是年12月，度支部彈劾甘肅藩司毛慶藩「不以清理財政為然，訾警部章，詆為多事」。清廷降諭斥責毛慶藩，但地方督撫與中央的財政糾紛仍舊是有增無已。

　　同年底，中央政府為直接控制大宗鹽稅收入，又設立督辦鹽政處，頒布鹽政新章程，將鹽稅收入及「各省鹽務用人行政一切事宜」收歸中央督辦大臣之手。[36] 因為鹽稅乃各省財政收入的大宗進項，而推行新政事項——諸如辦學校、辦實業、舉行地方自治又需大量前期投資，耗用巨大，中央壟斷政策不但引起有鹽稅收入省份督撫的抗議，其他督撫也分紛紛表示反對。

　　度支部尚書載澤親自兼任督辦鹽務大臣一職，他毫不退讓，堅稱推行此章程對國家有利無弊，決無「不便之處」，一時間地方督撫與度支部矛盾衝突極為嚴重。攝政王為此下諭，要求各省督撫與鹽政大臣以國事為重，「和衷共濟，妥協辦理」。[37]

34　（美）李約翰：《清帝遜位與列強》，第29頁。

35　《清末籌備立憲史料》，上冊，第413頁。

36　參見《東方雜誌》，第6年，第13期，《記載一·宣統元年十一月大事記》。

37　《宣統政紀》，總第583頁。

第十章　皇族少壯派與地方權臣在角逐

但是複雜的紛爭不可能因為一紙上諭而告終結。

在軍事上，清廷於1910年春由軍諮處出面通告各省督撫，擬派參謀官到各省督理軍務，統一整合全國軍事力量。海軍處也電令駐各省兵艦沒有海軍處命令，不得擅離駐地。

這些謀奪督撫軍權的政策，遭到以東三省總督錫良為首的各省督撫的強烈抵制與反對。

如果說督撫們的主張就是為了一己私利，擁兵自重，也不符合歷史事實。湖南巡撫這樣表達他的反對意見：「督撫權限分析宜加慎重，……軍事一項，宜勿奪其統屬之權，以資調遣。」[38] 湖廣總督以「督撫若失軍事實權，即將無從負疆圻任」[39] 為由反對中央決策。

此後中央和地方的矛盾一直升級。雲貴總督李經羲首先致電軍諮府，聲稱：如果實行軍諮使監視各省軍務而不受督撫節制，那就請朝廷將督撫一律裁撤，否則不予承認。

兩江、兩廣、陝甘總督及山東、河南、陝西、安徽、江西、貴州等省巡撫，「因同病之故，乃相憐相親」，以「一人之力不足與中央抗，思互相聯合，以為與中央爭持之基礎」，[40] 聯合電駁，抵制了中央政府的的軍事統籌計畫。

進入近代以來，整個帝國在外國侵略者和地方叛亂的雙重打擊下，中央政權開始衰落，地方勢力抬頭，各省督撫割據一方，掌管各地軍政、民政、財政大權甚至外交權。

客觀的說，清廷在實行地方官制改革的過程中，要削弱督撫財兵二權，收歸中央，不能簡單化地說它是反動之舉。作為後起國家的中央政府，要實現經濟崛起、發展憲政，沒有中央集權、沒有政治體制的現代化是不可能實現的。從經濟角度看，適當加強中央集權，改變畫地為牢的地方封建主義，有利於打破地方保護的閉鎖格局，對於促進資本主義工商業的發展是必不可少的步驟。

政府四分五裂的局面如果不能得到及時遏制，對外既不能有效抵禦外國侵略者，對內又不能維護帝國穩定。加強中央集權是振興國力、轉弱為強的重要步

---

38 《宣統政紀》，總第804頁。

39 《宣統政紀》（二），第70頁。

40 《東方雜誌》，第7年，第12期，《社說》。

驟，攝政王由此著手，本不為錯，集權行為是和立憲工作結合在一起的，本來順理成章。攝政王初上台時，贏得了一片輿論支持，清廷統治集團內部矛盾一度趨向緩和，在當時的情況下，抓住機會適度加強中央集權，削減地方勢力也是非常必要的。

但是，由於清末社會矛盾的複雜性，問題就顯得不是那麼簡單了。過多地削弱督撫的權力，過急地追求高度的中央集權，不僅激化了中央與地方的矛盾，為改革製造了更多的阻力，挫傷了地方督撫的積極性、增加其離心力，而且還造成了省一級行政的真空地帶，使「較小的暴力衝突演變成革命」成為可能。

這個時候清廷其實面臨著兩難的抉擇：要實現君主立憲制，就必須加強中央權威，削弱地方督撫權力，但是稍有不慎，就有可能觸怒地方官員。在空前的政治危機下，一旦造成地方督撫行政管控能力下降，就會導致防衛空虛，使「反政府」力量哄然而起。

其實除了從自身利益出發的地方督撫們，許多開明人士都看到了中央政府措施的失誤，也有人對此可能造成的危害性和難以操作性進行了提前的警告。當時的立憲輿論也並非對中央所採取的舉措一概不解，《時報》評論說：「度支部現在清理財政，各省督撫大員多懷疑懼，而澤貝子（度支部尚書載澤）百折不回，務期得收成效，昨聞各督撫及司道之條陳財政者，已多至百餘起，惟其中各懷私見，恐難實行。」[41]

武昌起義後，大多數省份為什麼會群起響應，「傾刻糜爛」？固然與清廷政治之極端腐敗、人心盡失有關，但與體制改革中不適當地削弱、剝奪督撫權力，使地方形成權力的「空檔」也不無關係。

清王朝發跡崛起於中國東北的白山黑水之間，該政權過程中攝政王多爾袞功勳卓著，當它走到歷史盡頭的那一刻，又出現了第二個攝政王，他不但未能力挽狂瀾，反而讓帝國在他手中消亡。所以又有「成也攝政王，敗亦攝政王」之說。

溥傑在他的自傳中對父親流露出很大的同情，他這樣回憶清王朝滅亡之後的載灃：父親生前堅持不參預偽滿洲國事，只是短時間去看望過溥儀兩三次。他曾表示不同意溥儀當偽滿皇帝，因為溥儀不聽，氣得哭了一場。溥儀想把父親留在東北，他用裝病等方法堅持回到北京。他於1951年2月3日病逝，終年68歲。解放

41 《時報》，宣統元年五月十四日。

第十章 皇族少壯派與地方權臣在角逐

後他將「北府」出售給國家，並將家中文物書籍捐贈給北京大學。在1950年代還帶頭認購勝利折實公債，這些都是他熱愛祖國的具體表現。

攝政王載灃也許從來沒有從手裡的最高權柄中享受到權力的樂趣。3年的權力巔峰生活在他看來「如臨深淵，如履薄冰」，被迫退出權力舞台之後他如釋負重，說了這樣一句饒有意味的話：「這回總算可以回去抱孩子了。」[42]

正因為歷經兩個半世紀的王朝在他執政時期消亡，所以後世的評論對這位攝政王是相當苛刻的。很多人認為載灃連其祖宗的成功經驗也沒有吸取，未像康熙殺鰲拜那樣幹得果斷利落。殊不知載灃已經不是傳統的專制皇族，而是一位多多少少吸收了西方文明的開明專制者。雖然為了完成中央集權，或者出於私心，他是多麼想除掉袁世凱這樣一個尾大不掉的權臣，雖然張之洞、那桐、奕劻等大臣「不可殺」的諫言起了很大的作用，但是具有生殺予奪大權的攝政王沒有用傳統的血腥手段幹掉自己的政敵，還是因其個人觀念決定的。他從當政的第一天起就試圖把自己塑造成為一個寬容大度、開明革新且手段強悍的改革者形象，這不單是政治性的作秀，也是攝政王本人的內心訴求。末代皇帝溥儀後來曾惋惜地說：載灃執政3年其中沒有殺掉袁世凱是「最根本的失敗」。這恰恰從另一個側面說明這位後繼者在政治上比及他的父親載灃更顯幼稚，這是由於他在新政的年代裡尚為幼兒，不能體會到當時疾風驟雨的政治環境下更需要的政治藝術。

攝政王心有餘，力不足，智不逮也。傳統中國的專制文化一向強調「普天之下，莫非王土；率土之濱，莫非王臣」的政治倫理，然而，正當中國最需要權威的階段，卻沒有了真正的權威。

在清末新政過程中，中央與地方關係直到帝國消亡之時仍舊沒有得到解決，甚至可以說，正是這層矛盾的嚴重性，才導致了帝國的迅速崩潰。但是，這並不意味著繼其而起的新政府就可以規避這一難解的命題。

在民國初年，這一問題直接表現為有關聯邦制與郡縣制的爭論。

按中華民國「國父」孫中山當初的政治設想而言，他是主張採用美式的聯邦分權制。他與《巴黎日報》記者的一席談話頗能體現他的這一主張，他談到：「中國於地理上分為22行省，加以三大屬地即蒙古、西藏、新疆是也，其面積實較全歐為大。各省氣候不同，故人民之習慣性質亦各隨氣候而為差異。似此情

---

42 參見溥傑等著：《晚清宮廷生活見聞》，第217頁。

勢，於政治上萬不宜於中央集權，倘用北美聯邦制度實最相宜。每省對於內政各有其完全自由，各負其整理統御之責；但於各省上建一中央政府，專管軍事、外交、財政，則氣息自聯貫矣。」孫中山的這一設想也被當時紛紛獨立的各省的政治實踐所印證，像貴州、廣東、江蘇、浙江、湖北、廣西等南方數省臨時軍政府都宣稱要「組建聯邦民國」。因此，到1912年短暫的南京臨時政府成立時，也確實帶有濃厚的聯邦國色彩。但是，由於各省督政府牢牢地控制著地方實權，臨時中央政府令不能出京，舉步維艱，這種現象又引發了孫中山對「今日中國似有分割與多數共和國」的擔憂，開始反思其早年一直堅信的聯邦分權思想。他後來放棄大總統的位置，與袁世凱達成南北統一，結束對立格局的妥協，也主要基於聯邦分權與國情不太適合這種新的認識。袁世凱上台之後，中央與地方的緊張關係達到白熱化的程度。以江西都督李烈鈞為首的南方數省公開以「聯邦制」與袁氏中央相抗衡，地方分裂的危機比孫中山在位時有過之而無不及。

香港《華字日報》評述當時北京政府的處境是：「政府雖號稱中央，南省無殊獨立；大約除外交一事以外，他如用人權、財政權、軍政權皆南省各督自操之，袁固不得過問，袁亦不敢過問，……其實則中央自中央，北自北，南自南。我國確未能有統一之現狀。」

這種大權旁落、徒有虛名的情況當然不是強權政治人物袁世凱所能容忍的，所以他當時也向社會發出誓言：「我做總統一日，決不能一日不謀統一。若李督（按：江西都督李烈鈞）不悔艾，我亦不能長此敷衍。」

關於中國近代史的解讀，如果走出狹隘的窠臼，站在更為全局的高度，當別有一番風味，讀史者也定能生出另一番心緒。

而清末督撫更是生存在夾縫中，他們的權力不僅受到「中央集權」的剝奪、削弱，同時還受到省諮議局及在「地方自治」中膨脹起來的地方紳權的掣肘和控制。他們往往受到上下夾擊、腹背鉗制，不要說此時多數督撫已與清廷離心離德，即便依舊忠心耿耿，手中財權、兵權兩空，要「維護地方治安」、捍衛清政府的統治地位也早無能為力了。[43]正因為如此，才導致武昌起義爆發後，眾督撫或者協同袁世凱共逼權貴讓出政權，或者棄地而逃，或者轉向革命方面，沒有出現真正為帝國政府盡忠到底的督撫。

43 劉光永：《大清的挽歌──清末改革管窺》，第181頁，三秦出版社，1999年版。

第十一章
議員們在行動

現代化成功與挫折的根本區別，並不在於現代化過程中是否會出現各種各樣的矛盾和衝突，而在於國家或社會中能否形成解決矛盾、問題與衝突的能力。更進一步說，是能否形成一種促進、維持與控制變遷的能力。

——蕭功秦

攝政王向議員們作出讓步

在美國學者費正清主編的《劍橋晚清史》中有如此分析：「新政時期的清政府已經容許甚至鼓勵新的利益集團的發展，它已經在形成新的社會風氣和創立新制度方面作出了貢獻，它已經放寬了參與公共事務的途徑，並把公共事務交給公眾討論。至少在1908年以前，它還能夠控制新思潮，並防止它們對原有的權力中心構成任何嚴重的威脅，大部分的商會、自治會和其他新的組織的成員依然是忠實的臣民，但是到了1908年以後，這些人的政治期望驚人地增加了。12年以前，大部分文人感到康有為過於激烈，不得不支持慈禧太后去反對康有為，但當這個清政府自己來了一個180度的大轉彎，並超過了當年康有為曾經打算做的一切時，新紳士們卻立刻斷言朝廷走得還不夠遠，不夠快。在1910到1911年，他們堅持新的要求，當不能得到滿足時，這些要求就引起了普遍的不滿和更為廣泛的反清大聯合。」[1]

本書的評論應該說較為中肯地反映了帝國最後3年的政治狀況。

一方面帝國政府在壓力之下前所未有地開啟了社會各階層的政治參與途徑，另一方面政治壓力也愈來愈大，因為新興而起的士紳階層不斷提出更為激進的訴求。

兩廣總督岑春煊在1907年6月30日上了一道奏摺，要求「速設資政院以立上議院之基礎，並以都察院代國會，以各省諮議局代議院」，他認為「省城諮議局即各省之總議院也」。岑春煊所設計的地方諮議局有很明顯的局限性，基本上屬於督撫控制的政策諮詢機構。但是他首次提出了「省設諮議局」的主張，不但直接影響了以後省諮議局的建立，也直接影響了清政府的相關決策。

當年10月19日，清政府下詔，決定在各省設立諮議局，並籌建資政院。從上諭規定的諮議局性質、地位、作用及議員條件等內容來看，上諭中所謂的諮議局也並不是權力機構，而是一個「採取輿論之所」，所起的作用限制在「指陳通省利弊」、「籌計地方治安」、「為資政院儲材之階」等範圍，是一個決策諮詢場所。但是在這份上諭中，也說明了這種設置的合理性以及最終的改革目標：「立憲政體，取決公論，中國上、下議院未能成立，亟宜設資政院，以立議院基礎。派溥倫、孫家鼐為資政院總裁，妥擬院章……促各省速設諮議局，慎選公正明達

---

1 （美）費正清：《劍橋晚清史》，下卷，第567頁，中國社會科學出版社，1985年版。

官紳，由各屬合格紳民，公舉賢能為議員。」[2]

在1908年，由於兩年多來武裝起義不斷被政府鎮壓，革命黨人的活動暫時沉寂下來。立憲派人士顯然充分利用了這個機會，向政府進一步擺明自己的政治立場，表示願意繼續堅定地與當局合作，但是需要滿足他們進一步提出的政治條件。

7月22日，清政府批准頒布了憲政編查館擬制的《各省諮議局章程》和《諮議局議員選舉章程》。《各省諮議局章程》所規定的內容，與此前岑春煊的設想及1907年清政府命設諮議局的諭旨並不完全相同。新章程賦予諮議局的權力擴大了許多，有議決興革地方大政、監督地方財政和監督行政之權。這些職權已與憲政國家的地方議會十分相似。同時，諮議局的權力還要受到督撫的監督，但諮議局畢竟可以參與各項政策的議決。

在成立之前，地方團體推舉善講之士到各處宣講選舉的重要意義，「告以選舉之權利不可放棄，而對於有財產者更須明白解釋，切不可使其誤會派捐，致生疑阻。」亦使國人知曉：「選舉權者，權利也，非義務也。蓋士民多一選舉權，即多一權利。」[3] 浙江諮議局籌辦所在一篇白話演說稿中，清楚地說明了財產權與諮議局選舉的利害關係：「叫有財產的人舉出議員，到省城諮議局裡面議事，自然代你們有財產的人計算利益，從前苛派勒捐的事，就可不至再有了。」

這樣的宣傳，有利於讓選民了解、參與現代政治的運行，慎重行使選舉權。有助於在整個社會中營造「富思想」、「精判斷」、「通法政」、「熟情弊」、「厚信用」的現代風氣。

1909年10月14日，全國21省（新疆除外）諮議局同時開會舉行選舉。新疆在給朝廷的奏議中提出本省條件實在有限，無法展開選舉，要求延期緩辦。各省諮議局的建立標誌著中國地方民主化進程得以在體制上正式開啟。

在開會選舉過程中，成員們也在爭取新的權利。各省諮議局獲到了立法議案權，還可以對外提出保護主權議案，這使得諮議局的立法機關和權力機關性質更加濃厚，而不是被地方政府牢牢控制、隸屬於其的諮詢機關。

諮議局在運行過程中，多數議員在涉及國家尊嚴和主權問題上，都能夠採取

---

2 《清末籌備立憲檔案史料》，第667頁

3 《選舉權》，《時報》，1908年11月5日。

嚴正的愛國主義立場，表現了對民族利益的高度關注。福建的《禁售土地與外人》、廣東的《中葡劃界議案》、湖北的《請奏取消鐵路借款草約歸還商辦以保利權案》、山東的《保存山東利權二則案》等議案都是為了保衛領土主權不被外國人侵占而制定的。

提出彈劾官吏議案也是諮議局的主要職責之一。《各省諮議局章程》第28條規定：「本省官紳如有納賄及違法等事，諮議局得指明確據，呈候督撫查辦。」[4] 對貪酷官吏糾舉，是對瀆職官吏的有力監督，有助於吏治的改善。

議員們大多出身紳民，有著發展資本主義工商業的迫切要求，這在提交議案中也得到廣泛的證實。規劃本省的實業建設是議員們最為關心的事項之一。據統計，在奉天諮議局開會前預備議案中，實業議案高達占42.3％。

辦理憲政議案也是重頭工作之一。各省諮議局督促改良司法、開辦各級地方審判廳；籌辦巡警，維護社會治安；實行地方自治，改革自治研究所；普設宣講所，籌措自治經費等。尤其對發展普及普通、職業、成人和社會教育，提高人民文化水準方面尤為關切，當時提交了不少有關教育改革的議案。[5]

張謇在初期活動中起到了重要的倡導作用。

江蘇諮議局第一屆常會開會期間，議員們提出議案爭先恐後，現場秩序井然有序，態度嚴肅認真。議事現場有速記員，並於會後發表臨時公報，議案在社會上得以全部公開，尊重了未列席會議的普通人民的知情權，西方觀察人士對此「亦甚贊許」。

面對複雜的社會矛盾，張謇在會上發言說：「我輩尚在，而不為設一策，而坐視其亡，無人理。」他認為國家興亡，匹夫有責，坐而論道譏諷朝政，不如盡自己一份責任，為國家排憂解難。

利用諮議局開會的機會，張謇與諮議局議員們協商，聯合各省督撫及諮議局一致要求中央政府召開國會，並組織責任內閣。經會議決定，由江蘇巡撫程德全出面聯絡各省督撫，由張謇負責聯絡各省諮議局。

12月中旬，16省諮議局代表齊集上海，總數達五十餘人。16省代表在預備立憲公會事務所集會，後來更組成聯合會，領導全國規模的國會請願運動，監督和

---

4 《清末籌備立憲檔案史料》，第678頁

5 參考梁景和：《清末咨議局與議員參政》，原載：《西南交通大學學報》，2004年第2期。

推動各級政府的政治改革。推舉福建省諮議局副議長劉崇佑為主席,並組成33人的國會請願代表團,名為「諮議局請願聯合會」,代表團定於12月底出發進京。啟程前,張謇連夜改定《請速開國會建設責任內閣以圖補救意見書》,並設宴餞行,作《送十六省議員詣闕上書序》,以壯行色。

《序》中認為,國家已處危亡關頭,立憲的作用,就是讓人民有參政權利,使之共負國家責任。他諄諄告誡代表「秩然秉禮,輸誠而請」,即使政府不能全部接受請願要求,我輩也對國家對後代問心無愧。他的胸懷和信念給代表們很大鼓舞。

《意見書》則主要是向皇室成員、特別是向攝政王提出建議,希望他將原定9年的預備立憲期縮短,議「定以宣統三年(1911年)召集國會」。未到期以前,設「大政諮詢」,並召開「臨時國會」。同時,又請求「從速建設責任內閣」,特別說明責任內閣代皇帝承擔內政、外交責任,可使君權「安於泰山」。奉勸攝政王不可短視,將愛國志士逼進革命黨人的陣營。

次年1月份,中央政府收到請願書,這時距代表們要求開設國會的時間只剩整整一年。代表們還向開明的王公大臣們分別遞交了請願書副本,希望能得到他們的支持。攝政王也刻意保持良好的姿態,一面對請願代表優禮相待,耐心安撫,並頒下上諭讚賞代表們「具見愛國熱忱,朝廷深為嘉悅」;另一方面緊急磋商,尋找互諒的途徑,在1月13日發布的上諭中稱「我國幅員遼闊,籌備既未完全,國民智識程度又未畫一,如一時遽開議院,恐反致紛擾不安,適足為憲政前程之累」,「夫行遠者必求穩步,圖大者不爭近功」,「俟將來九年預備業已完全,國民教育普及」之時「召集議院」。事實上攝政王拒絕了代表們的請求。

在國會請願運動期間,各省諮議局聯合會提出了《陳請修改結社集會律》;浙江省諮議局通過了《關於諮議局內議決權內之本省行政命令施行法》,規定本省預算、決算、稅法、公債、擔負義務之增加,權利之存廢,非經諮議局議決,巡撫不能公布施行;浙江諮議局還籲請朝廷收回不准湯壽潛干預浙江鐵路公司的命令;福建諮議局查辦了歸化縣令納賄違法事件;湖北諮議局通過了《整頓湖北吏治案》;還涉及改良司法、提前開辦各級地方審判廳、籌辦巡警、實行地方自治等。[6]

---

6 侯宜杰:《二十世紀初中國政治改革風潮》,第244〜266頁,人民出版社,1993年版。

這一切都說明諮議局的政治影響力正在一步步上升。

到了5月份，其他各省立憲社團、商會、學會及華僑商學也分別派出地方菁英代表，陸續到京，聯合各省諮議局代表，共同發起第二次國會請願活動。他們以原請願團為基礎，擴大重組了國會請願代表團，規模達一百五十餘人，並推定孫洪伊等10人為領銜代表。6月16日，第二次國會請願活動正式開始，十大團體同時向都察院呈遞了請願書。在這份請願書上各界群眾簽名人數高達三十餘萬人之巨。

7月間，第二次請願運動達到最高潮。16日，山西國會請願代表團到達北京，多數在京的晉籍官員都前往火車站迎接，勉勵有加。22日，又有一份二萬餘人簽名的請願書呈交憲政編查館。

這次請願活動聲勢浩大，上書措辭直切，使攝政王為首的政治核心疑慮重重，但仍拒絕提前召開國會，並嚴屬告誡請願團體代表：「惟茲事體大，宜有秩序，宣諭甚明，毋得再瀆請。」並提醒代表們「憲政至繁，緩急先後之間，為治亂安危所繫，壯往則有悔，慮深則獲全」。

立憲派對於再次碰壁早有思想準備，正如張謇所說：「設不得請，至於三、至於四、至於無盡。」

10月份，參加請願的人數急劇增加，規模擴大，不少省份出現游行請願行動。

10月7日，請願團代表孫洪伊等與直隸代表李長生、溫世霖等前往攝政王府上請願書，東三省學生趙振清、牛廣生路迎代表團，當場割臂書寫血書，強烈敦促召開國會。攝政王外出不在府中，孫洪伊等日夜守候，王府警衛勸歸，代表們堅持不離。同時，京外各界聲援請願運動如火如荼。

直隸各界在天津舉行請願大會，二千餘人會後列隊前往督署，要求總督陳夔龍代奏請願書。10月16日，開封各界群眾三千餘人開請願大會，要求河南巡撫代奏請願書，又至省諮議局提出「此次請願如仍不得請，學則停課，商則罷市，工則休作，諮議局亦不許開會」。10月19日保定各學堂學生罷課，要求速開國會，10月29日，3000人集會，通過請願書，請總督趙爾巽代奏。奉天省各城紳商士民等互相聯絡，擬每城派出1萬人，齊集省城要求總督代奏請願書。10月30日，福建九府二州各界代表4000人在省城開會，呼籲一年以內即開國會。

事實上，在9月23日，中央一級的準議會機構資政院即正式召開。議員分

「欽選」與「民選」兩類，按資政院章程規定各有職位100席。在實際運行過程中，民選議院有98人，均是地方諮議局互相選舉產生。

在資政院舉行的第一次常會上，國會請願代表上書資政院，敦促資政院向朝廷施壓，是為第三次全國請求開設國會運動的開始，並得到資政院的支持。

資政院開院期間，湖南籍議員羅杰發言：「現在國民之斷指、割臂、剜股者相繼，皆表示國民以死請願之決心。」並倡議：「不速開國會，互選資政院議員不能承諾新租稅。」他呼籲：資政院全部議員應贊成通過速開國會案；總裁應從速上奏；攝政王應即允速開。該議案通過後會場「應聲矗立，掌聲如雷」，甚有議員跳起而呼「大清帝國立憲政體萬歲！」──1910年10月26日資政院投票決議，正式通過專摺要求朝廷速開國會。當時出席會議的共有議員141名，28日，資政院總裁溥倫把奏稿連同三個附件，一併上奏朝廷。

10月5日，雲貴總督、湖廣總督聯電各省督撫上奏朝廷表達政見。24日，廣西巡撫張鳴歧奏請設責任內閣。25日，東三省總督、湖廣總督、兩廣總督、雲貴總督、伊犁將軍、江蘇巡撫、安徽巡撫、山東巡撫、山西巡撫、河南巡撫、新疆巡撫、江西巡撫、湖南巡撫、廣西巡撫、貴州巡撫等18省督撫聯名奏請明年召開國會，並電請設立責任內閣。

28日，攝政王最終作出讓步，並將各地請願折電交王公大臣閱看，預備召見國會請願團代表。

此時的清政府雖堅稱「應行籌備各大端，事體重要，頭緒紛繁，計非一二年所能蕆事」，「急亦無可再急」，國民必須遵守「應循之秩序」，但頒布的上諭中應允「縮改於宣統五年實行開設議院」，並強調「此次縮定期限，係採取各督撫等奏章」。[7] 要求立憲派人士對預備立憲期限不得再議更張。[8]

也就是說預備立憲期限縮短，由9年改為5年，預備宣統5年（1913年）開設議院，並預備組織內閣。

雖然請願團要求次年召開國會的目的沒有實現，但張謇認為政治活動中適當的妥協也屬正常，表示對此結果可以接受，中止了原定北上活動聯絡的計畫。他開始著手組織赴美考察和中美合辦銀行、航運業等事宜。

第十一章 議員們在行動

---

7 《宣統政紀》，第501頁、635頁、754頁。

8 參見《近代稗海》，第1卷，第409頁。

　　但一些立憲派人士仍舊不滿，繼續要求立即召開國會。12月下旬，東三省代表十多人再次來到北京，呈遞請願書，認為宣統5年召開國會實在是為時已晚，仍舊要求政府明年就召開國會。攝政王也失去了勸諭的耐心，下令驅逐請願代表並將其遣回原籍，且逮捕了立憲派中最為活躍的天津學界同志會會長溫世霖。

　　儘管衝突還在繼續，但這時進入了一個極為短暫的緩和期，如果沒有皇族內閣的出台和鐵路國有政策的頒布，矛盾的再次激化也許不會如此之快。

　　準議會機構資政院在實際運行中已起到了監督政府的作用，甚至敢於彈劾軍機大臣。「皇族內閣」成立之後，立憲派企圖推倒此內閣。1911年6月，42位議員提交了《再呈都察院代奏明降諭旨另簡大臣組織內閣文》，明確表示反對皇族成員占大多數的內閣。

　　資政院還要求朝廷赦免「國事犯」，在1909年12月15日資政院第二十四次會議上，提請完全平反昭雪戊戌案，此案獲得全體通過。1911年1月10日，資政院通過了「赦免國事犯奏稿」，康有為、梁啟超以及革命黨人都在赦免之列。

　　資政院在職權之內所做的第一個調解是地方督撫與諮議局的爭議案——廣西巡撫與諮議局之爭。該省諮議局在1909年舉行常會時，巡撫張鳴岐將「禁售鴉片煙土議案」提交該局議決，定於1910年5月全省一律禁絕。後因財政問題，巡撫利用行政權力批准延期禁售。但沒有按照諮議局章程規定再交付諮議局審核。廣西諮議局遂以地方官員行政專制為由，計畫以全體辭職抗議，並將該案提交資政院核辦。資政院通過開會討論後決議廣西巡撫按照計畫速禁鴉片銷售，另一方面電飭廣西省諮議局收回辭職請求，立即復會開始正常運作。[9]

　　另有湖南巡撫楊文鼎為增加本省財政收入，於1909年8月21日發行公債，籌得款項120萬兩，但此舉卻未按照規定交付諮議局議決，中央政府也沒有遵照章程規定就擅自批准。10月6日，湖南省諮議局電請資政院核議，資政院認定巡撫違反行政法規，要求清政府收回批准，中央政府最後以「係屬疏漏」為由為行政官員開脫。[10]

　　此外，資政院還支持雲南省諮議局關於鹽斤加價，以維護鹽商利益的議案、支持浙江省諮議局反對郵傳部「輕率以命令變更法律剝奪商民」的議案；奏請清

9 參見韋慶遠等：《清末憲政史》，第444頁，中國人民大學出版社，1993年版。

10 參見韋慶遠等：《清末憲政史》，第445頁

政府要求鐵路公司適用《商律》；支持浙江省諮議局陳請減少出口稅以保護民族產業、挽回利權；支持江蘇省諮議局彈劾巡撫不經諮議局議決擅借外債行為等等。[11]

在1909～1910年間，議員們已經對政黨政治發出更為強烈的呼聲，公開提出組織政黨、實行政黨政治問題。在1909年11月30日舉行的廣東諮議局第一期會議第十四次議事會上，議員陳炯明提出：「本局各議員閉會後，應就各地方提倡建議協會及設法組織政黨，為本局之後盾。」結論是：「將政黨二字改為補助機關，亦經多數贊成辦理。」[12]

侯宜杰認為，到了1911年上半年，「政學會、憲政實進會、辛亥俱樂部、憲友會相繼成立，中國的第一批合法政黨出現。」[13]

由此可見，地方準議會機構諮議局、中央準議會機構資政院的先後建立，為立憲派的參政議政提供了合法平台。議員們的行動是在章程規定的框架內進行的，有力地促進了憲政改革的進程，也為在體制內有序進行政治改革提供了寶貴的歷史經驗。

在對此段歷史的回顧中，有一篇今人的文章頗耐人尋味，作者將它稱為「歷史的岔道口」：

清政府定於1913之年召開國會。載澤在上諭中說，即行憲政，因「民智未盡開通，財力不敷分布，操之過蹙，或有欲速不迭之虞」。這些困難反映了當時的實際情況，不能一概視為載澤拖延實行憲政的托詞。

第三次請願速開國會的結局，使中國面臨歷史的岔道口，或者清政府與立憲派雙向妥協，按照修改後的預備立憲計畫，通過漸進途徑，實行君主立憲，逐步走向民主化；或者在鬥爭中誓不妥協，一拼到底，其結果不是你死我活，就是兩敗俱傷，立憲政治或成泡影。清末的歷史是沿著後一條道路發展的。

半殖民地半封建國家的人民，由於拯救民族危亡的緊迫性，對理論及國情的研究未免倉促，病急求醫，期以最珍貴之藥方，以最快的速度治理國家。這種願望是可貴的。但是，人參並非適於一切虛弱的人，普通丸散也未必不能治重病，

---

11 韋慶遠等：《清末憲政史》，第446頁。

12 《廣東省咨議局第一期會議速記錄》，宣統二年三月廣東法政學堂活版。

13 侯宜杰：《二十世紀初中國政治改革風潮》，第429頁。

關鍵在於救國方案是否符合國情。

清政府宣布1913年開國會時，如果立憲派從策略上多作考慮，暫停請願，積極作好準備迎接它，則民主進程可能會沿著漸進道路逐步發展。[14]

同一些人認為此時的清王朝已經無可救藥的看法不同，該文作者認為攝政王主政初期的中國還處在「歷史的岔道口」。由立憲派人士發起的國會請願運動，以及攝政王對請願團的有限讓步，本來有可能促成和局，但由於雙方的不願妥協，最終不但沒能實現救國目的，反而增加了政治走向的不穩定因素。客觀說，如果在一個政府權威還算穩固的框架內，這樣的說法完全成立，攝政王也不是一個完全沒有長遠眼光和現實考慮的主政者。然而，到了1910年前後，不但年輕的攝政王愈發感到焦慮不安，而且立憲派對局勢的發展也完全失去了耐心。

立憲派緣何更激進？

《遠騰報告》是一份日本情報人員給本國政府的情報匯總，遠騰久吉這樣描述當時的中國立憲派急於實行憲政的心態：

立憲派政黨中的絕大多數人相信，只要有了一個立憲國會，一切都是可以辦到的。憲法一經制定，國會一經成立，失敗誤國的歲月將立刻一掃而光，財政竭蹶就可以補救，國債可以償還，軍備可以擴充，國力將進而充沛，人民權利將被恢復。而多年來中國民族所蒙受的民族羞恥將被掃除，國家的威信將廣被全世界。[15]

張謇是清末憲政改革的堅定踐行者，楊度則被當時的主流輿論認為是對憲政理解得最為深刻的理論權威，他認識到君主立憲國家的憲法，以英國的民主程度最高，普魯士次之，日本最低，他把這種差異歸結於人民力量的大小、君主讓步的多少，而最為根本的區別在於國會召開的早晚。所以楊度主張速開國會：「必有國會，而後國民有提議憲法承認憲法之機關。始可以國民之意思另加之於憲法範圍之內，乃可望憲法程度之高也。」並認為開設國會為「唯一的救國方

---

14 《歷史的岔道口》，原載：《安徽史學》，1990年第1期。

15 轉引自（美）周錫瑞：《改良與革命——辛亥革命在兩湖》，第115頁，中華書局，1982年版。

法」。[16]

楊度直言：「假使人人起來力爭開設國會，日本亦不足慮，直可成為普魯士。」他的憲政理論著作《金鐵主義說》影響深遠，為他自己也為君主立憲學說贏得了大量的信徒，這些追隨者基本上是當時社會的中堅力量。當時的很多立憲派人士認為，憲政制度是一種無條件適用於任何社會和國家的政體形式。

但是他們忽視了這樣一個事實：在西方社會，立憲制度是在商業社會成熟和各派政治力量（包括體制內外的力量）充分妥協的基礎上自然生成的。體制創新雖然可以促進民主制度的發展，但是也需要有一定程度的現實依托，而在清末新政期間，人們更為關注它的人為設計因素，認為一個社會和國家只要速立憲政，就會立刻達到國富民強。在這個意義上，立憲派中有不少人和戊戌變法時康有為的想法相同，甚至比他更為激進。

官僚層中也不乏有人持有這樣的迫切心境，工部員外郎劉的奏摺頗有代表性，他是以日本的強國之路作為論據：

> 彼則仿效良法，急取直追，不遺餘力。我則審慎遲回。茲所以一有效，一無效也。我國每舉一事，必曰試辦。若憲法者，泰西行之有效，日本師之而亦有效，聖人復起不易斯制，但當實力奉行，不必故為嘗試。譬諸病症已審，方書已具，藥力一到，沉疴立起。亦何容稍事疑畏以自誤乎？[17]

如果不察發此言論之人的身分地位，單從內容來看，這無疑是一位激進者的主張。劉認為立憲政治是放之四海皆準的行政體制，如果再耗時預備試用，簡直是貽誤戰機，朝廷應該當機立斷，就可以藥到病除。

在這裡，「每舉一事，必曰試辦」也成了工部員外郎劉對政府批評的依據；「藥力一到，沉疴立起」一語一方面顯示了這位中央級官員救國強國的迫切心理和堅定信念，以及憲政理念已成社會共識的事實——這是可喜的一面；另一方面也表明清末憲政改革的基礎十分脆弱，在沒有培養出成熟的憲政氛圍之後就進入開啟操作，必然要面對如此的窘境。

這位員外郎的政治主張與楊度的並沒有本質區別，都主張奮身而起，建立較

---

16 《楊度集》，第398頁，湖南人民出版社，1986年版。

17 《清末籌備立憲檔案資料》，上，第340～343頁。

為先進、民主的憲政體制。在他們的言論中，認為憲政的建設程度如何，完全依賴於統治者的個人想法，即決定於一國政府層的主觀理念，卻沒有深層次分析為英、德、日三國憲政程度不同的深層原因——在沒有回答這個問題之前，不但從實際操作層面，而且在學理的層面也難以解決當時的中國「到底適合建立怎樣的政體」這一命題。

而立憲派們跳過這一環節之後，就很容易得出這樣的結論：社會動蕩不安、民族命運懸於一線，國家處於危機存亡之秋、千鈞一髮之際，亟需某種精神力量來使如同一盤散沙的社會人心凝結起來時，速開國會就可以提供這樣一種精神力量，既然立憲是一味強國良藥，那麼朝廷又拒絕立即服用，就是諱疾忌醫，延誤病情，對於整個民族、整個國家就是一種莫大的罪惡。

立憲派的重量級領軍人物鄭孝胥、張謇、湯壽潛、熊範輿等人也都持這種觀點。風起雲湧的國會請願運動就是在這樣的背景下得以發起的。

立憲派人士所上的奏摺中還提出一個頗為奇特的論點，即中國是一個「國大俗殊」的特殊國家，無論任何國家的政治家都沒有足夠的學識來判斷中國的國會應採取何種方式建立，即使把中國學者集中起來討論也無法作出權威的裁決。所有的判斷都不過是隨意的猜測，不足以為定論。既然如此，關鍵就在於朝廷是否願意召開國會。如果願意召開，那就「以最捷之法，決然為之，固非甚難」。他們還認為，實行立憲所需要的條件完全是相對而言的。如果兩年召開是過於「簡率」，那麼，七八年召開未必就完密。[18]

謀求速開國會的請願活動是受到多數地方督撫的默許甚至是支持的，這些督撫與立憲派人士在朝野之間裡應外合，這股強大的政治勢力讓任何統治者都無法忽視，對中央政府在立憲問題上作出巨大讓步起到了重要的作用。但是歸根結底，之所以民間立憲派、地方督撫、中央政府三方能夠達成一定的妥協，除了政見趨同外，更是因為面對相同的現實壓力。這種壓力首先是關乎民族存亡的外壓。

東北地區行政改革之後設立東三省，立憲運動在新的行政體制之下得到進一步發展。同時，1910年8月22日，日本強迫朝鮮與其簽訂《日韓合併條約》，實際上把朝鮮變成了它的殖民地，從此日本在朝鮮半島開始了持續35年的高壓統

---

18 參見蕭功秦：《危機中的變革——清末現代化進程中的激進與保守》，三聯書店，2000年版。

治。朝鮮半島與東三省一江之隔，這一事件對整個中國震撼極大。在東北亞範圍之內，中國勢力自從甲午一戰退出朝鮮半島以來，一直處於不得已的戰略收縮狀態，並且自身權益不斷受到侵蝕。而東北人民對此更是有著切膚的痛楚。在清末立憲運動中，東北三省立憲派更是寄希望於中央政府能夠及早實行憲政，挽救現實危亡。

1910年底，奉天城。民情激昂，直干雲霄。

東三省總督府前，一眼望去是黑壓壓的人群，各界人士一萬多人齊集此處，他們用中國最古老也最能表現誠意和期望的方式——雙膝跪地——請求總督錫良向朝廷轉呈速開國會的請願書。

不少人泣不成聲。

負責接待的官員勸阻無效後，錫良親自接見了請願的代表。剛開始他站在地方官員的立場上，勸告請願者體諒朝廷難處，他說憲政與國會的設立絕對不是人們想像中的那麼容易，說舉辦就可蹴然舉辦，以朝廷所規定的1913年召開國會的期限，距現在也只有兩三年的時間了，各方面的準備工作都沒有就緒，局勢已經非常倉促，因此不宜再提出縮短日期的過分要求了。[19]

請願者們並沒有被錫良言辭懇切的理由所說服。他們認為東三省的危機局勢已經容不得3年之後再開設國會。日本所建造的安奉鐵路明年就可以完工，對於東北的經濟和軍事都要產生無法設想的威脅。如果等到1913年，東三省說不定已經不是中國的領土了。作為東北人民不能眼睜睜看著故土淪落而無動於衷，必須表達自己的政治意願。並表示如果按照總督的說法，3年也不大可能籌備就緒，數月也不可條件具備，乾脆就及早圖之，先下手為強。

總督府外甚至有人以白刃割股，表達誓與東北共存亡的決心。

民眾「情詞迫切，出於至誠」，這位開明的總督明顯受到了很大的震撼，他更不願在他治下的東三省有朝一日「首淪異域」。錫良在不自覺中也修正了自己的主張，他迅即向朝廷轉呈了東三省的立憲請願書，並發出電奏，懇請朝廷同意提前立憲期的主張。

錫良的同僚們也在面臨著相似的民間壓力，這些地方官員們認為，民眾的情緒一觸即發，帝國正面臨失控危機，中央政府沒有別的選擇。

19 參見《清末籌備立憲檔案資料》，下，第648頁。

　　此時老一代的官僚立憲派已經紛紛離世或去職，新一代的官僚立憲派在倉促之中形成形式上的聯合。官僚立憲派中態度比較溫和的袁世凱、端方，以及瞿鴻禨、鐵良等在內耗或外壓下此時也退出了權力核心，攝政王在客觀上成為立憲緩進派的代表人物。

　　權臣中大多都主張立憲，更有不少人出於各自不同的目的，主張速開國會，如軍機大臣奕劻、資政院總裁溥倫、度支部尚書載澤、理藩部尚書善耆等。

　　在攝政王與地方督撫之間，立憲的緩急之爭開始顯得尖銳起來。

　　在1910年第三次國會請願運動中，大多數地方督撫贊同速開國會，並要求設立責任內閣。明確持反對意見的僅有兩江總督張人駿一人，直隸總督、四川總督、陝甘總督、閩浙總督、陝西巡撫則暫時不願表態。

　　由此可見，支持政治急速改革的督撫占了大多數。如果把遠在新疆的伊犁將軍和察哈爾都統等大員算上，主張速開國會的地方力量更為強大。

　　攝政王在權衡之後主張採取折衷意見，希望雙方作出共同讓步。然而，他的讓步並沒有取得理想的政治效果，只有浙江巡撫等少部分督撫同意此決定。東三省總督錫良等大部分督撫仍持己見，要求一年內即召開國會，甚至有人以辭職相威脅。

　　正如上文所言，縮短立憲期限的上諭已經下達，民間立憲派中部分人士也已經接受妥協，所以本來存在局勢緩和的可能性。但革命派對清政府以至於整個社會的壓力經過短暫的回落之後，隨著民眾情緒的被調動，又進一步蔓延開來。

　　單一民族國家在過渡時期，民族矛盾問題根本就不存在，國家就不用分散這份精力，社會向心力、中央權威就容易得到恢復和整塑，比如日本；在早期就完成了民族融合的國家也不用面臨這個問題的困擾，比如由盎格魯·薩克森人融合而成的英國；絕對強勢民族占政治主導地位的國家所面對的民族矛盾壓力也會小一些，比如德意志。

　　在近代中國，中央政府權威需要重塑、民族向心力需要打造，但是這一問題一直干擾著近代化進程。清王朝權威的合法性在此時受到強烈的懷疑和挑戰。當時的中國存在統治民族和被統治民族的「非同質」問題，而被統治的民族恰恰又占人數的絕大部分，「非我族類，其心必異」的華夷文化理念深深侵染著這個國家的被統治民族。同時滿族出身的權貴本來就處於人數上的弱勢地位，有著很強的自衛心理，並且由於近三百年的漢化過程，也接受了這種文化觀念。兩者長時

間的對立使彼此之間很難達成互信。

漢族出身的督撫們之所以願意同清政府合作，是因為他們之間是利益共同體，也因為他們深知一個新政權的創建需要付出太大的歷史代價，在同列強打交道的過程中，他們已經認同並強化了滿漢一體的國家理念；民間立憲派們對中央政府尚有信心，也是因為他們反對流血衝突，認識到在這個關鍵的歷史時刻需要革新的是人們內心的落後觀念——它是整個國家的歷史包袱，而不是簡單地把滿族皇帝驅逐就可以完成近代化事業。如果國家分裂，外敵入侵，他們不可能會是受惠者，他們相信只要上下同欲、戮力同心，滿清皇帝也可以轉變為類似於明治大帝一樣的開明君憲皇帝，甚至有朝一日可以被改造為嚴格意義上的「虛君」。

但是大多數革命派人士並不認同，或者他們中的某一部分人在刻意迴避這一可能性。

章太炎在革命理念的傳播中起到了很大的鼓吹作用。他認為光緒皇帝的出身注定他根本不可能是一個開明的改革皇帝，他諷刺這位皇帝是個「小丑」。對於新政變革，他認為作為漢人根本不需要考慮這個政權的政績的好壞與否，「不能變法當革，能變法亦當革。不能救民當革，能救民亦當革」。[20]

參與刺殺攝政王載灃的革命派人士汪精衛對新政變革這樣看：「如果變革失敗，充分說明清政府的欺騙性；如果立憲成功，無非意味著漢人還要繼續受到滿人的壓迫和統治。所以無論立憲成功與否作為漢人都應該竭力反對。」[21] 汪精衛的這番言論之所以在當時受到極高推崇，是因為它至少在表面上合乎邏輯，且對比楊度的《金鐵主義說》、張謇的奔走呼告，更加淺顯易懂，即使村氓野夫也能做到過耳不忘。由此可見，要去鼓動大眾，思想深邃的哲學家是地道的門外漢，而只需要說出最簡單明瞭的話，擺出他們眼下能夠看得見的利害即可。但是汪的言論，也暴露出這位革命黨人先輩在並不理解憲政真正涵義的前提下，就直奔美式共和主義的理想國度去了，這就注定此類人一旦當政，他的靈魂仍駐足在憲政之前的時代——專制主義時代。其實不論任何民族出身的皇帝，他一旦坐上「憲政改革」的戰車，想輕易下來是不容易的，憲政的本質之一就是對專制的限制和毀滅。清末憲政改革的重要目標之一即是消弭民族裂痕，儘管許多滿族權貴橫加

20 參見章太炎：《中國立憲問題》，《江蘇》，1903年11月第6期。

21 參見《辛亥革命前十年時論選集》，第2冊，第116頁，三聯書店，1978年版。

阻撓，但只屬歷史大潮之逆流。即使一般法律，一旦頒布就是一把雙刃劍，即可規制被統治層，也不可避免地要對統治者形成重大制約。更何況是「憲政」這樣系統工程，其雙重制約特徵更為明顯。

而當時的日本非常願意看到革命派這種言論的擴散。日本民間人士中，很多人滿懷熱情去同熱血沸騰、除舊布新心切的中國年輕人談論「揚州十日」——據記載這是一段發生在兩個半世紀之前的中國內戰慘劇。他們對漢族人的悲慘遭遇表示出莫大的同情和理解。日本朝野歷來注意搜集古代中國的孤本善本，一時間，大量記錄滿漢相殘的歷史著作通過走私渠道從日本被帶回到中國。早在甲午戰爭結束之後，日本軍方就開始在被占中國領土上聲討滿族統治者的歷史罪惡。

由政府主導的新政改革在一步步深入，但是社會境況並沒有變得更好，對普通人來說，反而變得更差，於是滿漢對立、官民對立的情緒進一步加劇。

實際上，即使被認為較易變革的教育事業，也不可能產生出立竿見影的效果。一位從事現代化研究的美國學者這樣分析：「較高深的教育對於落後的社會並不能像人們預先期望的那樣，產生穩定而漸進的效果。」教育革新尚且如此，政治框架的變革更非易事。

但是，由於外壓日漸加劇，民變風氣雲湧，改革敗筆不斷……國家四面危機，立憲派人士將這些造成危局的原因仍舊歸咎於憲政改革的不夠深入，他們要求立即開設國會；革命派們則進一步得到了宣傳革命的證據，他們指出這正是立憲欺騙性的最有力體現。

整個帝國大廈的裂縫愈來愈大。

從改革的現實結果來看，清政府所面臨的危局不但沒能得到緩解，反而誘發了許多先前潛在的不穩定因素，使危機進一步加深。前文提到的「預備立憲」計畫引發了社會輿論的極大熱情，人們在抱有高度期望值的時候，任何一個小的衝突一旦得不到控制，就會激變成大規模的對抗行動，從而引起更大程度的社會對立。

諮議局的成立使得社會菁英們容易形成政治利益團體。當政府已經答應縮短召開國會的期限時，增強了一部分激進人士的信心，希望通過進一步施壓以獲取更大的政治成果。政府拒絕他們的要求，請願行動就會更具悲壯色彩，更容易引起廣泛的同情和支持，使更多的人加入進來，甚至包括體制內的部分官員，並採取更為激烈的行動，從而導致現行政府陷入孤立。

　　被草率推進的地方自治運動也是一樣。它讓督撫與地方社會菁英之間形成一種默契，結成新的政治利益集團，督撫們為了本省利益或本人私利，甚至會支持地方諮議局針對中央政府的抗議行動。如果站在中央政府的立場上看，對於改革的順利推進顯然不利。中央政府就處於一種進退維谷的境地，政治形勢要求它必須滿足地方訴求，因為它的統治需要督撫和菁英們的支持；如果無力疏導這一訴求，就會誘發出對其更加不利的政治要求。

　　在專制向民主過渡的時代，由於統治者還具有很強的專制慣性心理，再加上對局勢發展失控的恐懼，它往往會採取暴力的方式平息這種對抗。此後，如果是一個權威尚存的政府，它尚可以用非常手段保持局勢的暫時平靜，在後繼階段如果又能抓準時機推動穩健改革，該政權仍舊具有獲得革新成功的可能性。但是1910年前後的清政府，中央政府一旦對政治請願付諸暴力，將造成徹底的離心離德。如果說此前艱難支撐危樓的還有三根支柱——以攝政王為中心的中央政府、以漢族督撫為主的地方官員、以地方菁英為主的民間立憲派。但是在中央政府訴諸武力鎮壓之後，第三根支柱會在頃刻間撤走，地方督撫們也會隨之而去，這座龐大的危樓就再也沒有絲毫存在的可能性了。而就在它崩塌的瞬間，某派活躍且強大的體制外力量會立即登上廢墟的最高點，插上一面剛剛縫製好的旗幟，宣稱自己所代表的政治勢力具有對這片故土的合法領有權，但是不等他們站穩腳跟，外部列強就會蜂擁而至，射箭為界，在自己的勢力範圍四周用鋼鐵和士兵築起堅固圍墻。剩餘的領土也被形形色色的本土實力派所分割，他們沒有足夠的鋼鐵和士兵，就會伸手向實力雄厚的列強籌借，當然需要付出必要代價。所謂的新政權，也只是名義上的，群「雄」割據時代，它實質上只是一方諸侯而已，一場更為慘烈更為曠日持久的混戰在所難免。

　　清政府推行新政時期，日本政要一直在密切關注這個走向尚不明朗的鄰國。革命黨人在日本能夠得到較好的庇護，但如果清政府嚴重抗議，日本也會將某個革命黨領袖驅逐出境。由於中國政治走向的不明朗性，日本政府認為還有必要對清政府保持「友好」姿態。

　　這個時候，日本政壇元老伊藤博文分析認為，在清王朝新政過程中，除了立憲派各派別相互爭奪權勢外，主要的危險還在於，各省諮議局被賦予了太大的權力。由於中央政府已經被削弱得十分可憐，諮議局會議還將進一步削弱督撫們的權力，這會使得受到諮議局沉重壓力的地方督撫們，為了保住自己的權位，不再

去依靠朝廷，而是迎合地方立憲派，反而向中央政府施加壓力，結果是「總督們在同北京的任何爭執中，無疑地支持當地的諮議局。」[22]

同年，時任日本首相的桂太郎認為：「憲法、國會、資政院這些東西本身雖是極好的，可是要使一個國家能夠運用它們，必須要有許多準備工作，而中國在能夠吸收理解它們以前，對於這些制度還沒有作過足夠的準備工作。」他警告說：「中國現在走得實在太快，會出毛病的。」

面對處於失控邊緣的政局，以攝政王為首的中央政府開始意識到，讓步並不能解決問題。他不接受立即開設國會的請願，他認為這樣的要求太不現實；但他最終還是做了讓步，只是沒有完全滿足立憲派的要求。

武裝暴動已經四處起火，雖然規模不大，但革命黨人在衝突中捨生忘死。帝國政府的鎮壓也更加殘酷。

當然，這個時候除了政治改革的推進，實業投資也在擴大，新事物和新氣象也出現了不少。貫通全國的鐵路需要修築，鐵路建設也被推向新的高潮，

張之洞在世時就主持收回了一條由美國人承建的鐵路的築路權，但數年之後，帝國的政府和商民卻沒能籌措到足夠的資金來建造這項工程。時間到了1911年，主持交通建設的郵傳部尚書盛宣懷認為事不宜遲，提出利用外債，認為這是所有試圖崛起的傳統國家走向強盛的不二法門。攝政王認可並支持了他的主張，將委派商辦的築路權又一次收歸國有，打算求助於西方財團。

但攝政王的政治資本太過單薄，外壓愈大，他愈是認為只有血緣親貴才會真心支持他的改革事業，於是所謂的「皇族內閣」出籠。這是一個滿人占多數的準責任內閣，雖然這些滿人絕非無能之輩，但是他的反對派們並不這樣看。

很多人都預料到時局將大變，民間盛傳著要改朝換代的預言，連日本的伊藤博文也預言：中國在3年內將會發生革命。但是張謇一直到王朝崩潰前一時刻都認為最適合中國的政體是君憲制度，孫中山的革命派則在海外各國宣傳自己的排滿主張和共和前景。

---

22 李約翰：《清帝遜位與列強》，第36頁。

辛亥前夜

第十二章
爆發「新政綜合症」

夫霸王之所始也，以人為本。本理則國固，本亂則國危。

——《管子·霸言》

危機與契機依然共存

1910年9月15日，美國商務代表團到達上海，「以謀求兩國通商的擴大」。商團中最有實力的是當時美國的輪船業巨頭、實業界領袖羅伯特，他曾與漢陽鐵廠簽訂為期15年的合同，在合同中議定：漢陽鐵廠向美國埃宴地（Grondal）鋼廠供應生鐵，每年供應量限制在20萬噸以內。

清政府新政事業開啟之後，經濟改革取得了一定的成果。以1885年為比較基點——當年政府財政收入上升到歷史最高值7700萬兩以上，而財政增加主要是由於洋務企業的開展以及關稅收入激增所致，商稅收入增加了3倍。到了1911年前後，清政府的財政收入已接近於30200萬兩，其中農業稅從1885年的3000萬兩增至5000萬兩，各種雜稅約為4500萬兩，商稅則超過20700萬兩，是政府財政收入的主要組成部分。

美國商界試圖不落他國之後，進一步擴大在華利益。

清政府也作出積極反應，7月底，商部頭等顧問官張謇就領命來到上海籌備接待工作。

美國代表團到達上海時得到了官學商各界的熱烈歡迎，並參觀考察了中國自己開辦的麵粉、造紙、紡織、兵工等企業。

9月23日，美國商團來到南京，得到兩江總督張人俊的熱誠款待。25日，江蘇諮議局舉行了更為隆重的歡迎儀式。當時正值帝國憲政改革的重要關頭，所以這次聚會也在無形中感染了濃烈的政治氣氛。

身兼江蘇諮議局局長的張謇主持歡迎會，還有其他16省的諮議局代表也到會出席。

張謇在歡迎詞中說：「目前，中國正處在脫胎換骨的新舊交替之中，你們可能已經感受到這種變化。我們所進行的實業改良，與財政、法律、政治制度息息相關，如果政治制度不同時改良，實業制度也不會有大的成效。現在，能夠稱得上已見成效的改良業績，就是我們今天歡聚一堂的諮議局。」[1]

美國商會會長朋漢代表美國商團方面於3天後致辭說：「中國在政治方面取得重大進步，是以民選諮議局為代表，江蘇諮議局更是首屈一指的標誌。深深期

---

1 《時報》，1902年9月27日。

望諮議局以後與弗蘭費亞的自由廳媲美。」[2]

在一系列商業合作活動的推動下，1910年秋，美國摩根財團同清政府簽訂了整頓財政和辦理東三省實業貸款5000萬美元的草約。

1911年7月1日，攝政王載灃召見張謇做政策諮詢時，張謇請求政府支持中國商人代表團訪美，並建議中美合作投資銀行、航運，並請朝廷撥給東三省2000萬兩經費，與美國合作開發東三省。

在經濟目的之外，中美雙方共同產生合作意願還有更深層次的政治考量，中國希望美國力量的介入能夠牽制日本在東北亞的擴張勢頭，美國也希望能夠繼續鞏固「門戶開放」的商業政策。

直到1911年9月，也就是帝國存在的最後幾個月裡，出使英國大臣劉玉麟仍在奏摺中建議實施以下措施：

於倫敦設立大清銀行分行；

頒布航業獎勵補助法，組織海軍義勇隊，保護出洋貿易的商船；

於各國首都及海外經貿中心設立中華商品展覽所；

在北京舉行世博會。

學者劉光永對這一系列事件感慨說：「在當時的條件下，儘管中國人走向世界、對外開放的步履是稚嫩的、趔趄的，但目標愈來愈明確，膽識與氣魄卻愈來愈雄渾、軒昂。有識之士們儘管對清王朝愈來愈感失望，但他們堅信：經過曲折、艱辛的探索之後，中華民族一定能夠成功走向世界，一定能夠自立於世界民族之林！」[3]

在1900年以後的10年裡，中國的近代工業發展是很快的。據《舊中國民族資產階級》一書所統計：在1895～1900年的6年內，已設廠86家，投資合計1767.9萬元，即平均每年增設新廠14.3家，新增資本平均每年294.65萬元。這是第一次投資設廠熱潮所取得的直接經濟成果。但到1905年後掀起的第二次投資設廠熱潮期間，其投資規模和發展速度則更遠遠超過以往各個時期。僅在1905～1908年的4年內，新設廠礦共201家，新增資本每年達1145.4萬元。設廠年平均數超過第一次投資設廠熱潮期間的2.5倍；每年平均投資額超過第一次投資設廠熱潮期間的

2 《時報》，1902年9月30日。

3 劉光永：《大清的挽歌——清末改革管窺》，第105頁，三秦出版社，1999年版。

2.9倍。[4]

在《中國資本主義發展史》第二卷中所顯示的數據與上述統計有所出入，但仍舊可以看到當時中國工業的發展速度大大超過以前任何一個時期：在1895～1900年這一階段，共開設104家，投資2302.4萬元，平均每年投資額不到400萬元，最高一年為570餘萬元。其中一半以上是投入紡織工業，以紗廠和絲廠為主。礦業占第二位，不過這時的礦場還是以官辦、官督商辦、官商合辦為主（25家中占17家）。從1905年起，投資規模遠超過前一階段，以後大量增加，到1910年的6年間，共開設廠礦306家，投資7525.5萬元，比之前一階段，設廠數和投資額都增加了兩倍強；平均每年達1250萬元，最高一年近2300萬元，這已是不小的投資能力了。[5]

以上兩組數據雖不完全一致，但很明顯，1900年以後投資設廠速度要遠遠高於1900年以前，而從1904年以後到1910年之間，中國的近代工業則出現了一個發展高潮。

1888年張謇與袁世凱絕交分手，後來在立憲運動中兩者的政見日趨統一。1911年7月，張謇路過天津參觀後，更大讚袁世凱任直隸總督期間（1901～1907年）的政績，他說：「十日（1911年8月10日）出京。至天津觀各馬路、工廠、罪犯游民工廠、圖書館畢。袁為總督時，氣象自不凡，張南皮外，無抗顏行者。」[6] 張謇對袁世凱政治掌控能力和發展實業能力的由衷欽佩，直接促使他與袁達成堅固的政治聯盟。

毫無疑問，鐵路建設是任何國家近代化過程中的必興之業。但是公路建設和汽車的啟用更是現代文明的重要標誌。

1907年夏天，法國和義大利等國在張家口外的蒙古地方舉行汽車比賽。汽車的速度之快令國人瞠目結舌，有人驚呼：「三千路程，四日之間，克期而至！」這次活動的舉行明顯激發了國人修築公路的熱情。

「保升直隸州知州」趙宗詔聯合一些豪紳向地方大員呈交了聯建公路的建議：自從鐵路建設風行以來，車輛在運輸中的重大作用充分顯示了出來。目前京

---

4 黃逸峰、姜鐸、唐傳泗、徐鼎新：《舊中國民族資產階級》，第70頁，江蘇古籍出版社，1990年版。

5 許滌新、吳承明：《中國資本主義發展史》，第2卷，第645頁，人民出版社，1990年版。

6 《張謇全集》，第6卷，第875頁，江蘇古籍出版社，1994年版。

張鐵路在一兩年之內就能完工。但是張庫路工程巨大，籌款興築，要等到十年之後了。在這十年之中，必須設法建起交通系統，最為簡便可行的方法就是在口外（張家口外）創行汽車，先修築張庫公路，隨時擴充，以為地方造福。[7] 為了「以昭激勸而示保護」，地方政府給予了該公路公司獨家經營權。[8]

有學者評價，張庫公路的建成與通車，是頗具典型意義的：「自從這種『僅靠四個輪子飛轉驅動的房子』在口外的荒原上開始急速奔馳的那一剎那起，它帶給當地居民的就不僅僅是一種新的交通運輸工具，它帶入的是一個新時代的文明。」[9]

蘇轍曾就大宋王朝的經濟狀況說過這樣一句話：「財者，為國之命而萬事之本。國之所以存亡，事之所以成敗，常必由之。」無論怎樣的社會階段，財稅狀況對整個國家的運作有至關重要的作用。

在某種程度上說，清王朝的存亡也直接由帝國的財政狀況所決定。

清末新政時期中央政府也曾花大力氣改革財政甚至聘請外國專家就具體體制進行革新，包括統一貨幣、統一財權，從督撫手中把財政支配權收歸中央政府，建立中央銀行等。在今天看來，在這個過程中不但不能說當時的政府毫無成績，而且其成敗得失對於後世的經濟改革也有很重要的借鑒作用。

太平天國運動之後，由於政府權力向地方轉移，中央政府喪失了控制全國通貨發行的權力，而地方督撫為籌措資金，緩解地方通貨短缺的壓力，紛紛自鑄硬幣，發行紙幣，導致了全國貨幣狀況的極度混亂。

在1904年，官方報紙《北洋商報》就刊載了《論銅元定價參差之流弊》，強調貨幣制度的好壞直接關乎國家「生命命脈」、民族興衰。統一貨幣制度，對於恢復政治統一、社會經濟秩序具有積極意義。並稱自從開埠通商以來，輪船火車，瞬息千里，電報通訊，傾刻萬里，但是中國的貨幣制度卻遠遠落後於經濟形勢的發展。

西方各國列強也強調中國的貨幣制度改革勢在必行，並且刻不容緩。

在1902年《中英續議通商行船條約》及1903年《中美通商行船續訂條約》和

第十二章　爆發「新政綜合症」

7　參見《光緒朝東華錄》，第5卷，第5825～5826頁。

8　《光緒朝東華錄》，第5卷，第5825頁。

9　劉光永：《大清的挽歌──清末改革管窺》，第49頁。

《中日通商行船條約》中，都要求中國政府能夠盡快統一貨幣制度，英國貨幣協會甚至將這一要求具體化，提出了所謂的「中國貨幣改革方案」。這些「熱心積極」的列強之所以敦促中國政府及早完成貨幣改革，當然是為了促進本國在華投資等利益的最大化，但是確實也點對了帝國經濟的穴位。

當時的中國市場已經納入到世界經濟體系之中，世界貨幣市場的波動給中國造成很大的影響。1901年之後，世界銀價市場急劇下降，進口貿易對於採用銀本位的中國來說極為不利，而新政中為籌措資金大舉借、貸款於西方，並且還有巨額的戰爭賠款，國際市場通行黃金償付手段，這樣一來，在償還的過程中，中國又受到巨大的損失。要改變被動局面，貨幣改革不得不行。

英國的意見是組織一個由西方列強參與的專門委員會來指導和監督清政府的貨幣改革。清政府也感覺到，如果沒有西方國家的參與，貨幣改革難以進行。所以有條件地接受了英國建議。1903年，中央政府設立了專門的財政處，著手財政、貨幣制度改革，並成立國際匯兌處。為謹慎起見，清政府邀請實行銀本位的墨西哥與其一道，請求美國的合作。

在1904年，美國金融專家精琦來到中國調查貨幣狀況，並向中國提出具體方案，大體為以下主張：在國際結算中實行金本位制，在國內用銀幣作為流通貨幣，金幣只作為國家儲備使用；金銀比價定為1：32。他認為自己的意見對於清政府來說是切實可行的，希望能夠被立即採納。

但是就建立金本位還是維持銀本位制，朝野之間形成了兩種意見，西方國家之間也不能達成一致。

張之洞此時正在武漢任湖廣總督，他不同意精琦的方案，認為中國的經濟政策改革不應該讓西方人插手。他也不主張讓銀錢大幅貶值，因為普通人持有財富和商業結算一般都以銀錢為主，會直接傷害到商民和眾多百姓的切身利益，這樣不利於整個社會經濟秩序的穩定。由於政府黃金儲備薄弱，如果實行金本位，發行的貨幣將是一種不足值的，勢必引起新的紛爭。張之洞指出，世界金融市場的銀價下跌，雖然不利於中國進口，卻有利於中國工礦企業的出口。眼下國內的企業正在發展階段，國家的目標是富國強兵，所以維持銀本位不但可以穩定市場，而且可以鼓勵和支持民族企業的發展。

駐俄大臣胡惟德和財政部門則反對張之洞的意見，更傾向於精琦的方案。

從這次金融政策的分歧可以看到，地方官員主張漸進政策，先不大動，以維

持市場秩序，中央戶部則站在融入世界市場的角度，提出採用金本位制為不得不為之舉。

清政府雖然在名義上暫時採用了張之洞的意見，但是新的爭議又起，這次爭執主要是由標準貨幣問題引起。

到了1910年5月份，中央政府決定採用銀元為標準貨幣，同時採用十進位制。

但是由於政府儲備金的薄弱，沒等金融混亂的狀況得以改變，清王朝就被推翻了。雖然如此，在民國成立之後包括袁世凱主政期間，當局繼承這一改革思路，貨幣改革還是得到了不少的進展。但是由於政局的持續混亂，沒有絕對有力的中央政府掌控全局，近代中國的金融改革一直步履蹣跚。

現代貨幣制度的確立依賴於現代銀行的先期建立。

榮祿在世期間就提出建立國家銀行，袁世凱任北洋大臣之後，在榮祿和鹿傳霖等人的支持下把國家銀行的建立進一步提上日程。他準備在天津創辦戶部銀行，很明顯，袁世凱試圖在其中擔任主導角色。但是最終戶部銀行的建立地點還是選在了北京，由中央戶部全面主持。

到了1904年，戶部擬出了《試辦銀行章程》，在章程中規定，國家銀行採取股東制，發行股票4萬股，共400萬兩，民間和官方各承擔一半，但是不允許外國人購買。

到了1908年，戶部銀行改稱為大清銀行，又招股600萬兩，增加資本額1000萬兩。除了發行紙幣、代理國庫之外，還經營公債，辦理證券，其實行使的是中央銀行的職責。

在1908～1909年間，大清銀行又在京師戶部銀行的基礎上，添設了開封、太原、重慶、南昌、廣州、長沙等13處分行，並在烏里亞蘇台、成都、吉林、香港、汕頭、煙台、青島等地設立分行，業務範圍涵蓋全國。

作為中國第一家國家銀行，它的創辦為現代銀行體系的建立奠定了重要的基礎，積累了寶貴的經驗。大清銀行在辛亥革命之後被直接改組為中國銀行，繼續行使它的歷史使命。

1907年，在郵傳部的支持下，交通銀行也成功設立郵傳部主管輪船、鐵路、郵政、電報四大系統，交通銀行由此得名。此銀行亦為公私合營企業，官股占四成，民間股份六成，郵傳部為最大股東。交通銀行在收回路權、自建鐵路的運動中起到了很大的作用，並且在新加坡和香港設有分支機構。

與此同時，各省也都建立了自己的省立銀行。

第一家純粹的民辦銀行則於1906年創辦，名為「信誠商業儲蓄銀行」。雖然創辦人周延弼為商部顧問官，有一定的官方背景，也對日本銀行的運作進行了廣泛而深入的研究，但是由於沒有巨額本金支持，在辛亥革命期間遭遇挫折不得不停辦。

金融體制的初步確立和經濟在一定程度上的發展，也使新政的推行漸漸步入既定軌道。

憲政思想和現代文明的普及是新政最終實現的首先前提。

科舉制度廢除之後，帝國政府為了吸引學生進入新學堂，給予學堂畢業生以文官候選人的待遇。[10] 這其實是政府試圖以類似「贖買」的辦法處理「後科舉時代」問題的探索。

1905年12月清政府正式建立了學部，作為中央的教育行政機構。在1904年學堂總數為4222所，學生總數為92169人；在1909年學堂為52348所，學生為1560270人。[11]

中國歷來被認為傳統意義上的農業大國，晚清時期對農業問題也比較重視。新政期間，專門的農業學堂也從無到有，獲得一定的發展，其中江蘇、湖北、山東、直隸等省成績較為顯著。到1909年全國共有高等農業學堂5所，學生530人，中等農業學堂31所，學生3226人，初等農業學堂59所，學生2272人。到辛亥革命前夕，全國約有農業學堂總數250所左右。[12]

學部在教育改革期間還頒布了《議定強迫教育辦法十款》，把施行強制教育上升到法律的高處。該《辦法》從勸導入手，要求各省會至少設蒙學堂100處，每堂至少50人；各州府縣至少設40處，學童至少2000人；幼童最遲到10歲必須入學，如一年後尚有未入學者，按荒學律懲其父兄。

江蘇川沙廳已故職商楊斯盛因「傾產興學」，中央政府於1911年5月下達命令「付史館立傳，並贈鹽運史銜」。[13]

---

10 參看傅吾康：《中國科舉制的改革與廢除》，第53~67頁。

11 《第三次教育統計圖表，宣統元年》。

12 鄭慶平、岳琛：《中國近代農業經濟史概論》，第160頁，中國人民大學出版社，1987年。

13 《清實錄》，第59冊，第427、429頁，中華書局，1986年影印版。

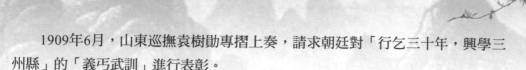

1909年6月，山東巡撫袁樹勛專摺上奏，請求朝廷對「行乞三十年，興學三州縣」的「義丐武訓」進行表彰。

當時民間辦學熱情之高，令今人讀之仍為之振奮和感慨。

1908年5月美國國會正式通過將庚子賠款的剩餘部分退還中國的議案，並作為中國派遣留學生赴美入各大學深造的專款。美國政策的背後是試圖擴大對華影響，削弱日本因素，但是在客觀上有利於中國近代留學教育走向正規化。在這一年，出現了中國近代史上第一次出國留學熱潮。在日本，除了清政府派出大量的官費留學生外，還有相當一部分自費出國的留學生。從1896年到1911年的留學日本熱潮中，學生多達四萬五千餘人。同時，為了彌補留日教育的不足，清政府不斷向歐洲派遣留學生，並擬訂留學歐洲的長期計畫，將學科選擇從陸海軍及軍工技術擴大到農商工各個領域，並有針對性地擴大留學國範圍。晚清的留學教育對當時和後來中國社會的積極影響是不可低估的。姑且不去論述留學生在新政改革中的巨大作用，即使到了民初南京臨時政府時期，在首屆內閣18名總、次長中，有15人為歸國留學生。民初國會499名議員中，留學生占51.7％。這些足以說明晚清留學教育的歷史功績。

中國留學生馮如在1909年9月，即世界第一架飛機問世不到6年的時間內，完成了中國人自己設計、自己製造的第一架飛機。這架飛機稱為「馮如1號」，與萊特型飛機相似，但改進了著陸裝置。當時的美國《三藩市考察者報》在頭版顯著位置刊登了馮如的大幅照片，讚譽馮如為「東方的萊特」，並驚呼「在航空領域，中國人把白人拋在後面了」！這樣的語言在今天看來也許只是西方友好人士對中國的鼓勵，但是在當時確實反映了中國尖端人才的輝煌業績。1909年10月28日，馮如又聯合黃梓材、劉一枝、朱竹泉等人，把廣東製造機器廠擴充為廣東製造機器公司，並公開招募優先股東和股金。從1909年11月3日至1910年2月19日，僅3個月時間，就招得優先股東67人，股金5875元。

這些業績的取得其實離不開一個民族教育事業的發展。除了建設新式學堂和制定切實可行的留學生政策之外，各省督撫還嘗試著建立現代意義的圖書館機構。

在1907年，安徽巡撫馮煦主持籌辦省級圖書館，並向全國徵集圖書。1908年8月，東三省總督徐世昌也奏請建立黑龍江省立圖書館，試圖以此「開風氣」。隨後建立的吉林省圖書館「兼收五洲之本」，並且附設「教育品陳列所，如校

具、器械、標本、模型各物，或自行仿製，或略加采購。至於圖書，則分年採辦，還鼓勵和獎勵收藏人士捐獻。[14]

到了1909年，山東省也建立起大型圖書館，不僅儲藏有「四庫善本」等傳統書籍，而且花重金購買「列國寶書」。[15]

設在北京的京師圖書館則在1909年8月得到中央政府的批准。[16]

新政期間，海軍部甚至成立了自己的專業圖書館，為中國海軍的近代化作出了巨大的貢獻。

通過書報獲取知識和信息並參政議政也成為晚清社會政治文明發展的一大標誌。

在戊戌變法期間，全國有報紙六十多份，各地普遍創辦了宣傳新思想的報刊。但在1900～1910年間全國各地創刊的報刊總數達到844種。出版地區幾乎遍及全國各地。[17]

1902年5月份，戴鴻慈建議由翰林院主持建立報館，以「廣見聞、息浮議」，並得到政務處的支持，是為新政期間官方支持辦報的開始。[18]

在1903年，官方報紙的舉辦迅速鋪開，商約大臣呂海寰、外務部左丞伍廷芳提出了具體的辦報建議。《北洋官報》和《南洋官報》相繼創刊。同年底，商部主持創辦《商務報》，宣傳中央政府商務政策，啟發商民覺悟，此報在商部工藝局設立發行所，在北京、上海、漢口設立總代售處，由各省督撫協助發行、銷售，同時廣泛徵集民間人士代售，實際上走的是「民銷」與「官銷」相結合的經營方式。[19]

各類民辦報紙在這一階段也大量湧現。

《大公報》於1902年6月在天津創辦，創辦人是滿族正紅旗人士英華（英斂之）。他在報紙的創刊號中申明辦報宗旨：「以開我民智，以化我陋俗，而入文

14　《清實錄》，第60冊，第279頁。

15　《清實錄》，第59冊，第852頁。

16　《清實錄》，第60冊，第345頁。

17　茅家琦：《晚清「新政」與同盟會「16字政綱」》，原載：《南京大學學報（哲學·人文科學·社會科學版）》，2001年第5期。

18　《清實錄》，第59冊，第587頁。

19　《袁世凱天津檔案史料選編》，第218～221頁。

明……但冀風移俗易，國富民強。」[20] 並且《大公報》明確倡言立憲，敢於直言，甚至提名抨擊官僚的瀆職和貪汙，並不以營利為目的，「寧願賠錢受累，吃苦操心，也要鼓著一團精神，拿著一隻破筆」，《大公報》首先使用了白話文寫社論和新聞，吸引了眾多的忠實讀者。

《時報》創辦於1904年6月，名義上為江蘇人狄楚青開辦，其實在他的背後有康有為和梁啟超的大力支持。《時報》之名即為梁啟超所定，語出《禮記》「君子而時中」、「溥博淵泉而時出之」，該報「專講平和，專講立憲」。

《京話日報》的創辦者也是江蘇人士，名為彭翼仲，他做過政府官員，在1901年後賣掉家產，棄官辦報，後半生「嘔心挖肝苦辦報」，終生不渝。該報仗義執言，以開發民智為宗旨，公開宣稱該報為「替天下人說話的地方」，表示「應該爭論的，刀放在脖子上也是要說的。」[21] 同行業者《大公報》盛讚「北京報界之享大名者，要推《京話日報》為第一」。該報僅在北京一座城市就有二千多家閱報、講報處，除京師以外，還在天津、保定、通州、錦州、開封、新鄉、西安、南京等重要城市設有代理處。

雜誌類則首推張元濟在1904年創辦的《東方雜誌》聲名最為顯赫，影響最大。它的創辦時間比美國《時代周刊》還早19年。該刊針砭時弊，洞悉時事，廣播知識，是一份大型綜合類時事雜誌，以「啟導國民，聯絡東亞」為宗旨，至今仍是後人客觀認識清末社會的重要原始憑據。分設諭旨（中央文件）、社論、內務、軍事、外交、教育、財政、實業、交通、商務、宗教、調查、附錄各欄，另外還有小說、叢談、新書推介，該刊不僅在民間受眾廣泛，而且被官方認可為「輿論的顧問」。它每冊250頁，15萬字，1919年之後改為半月刊，1949年停刊。辦刊時間長達45年。

在海外，梁啟超於東京主編的《新民叢報》是份綜合性刊物，內容從文學作品到時政理論，無所不包。其中有基本科學常識、有歷史、有政治論著、有自傳、有文學作品。梁任公簡潔的文筆深入淺出，能使人輕易了解任何新穎或困難的問題。在中國的近代化過程中，梁氏深入淺出的才能尤其顯得重要。在政治上，這份刊物一直宣稱君憲體制。

---

20 《大公報》創刊號，1902年6月17日。

21 《京話日報》第376號，編者按；第228號，演說。

第十二章　爆發「新政綜合症」

在這個時候，革命黨人也出版了許多刊物，鼓吹孫中山的革命思想。雖然因為攻擊清廷過於激烈，以致於若干類似的雜誌同時被郵政當局禁止寄遞，但這些被禁的雜誌仍舊不斷地從日本流入上海租界，同情革命的人以及追逐厚利者再從上海把革命書刊走私運輸到其它城市。

隨著新思想的傳播，新的生活方式也得到普及。

體育事業則在1905年左右隨著新式教育發展和輿論的呼籲得到廣泛推廣。1907年5月4日，英國人莫理循在給朋友的信件中熱情地敘述中國見聞：

> 本星期的星期一、二兩天，大學學生舉行每年一度的運動會，我估計至少有五千名學生參加。他們身著制服，旌旗飄揚，樂鼓齊鳴，秩序井然地排隊走向運動場。這些品學兼優的年輕人順序停在運動場上，觀看外國式的運動項目：賽跑、跳高、跳遠、舉重、擲鏈球等。
>
> 並且在這樣的大型運動中，全是中國人，中國人維持秩序，中國人充當幹事，中國人散發中文節目單，參加競賽的全是中國人，裁判員都是中國人，只有競賽的項目是純粹外國式的。

莫理循強調說：「所有這些變化正在全帝國展開。」[22]

與此同時，衛生防疫工作也得到了不少的發展。

19世紀末以來，由於各地興建了不少的醫院、醫學堂，醫療衛生知識日漸傳播。加之新政期間推行地方自治，提倡改良社會習俗，衛生公益事業日漸受到重視。

在1904年，天津在大沽設立了專門的防疫醫院，該院以「保衛商旅，消弭疫癘」為宗旨。有關責任部門還制定了《大沽查船防疫章程》，對於突發性傳染疾病的擴散起到了很大的遏制作用。

在清末兩三年間，東三省發生了大規模的鼠疫，白山黑水間本為滿族人的「龍興之地」，發生這樣的事件，時人認為這是「不祥之兆」。東三省地方官員的疫情報告不斷上達北京，「鼠疫蔓延，為患甚厲」。

在過去人們往往忽視自然災害對於政局的影響，反而是更加重視政治局面本身的變動，殊不知，甚至像東羅馬帝國那樣的超級大國很可能並不是因為政治的

---

22 駱惠敏：《清末民初政情內幕：莫理循書信集》，上冊，第498頁，上海知識出版社，1986年版。

失靈而潰敗，而是因為可怕的黑死病。在帝國末期，每天都會從城市中抬出數以千計的死人，有的人甚至在收集屍體的過程中自己突然倒地。在歷史上，這樣的疾病威脅是不能承受之重。哪怕發生在醫療事業如此發達的現代社會，這也是一個讓當局感到恐慌的社會問題。

所以，在政治改革的後期，東三省人民參政議政情緒尤其高漲，力促轉折性變局的出現。其背後原因不單單是因為日本的威脅在一步步加深，還有這起持續數年的傳染病也在激發著民怨的擴散。如果說日本的擴張是「肘腋之害」（李鴻章語）的話，那麼傳染病的威脅則是真正的「肝臟之害」了。

到1910年底，東三省已經因為鼠疫的傳播「病斃數千人之多」。政府上下被這一景況嚇呆了，同時也拿出了相關的處理辦法，希望能夠對疫情有所控制。上諭命令：「山海關一代設局嚴防……毋任傳染內地」，並嚴格規定「由奉天至山海關只開頭等客車，其餘暫停開行，並分段節節察驗。」[23]

疫情還是傳到了關內。

1911年，又發出緊急上諭，嚴責地方官防範不力。此時在直隸、山東兩省已經出現多起傳染病例，以致「日斃多人」，要求疫情發生的各地段嚴防死守，「設法消弭，以重民命」[24]。並特別命令：天津一代如有傳染情形，即將京津火車一律停止，免致蔓延。[25] 京津火車立即停開，北京處於防疫戒嚴狀態。

時人以致於今人都有這樣的說法：皇帝老兒與清朝統治者最看重的還是自己的性命，生怕鼠疫傳入京師。

殊不知京師乃帝國首善之區，人員密集，居住的不僅僅有「皇帝老兒」，如果鼠疫一旦蔓延，首先遭殃的絕對不是皇親國戚，而是紫禁城之外的黎民百姓，還有各國公使等外國駐京人員，如果處置不當，遭到國際譴責，甚至會引來不必要的外部干涉。

所幸，到1911年2月間，「哈爾濱等處，成效漸著，日見減輕」。[26] 3月，「直隸奏稱，疫勢漸平」，京津鐵路恢復開通。

---

23 《清實錄》，第60冊，第868、828～838頁。

24 《清實錄》，第60冊，第849頁。

25 《清實錄》，第60冊，第345頁。

26 《清實錄》，第60冊，第868頁

在這個過程中，各大媒體廣泛報導，倡導革除陋習，宣傳現代防疫知識。各地民政部門紛紛開動，撥出專款，大量的醫院和檢疫所被建造。到1911年10月份，順天府設立了「臨時順天慈善普濟紅十字總會」，各地在士紳的支持下設立了分支機構。[27]

莫理循在1911年8月8日致友人的信中也談到北京城裡衛生防疫局面的變化：

這個城市正在變樣。到處鋪石子路，街道還用電燈照明，電話通暢，郵局每天投遞八次信件。巡警們簡直叫人讚揚不盡，這是一隻待遇優厚、裝備精良、紀律嚴明的隊伍。我昨天就看到一個警長幫助一個推獨輪車的人把車子從地上扶起來；這個最微賤的苦力推著一車大糞，把車子弄翻了。並且自來水供應良好，我敢斷定，不需要多久我們就能乘上電車。這兒的中國人大都漸漸地習慣了使用新的東西。城裡各處都在大興土木。

正在興建的國會大廈也一定讓這位英國記者頗感興趣，那是一座德國專家設計的歐式建築，如果最終建成，甚至比有名的德國議會大廈還要壯觀，那座大廈直到希特勒時代還在運用，而這棟屬於清政府的國會大廈在辛亥革命時期被迫停建。

變化不只是在北京城。

早在1907年5月14日，莫理循在談到中國西北城市蘭州和太原時同樣充滿興奮：

在那裡，包括醫院在內的市政建設正在進行中，山西大學的代理教習也同樣對身處的帝國充滿信心。

這一切都表明，中國在近代化過程中不僅沒有去拒絕現代文明的普照，而且這項事業讓無數的先輩或窮經皓首孜孜研究、或身體力行痴痴追索。

但是問題的嚴重性還是讓人不得不陷入焦慮之中。

以帝國的禁煙活動為例。

鴉片戰爭之後，面對潮水般湧入的「洋藥」（進口鴉片），清政府不得已准許本國栽種土煙，企圖通過「內地之種日多」，使「夷人之利日減」，「迨至無

---

27 《清實錄》，第60冊，第1184～1185頁。

利可牟，外洋之來者自不禁而絕」。面臨西方強勢壓迫，連林則徐也在道光27年改變了強硬的禁煙主張，認為「內地栽種罌粟，於事無妨。……若內地果有一種芙蓉勝於洋販，則孰不願買賤食？」[28] 馬克思也在《鴉片戰爭貿易史》中說：「如果中國政府使貿易合法化，同時允許在中國栽種罌粟，這意味著英印國庫會遭到嚴重損失。」[29]

其實在那一時期，無論是林則徐，還是馬克思，更不要說馬克思筆下腐敗的「中國政府」和追逐最大利潤的大英帝國，都沒有深刻意識到鴉片的真正危害。

但此禁一開，恰逢帝國陷入內外交困，雖然清廷口頭承諾遵守康熙年間「永不加賦」的上諭，但是在實際上卻通過釐金制度進一步加重了普通人民的負擔。再加上各省農戶為追逐豐厚利潤，很多人棄穀物改種罌粟，致使「各處膏腴皆種煙葉」，占用了大面積的「生穀之土」。與此同時，由於土煙價廉，鴉片吸食者日多，湘軍大員曾國荃曾憂心忡忡地談到這一情況：「以前力耕之農夫，決無吸食洋煙之事。今則業已種之，因而吸之，家家效尤，鄉村反多於城市。昔之上農夫，浸假變而為惰農矣；又浸假而為乞丐，為盜賊矣。」[30]

這標誌著鴉片的輸入和生產都達到了合法化、全社會認可化的程度。

19世紀末20世紀初，隨著人們對於鴉片危害認識的深入，國際上反對鴉片貿易的浪潮更加高漲。與此同時，中國本土鴉片種植的增多與工藝的改進，再加上印度鴉片價格的上漲，進口鴉片在市場上所占的比例減少；而印度國內鴉片消耗量也開始超過出口量。

1906年，清政府抓住英國議員在國會內就鴉片問題爭論的機遇，下發諭令禁止鴉片。決心在10年之內徹底消滅本國的罌粟種植；並明令禁止吸鴉片、開煙鋪或進口鴉片，至於有鴉片煙癮的官員，必須於6個月內予以戒除。會議政務處奏擬的《禁煙章程》第十條要求外務部與英國使臣商議解決減少鴉片進口的辦法。[31]

1907年英國人承諾每年自印度輸入中國的數量減少10％，如果清政府在其後

---

28 《林則徐書札‧覆署江西撫州府文海信》。

29 《馬克思恩格斯選集》，第2卷，第28～29頁。

30 《曾文襄公奏議》，第8卷，《申明栽種罌粟舊禁疏》。

31 《光緒朝東華錄》，第5卷，第5596頁。

3年禁煙成績有重大進展，會繼續減少進口；如果沒有進展，中國則需要賠付英國此前損失的3倍。1910年，談判重啟，英國卻又不肯答應在7年內停止向中國輸出鴉片。但是由於國際輿論的壓力以及資政院和中國學生強烈要求立即停止鴉片貿易的行動，英國人終於在1911年同意到1917年全面停止對華鴉片貿易。

英國對於中國政府的禁煙決心予以肯定，「因以所見現象，及其施禁情節，詳加察核，中國辦理此事，毅然斷然，絕無疑慮，誠出意料之外，蓋歐洲各國行政得宜，而有權決行者，亦恐未能若是之勇果」。[32]

清政府外務部進一步指出，本國政府已經盡職盡責，並已經取得了巨大的成效，但「租界內煙店、煙館多有開設，其飯館、酒肆、茶室、妓寮亦為開燈吸煙之所，且各行店售賣煙槍、煙斗、煙燈、煙具者更多」。因此要求英國「飭各租界以內所有清查及籌禁之法，照中國地方官辦法一律辦理」。[33]

英國政府在不得不配合的同時，為了如實掌握清政府的實際禁煙情況，進行了實地考察，由自己來評估禁煙成效。

自1910年5月到1911年5月，英國人謝立山耗時一年，足跡遍及山西、陝西、甘肅、四川、雲南、貴州6個主要鴉片生產省份，經過個人深入的實地考察與採訪，整理出關於這些省份的罌粟種植與鴉片產量的報告，並立即呈送英國外交部。對於這6省的總體禁種狀況，謝立山認為：「山西實際上已完全停止了罌粟種植，陝西罌粟種植減少大約30%，甘肅種植減少不到25%」，「雲南全省自從採取禁煙措施後種植減少大約75%」，貴州「鴉片種植已減少70%」。

後來隨著國內形勢的發展，要求全面禁除鴉片的呼聲愈來愈高。

清政府資政院通過決議，奏請整個國家要在1911年1月29日全面禁止鴉片種植，1911年7月25日全面禁止鴉片進口，為此，清政府主動重啟與英國的交涉。資政院形成決議的第二天，外務部在給英國駐華公使朱爾典的一份備忘錄中再次強調，如果中國本土生產的鴉片徹底禁絕，而印度鴉片仍然行銷中國，那是不公平的。

從1912年開始，英國各領事館派遣領事，在中方代表的陪同下進一步進行調

---

32 《報告中國禁煙事宜說貼》，《外交報》，戊申十一月初五日，第228期。

33 《禁煙節錄及來往照會》，王鐵崖：《中外舊約章彙編》，第2冊，第445頁，三聯書店，1959年版。

查，評估中國禁煙成績，但由於清政府很快就覆亡，所以這一調查並沒有來得及實施。

對於持續數年的禁煙交涉，學者張志勇評價說：「近代中國多城下之盟，喪權辱國，令人扼腕。但此種特殊環境下的交涉卻遮不住中國在外交上前進的腳步。此次交涉中，中方外交人員能夠據理力爭，敢於提出自己的要求，已不再是未諳世界大勢，唯唯諾諾的形象，反映了中國在外交上的進步。」[34] 但在事實層面，吸販大煙並未能做到真正的禁絕，但是比以前的社會風氣要明顯好一些，即使孫中山先生後來也承認這樣一個基本事實：「前清末年，禁種成膏，成效漸著，吸者漸減。」[35]

國家支持的禁煙運動雖然取得了一定的成果，但也引發了嚴重的帝國財政危機，甚至引發了政府與人民的流血衝撞。這不能不說是近代中國在政治、經濟改革中必須付出的慘重代價。

此前，因為鴉片貿易在中國的合法化，特別是海關稅款徵收辦法改革之後，國家財政大增，海防經費中很大一部分就使用這一稅款。在一定意義上可以說，近代中國歷次對外戰爭的軍費支持在很大程度上是依賴鴉片稅收。另外，各省創辦的機器局、船政局和對近代企業的投資，也大量地使用了鴉片進口稅款。

按照中央練兵處全國編練36鎮的計畫，每一鎮的常年需款數量為200萬兩左右。在各省百廢待舉、賠款和外債沉重的情況下，這項龐大的支出讓地方財政不堪重負。此外，中央練兵款項也須由各省分擔，警政、教育事業、出洋考察等也同樣需要各省共同擔負。新政局面一旦開啟，自督撫到州縣官員的官階升黜均與以上事業的開展緊密相關，各省大員自然不敢怠慢，甚至督撫一級的大員都因為推行新政不力被立即開缺。支撐這種齊頭並進的局面，非有巨大的財力支持方能展開。

特別是預備立憲清單公布之後，各項事業均有考核指標，各地方官員對新政事業的推進更是不敢推托，尤其對練兵一事均視為急務。

全面禁煙與軍事建設的矛盾在1907年禁閉煙館以後開始凸顯。鴉片稅款銳

34 以上據張志勇：《清末新政時期的中英禁煙交涉》，原載胡春惠、薛化元主編：《近代中國社會轉型與變遷》，第171～189頁，香港珠海書院亞洲研究中心、台灣政治大學歷史系，2004年版。

35 《大總統令內務部通飭禁煙文》。《臨時政府公報》第30號，1913年3月6日。轉引自嚴昌洪：《中國近代社會風俗史》，第208頁，浙江人民出版社，1992年版。

減，致使某些地方的練兵事業直接受到影響。

隨著禁煙運動的深入開展，到1908年下半年後，鴉片稅收銳減，兩廣地方擔負著練兵的巨額開資，因此兩廣總督最早開始感到力不從心，也最先奏請朝廷放緩練兵步伐：「目今實行遞減土藥之際，收稅自必日短，不敷必定更巨」。[36] 並且請求陸軍部允許該省減少向中央的撥解數額，但未獲批准。儘管如此，各省隨之都要求拖延練兵計畫，陸軍部尚書鐵良則重新確定了全國練兵成鎮的時限，要求各省以練兵為救國大任，克服困難嚴格執行。[37] 但是這個時候全國上下要求復興海軍的輿論上升，海軍部已經制定出大規模的重建海軍計畫，所以從1908年起陸軍編練期限進一步縮短至兩年內完成，以便騰出財力重建海軍。[38] 支持陸軍部練兵計畫的官員們認為世界各國為了發展軍事耗資巨萬都在所不惜，中國理應盡全力跟上這一步伐，害怕一步一旦落後，就會步步受制於外人。[39]

全國範圍的禁煙進程並沒有絲毫的放緩，從1909年下半年開始，速度甚至開始進一步加快，同時在財政方面的負面影響也在從中央到地方進一步出現。湖北、四川、雲南等省歷來從鴉片貿易中獲利巨大，稅收的銳減自不待言，熱河等省也深受影響。

除此之外，禁種罌粟固然有利於發展生產力與改變社會陋俗，但對罌粟栽種者來說，卻是無法承擔的損失。如果他們「易煙而穀，其利入不十之一」，「既不足以贍其身家，且農具牛種早已蕩然」。[40] 各地栽種罌粟的農戶紛紛起而抵制禁煙令。如「四川湄州禁煙嚴迫，鄉民群起反對，竟將局署圍攻打毀，地方匪徒，乘機起亂」。[41]

「河南汝州陝州一帶，為汴中產土之地，去夏因委員禁拔煙苗，大滋鄉民之怒，當時委員敷衍了事，僅將道旁各處煙苗拔去銷差，不意今年該處所種較去年又多數倍，地方官雖出示禁止，而該鄉民以性命相拼，致死不拔，上月杪，省台委人前往禁止煙館，拔去煙苗，委員甫到該處，即為鄉民所知，聚眾違抗」。

---

36 《申報》，1908年6月10日。

37 《盛京時報》，1908年6月14日。

38 《大公報》，1908年9月12日。

39 《申報》，1908年10月30日。

40 李文治：《中國近代農業史資料》，第457頁，三聯書店，1957年版。

41 《東方雜誌》，1910年7月，第7期，《中國時事匯錄》。

　　山西文水縣武樹福、弓九湖兩人，以要求種煙為名，廣布傳單，斂錢聚眾，甚至訂立合同稿據，入約者達21社之多。[42]

　　甘肅皋蘭縣強令農民拔除煙苗，反而激成民變；蘭州知府因執行禁煙決策全家被殺。

　　此外，陝西鳳翔府、陝西眉縣等地的縣令下鄉禁煙，也同樣受到農民的圍攻和毆打。

　　而在雲南，「罌粟種植者立即投向叛民，當革命運動正在展開時，重新種植罌粟」。[43]一時間，幾乎凡有禁煙之舉，必有聚眾抵抗禁煙之激烈行動。

　　帝國政府「禁種罌粟」諭令的下達，雖然對於整個民族來說「有利有理」，但還是帶來如此多慘重的代價。

　　這個時候中央政府內部主管財政的度支部與陸軍部之間矛盾進一步激化，輿論界一直對鎮國公即度支部尚書載澤抱有很大的好感，認為他堅持節儉主義；而時任陸軍部尚書的蔭昌力主軍備不可怠慢。

　　《申報》當時評論說：「度支大臣澤公向持節省經費主義，因之與陸軍大臣蔭昌頗有意見。聞軍事上各項費用近來頗有不能應手之處，近畿各鎮有歷二月之久，而度支部應撥之餉項猶未撥發者，雖經陸軍部迭次催撥，度支部均以無款應之，即預算案規定之款亦未能照數撥解。端陽節前，陸軍部固無款開發部中薪費，特向某官銀行借銀三萬，利息至三分之巨，聞度支部於此項利息有決不承認之說。或謂本年秋操需款一百餘萬，將來提撥時，不知又當費幾許糾葛也。於此可見，澤蔭兩大臣意見之深矣。」[44]度支部反對陸軍部過早實施擴軍舉措，在實際行動中阻止會操行動。會議政務處討論陸軍部這一決定時，反對者十居八九，載澤支持世續的主張，極力反對陸軍部的舉動，四省會操行動中途停止。[45]度支部派往各省的財政監理官向清政府反映，各省軍政經費開資之巨令人咋舌，恐地方財政無法承受如此重負，「甚至廣西、貴州小省亦須二三百萬，若不及早設

42　《東方雜誌》，1910年4月，第5期，《中國大事記》。

43　高第：《論辛亥革命的意義》，轉引自《外國資產階級怎樣看待中國歷史的》，第2卷，第253頁，商務印書館，1962年版。

44　《申報》，1910年6月22日。

45　《大公報》，1910年6月4日。

法，將來日加擴充，將何以支給？」[46] 建議澤尚書與軍諮處協商解決。但是軍諮大臣毓朗不但不同意消減軍費，在參與政務處討論時，反而提出還有18鎮的新軍沒有編練，缺額達六七千萬兩，要求度支部承兌。

度支部斷然拒絕。

陸軍部和軍諮處不得已越過度支部，直接向各省督撫發出通電，宣稱軍費絕對不可壓縮削減，軍事機關與財政大臣的矛盾暴露無遺。

材料顯示，當時俄國軍費開支比例為44％，英國為38％，德國為34％，法國為31％，日本26％，清政府陸軍費用的支出總量處於中上等水平。[47] 蔭昌等人常常以此為根據，認為中國國際處境比其他國家更為嚴峻，所以軍費還有再行擴大的空間和必要，豈知因為賠款重負、鴉片稅收銳減、民族工商業尚處襁褓之中，整個國家的財政面臨重壓，此外還有其他新政事項亟待籌辦。主張擴充軍備的軍方人士還有一個顧慮，這就是在即將召開的世界保和會（裁軍大會）上，本國軍事力量如果太過弱小必定被外人輕視，按照陸軍部尚書蔭昌本人的看法，保和會的實質非但不是列強協商裁減軍事力量的會議，反而是各國競賽兵力強弱的大會，因此，本國必須提前籌備加強軍事，否則將會影響國家安全。[48]

軍事部門要求大力整頓軍備有深刻的國際國內因素。在19、20世紀之交，中國作為後發展中國家，國土安全不能得到任何大國的有效保證，就只能儘量走自強之路，軍事力量的增長是一個硬性的指標。1907年又召開第二次世界保和大會，清政府駐各國公使有感於國家地位進一步下降，紛紛向朝廷發出奏請，希望政府以提升本國在國際上的地位為急務，其中很重要的一個方面就是整頓軍備。駐荷蘭公臣錢恂奏稱，「保和會」上各國都不會真正裁減軍備，「臣外顧全局，內顧本國，倘非從以上所為政教、法律、海陸軍各大端提挈綱領，力求實際，則下次和會，彼列強又不知現何種對象之法」。[49] 專職參與保和會的中國官員陸徵祥特別強調保和會與陸海軍關係最重。[50]

46 《盛京時報》，1910年7月19日。

47 參見沈鑒：《辛亥革命前夕我國之陸軍及其軍費》，原載：《社會科學》，1937年2卷2期。

48 《盛京時報》，1911年4月11日。

49 台灣中央研究院近代史研究所檔案館‧外交檔案：02-21/10-（1）。

50 台灣中央研究院近代史研究所檔案館‧外交檔案：02-21/9-（3）。

　　涉外人員的意見反饋到國內之後，在政府層面，陸軍部的蔭昌、海軍部的載洵、軍諮處的載濤等人反應最為敏感，極力主張擴充軍備。在財力匱乏的前提下，財政與軍政之矛盾、度支部與陸軍部的矛盾一步步升級。攝政王載灃甚至已經開始考慮接受皇室變賣家產的建議，充作軍餉。[51]

　　其實軍事機構和行政部門的矛盾在任何國家的發展歷程中都不同程度地存在著。

　　軍部力量在日本明治維新後日漸崛起，政府內閣甚至無力制衡，因為軍部實力過於強大，政府在反對擴充軍事的鬥爭中，由於軍部勢力的反對，甚至屢次導致內閣倒台。

　　所以在清王朝的新政過程中，出現度支部和陸軍部這樣的矛盾也在情理之中，但是對於財政極為拮据的晚清政府來說，就顯得極為棘手。

　　綜上可見，新政開啟之後，特別是預備立憲逐步進入實質性操作階段之後，清政府有意在引導輿論普及立憲思想，並大力發展民族工商業，開展教育、衛生等日常生活方式的革新；且不惜犧牲巨大既得經濟利益、不憚引發列強壓力開展禁煙事業；還花費巨資整備陸軍、重建海軍……試圖在最後關頭挽救自己的命運、挽救自己統治的整個帝國和整個民族的命運。一方面，清政府這些不得已而為之的政治努力，不僅帶來了整個社會的進步和發展，以及新事物、新思潮的大量湧現，也進一步觸發了民族的覺醒和更多人參政議政意識，從北京城到大西北的偏遠縣城，更多的人開始走出狹隘的家族主義的樊籬，開始關心國家的命運，甚至不少人第一次有了「國家」這個概念。——政府的開明舉措和民間的積極回應，確實為中華民族、為統治者本身提供了一次歷史性的契機。但是由於各種社會問題積重難返、新政事業遷一發而動全身，更因為政治改革的絕佳機遇已經錯過，各項新政舉措不但沒能達到預期的成效，反而進一步誘發了各種社會矛盾的凸顯。在這個意義上可以說，新政的推進也增加了整個民族的生存危機感；對於清政府本身，則意味著統治危機將日趨加重。

第十二章　爆發「新政綜合症」

51　參考劉增合：《鴉片稅收與清末新政》，三聯書店，2005年版。

257

民情是把雙刃劍

政府權力未必一定就是個人權利的敵人，在人類歷史上，沒有任何一個成功的君憲國家的政府權力比「臣民」力量還要弱小。但一場社會改革不論在本質上多麼合乎時代潮流，多麼具有「進步性」，一旦它侵犯了生存在其中的人民的切身利益，嚴重侵犯了他們的最低生存權，或者是與其價值觀嚴重衝突，就勢必引起下層人民的不解與對抗。

清末新政和後期的政治改革一直是打著順應民意、順利時代潮流的旗幟推進的，並且在客觀上確實推進了中國的近代化進程：地方自治被說成是為了人民的利益而舉辦；省諮議局被宣傳為可以代商人和群眾參政議政的地方議會雛形；新學堂傳播著新的知識和理念；新型模範監獄也被廣泛建設，在裡面沒有酷刑，犯人們甚至也有基本的權利，這在數千年的中國歷史上聞所未聞；新軍的建設則是為了對內保衛人民正當權利，對外抵禦列強；警察是用來保障人民的生命財產與生活秩序⋯⋯

在現實生活中，政府的一套說辭也都可以找到不少證據。清政府小心翼翼地安排「預備立憲」，一方面可以解釋為當政者的保守所致，另一方面也體現了改革者的謹慎態度。

但是，歷項新政措施的推進都需要財政作基礎。

上文提到財政危機已與擴軍政策形成對立局面，而整個帝國的實際財政情況則是：1901年財政赤字3000餘萬兩，與財政危機同時出現的是財政支出日益加大，各項改革都需要財改撥款。據1911年資政院的財政預算，政府歲入29696萬兩，歲出38135萬兩，赤字8439餘萬兩。就各省財政狀況看，也大多支大於收。1907年浙江歲入包括所借外債436萬兩，支出449萬兩。山東則每年虧空150餘萬兩。奉天、吉林、黑龍江入不敷出也非常嚴重：1909年奉天歲入580萬兩，歲出940萬兩；吉林歲入180餘萬兩，歲出450萬兩；黑龍江歲入90萬兩，歲出200萬兩。支大於收在百萬兩以上的有貴州、江蘇、安徽、福建、廣西、湖南、雲南、江西、湖北、四川。[52] 幾乎所有的省份都受到財政匱乏的困擾，嚴重的財政赤字使「幾乎沒有一個地方官在論及財政問題時不用『支絀』二字」。[53]

---

52 彭雨新：《辛亥革命前清王朝財政的崩潰》，《辛亥革命論文集》。

53 張玉法：《中國現代化的區域研究》，山東省，第346頁。

但新政改革「無事不需款，新法新器日多，非巨款不能集事」，[54] 帝國政府決定加稅於民。而禁煙事業中官民的衝突不過是局部性的事件，除此之外，清政府也無力安撫發生在其他領域內產生的對立情緒。

1909年6月18日的《民呼報》報導說：「自舉新政以來，捐款加繁，其重覆者，因勸學所或警費不足，如豬肉雞鴨鋪捐、磚瓦捐、煙酒捐、鋪房最小之應免者，復令起捐。」

漢口的《公論新報》甚至發表評論直接攻擊新政，指責它「僅僅是一個蒙蔽我們的彌天大謊，以此作為由頭來經常榨取我們的財富而已。」[55] 另一部分人又認為新政乃清政府奉列強旨意為洋化中國而舉辦。

這樣的言論在當時極易引起共鳴。

農民們有這樣的切身感受：「以前不辦新政，百姓尚可安身，今辦自治巡警學堂，無一不在百姓身上設法。」[56]

1909年陝西北山一帶地方抽取羊稅，當地民眾本「並不知新政為何事，特以羊稅為切膚之災，故不得不糾集多人抵抗官府」。[57]

作為新政產物的學堂等新政事務也正是賴這些捐稅而建立起來的，「凡立一學堂，則經費甚巨，初以公款充其費，繼則搜刮民財，不肖官吏籍此漁利」，「教育普及以學校普設為基，而學校普設必以籌款為基」。[58] 伴隨新政事業的開展，清政府並沒能遏制住腐敗的風氣，反而成愈演愈烈之勢。

此時已經形成這樣的局面，一方面立憲派輿論陣地積極宣傳新政於中國有利無害，即使民眾暫時不能接受也是要必定推行的；但是另一方面，新政在廣大城鎮農村引起的卻並不是廣泛的響應，而是普遍的冷漠、不滿和反對，甚至「謠諑蜂起」。[59]

---

54 《宣統元年八月二十二日農工商部奏請試辦富畿公債票奉旨依議》，《東方雜誌》，第6卷，第10期。

55 （美）周錫瑞著，楊慎之譯：《改良與革命——辛亥革命在兩湖》，第138、139～141頁，中華書局，1982年版。

56 《東方雜誌》，1910年11月，第12期，《中國大事記》。

57 《民呼、民籲、民立報選輯》（一），第188頁。

58 劉大鵬：《退想齋日記》，第158頁，山西人民出版社，1980年版。

59 柴德賡等編：《中國近代史資料叢刊·辛亥革命》，第3冊，第401頁，上海人民出版社，1957年版。

第十二章 爆發「新政綜合症」

259

　　宣統元年，即新政進入第三個階段的同時，山西民眾中就開始傳頌著這樣一句民謠：「不用掐不用算，宣統不過兩年半。」在這場社會重大變革中間，由於各個方面的發展變化急劇，普通民眾不僅未能從新政事業中獲得實惠，反而更加惶恐不安，社會心理的極度緊張與不穩定，在這種情況下謠言最容易產生和散布。

　　一個日本情報人員在給本國的報告中這樣說道：「如果向一個愚昧無知的人問及國家大事，他會說：『要改朝換代了』」。[60]

　　這種「氣數將盡」說法的擴散，預示著只要現狀沒有徹底的、立即的改觀，民眾將對當局徹底失去信心，不與合作，一旦機會來臨，將起到摧枯拉朽的巨大作用。

　　底層許多人直接把他們的憤怒發泄到自治公所、警署、學堂之上。

　　陝西巡撫曹鴻勛曾將地方情況反映到中央政府：有「匪徒煽惑愚民」，「指學堂為洋教，指電線為洋人所設，指統稅為洋稅」，兩縣民眾信之，掀起一股打學堂、砍電線杆、毀稅局的風潮。[61] 一向代表輿論主流聲音的《東方雜誌》也不得不承認：中國普通民眾「富於排外之思想」，將清末新政一律視為「西政西法」，無不「病民」，他們對於籌款辦新政「不以為政府籌集國用而以為西人搜括民財」。[62]

　　毛澤東在1927年回憶說：「『洋學堂』，農民是一向看不慣的」，「農民寧歡迎私塾（他們叫『漢學』），不歡迎學校（他們叫『洋學』），寧歡迎私塾老師，不歡迎小學教員」。[63]

　　1904年江蘇無錫發生大規模毀學事件，接著山東的沂州、江西的樂平、四川的夔州及廣東等地皆發生鄉民毀學事件。《東方雜誌》再次驚呼：「自無錫毀學之事起，四川、江西旋有毀學之事，今則廣東毀學之事又見矣。」這些地方毀

60　轉引自（美）周錫良著，楊慎之譯：《改良與革命——辛亥革命在兩湖》，第199頁，中華書局，1982年版。

61　柴德賡等編：《中國近代史資料叢刊·辛亥革命》，第3冊，第480～481頁，上海人民出版社，1957年版。

62　《書赫德〈籌餉節略〉後》，《東方雜誌》，第1卷，第5期。

63　《湖南農民運動考察報告》，《毛澤東選集》，第1卷，第39～40頁，人民出版社，1967年版。

學，「考其原因，無非為抽捐而起」。[64] 民眾「觀於無錫、廣安之暴動，以抗捐為慣習，尤而效之」，[65] 毀學風波迭起。到1910年毀學事件更是發展到頂峰階段，各地官員對於此類事件的報告接連不斷呈遞到上級政府。

鄉民與學堂之間存在的利益衝突也在一定程度上誘發了毀學風潮的發生。當廟堂中的田產被撥充學堂經費時，一些既得利益者不能再染指這些資產，個人私利受損，因而在鄉民中挑撥離間，促使矛盾更加複雜，甚至釀成流血衝突。

如浙江慈溪民眾聽說學堂將把會田充公，遂聚眾千餘人，意欲把全體教員燒死。還有饑民滋事毀學。清末災荒不斷，據統計，1900～1910年間僅直隸一省就有418個州縣受災，波及27380個村莊。[66] 災荒驅使鄉民把憤怒發泄到學堂等新政產物之上，甚至有浙江遂安鄉民因米價飛漲而遷怒學堂。[67]

清末鄉民毀學不僅僅是中國社會階級對立和階級矛盾的簡單凸顯，而且是轉型期中國社會歷史的特定反映。它既有鄉民對苛捐重稅的反抗，具有維護基本生存權的正義性；同時也有鄉民對新政舉措的不滿，具有反現代化的守舊與落後性。[68]

即使與興學無關而與新政事業緊密相關的人口普查乃至編釘門牌都會在社會上激起強烈的反對之聲。

戶口調查本是籌備立憲的一項必不可少的重要工作。朝廷頒發的《逐年籌備事宜清單》中規劃：1908年頒布調查戶口章程；1909年調查人戶總數；1911年調查各省人口總數；1912年頒布戶籍法；1913年實行戶籍法。

《東方雜誌》特別撰文宣傳戶口調查對於現代國家的建立具有重要的意義：「清查戶口所以為今日必辦之要政者，不僅教育或禁煙計也，其最大之關係，在使他人編訂憲法，組織議會，頒布自治制度之際，預核全國人民，釐定選舉區，劃分自治制，具權利者幾何人，應負擔義務者幾何人，服役兵事者因是而定，徵收國稅、地方稅因是而劑其平。」[69]

---

64 《毀學果竟成為風氣耶》，《東方雜誌》，第1年，第11期。

65 《破壞學堂匪徒之何多》，《東方雜誌》，第1年，第9期。

66 池子華：《中國近代流民》，第56頁，浙江人民出版社，1996年版。

67 《毀學類志》，《教育雜誌》，第2年，第5期。

68 據楊齊福：《晚清新政時期鄉民毀學述論》，原載：《福建論壇·人文社科版》，2002年5月。

69 《東方雜誌》，1910年4月，第4期，《內務》。

但是，農民卻對戶口調查懷有一種強烈的猜疑心理。「或曰將以抽丁當兵，或曰將以按人勒稅」，[70] 總之於民有害無利，因而由此反對新政的衝突事件屢見不鮮。

1910年3月，廣西南丹州農民反抗戶口調查，打死知縣，焚毀衙門。河南「密縣知縣徐某，自去年到任，即以籌款辦新政為要務，頗為紳民所不悅」，全縣農民反抗徵收自治費用，近二千人進入縣城，燒毀縣署。7月27日，直隸易州發生大規模民變，近五千人燒毀了自治局和中學堂，並且湧向附近行宮，踏破宮門，要求知縣歸還官倉積糧，並且處死自治局某成員，因為其人中飽私囊。11月25日，中原葉縣萬餘人湧向縣城示威，要求官方停止抽取自治費用、停辦自治。[71] 再有「雩都縣調查戶口，鄉愚大為反對，又被會匪從中煽惑，致滋事搶劫。」[72] 南昌縣屬潭沙、香溪等處，調查員赴境調查，鄉民糾眾滋事，將某米店搶劫一空。安義縣余姓、龔姓兩位紳士因參加調查戶口而被鄉民襲擊，余姓鄉紳被用繩繫頸，幾被勒斃；龔姓鄉紳始被逐入深山，後又被擒回挖去雙目。[73]

甚至有更為離譜的說法：調查冊為修建鐵路所用，或填枕木，或頂橋梁，因為：「修築鐵路，必須多數人靈魂鎮壓，鐵軌始得安穩。」[74]

同在南昌縣「屬距城六十里早田鄉，有塗姓大族，因見調查員赴鄉查戶口，鄉民妄布謠言，謂將人名寫入表冊，其人七日之內必致死亡。於是鳴鑼聚眾哄擁調查員家，將一切什物打毀一空，並要求具結保衛全村人民無恙，否則即將該員活埋」。[75] 由此可見，在反抗戶口調查的騷亂中，人們處於一種緊張激動的情緒中，十分容易為人挑動。

新政時期，不僅政治立憲逐步開展，革除陋習與迷信的風俗改易也日益展開，在時人眼中，兩者之間有著密切聯繫。《大公報》稱：「近日舉辦新政，此等敝俗深於治化有礙。」[76] 在此氛圍中，砸毀廟宇，改作學堂形成一時風氣。

---

70 《東方雜誌》，1910年7月，第8期，《記事》。

71 《清末民變表》，下，《近代史資料》，1982年第4期。

72 《東方雜誌》，1909年10月，第10期，《記事》。

73 《東方雜誌》，1910年7月，第8期，《記事》。

74 《東方雜誌》，1910年7月，第8期，《記事》。

75 《東方雜誌》，1910年7月，第8期，《記事》。

76 《大公報》，1905年12月26日，《拆毀五道土偶》。

與城市相比，鄉村的迷信觀念更為頑固更為堅固。

同是直隸易州鄉民，因天旱進城求雨，發現城中開元寺的佛像盡被自治局銷毀，「以為久旱不雨，皆自治員警董等之毀棄佛像所致」，遂蜂擁至自治局哄鬧，局紳聞風逃竄，鄉民愈怒不可遏，焚燒自治局、中學堂等廣廈百間。[77]

在徵稅過程中，下層官吏或自治機構一旦發生營私舞弊、層層盤剝現象，則民怨更甚。當時就有人憤憤不平地揭露說：「他們總是假借地方自治的名義徵稅，並把稅款落入腰包。」[78]

御史蕭丙炎在1911年的奏摺中就痛陳道：「臣聞各省辦理地方自治，督撫委其責於州縣，州縣復委其責於鄉紳，鄉紳中公正廉明之士，往往視為畏途，而劣監刁生，運動投票得為職員及議員與董事者，轉居多數。以此多數刁生劣監，平日不諳自治章程，不識自治原理，一旦逞其魚肉鄉民之故技，以之辦理自治，或急於進行而失之操切，或拘於表面而失之鋪張，或假借公威為欺辱私人之計，或巧立名目為侵蝕肥己之謀，甚者勾通衙役胥差，交結地方長官，藉端牟利，朋比為奸。」[79]

而一旦民變發生，地方當局或者欺瞞上級，謊報軍情，或者處理不當釀成血案，致使民變愈演愈烈。如山東萊陽鄉民，請求罷免苛捐，盡去浮收，革除劣紳。知縣佯稱十日內將積弊消除，鄉民歡欣而散。而地方當局旋調兵鎮壓，從而激發大規模反抗。對於這一點，政府內部不少官員都看得十分清楚，新疆道監察御史陳善同在糾參河南長葛縣縣令時便曾指出：「以兵力濟其貪暴，激之使眾怒愈不能平，驅之使民黨愈不可解，而其禍始大。」[80]

從1909年到1911年9月兩年多的時間裡，直接針對地方自治的騷亂事件就遍布全國15個省區。其中江蘇37起，江西15起，浙江5起，兩廣各3起……許多調查員、辦事員、自治會董事被毆打，自治局被搗毀。有的騷亂甚至波及周邊省份。清末新政對於普通民眾來說，他們不但沒有感受到新鮮事物所帶來的興奮和益處，反而被索取太多的財富和資源。隨著矛盾的激化，清政府也感覺到了空前的

77　《東方雜誌》，1910年8月，第8期，《中國大事記》。

78　（日）市古宙三：《紳士的作用：一個假說》，轉見（美）周錫瑞著，楊慎之譯：《改良與革命——辛亥革命在兩湖》，第133～134頁。

79　《清末籌備立憲檔案史料》，下，第757頁。

80　《辛亥革命前十年間民變檔案史料》，上，第235～236頁。

壓力，在1910年7月，朝廷頒發諭旨，要求各地方官員慎重解決騷亂：

　　各省舉行新政，就地方籌款，如學堂巡警諸務，原以本地方之財用，辦本地方之公益。一省之中，經濟狀況參差不齊，風氣也不同，全在於地方官員能夠因地制宜，量力辦事。涉及財稅的新政舉措，應該提前多加宣傳，使百姓明確政策目的，還要選取名望好的紳士，並且嚴加督察。人們的反抗和謠言自然無從生起。在實施過程中，碰到阻撓，應該懲治最嚴重者，一兩人既可，萬不能激起公憤。地方官開明果斷，還發生騷亂——這樣的事情從來沒有發生過。乃聞不肖州縣，平時上下隔絕，於行政籌款等事，不加體察，委之地方紳董。……挾私自肥。百姓以為屬己，則怨竇叢生，馴至布散謠言，釀成事變。[81]

　　但是局勢還是在進一步失控。安徽官員驚報：「饑民為會匪煽動，聚眾搶掠，其勢漸及燎原」；河南地方官上報朝廷：「盜風增劇，將釀巨亂」。直隸總督提醒朝廷：「人心思亂，處處有一觸即發之機。」

　　這些清政府官僚口中的「會匪」即日漸浮上水面的革命力量。在危機時代，革命派與民變的結合將成為一股不可抵擋的巨大力量。

　　在《改革時代的新保守主義的崛起——與「中國時報周刊」記者的談話錄》中，著名學者蕭功秦有如下的分析，對理解這段歷史頗有啟發意義：

　　在改革過程中，由於改革引起的利益格局變動而引起的利益分配矛盾與衝突，由於改革中出現的社會脫序、通貨膨脹、人口爆炸、流民、失業等社會問題，都必然會引起不同地區、階層、利益集團與個人，帶著不同的政治訴求而力求進入政治場所，各自謀求不同的乃至相互衝突的利益。所有這些訴求，從道德意義上來說，可能都具有合理性，但在改革初始階段，一個社會所能提供的物質條件和政治參與的制度化水平，都遠遠不足以滿足上述種種需求。這種人們政治訴求的高水平與客觀條件的低水平之間的矛盾，以及由於這些訴求一時得不到滿足而產生的心理挫折感，在政治層面上，勢必會引起劇烈的政治參與湧動。這種參與壓力與某種西化的意識形態相結合，便會出現以激進主義為特點的「政治參與爆炸」與政局動盪，並進而可能形成社會不穩定、權威流失與失控、與參與爆

81 《清實錄》，第60冊，第661～662頁。

炸之間的惡性循環。

革命黨人的後繼者在編纂的文獻中這樣描述清末社會：當時「官亂於上，民變於下，海外黨徒，長江會匪，東三省馬賊，環伺而起」，認為能解決中國問題「捨革命而無由」。[82] 從繁華城鎮到窮鄉僻壤，民變「幾乎無地無之，無時無之」，其範圍之廣，頻率之快，類別之多，為歷史所罕見。帝國的新政已經陷入到重重危機之中。

一方面篤信憲政救國的人們試圖與現行政府合作，切實進行政治變革，實行立憲政治，警告大眾「不變則亡」；另一方面中下層群眾因為自身利益受損，極力反對新政。更複雜的事情在於，在兩者之外，還有第三股力量的崛起，即革命派，他們認為社會不僅要變，而且還要促成翻天覆地的變化，以期建成比美國政體還要科學的中國政體。雖然反對的理由並不相同，但是這兩種反對力量極其容易發生合流。這就使處於社會中間的改革派不得不面臨數倍於己的反對力量。

總的來看，下層人民對新政的抵觸並不能單單理解為抵觸變革，更本質的原因在於長期造成的官民隔膜、官民對立局面不能得到有效改觀，朝野雙方的互不信任、互相猜疑，隨著新政的推行反而達到前所未有的程度，與此同時，兩者又缺乏對話機制，也沒有基本的民權救濟渠道，在情緒化的民意浪潮中，雙方的割裂只能愈來愈大，立憲派官員們在設計改革方案時的謹小慎微，又反過來促使革命黨人贏得了更多的信眾。

在人類歷史上，大凡變革，尤其是政治改革，如果設計精當，操作合理，該民族、該政體即可獲得一次革除頑疾、重獲新生、脫胎換骨的機會；反之，若不能充分調動諸多積極因素，贏得最大程度的理解和支持，則事與願違，所取得的有限改革成果也會付之東流，甚至成為現行政體的反對力量；改革惠及不到或因改革受到損害的階層的不滿情緒則呈幾何級增長，一旦時機成熟，一切隱藏的矛盾和怨憤會在一瞬間爆發出來。待到各階層情緒失控，統治權威盡失，則意味著該政體陷入崩潰。就像醫治身患重症者，一個醫術不甚高明的醫生不僅不能使其康復，反而會誘發出一系列綜合症狀，加速生命體的終結。

第十二章　爆發「新政綜合症」

82　《中華民國開國五十年文獻》，第1編第16冊，第341頁，台北正中書局，1964年版。

辛亥
前夜

第十三章
「鐵路國有」引發全面危機

一九一一年頒佈「鐵路國有」上諭，不可不謂順應世界潮流之舉，然，單純的經濟糾紛最終卻釀成政治危機乃至武裝起義。如何應對川中「保路運動」所引發的連鎖危機，是對清政府新政十年改革成績的一次大檢驗，也是歷史留給這個王朝的最後一次機會。

經濟糾紛升級為政治衝突

近代中國的鐵路建設之路坎坷曲折。

19世紀70年代，上自王公大臣下至士紳平民，不少人還把反對建設鐵路看作反對列強侵略的一種手段，到義和團運動時期更是發展成一股力量強大的歷史逆流。到了新政期間，人們已經愈來愈清楚地認識到鐵路對於經濟發展與民族振興的重要性，甚至認為「趕造鐵路為治內禦外之唯一良策」。

興建鐵路作為一種官方政策是在新政之前就確立的。1889年5月5日，清政府發布了一道上諭，內稱：「此事（按：修建鐵路）為自強要策，必應通籌天下全局。……但冀有益於國，無損於民，定一至當不易之策，即可毅然興辦，毋庸築室道謀。」

這道上諭的頒布，對近代中國的鐵路建設起到了積極作用。自甲午戰爭結束到1911年，清王朝共建鐵路4936公里，占近代中國所修鐵路總長將近40％，而其中絕大部分是在新政時期建設而成。主要依靠外資資助修築的長達4029公里，約占總長度的81％。[1]

但是作為代價，清政府不得不把鐵路的管理權、用人權、稽核權、購料權拱手讓給外國的借款公司，這就導致了中國利權的嚴重流失。即便如此，李鴻章在世時還是不無遺憾地說道：「目下經費難籌，必借洋款。」[2]

但一面是鐵路建設的空前發展，一面是國家權益的大量喪失，整個帝國並不是沒有考慮到這個問題。從朝廷到民間都呼籲自建鐵路，挽回利權，於是政府出台政策鼓勵通過民間集資的方式，由中國人獨立建造鐵路。

1903年，錫良時任四川總督，他向朝廷呈送了一份主張鐵路商辦的奏摺，請求自設公司築造，從朝廷、商部、戶部、外務部到各省的紳商，都空前一致地表示贊同，輿論也為之歡呼，從列強手中收回路權的聲音隨之風起雲湧。

當年的12月2日，清政府頒布了《鐵路簡明章程》，規定「無論華人、洋人」均可向「督撫衙門遞呈請辦鐵路」，而且包括「幹路或枝路」，華人投資50萬兩以上實有成效者，地方官員還要「專摺請旨給予優獎」。[3]

---

1 參見李占才主編：《中國鐵路史（1876～1949）》，第154頁，汕頭大學出版社，1994年版。

2 宓汝成：《中國近代鐵路史資料》，第1冊，第95頁，中華書局，1963年版。

3 宓汝成：《中國近代鐵路史資料》，第3冊，第926～927頁。

　　各省紳商隨之掀起規模巨大的收回路權運動，這種行動在朝野上下產生了極大的共鳴。

　　粵漢鐵路於1900年承包給美國永興公司建造，湖南、湖北和廣東三省紳士以美國商人違反合同為由，要求收回粵漢鐵路築路權，轉而自己修築，此舉得到張之洞的鼎力支持，湖南士紳王先謙從中周旋，終於在1905年8月以賠款675萬美元為代價，贖回原先由美國公司發行的股票，廢除了與美商簽訂的建設粵漢鐵路的合同。

　　在這個成功案例的鼓舞下，浙江、江蘇、山東、直隸、吉林、雲南等省收回路權的工作也先後付諸實施，要求贖回滬寧鐵路、蘇甬杭鐵路、廣九鐵路承辦權的社會呼聲愈來愈高，並實際收回了一批築路權，鐵路商辦運動進入高漲時期。

　　在此後4年間，全國在15個省創設了18個大型鐵路公司，其中17個是商辦、官督商辦或官商合辦的。[4] 但是路權收回之後，資金短缺卻是實實在在存在的難題。

　　商辦鐵路雖然資本匱乏，但是在國人愛國主義熱情的鼓舞之下，均設置了嚴格的受款規定，實行堅拒外資、不招洋股、不借洋債的措施，故而必須進行大量民間融資。鐵路建設費用極大，一時間又不能籌到足夠資金，於是政府不得不出面協助，一時「租股、派股」盛及全國各地，股金源及米捐、鹽捐、房捐和薪捐等等，其實是帶有強制意義的攤派措施。與其它苛捐雜稅不同的一點是，鐵路運營一旦營利，參股商民皆可隨之受利。

　　湖北諮議局全體會議通過決議，後來又進一步提出拒款等方案共10項，其中包括對各房主以其兩月房租收入購買股票，開設鐵路彩票，不用外國技師以節省經費，並進而決定由各府縣分擔股額，各縣從5萬元到10萬元不等。此外要求湖北全省教育會成員每人每月以薪俸的1/10購股，由此合計可達420餘萬元。他們進而估計，湖北各地的商會、軍人會、及其它團體，均深受輿論刺激，分擔股分不成問題，「估計可達二千數百萬元」。[5]

　　但是現實募集資金狀況舉步維艱，因為無論地方還是中央，正在開展的何止是鐵路建設事業？所以並不可能像議員們預想的那樣一舉全省、全國力量進行鐵

4　楊勇剛：《中國近代鐵路史》，第57～58頁，上海書店出版社，1997年版。

5　《經濟研究所藏日文檔案》，《鐵資》，上，第1204頁。

第十三章　「鐵路國有」引發全面危機

路建設。

梁啟超早已經注意到了大規模鐵路建設與資金短缺之間的矛盾，他經過深度的調查研究之後，在1904年發表了專門的問題報告——名為《外資輸入問題》。報告的內容雖然較多地對利用外資築路損失利權持遺憾態度，但明確表示單純抵制是毫無意義的，強調抵制只能是手段，對待外資「必能抵制而後能利用。抵制經也，利用權也」，認為只要能做到將「債權與事權之所屬，必釐而二之。如是則可以用外資」。[6] 梁啟超認為一味拒款「既不衷於學理，又乖於史實，徒為識者所笑」。[7]

當時一些社會輿論也認識到，用一刀切的方法抵制外資對辦鐵路非但無益，「反以致國民經濟之壓迫，不若借外債，資以開利源，而助國民經濟之發達，鞏固國家財政之基礎之為優」。[8]

後任郵傳部尚書、力主「鐵路國有」的盛宣懷，這時也主張收回鐵路利權，改為商辦，但在他給慶親王奕劻的建言書中，認為不能一概排除外國資本，他分析說：「鐵路一事，應全部劃歸商辦，可由中國鐵路公司與外國借款公司訂立合同，中國政府掌握准駁大權，……國家欲保自主權，惟有將各國修築鐵路的申請先交總公司核議，並與之談判，其有益於中國權利者，不妨借款，只於對方有利卻防害中國權利者，即可拒之。」

商辦鐵路公司一方面被資金短絀所困擾，另一方面又存在經營不善、貪汙挪用、虧損嚴重的問題。地方鐵路建設各自為政、各行其事蔚然成風，商辦鐵路公司的鐵路建設就成了無全盤規劃的「圈地運動」。

以粵漢鐵路為例，計畫全長1190公里，從1905年收回路權至1911年6年間，僅實際修成廣州至黎洞106公里，長沙至株洲150.68公里，期間股東之間各種糾紛層出不窮。清王朝覆亡之後此計畫又陷入無限期的停頓，全線直到1936年才建成通車。

四川、湖北間的川漢鐵路則幾乎沒有任何成績，只建成可供運料車通行的鐵路數十公里，帳目的混亂和幕後交易卻十分驚人。至1910年它收入的股本應該有

---

6 梁啟超：《外資輸入問題》，《飲冰室文集》，16，第95頁，中華書局，1932年版。

7 梁啟超：《外債平議》，《飲冰室文集》：22，第41頁。

8 《利權收回論》，《商務官報》，1908年第24期。

1200萬兩，實際則只有900多萬兩入帳，這在各省受股成效中還是最為靠前的。而入帳後的資金又有各級經手人，層層盤剝。挪用、貪汙、浮支情況比比皆是。川漢鐵路公司又在上海招股和存放路款三百餘萬兩，錢莊倒帳及虧損就多達二百餘萬兩，成了一筆無法追回的死帳壞帳。

　　1909年11月19日，四川省諮議局在《整理川漢鐵路公司案》中也指出：「川漢鐵路於今開辦，已及六年，而工尚未開者，其中原因，誠至極複雜……公司現有之股份收入，惟恃每年循例徵收之租稅，今暫無論租股之弊害，但僅恃此款……萬難以底於成。」「又其開支每多浮濫，即以昨年之報部清折而論，各局所開銷至於五十餘萬金，寸路未修。」[9]

　　由此看來，當時商辦鐵路公司面臨著資本短缺和如何有效集中管理兩個重大問題。

　　面對鐵路國有化的世界趨勢，在商辦鐵路公司舉步維艱的情況下，清政府試圖將實行鐵路國有化作為一項經濟政策確定下來。1908年中央政府借規劃全國鐵路之名，下令切實勘查各省商辦鐵路的工程款項，已經流露出把築路權收歸國有的意圖。

　　在19世紀末20世紀初「鐵路國有化」是一種世界性的發展趨勢，大多數國家都採用國有方式，如德國、墨西哥、比利時、荷蘭、義大利、日本等國。

　　作為後發展國家，日本是其中成功轉型的代表。日本在19世紀70年代就開始鐵路私有化的高潮，至1905年，私有鐵路開業線路達到3147.51英里，而官辦鐵路僅占一半，為1531.58英里。但是，私有鐵路公司帶有投機性質的缺點逐漸暴露出來之後，一遇到經濟振蕩，商辦鐵路公司的股票就立即下跌，甚至紛紛倒閉，直接影響交通運輸功能的發揮。日俄戰爭之後，為了統一管理全國鐵路，以達到軍事、經濟上統籌的目的，明治政府發放了4.8億日元的公債，將17條主要的私營鐵路幹線以及朝鮮半島的京釜鐵路收歸國有。到1906年3月，正式頒布了《鐵道國有法》，這對日本壟斷資本主義的金融和市場基礎的確立起了很大的作用。[10]

　　俄國在19世紀60年代，鐵路多數是由私人公司建造，但到80年代以後，政策

9　宓汝成：《中國近代鐵路史資料》，第3冊，第1096、1097頁。

10　祝曙光：《近代中日兩國鐵路發展比較研究》，原載：《貴州師範大學學報》，2000年第1期。

也變為由政府承建，把民辦鐵路贖歸國有。

20世紀初期的中國國內，不單是政府層，國內大輿論也開始呈現出實行鐵路國有的趨勢。

名士孫寶瑄在日記中對鐵路國有持明確的肯定態度，他認為關於國家命脈的事業必須控制在國家手中：「若礦，若路，若森林，若郵電，惟公家專之。」[11]

曾極力支持鐵路商辦的楊度此時也開始對商辦鐵路政策進行反省，他認為粵漢商辦後，三省各自為政，不僅沒有修成鐵路，反而陷入更多的糾葛。這樣下去耽誤的不僅是鐵路建設本身，更是錯失發展機遇，他公開向郵傳部上書，表達自己作為普通國民的意見。

後來，反對鐵路國有的兩湖紳商們認為，楊度是清政府實行鐵路國有政策和向四國銀行團借款的始作俑者，對其進行了猛烈抨擊。當楊度進京路過漢口時，湖北拒款人士聯合要求楊度「自駁所議」，張伯烈甚至計畫在各處布置殺手將其幹掉。楊度頗為悲壯地稱自己雖面臨「白刃當起於前，洋槍或震於後」的險境，但決不會妥協。

許多當初極力反對鐵路國有的民間人士，在實踐中也逐漸認識到商辦鐵路在當時的中國是行不通的。如當初在《大公報》上發表《論官辦鐵路之惡結果忠告郵部警醒國民》一文，強烈反對鐵路國有官辦的曾鯤化，在他1924年出版的《中國鐵路史》一書中就反省了商辦鐵路的眾多弊端。

曾經引領國人成功收回路權的張之洞此時也在修正自己的鐵路建設融資理念。

1909年6月，張之洞代表清政府與英、法、德三國銀行團簽訂了借款合同草約，總計借款為550萬英鎊，利息5釐，以建造陷入困境中的粵漢與川漢鐵路。

在當時，這一草約的簽定並沒有引起政府所擔心的過於猛烈的反對聲浪。

但當張之洞的上奏等待中央政府批准之際，美國也進而要求為中國鐵路貸款，因為鐵路投資可以獲取暴利，美國人不願意自己被落下，這就牽涉到美國與其他國家銀行關係的處理。同時張之洞這位當事責任人的突然逝世也造成了事情的延宕。

雖然清政府的這一計畫未能立即成功實施，但它的鐵路國有思想已經完全形

---

11 孫寶瑄：《望山廬日記》，下，第1001頁，上海古籍出版社，1983年版。

成。

　　民間輿論也有進一步向政府傾斜的跡象。隨著津浦鐵路、滬杭甬鐵路、湖廣鐵路的借款基本洽談完成，拒款運動已發生明顯轉向，在這種情況下，報章開始公開討論鐵路外債的可行性問題。就在張之洞與三國銀行草簽借款條約的同一時間，奉天提學使盧靖在一篇關於公債的意見書中，帶著焦慮的情緒批評了拒債論，他稱「今猶不輸入外資，非束手待斃之道乎……而謂赤手空拳，能轉貧弱為富強，不自取滅亡者，異日抉吾眼拔吾舌也。」[12]

　　盛宣懷後來也認識到商辦鐵路本身有著一系列難以克服的困難：「路工濡滯，耗費浩繁，皆出意料之外」。他還指出，鐵路不能完工，則所入必不能敷所出，虧損反過來又使民眾受苦，「是欲利地方，而適所以害地方也」。[13] 並認為鐵路建設的資金缺口數目是如此之大，但是民辦鐵路公司又紛紛出台拒絕外債的規定，這就決定了鐵路建設必定受到影響，再者，雖然外國債權人可以從中攫取巨大收益，但是任何一家外國銀行或公司都不敢冒風險把巨資借給民有公司。這樣的事情必須由政府出面方能解決。

　　1911年初，盛宣懷在度支部尚書載澤的支持下接任郵傳部尚書一職後，更加快了國有政策的正式出台。他進一步指出，在中國當前的社會資本條件下，單純的籌款自辦是「與實事毫無補救」的「徒托空言」。鐵路建設事業是國家經濟領域中投資規模最大的產業，也是現時能夠獲得大量財政支持且有利可圖的事業，對國家財政、金融運行與發展影響至巨，政府不可不重視。盛宣懷的觀點也更加契合攝政王的主張。

　　至於在鐵路建設中利權受損的問題，盛宣懷表示這是中國鐵路建設的無奈選擇，但是不能因噎廢食，只要不出意外，鐵路運營的利潤一定能在不長的時間內就能夠償還列強債務。

　　當時外國在華投資經營的鐵路，利潤都很優厚，如日本的南滿鐵路，1906年收入為七十五萬餘元，到1908年收入就增加到一百四十三萬餘元。再如德國的膠濟鐵路，1905年的收入是1912295元，1910年增至3730342元。這對財政拮据的清政府來說是個很大的誘惑。即使借款興築，在償付利息後還是有巨大的利潤。

12　《盧提學使抉眼之言》，《民呼日報》，1909年7月7日。

13　盛宣懷：《覆陳鐵路明定幹路支路辦法折》，《愚齋存稿》，第17卷，奏疏十七。

《東方雜誌》評論說：「如放任民有，就以其籌款的艱窘而論，鐵路不知何年何月才能修築完畢，而政府是沒有時間去等的。」

給事中石長信也對張之洞當年聽信王先謙的建議，以巨款為代價向美國廢約並贖回路權，表示出強烈的反對。他認為至今已經7年之久，如果按原計畫，粵漢鐵路本該早已建成並交付使用，而京漢鐵路則到了10年還本期了。在給攝政王的奏摺中他還分析了利害關係，認為將粵漢、川漢鐵路收歸國有，應不致引起民間的反對，他說：「四川、湖南現興造鐵路，因資金緊張，以租股為名，每畝土地皆徵稅，以充路款。我聽聞兩省農民，民怨沸騰，又遇荒年，用強制手段收取更難以操作。……深恐民窮財盡，本欲圖富強卻使其更加貧弱。所以幹路收歸國有之日，不必擔憂百姓會阻撓。」[14]

攝政王對該說法表示認同，稱其「不為無見」，「所籌辦法，尚屬妥協」[15]。

攝政王載灃、度支部的載澤，還有郵傳部的盛宣懷都認為中央政府不可再過於拖沓。

1911年5月9日清政府正式發布「鐵路國有」上諭：

「國家必得有縱橫四境諸大幹路……從前規劃未善……不分枝幹，不量民力，一紙呈請，輒行批准商辦。乃數年以來，粵則收股及半，造路無多，川則倒帳甚巨，參追無著，湘鄂則設局多年，徒資坐耗。……用特明白曉諭，昭示天下，幹路均歸國有，定為政策。所有宣統三年（1911年）以前各省分設公司集股商辦之幹路，延誤已久，應即由國家收回，趕緊興築。除枝路仍准商民量力酌行外，其從前批准幹線各案，一律取消。」[16]

鐵路國有的上諭下達之後，在湘、鄂、粵等省立即引發了抗議浪潮。

起初湘鄂兩省反對國有政策最為激烈，當時的媒體披露：「湖北商辦鐵路公司鐵路協會諮議局各大團體以商辦鐵路收歸國有上諭近於政府奪民權利，將來輸入外債授權他人，殊可驚懼。遂於昨日刊發傳單，奔走相告。擬即日開會舉代表赴攝政王府第，泣求收回成命，仍准商辦。」[17]

---

14 黃季陸：《辛亥年四川保路運動史料彙編》，上，第166頁，台北國史館史料處，1981年版。

15 黃季陸：《辛亥年四川保路運動史料彙編》，上，第171頁。

16 宓汝成：《中國近代鐵路史資料》，第3冊，第1236頁。

17 《申報》，1911年5月15日。

　　廣東省也出現了抗議浪潮，「粵省紳商大動公憤，紛籌對待之法。已決定一面奏劾盛宣懷，一面質問總協理大臣」。[18]

　　面對批評的浪潮，郵傳部官員認為，在目前國家財政的前提下，政府做到這種地步，已經是為商民做了最大的考慮和讓步。一位西方研究者也認為：「鑒於情況的複雜，以及每一個鐵路公司實際上已經破產的事實，政府的建議看來不僅是合理而且是寬宏大量的。」

　　中央政府從商辦鐵路公司手中贖買股票的辦法並不是等而劃一的，兩湖地區股民受損最小，廣東省股民也不算損失太大，四川省股民則受到「盤剝」最多。政府辦法的出台是按各省商辦鐵路的運營狀況決定的，進行了區別性的對待。對於湖南、湖北兩省的商辦鐵路公司，因為它們的股票虧損不大，郵傳部是按兩省民有鐵路公司股票的票面價額進行接收。廣東省民辦鐵路公司股票的實際價額已經跌到原有面額的一半，郵傳部試圖以面額的六成來進行結算，其餘四成則發給國家無利股票。而對川中路款，只對700萬兩已支現銀及開辦等費進行全額贖買，對虧空的三百多萬兩，則拒絕償還。[19] 這就與川中商民原來所預期的「川省人民辦路用款，應照數撥還現銀」要求有很遠的距離。

　　即便如此，清政府發布收路諭旨之初，四川方面，比如護理總督王人文也並沒有完全反對，並且認為停止收取租股以充鐵路建設款的政策，減輕了人民負擔，可廣布皇恩。

　　在川漢鐵路公司召開的駐省股東大會，對鐵路國有上諭進行討論，當時到會的人數並不多，會議場面也沒有出現類似於湘鄂兩省的激烈現象。意見可分為兩派，一派雖然反對中央政府的贖買辦法，但因為找不到很好的反對理由，只是主張「不能隨便承認」；另一派則對上諭表示了認可，認為「成宜鐵路工程太大，需要資金太多，認股力度不大，靠收取田租入股也成效不大，怕是30年也修不成，上海分公司經理人拿成款投資，不但未成，反損失二百多萬兩。不如讓政府收為國有，即可減少人民的租股負擔，又給鐵路的修建帶來了希望。」第二天，公司重要股東之一，立憲派人士鄧孝可在《蜀報》上發文倡議，所提觀點與後者相同，也頗能代表川中商民的態度，他說：「今政府此舉，就吾川人言之，尚不

18　《申報》，1911年5月15日。

19　參見黃季陸：《辛亥年四川保路運動史料彙編》，上，第272頁。

無小利。故就愚見所及，吾川必欲爭川路商辦，甚無味也。以交通便利言，則國有自較速；以股息之利言之，則商辦亦難期。況吾川路公司成立之性質，記者始終認為謀交通利益而來，非為謀路股利息而來者，故曰聽『國有』便。」但是要求清政府「把幾年來已用去之款與上海損失之款，一併用現金償還」。[20] 由此可見，在這個時候，川中商民與中央政府之爭實質上為經濟權益之爭，對於鐵路國有並不是持根本性的反對意見。

但事態的發展又增加了新的不穩定因素。鐵路收歸國有，政府財力有限，在郵傳部主持下，早前就重啟了與外國銀行的交涉工作。鐵路國有上諭下達之前，盛宣懷與美、英、法、德四國代表之間開始接觸，實際上繼承了張之洞在世期間的談判工作，四國銀行也作出了有限讓步，允許中方在借款期間有權將借款之半數存於交通銀行與大清銀行，而按原來的規定只能存於四國銀行；並刪除了原定四國有權參與建造的若干支路的條款。

國有詔書發布10天之後，四國借款合同即《川粵漢鐵路借款合同》得以成功簽訂。這就為各地特別是四川商民爭取權益、反對國有運動提供了新的有利因素。

借款條約的基本內容如下：

一、清政府向德、法、英、美四國銀行借款1000萬英鎊，年利息為5釐。用於建造1800華里的鐵路以及車輛設備，鐵路將在3年內完工，貸款則須在40年內還清。

二、貸款方則以兩省的百貨釐金、鹽釐金等合計520萬兩作為抵押。此項貸款本利，如能按期償還，則貸款方不得干預各省之釐捐。

三、鐵路建造與管理的全部權力歸中方所有，並由中方自行選派3名洋人總工程師，外國銀行對所聘總工程師有否決權，但須說明否決理由。總工程師聽命於中方督辦大臣。其委任、辭退有關人員須經中方總辦同意，如有分歧，由中國郵傳部作最終裁決，對此裁決，不得提出異議。

四、所用鐵軌，必須使用中國漢陽鐵廠自行製造的產品。價格則由郵傳部比較他路歐美產品價格而定。所需從外國購入的重要原材料與產品，須通過招標方式進行，經理之人須通過公共市場，擇價格最廉者或貨料最佳者購買，定購

20　黃季陸：《辛亥年四川保路運動史料彙編》，上，第178頁。

材料及支取費用，須由中方督辦大臣或總辦核准簽字。進貨時須由中方所聘者驗看後才能進貨。如中國的原料或產品與各國原料或產品相比，質同價低，或價同質高，則應優先購買中國原料或產品。以鼓勵中國工藝。[21]

據蕭功秦對此條約的分析，認為這項年利息為5％的貸款在當時屬於較低利率的貸款，當時中國國內錢莊的平均利息高達12.5％至14.8％。並且認為此條約爭取到了有利於中國的讓步，不致「因為借款而喪失利權」。近年來也有其他學者在研究中提出類似看法：「這些內容實質上均涉及經濟問題，是西方銀行為保證貸款不受損失的慣有條件，不關國家主權問題。」[22]

章玉鈞先生並不同意這種說法，他在《社會科學研究》雜誌發文指出：這份鐵路借款合同與以前的並沒有本質的區別。雖然還款期、利率、抵押物有所不同，但改變不了侵犯、損害中國主權和國家民族具體權益的實質，因此，同樣屬於不平等條約。並指出：「至於規定鋼軌由漢陽鐵廠自行製造使用，不言自明的原因是盛宣懷本身是漢冶萍（含漢陽鐵廠）的老闆。……何況，當時外國財團的財閥們搞的是強權政治，把你捆住之後，再來一步步附加條件，而他們則不會規規矩矩地履行合同。」[23]

其實蕭功秦在自己的文章中也指出，列強們的讓步並不是一時的悲天憫人之舉，而是西方資本過剩的原因導致的，但是中國的發展又恰恰需要這種資本的支持。

在討伐這種過剩資本的「本質之罪惡」時，後發展國家往往要面臨這些具體問題：比如鐵路到底要不要建設？如果要建，就不得不走這條無奈的途徑。論及外國財團把政治附加條件和貸款捆綁在一起的問題，其實不單在百年前，即使在今天，它仍舊不是一個過時的話題。解決這一問題的唯一途徑是切切實實發展國力，從而擁有談判主動權，而不是停留在道德譴責的層面。但是在發展的過程中又不得不暫時遵守既存的遊戲規則。至於「規定鋼軌由漢陽鐵廠自行製造使用」是因為盛宣懷是背後的老闆，就去否認這一條款的意義和價值，只能說過於苛責

---

21 《宣統朝外交史料》，第20卷，第38～51頁。轉引自蕭功秦：《危機中的變革——清末現代化進程中的激進與保守》，第292頁，上海三聯書店，2000年版。

22 陳廷湘：《1911年清政府處理鐵路國有事件的失誤與失敗》，原載：《四川大學學報‧哲學社會科學版》，2007年第1期。

23 章玉鈞：《關於保路運動若干問題的辯證》，原載：《社會科學研究》，2001年第6期。

了前人。姑且不論漢冶萍公司是當時中國乃至亞洲鋼鐵業的超大型領頭企業，只說盛宣懷幕後主持了眾多實業——盛早年任李鴻章幕僚，受李影響大舉洋務事業，先後經辦輪船招商局、中國電報局、華盛紡織總局、漢陽鐵廠、中國鐵路總公司、中國通商銀行、漢冶萍煤鐵廠礦有限公司等，還創辦了天津北洋大學堂和南洋公學等近代學校，乃至在近代慈善業中也可以看到他的巨大影響力所在。原因在於像這類關係國計民生的大型實業建設，在近代化早期大多是在政府的主導下創辦和發展起來的。中國近代化過程中的歷史人物頗多瑕疵，失誤過多，甚至誤國誤民，並不是不能批評、不作省察，但也不應不著肯綮去作盲目的反省。

所以，在當時這個合同能引起廣泛爭論，也就不足為奇了。清政府剛開始考慮並不把借款合同立即公布，盛宣懷雖有多年的洋務辦理經驗，對利用外債的利弊能做到較好權衡，但當時中國的一般社會層面甚至包括許多官員並不明瞭。只從政府應對社會危機的角度來看，採取這樣的策略未嘗不可。但後來迫於壓力，這一策略並沒能堅持下去，在商辦公司股票贖買事宜尚未辦妥的情況下，清政府就在6月上旬公布了該合同。

《川粵漢鐵路借款合同》從北京先期寄達湘、鄂、粵等省，並在社會各個階層引起軒然大波。有人響應的同時，清政府在眾多民眾面前也再一次樹立了「賣國」形象。

盛宣懷則堅持認為政策的出台有理有據，於民族於國家有利無弊，政府不應退縮。攝政王則在經濟顧問們的支持下更進一步堅持了強硬手腕。

但是事件的發展卻與攝政王的預期大相徑庭——鐵路國有政策、四國銀行借款合同有導致社會危機的傾向。他們忽視了一個很重要的因素：經濟問題在這一危機時刻其實已經不可能停留在純粹的經濟層面，它可能會是一個契機，一個將各種反對力量聚合在一起的重大契機。

在鐵路國有上諭下發之後，盛宣懷就成為一些人的攻擊對象，這時更成為眾矢之的。《大公報》的報導也證實了當時的社會輿論有很強的針對性：「政府此次收回幹路定為國有，外間多認為係盛宣懷一人鼓動所致。」[24]

但是湘、鄂、粵等地的路款贖買事宜卻得到了較好的辦理，並沒有演變成類似於四川的武裝起事浪潮，其中有著諸多背景因素。

---

24 《大公報》，1911年6月5日。

除了清政府對當地鐵路贖買政策較為溫和之外，也與張之洞任總督期間經營多年有關。對於修築鐵路，張之洞任總督時向來避免當地商民過多插手，而是從當地實情出發，他有著比較通盤的考慮：「鄙人在鄂，籌辦路事，從未令商民干預，所以一事權而免紛擾」，他認為：「鄂、湘兩省風氣初開，知路利者尚少，路工未成以前，招股必難踴躍。目前興此大工，斷非借款不辦。蓋借整款興工，五年之內路工必成；勻分撥還，期二十年付清，財政較可舒展。此為最穩妥之辦法。」調任軍機大臣、掌管學部之後，張之洞更是認識到了「鐵路國有」的必要性，「非借款萬不能成」。雖然此後張之洞去世，但是其鄂、湘鐵路運作手段並沒有太大的改變，比較四川，湘、鄂鐵路公司所招募的商民資金極為有限，也就使得上諭的發布對兩省影響不致太大。在鐵路國有政策頒布前，湖南鐵路的修建進展也較為順利，長株線已全線通車，運營狀況也比四川的要好。

　　日本駐漢領事的報告中也證實了這樣的判斷：「自粵漢鐵路借款問題發軔以來，鼓吹收回利權，努力反對借款的運動者甚夥。然因前督張之洞為借款主持人，反對者率難貫徹始終，致該運動遂時起時伏。」[25]

　　廣東省損失本不算大，中央政府也對其省公司股東作出了讓步，加之華僑資金大量湧入廣東，比及其他任何省份都有得天獨厚的資金優勢。並且兩廣總督張鳴岐的嚴加防範也起到了一定的預防作用，在他給攝政王的電奏中，一方面建議中央政府採取緩進手段收歸國有，一方面也呈報了自己的應對措施：「請收回成命，仍歸商辦，責成續收三期股款，限年成路，倘屆期不成，再由國家收回。」[26] 要求政府「照足十成股票妥速收還」路股。外加革命黨人黃花崗起事剛剛平息，「粵省大亂甫平，人心未定」，總督張鳴岐對民間的抗議非常敏感，也更為警惕，嚴令各級官員必須切實負責，並規定，「如有藉路歸國有為名聚眾演說，隨時解散，不容稍有疏忽」。[27]

　　但是事態的發展還是超出了盛宣懷的料想，他向攝政王提出有必要磋商出應付局勢的具體辦法，但攝政王並沒有重視起來，對盛宣懷說「卿辦路已久，必詳

25 參考陳文、劉清華：《川鄂兩省保路運動的不同之處（下）》，原載：《四川師範學院學報·哲學社會科學版》，2002年第2期。

26 《大公報》，1911年6月30日。

27 《大公報》，1911年9月6日。

弊病，應籌萬全之策，固結眾心以弭禍患」。[28] 很明顯，這個時候攝政王一方面沒有充分認識事態的嚴重性，他還是把事件看作單純的經濟糾紛；另一方面也過於信任了郵傳部大臣的辦事能力，盛宣懷在官場歷練多年，不但洋務政績卓著，而且有豐富的涉外經驗。

新任命的鐵路督辦大臣端方見到湘鄂人民反對之力甚巨，也躊躇起來，藉口「須會同郵部及政府妥籌善法始能著手辦理」而觀望不前。

到了6月6日，內閣始召集各部大臣們舉行會議，商論應對人民反對幹路國有的策略，但並沒有磋商出具體辦法，「各國務大臣大都不置可否，惟由總協理與郵傳大臣互談多時，亦無相當之解決」。[29]

清政府發出幹路收歸國有、借債修築的上諭，按有關章程規定本應事前交由資政院、諮議局兩機構議決，本屬兩院的法定之權。「大權統於朝廷，庶政公諸民眾」是清政府所宣布的預備立憲的原則。根據1909年的資政院章程，資政院有權討論全國的預算與收支決算、有關稅制和公債的發行事項、修訂和廢除法律等。

但攝政王卻繞過資政院，只與郵傳、度支部進行了溝通，即直接發布了決策上諭，甚至事前沒有交由新內閣——皇族內閣進行正式討論。內閣總理大臣奕劻本對路權收歸國有沒有異議，但當看到激烈抗議聲起，認為內閣沒有參與決策，自然對事態發展不負責任。

各省諮議局對事關本省事務的政策制定繞過自身，本就反對，再加上諮議局各議員代表的是本省商民權益，甚至有的議員本人就參與投資，所以更是反對政府的國有政策。比如湖南省抗議運動的主導者力量即省諮議局，在該省諮議局會議上，議員周廣詢言辭激烈：「盛某違背兩朝諭旨借債修路，為不忠不義之人，置吾湘性命財產於不顧，必捨死力爭。」會後諮議局集合紳學商民一萬餘人赴撫巡撫衙門懇求代奏收回成命，巡撫楊文鼎為形勢所迫，表示願意代諮議局上奏。對於各省諮議局、紳商的抗議，有學者分析：本不可能成為顛覆政府的倡導者，「其所爭取不外當前實際利益與一定的政治權力分配」。[30]

---

28 《申報》，1911年5月18日。

29 《大公報》，1911年6月6日。

30 參考陳廷湘：《1911年清政府處理鐵路國有事件的失誤與失敗》，原載：《四川大學學報‧哲學社會科學版》，2007年第1期。

資政院即提出抗議，更使用其法定彈劾權，批評抗議浪潮為政府政策「暮四朝三」所致，「院章第二十一條據實糾察，請明降諭旨立予嚴懲禍首盛宣懷」。[31]

所以，不要說在中央和地方之間，即使在中央政府內部，關於幹路收歸國有、借債修築（特別是後者）不但沒有消弭歧見，更沒有達成共識。清政府的鐵路國有政策導致保路運動的爆發，就使得單純的政府政策問題上升為廣泛深入的社會運動，從單純的經濟問題上升為尖銳的政治衝突。

前有鐵路國有上諭發布，後有借款合同傳來，進一步刺激了商民們的抗議浪潮。更重要的是，他們的結社請願活動有了法律上的依據，無論是地方官員，還是中央政府都對武力彈壓有所忌憚。再加上中央與地方、中央各機構之間不能做到上情下達、及時溝通，也就有可能喪失處理危機的最佳時機，而促使危機一步步升級。

由於其他省份的路款處理相對順利，整個危機的焦點即集中在巴蜀大地。盛宣懷出面簽訂的借款合同6月14日才到達成都，按捺已久的川中商民藉此找到了向中央政府施壓的突破口。立憲派們原本試圖把運動控制在經濟範圍，但是由於其他因素的存在，局勢很快超出了他們的駕馭範圍。

「新政」沒過「保路」關

1903年6月，錫良由熱河都統調任四川總督，赴任途中奏請朝廷設立川漢鐵路公司。錫良雷厲風行，到任後立即投入運作，1904年1月在成都設立了官辦川漢鐵路公司。1905年1月18日，在四川奏報的集股章程六章五十五條中規定，川漢鐵路公司的資金來源主要由四部分組成：一是官股，即為地方政府投資持有的股份；二為商股，是地方富商認購或者在上海等地招募的股份；三為民股，主要是租股，就是來源於農民的地租；四為利股，是以前三種股本為流動資金，從事別種商業投資，將所獲利潤作為二次股金。

其中第三種股金來源使得人數眾多的貧苦農民成為鐵路股東，《清史稿》評價錫良的籌款之舉時這樣說：「力主自辦，集紳會議，奏設專局，招商股，籌公

31 《大公報》，1911年10月30日。

股，復就通省田租歲抽百分之三，名為租股，數年積至千萬以上，股款之多，為中國自辦鐵路最。」在承平時代，錫良不失為一員能吏幹將。暫時犧牲部分群體利益服務於整體近代化建設，在後發展國家中屢見不鮮，也不失成功案例。日本明治政府成立之後為籌措實業資金，對農民徵收了比德川幕府時代更為沉重的賦稅，但是天皇政府手中有兩件利器可以保證這項資金來源的穩定性：一為神權在身，在某種程度上，這一點為其統治的穩定性提供了天然保障，除了極個別憲政菁英，很少人會去懷疑天皇統治的合法性；二為軍權在手，明治初期出現的零星農民暴動迅即被鎮壓，有力遏制了出現連鎖反應的可能性。但是，在危機時代，在清末社會，錫良的舉措只能成為一步險棋，將為川漢鐵路、甚至四川全省的命運埋下一個最不穩定的伏筆。錫良離任之時又將官辦鐵路公司改為商辦。公司由官向民的轉型時期，債務存在很大的不明朗性、爭議性，這就為清政府發動國有化運動、制定贖買政策增加了難度，引發糾紛當在預料之中。[32]

1911年1月，繼任川督趙爾巽調任東三省總督，王人文以四川布政使護理川督。

郵傳、度支兩部分別發出電文，要求四川護理總督王人文立即清查川漢鐵路公司帳目以備政府接收。5月22日，帝國政府以皇帝名義發出諭令，要求停收川路股款，並飭王人文查明股款的確切數額，擬換發國家鐵路股票。

3天後，郵傳部發出的電文更加明確地表示了中央政府的處理辦法：對所有川漢鐵路的股本——無論官商民各股——已經用在鐵路上的股金，國家換發國有鐵路保利股票，沒有使用的部分，任憑取回股本，也可以繼續入股，也可換發國有鐵路保本股票，至於虧損部分，國家不予補償，由具體經辦人負責。換發後的所有國有鐵路股票，也可分紅，也都可以向大清、交通兩大銀行進行貨幣抵償，在一定程度上，國有股票兼有國債功能。

上文已提，起初四川股民對鐵路國有政策的態度是並不一致的。

蒲殿俊、羅綸這些新一代士紳屬於立憲派陣營，豐富的學識和閱歷讓他們非常清楚民辦鐵路的種種弊病，內心可以說是傾向於鐵路國有化的。湖北的立憲派人士湯化龍就明確表示了自己對鐵路國有政策的擁護。他們甚至有過留洋經歷，

---

32 清末鐵路公司債權的不清晰，對中央政府制定最終的贖買政策有怎樣程度的影響，作為轉型案例，還有待經濟史專家作進一步的研究。

但是作為富有新思想的青年，他們對滿族出身的官員把持責任內閣非常不滿，也反對中央政府對國會請願運動的壓制，所以在捍衛經濟利益、抗議中央決策的同時，不可避免摻雜政見之爭。

所以，即使在內心並不完全反對鐵路國有化的立憲派人士，一來不滿朝廷的贖買政策，二來希望對中央政府施壓，借此深化政治改革，也都作出了不同程度的抗議反應。5月28日，四川諮議局議長蒲殿俊、副議長羅綸代表四川各界紳民二千四百多人向朝廷呈交請願書，譴責郵傳大臣盛宣懷對待四川商民的要求置若罔聞。

再就是眾多的紳商股東，這部分人大多出身傳統士紳，在民眾中富有聲望，並且投資田產或實業，擁有相對雄厚的資本。他們對鐵路建設的投資熱情一方面是出於傳統士大夫的責任心，希望能為救亡圖存貢獻一份力量，另一方面也希望在鐵路建設中獲得豐厚利潤，這部分人才是民辦鐵路的真正受益者。他們的愛國情懷和對財富的追求都是發自內心深處的，如果結合得當，會進一步崛起為中國實業界的中堅力量。但是他們對鐵路國有化缺少深層次的認識，對外債抱有很大的偏見，反對政府的「賣國」行為，更重要的是在於鐵路國有過程中因為股金縮水，他們又是最大的切實受害者。就導致他們與中央政府難以形成統一意見，以致裂痕愈來愈大。

而眾多鄉村農民和普通市民通過被政府抽取租稅的方式在不情願中也成了股民中的一部分。釐稅的增多，再加上輿情的煽動，讓他們更是站在鐵路國有政策的對立面。

但是在6月14日之前，因為川人並不知曉借款合同細節，所以反抗浪潮還並不算激烈，甚至要弱於其他省份。

6月14日，四國銀行團借款合同寄達成都。

立憲派人士鄧孝可立即公開發表《賣國郵傳部！賣國奴盛宣懷！》一文，指出借款合同「今直將路完全賣給外人外，更以兩湖財政作抵。我自信四川非無人性，非屬野蠻之血性男子，今可以起矣」！

《蜀報》則立即刊發號外，並總結出盛宣懷數條罪狀：一為「賣路」，二為「路線給了外人」，三為「用款規給了外人」，四為「工程規給了外人」，五位「購料規給了外人」，六為「利息規給了外人」，七為「奪諸國民，送給外人」。

羅綸、劉元聲以及其他各界商民也連連發表言論，怒斥盛宣懷的「賣路」行徑，認定「大部借款合同失敗，喪盡國權」，並強調川中商民之所以反對，實因「借此喪失國權之款，不在路歸國有，而在名則國有，實為外國所有」。[33]

6月17日，四川保路同志會在成都成立，到會者約二千餘人。代表們推選蒲殿俊為會長，羅綸為副會長，並推出85歲高齡的老翰林編修伍肇林為首，前往總督處提出反駁，同時散發《保路同志會宣言書》等文告，定期出刊《四川保路同志會報告》，宣傳「路亡國亡，路存國存」、外爭國權、內爭民主，號召全省群眾聯合起來「破約保路」。

同日，川督王人文接見保路同志會請願團，並表示：「總督職為民，民有隱，總督職宜請，請不得，去官，吾職也，亦吾樂也。」

待到王人文閉門認真分析借款合同之後，對合同中借款使用須由主借銀行監督，須以釐稅作抵，工程須聘用英德美各國一人等款項不能認同，按他的理解，此為十足的「賣國條約」，便以《粵漢、川漢鐵路借款合同喪權辱國並請治郵傳部尚書盛宣懷誤國之罪摺》上奏朝廷，指出借款合同使「十餘年慘不忍聞所謂『瓜分』之謠傳，於此將合力以實踐」，「稍有識者，讀此合同，無不痛哭流涕」。

王人文還從法律程序上予以反駁：「四川川漢鐵路關係本省權利存廢，應由本省諮議局議決」，因此，國有政策的頒定有悖法律，應「分別交院、交局（資政院、諮議局）開會議決」，「以遵法律而順輿情」；另一方面，最新頒布的國有政策還將幹線展拓，把不屬幹線的宜昌至夔州府六百里路段劃歸了國有；其三，停收川省租股，削川民股，「民間誤會國家將以從前股本為捐款，⋯⋯慮別生枝節」。[34] 在覆郵傳部的電文中要求「（存款）應盡還川人」，「已用之款」方可「換給國家鐵路股票」。[35]

王人文言辭激烈、敢於犯上的言論立時受到廣泛贊同，川中商民受其鼓舞巨大，並在同僚中聲名鵲起，當時的《大公報》對此評論說：「署川督王人文居官以來，初未有赫赫之名，聞日前奏劾盛氏，痛論其誤國殃民之罪，洋洋灑灑二千

---

33 《大公報》，1911年7月16日。

34 戴執禮：《四川保路運動史料》，第159頁，科學出版社，1959年版。

35 戴執禮：《四川保路運動史料》，第162頁。

餘言。誠可謂一鳴驚人。」[36]

　　如此一來，最初對鐵路國有政策並不反對的四川護理總督，此時卻成為川中反對國有政策及借款合同的一面旗幟。

　　同時，宋育仁、甘大璋等川籍在京官員對國有政策的支持，非但沒能削弱反抗浪潮，反而激起更大的抗爭。6月25日，四川保路同志會把這些官員的舉動通過公告的形式向全省宣示，激起了商民更大的憤慨。盛宣懷向四國銀行借款修路的細則其實並不為中下層更多人所清楚。即使在今天，學者們還在爭論這個條約的「本質」如何、盛宣懷本人的反動與否。在當時，民情的激憤程度可想而知。政府投敵賣國，將鐵路拱手讓與外人之手──這是最簡單也最為人們所樂於接受的一種解讀。

　　攝政王對王人文的數項徵詢均未作明確答覆，郵傳部也不能接受這樣的條件，尚書盛宣懷聲稱不可能取全國之財而補四川商辦公司虧損之資，載澤主持的度支部作為財政總管部門更是反對。

　　這樣，王人文就處在地方諮議局和中央政府的雙重壓力之下。一方面，川督王人文的陳奏受到攝政王的漠視甚至反感；另一方面，「其心至誠」，在川省商民和同僚中贏得極大擁護，也使他極為珍視這種名節，也更為堅定自己的主張。這兩種因素導致他此後與中央政府漸行漸遠，終被罷黜，他身上的悲情色彩也為商民的抗議運動增加了新的動力。

　　攝政王怒於護理總督王人文屢違上意，辦事不力，遂放棄王人文，任命趙爾豐為四川總督。這位祖籍山東的漢人，在1903年5月隨四川總督錫良入川，設立行轅，派兵屠殺反清「平會」成員數百人，得號「趙屠戶」。此後會同黔軍鎮壓貴州紅燈教起事。1905年又入巴塘，鎮壓邊民叛亂。1906年授督辦川滇邊務大臣職，在任上實行改土歸流，頗有政績，推行屯墾、通商、興學、開礦諸事，促進文化、經濟繁榮。1907年2月任護理四川總督，繼續推行改土歸流政策。1908年3月任駐藏大臣，兼領邊務大臣，參與抗英、拒俄。

　　朝廷試圖利用他的鐵腕力挽狂瀾。

　　但在處理四川保路風潮方面，這位新任總督繼承了護理總督王人文的意見，並對王人文參奏盛宣懷表示欽佩，言稱：「惟公正氣特識，萃於一身，實為豐所

36　《大公報》，1911年9月6日。

欽佩。」其後趙爾豐屢次上奏朝廷重議「國有」之策。

7月31日，中央政府命令趙爾豐解散包括保路同志會在內的各種群眾集會，害怕事態失控，並要求「將首要數人，嚴拿懲辦」。[37] 但趙爾豐並沒有照辦，而是向北京發出電文表達自己的看法：「若純用壓迫，反動轉增，於事未必有濟，而地方反受其弊。」[38]

趙爾豐試圖用安撫的辦法化解危機，兩次親蒞已被朝廷斥為非法的川漢鐵路公司特別股東會，讚譽會眾「具愛國之熱忱」，意欲利用自己的地方督撫身分緩和群眾情緒。

與此同時，保路同志會的組織工作迅速擴大到重慶與川南。參加該會的成員都是各地商會、州縣頭面人物、諮議局議員，還有士紳、農工、學界代表，聲勢日漸壯大。

8月上旬，原反對國有政策的川漢鐵路宜昌分公司總理李稷勛也改變看法，主張將川路餘款納入國有路款，郵傳部擬派李稷勛繼續管理宜昌分公司。

「盛宣懷賣路於前，李稷勛賣路於後，是害吾全川之生命財產，皆二賊所為，吾川人必誓殺此二賊」的聲音隨即已經傳播開來。但盛宣懷並沒有對這股聲音立即重視起來，隨後與端方和湖廣總督瑞澂等先後上奏，支持對李稷勛的任命，並獲攝政王批准。

保路同志會並不認可，上書朝廷彈劾甘大璋、李稷勛等人。但在這個時候，保路同志會和川中紳商等仍力主溫和路線，勸導群眾「勿在街頭群聚」，「勿暴動」，「不打教堂」，「不得侮辱官府」，前後持續了十餘日。由此可見，他們需要的是中央政府作出讓步，所謂的「保路運動」在這個時候並非沒有和平解決的可能。

趙爾豐表示願意代奏。但朝廷的反饋電文下達到四川，沒有作出絲毫的讓步，執意任命李稷勛為宜昌鐵路督辦。

當天下午，已經有人在醞釀罷工、罷市，試圖給朝廷施加壓力。

羅綸代表商民來到總督府面謁趙爾豐，趙答道：「若為郵傳部而罷市，則風馬牛不相及，若為川督而罷市，則爾豐自認到任無對不起川人之處，還請勉力維

---

37 戴執禮：《四川保路運動史料》，第234頁。
38 戴執禮：《四川保路運動史料》，第162頁。

持。」

　　當夜二更，前任川督王人文到達特別股東會場，登時群情激昂。

　　當天是公曆8月24日，特別股東會議決「自明日起，全川一律罷市、罷課」。[39] 兩天之後，又議決「以租股利息抵扣正糧，不納捐輸」。[40] 抗議運動自此開始出現越過立憲派人士原來所設計軌道的跡象。

　　大面積的罷工、罷市、罷課開始之後，立憲派人士並不願與政府決裂，號召群眾要進行理性的抵制，提醒市民勿辱罵官府、勿打砸教堂、勿武裝暴動，告誡人民群眾「能守秩序，便是國民，無理暴動，便是野蠻」。並設有慈善局，救濟受運動影響的商戶、農民等弱勢群體。並且要求成都各同志分會保證治安，並與地方政府一起組織官紳商學聯合會。也就是說保路同志會在這時候還沒有明確提出政治訴求，僅僅是為了爭路權、爭路款，雖然各地同志會裡已經夾雜有一些同盟會會員，但領導層面主要還是由立憲派組成的。

　　街道上進而出現了許多書有「光緒德宗景皇帝」字樣的靈位，並附有「庶政公諸輿論」、「鐵路准歸商辦」等招貼字條。群眾以「奉先朝遺旨」、「不准借用外債」與清廷相爭，因為批准鐵路商辦的上諭頒布於光緒在位時的1903年。

　　但是局勢的發展程度很快超出了立憲派的掌控能力。

　　四川保路同志會成立之後，立憲派中的不少人進行宣傳和動員群眾工作，試圖利用民情向政府施壓。但是隨著事態的發展，「每當演說時，憤激不顧前後，則聽眾歡迎。若果瞻前顧後，研究辦法，則眾極不滿」。

　　如果他們振臂一揮，抨擊政府「奪路賣國」，便輕易就激起人們的憤慨和附和，並且「愈演愈烈，已成風氣，不易執回矣」；如果研究可行性辦法，則必然會引起群眾的反感。

　　在一些地方還出現了搗毀地方官局和外國教堂的暴動。

　　但到這個時候，事態並不是沒有鬆動的可能。因為川籍在京官員以及大量御史開始紛紛上書言事，請求朝廷慎重；另一方面英國駐四川領事也電告北京公使館，英國有關人士建議把川路列入支路範圍，准予民間商辦。

　　攝政王陷入猶豫之中，「對各省幹路收歸官辦亦頗為疑慮」，「曾屢次諭交

---

39 四川省檔案館編：《四川保路運動檔案選編》，第384頁，四川人民出版社，1981年版。

40 曾紹敏：《榮縣首義與辛亥革命》，第336頁，成都出版社，1994年版。

樞臣妥籌辦法」。事處無計可籌之時，攝政王忽准內閣總理大臣拿出妥籌辦理之方，以防釀成禍變，但此時的內閣更把責任推到盛宣懷一人身上，擺出無計可施的姿態。

督辦鐵路大臣端方、湖廣總督瑞澂等大臣又接連上書彈劾趙爾豐督辦不利，指責他「違抗朝旨，恫喝挾持，無所不有」。[41] 盛宣懷的幕僚周祖佑在談到川督態度給四川保路運動帶來的影響時說：「設當時行政長官稍加禁遏，當不至此。乃至護院（指王人文）畏其鋒勢，一味姑容，……致路事風潮至今尤未平靜。」[42]

趙爾豐面臨著政治重壓，事態的發展更加讓他感到不安。

與此同時，爭路爭款風潮繼續擴大，很快發展到一百四十多個縣，參加保路同志會的各地人士達數萬人，成立同志會的縣達64個。川漢鐵路公司宜昌分公司的4萬工人也舉行了抗議，保路同志會成立20天後，會員名冊已不下10萬人。以至於當年夏秋之間，保路同志會遍布全川。湖廣總督瑞澂驚呼「兵警彈壓為難」。

局勢進一步走向失控的邊緣，清政府已經得到各方面的呈報，巴蜀危急。

在邊地歷練多年的趙爾豐從來沒有見到過如此勢不可擋的民情。他試圖進一步採取協商的手段，頻與紳商首領接觸，會商解決罷市罷課、抗糧抗捐問題，並表示「彼此須同心協力，大家商量。誠恐輕易決裂，反至不可收拾。我總當竭力維持」。

8月27日至9月4日，中央政府接連4次嚴飭趙爾豐使用強硬手段，但趙仍以兵力不足且士兵多係川籍、恐釀激變為由抗諭不遵。

9月1日，趙爾豐又兩次會同成都將軍玉崐等人要求內閣彈劾盛宣懷，並提醒中央政府：「現在大局如此，即不提出修改合同，已有萬難履行之勢。」

趙爾豐與王人文作為地方官員，對於情勢的把握最為直觀，向朝廷提出妥協主張，是十分必要和清醒的。但是中央政府的官員從全局出發，希望用鐵腕壓制逐漸失控的四川局勢，以免引起連鎖反應。

四川總督與中央政府仍在就處理意見僵持著。

---

41 戴執禮：《四川保路運動史料》，第300頁。

42 陳旭麓：《辛亥革命前後——盛宣懷檔案資料選輯之一》，第122頁，上海人民出版社，1979年版。

彭山和中江已出現了零星的暴動，這表明武裝起義的波濤已經慢慢襲來。

實際上，武裝起義的準備工作早已經在悄然進行。7月份，在同盟會會員秦載賡的推動下，川東南哥老會四方九成團體首領在新津會議，「承謀舉義」。8月4日，同盟會又發起召開資州羅泉井會議，決定改同志會為同志軍，議定9中旬各地同時起事。至此，革命黨人取得了保路運動的領導權。革命黨人還看準時機策動地方士紳領導下的民團參加到保路運動中來。

早在1905年，孫中山就派遣川籍同盟會會員回川領導革命事業。1906年，黃興則邀請哥老會首領余竟成赴日，在孫中山的親自勸說下，加入同盟會，並令其回川發動武裝暴動。以哥老會為代表的眾多會黨力量一直是潛藏在民間的一股強大勢力，早期多以「反清復明」為會黨宗旨。主張共和的革命黨與主張「反清復明」的會黨力量的結合是近代中國一個非常重要的歷史現象。加入同志會，聯絡哥老會是孫中山親自制定的行動策略。雖然同盟會員們親自領導的彭縣、江安、成都、廣安的起義先後失敗，哥老會策動的瀘州、江安、敘州等地暴動也被鎮壓，但是都擴大了自己的影響。所以在保路運動一開始，革命黨人就採取了「外以保路之名，內行革命之實」的策略，他們主張「激揚民氣，導以革命」，利用保路同志會作為合法的鬥爭工具。5月，革命黨人就在成都四聖祠法政專科學堂開會，商議同盟會在保路運動中的具體方略，最終議決：一、「以保路為推倒滿清的工具，而實行鼓動股東大會，組織革命軍者同盟會」；二、「離間官民，領導民眾，擁戴蒲、羅諸人，暴動於省城之中」；三、同盟會會員分赴各地，「提挈人民，組織民軍，共同革命」，「各以數百或數千人，割據州縣，或進攻成都，包圍於省城之外」。

保路運動進一步向革命的方向發展。

在保路運動中，立憲派為了壯大勢力，也有意聯絡哥老會，立憲派中的一些人本來就和哥老會有較為密切的聯繫。羅綸的父親是川北一帶有名的哥老會首領，羅綸本人又在保路運動中頗有影響，因而他在哥老會中有很高的號召力。他曾動員多名哥老會首領參加保路鬥爭。很多士紳此後因為參加了保路同志會而附帶就參加了哥老會，甚至出面領導哥老會進行保路同志會的活動。哥老會也得以在保路同志會公開、合法的名義下活動，其中許多首領成了各地保路同志會的負責人，這些力量的結合引起了清政府的極大驚恐，認為它「貽患滋大，實與川省人民治安大有關係」。

　　在保路運動後期，立憲派對革命派及哥老會活動的默許和支持，本是想向清廷施加更大的壓力，迫使政府在償還股金事件中作出更大讓步、在政改方面邁出更大的步子，這在客觀上助長了立憲派的爭路聲勢，但也增強了保路運動中的反清力量。一旦條件成熟，幾種社會力量將交織在一起，足以撼動帝國大廈的一角。

　　面對如此重壓，朝廷已對王人文、趙爾豐等川中大吏不再寄予希望。

　　對於川中的抗議風潮，端方有他自己的看法：「吵商辦者，是一班新黨，且非真正股東；股東只求保全權利，新黨則別受所指。」端方在5月18日即受任督辦鐵路大臣，按例應於10日內出京赴任，但他竟多次向攝政王提出辭呈，幾經攝政王慰留，才於6月20日出京趕赴湖北。端方之所以躊躇不決，是因為鐵路國有以及借款合同的簽訂，他參與不多，面對商民的抗議運動，他不願這個時候出面去收拾這堆爛攤子。

　　到了9月2日，攝政王又急命督辦鐵路大臣端方自湖北帶新式陸軍30、31標入川「查辦」，令四川提督田振幫會辦，並命趙爾豐嚴加彈壓，試圖用高壓手段阻止局勢的進一步惡化。但端方依舊長期滯留，延不入川，直至9月19日——即趙爾豐製造出向抗議商民開槍的「成都慘案」12天後——才只進至沙市。

　　端方雖消極應對，但是中央政府的這一決定足以激起更大的反抗浪潮。

　　消息傳來，群情激忿。

　　蒲殿俊、鄧孝可等人在川漢鐵路股東大會門口開始散發鉛印的《川人自保商權書》，後以傳單形式多方散布，內稱：「今因政府奪路劫款，轉送外人，激起我七千萬同胞幡然覺悟。兩月以來，其團結力、堅韌力、秩序力，中外罕見。」並呼籲全省「各廳州縣城議事會集議，選定殷實精壯子弟多至百人，少至六十名，作為臨時團丁，分批輪訓，駐官署官局，以便保護」。[43] 立憲派人士打算利用當前民憤，繼續向地方官員和朝廷施壓，以迫使其讓步。

　　當時的媒體分析：「忽聞端方帶兵隊入峽，人心恐怖，誤會朝旨不愛川人生命財產，遂有人散布《自保商權書》。」川中商民得知朝廷將以兵力脅迫，群眾運動繼而進一步升級。

　　9月2日在致內閣的電文中趙爾豐仍力主協商解決：「此事非和平即激烈，如

43　參見戴執禮：《四川保路運動史資料匯纂》，第180頁，台北中研院近代史研究所史料叢刊，23，1994年版。

朝廷准歸商辦，大局或不致十分破壞；如不准所請，則變生頃刻，勢不得不用兵力剿辦，成敗利鈍，實不能臆計。至全國受其牽動，尤為爾豐所（不）敢任咎。」[44] 在這裡，趙爾豐已經意識到四川事件有波及全國的危險。

但是在實際應對中，總督沒有再堅持和平解決的辦法。9月7日，保路同志會代表率同數萬人赴總督府陳請阻止端方入蜀，「趙督未允代表，眾即言詞激烈，趙督當場喝令狙擊」，並拘捕諮議局議長蒲殿俊、副議長羅綸、川路公司股東會長顏楷、張瀾，保路同志會會員鄧孝可等9人。憤怒的商民潮水般湧向總督府，要求釋放蒲、羅諸人，趙爾豐下令對商民開槍，屠殺「若干人，並以騎兵衝突人叢，死傷頗多」，製造出駭人聽聞的血案。

事發當日，同盟會會員龍鳴劍立即潛出城外，與其他同盟會員裁出木片數百，書上「趙爾豐先捕蒲、羅，後剿四川，各地同志軍速起自救自保」，並將之投入錦江水中，順流而出。一日不到，川西南民眾聞訊，同盟會及其影響下的哥老會立即發動了同志軍起義——9月8日，武裝起義的槍聲首先在成都打響，同志軍大起義由此引發。

巴蜀大地風雷激蕩。

立憲派人士試圖利用自己的影響恢復局勢，蒲殿俊、羅綸等人在總督府與趙爾豐進行了緊急磋商，最終總督以「對於匪事絕無干涉」為由將他們釋放。他們立即發出《哀告全川伯叔兄弟》書，稱武裝暴動是社會的「禍毒」，規勸同志軍放下武器，息事歸農。但是局勢已不在立憲派的掌控之中，他們的聲音完全被淹沒。

對於端方的延宕不前，攝政王極端憤怒，遂捨近求遠，於9月15日起用遠在上海的岑春煊帶兵入川應對。諭稱：「開缺兩廣總督岑春煊，威望素著，前任四川總督，熟悉該省情形。該督病勢，聞已就瘳，著即前往四川，會同趙爾豐辦理剿撫事宜。岑春煊向來勇於任事，不辭勞瘁，即著由上海乘輪，即刻起程，毋稍遲延。」[45]

這個決議，是處理四川保路風潮過程中清政府最為明智的一次選擇。朝廷之所以起用岑春煊入川，是因岑任四川總督期間，政績卓著，於商民中頗有威望。

44 《川人自保之商榷書》，《革命開國文獻》，第一輯（史料三），第25頁，台北國史館。

45 黃季陸：《辛亥年四川保路運動史料彙編》，上，第550頁，台北國史館史料處，1981年版。

川籍京官紛紛致電岑春煊，表達了對他入川的支持，希望岑春煊能力挽狂瀾，「上紓朝廷之憂，下拯川民之厄」。因四川局勢發展的方向超出立憲派原來的計畫範圍，對於岑春煊的入川，重慶商民、團體更是屢次向其發出請求電文：「岑帥奉命入川，群情歡躍，……懇設法急解川危」，更有「川中父老子弟望公如慈母，仰公如雲霓，無論如何必當力疾一行，以慰川民」的懇切之言。

但是趙爾豐在這個時候卻極力反對岑春煊入川，以「岑並非地方官，身未到川而已先期發寄告示，指授機宜，並不與督臣會辦」為由不予合作。趙爾豐之所以採取這樣的態度，一來是出於私利，不願落得王人文同樣的下場，終被朝廷棄用；二來他也許存在僥倖心理，認為自己還有可能處理危機。

而在赴川途中的端方本就與岑春煊有政見和利益之分，加之此次岑領旨入川，而旨中又撇開端方不提，端方更是悻悻不安。

事態緊急之時，不但中央政府各機構沒能協調一致商討出穩妥的處理辦法，即使得出權宜之計，派素有威望的岑春煊入川處理，也未能得到地方官員的支持。如此一來，清政府喪失了平息四川武裝起義的最後一次機會。

各地紛紛起而響應成都起義，革命烈火迅速燃遍整個巴蜀大地。9月28日，由同盟會會員建立的第一個革命政權——榮縣軍政府成立，為保路運動向何處去指明了發展方向。隨後，四川各州縣相繼獨立，建立軍政府。趙爾豐在早期進行「改土歸流」等少數民族改革政策時，雖政績頗豐，對維護國家的統一和穩定作出了貢獻，但其強硬政策也引發了少數民族人民的不解和反抗，加之上層階級從中挑撥，此時又受同志軍武裝起義影響，遂之引發四川境內羌藏人民激烈的反清鬥爭。

清政府的統治在四川被撕開了一個大大的口子。革命黨在四川的起義牽制了清廷大量兵力，為武昌起義的爆發乃至勝利都提供了有利條件和有力支援。

為了鎮壓日趨激烈的四川起義，清政府慌亂中從粵、鄂、湘、黔、滇、陝等六省調集大批新軍部隊入川助剿，削弱了這些省的政府軍事力量。在奉調入川的六省軍隊中，尤以湖北兵力最多、槍械最精，計有湖北第16協第31標、第32標1營約二千餘人，毛瑟槍二千餘枝，另有軍需輜重若干。這就為湖北革命黨人發動起義大大減輕了軍事上的壓力，武昌起義也正是在此條件下爆發並取得了決定性勝利。1911年10月11日，即武昌起義的第二日，湖北軍政府成立。

清政府的鐵路國有政策最終失敗了，清王朝也引火燒身，隨之崩潰。但是不

是意味著鐵路國有的基本方向是錯誤的呢？民國時人們認為，在清末「民氣尚固」的情況下，鐵路國有只是「時會未至」。民國政府在建國伊始，繼承了被它所推翻的清王朝的未完成事業。而當時商辦鐵路公司因為經營狀況不佳，也紛紛主動要求政府收歸國有，原有各省商辦的主要線路幾乎全部轉歸政府。

對於一個從事交通現代化建設的後發展國家來說，鐵路國有乃是某一特定歷史階段的必經之路。到了1913年，民國交通部面對實業建設的壓力，繼續了盛宣懷的建設思路，正式提出接收湖南商辦鐵路為國有的政策。

由此可見，清政府提出的鐵路國有方案並沒有什麼錯誤，關鍵是它沒有了類似日本明治政府的權威和信用，而且因為財政困窘，它收買鐵路股票的價格也遠低於票面價格，這就在實際上損害了股民的利益，這是保路運動爆發的一個內在動因。

根據美國學者李約翰在《清遜帝與列強》中的分析，在清末新政實行鐵路國有政策期間，日本明治政府「不贊成中國向外借款以實行改革」，「而堅持要求中國先解決日本在滿洲的懸案」。日本對中國實行鐵路國有、借債修路政策的微妙心態，也從一個側面反映了清王朝推行這一政策的複雜時代背景。

今人評論說：在承認收回利權思潮的愛國主義性質以及促進民族資本主義發展的進步性的同時，不容否認它的不足。鮮明的民族主義思想和熱情的愛國舉動並不能代替科學的經濟思想，沒有正確經濟思想指導下的經濟行為，只會給民族帶來新的災難。如果在肯定收回利權運動的積極意義時，完全否定鐵路國有和利用外資的思想，那就是做了「將髒水和孩子一起倒掉」的蠢事。[46]

對於外債的利用，民國元年（1912年）中山先生也公開說：「國家欲興大業，而苦無資本，則不能不借外債。借外債以興實業，實內外所同贊成的。」[47]

孫中山在民國期間曾經計畫利用外債60億，10年內修築20萬里鐵路，並認為「今日修築鐵路，實為目前唯一之急務，民國之生死存亡，繫於此舉。」[48] 他還制定了四通八達的全國鐵路規劃圖，並得到袁世凱的支持，於1912年9月9日發出總統令「特授孫文以籌劃全國鐵路全權」，每月撥3萬元為辦公經費。孫中山主

---

46 劉芳：《淺談清末關於鐵路的國有民有之爭》，原載《徐州教育學院學報》，2004年1月。

47 《孫中山全集》，第2卷，第321～322頁，中華書局，1982年版。

48 《孫中山全集》，第2卷，第433頁。

張「批給外人修築，凡有資本者皆准包修一路，屆40年期滿，由我收回。」[49]

更有一種說法，孫中山還曾計畫讓各省通過向外國借債貸款，於10年之內在中國建立起350萬里長的鐵路系統，如果能夠實現，這將是繞地球40圈長的鐵路。這一總長度則是根據中國人口比美國多5倍而推算出來的。他的一位美國朋友不無偏激地批評說，他在中國政治上如此不切實際，以至於「幼稚得不值得重覆」，「不適合於擔任任何需要常識的工作」。[50]

當時，外國財團態度十分冷淡。

1913年3月國民黨領袖宋教仁被暗殺，國內烽煙再起，鐵路建設計畫再次束之高閣。清末新政期間所推行的鐵路國有政策，一方面使立憲派和革命派找到了合作的共同契機，在事實層面組成了反對清政府的聯合陣線。另一方面，在一定程度上受到革命派鼓動的保路運動，瞬息之間席捲了長江中游各省，徹底使攝政王的統治亂了陣腳。中央政府對全國政局的控制力度之弱昭然若揭，「氣數將竭」的聲音傳遍大江南北。

辛亥革命無疑是晚清多種社會矛盾與清政府昏聵統治醞釀多年的必然結果，也是由於攝政王的「控馭無方」，才使它來得既顯突兀，又帶有某種「戲劇性」色彩。[51] 短短兩三年之間，清末新政改革的局面被徹底毀壞、清政府的統治構架便全體潰崩，與攝政王個人的施政失誤確實有直接關係，但這只是問題的一個方面。

在劉厚生的《張謇傳記》中這樣概括清朝滅亡的「近因」：第一是主持軍事者之不得其人；第二是處理川、粵、漢鐵路之不當；第三在於各省諮議局因反對親貴內閣而與革命黨合流。[52]

具體到所謂的「保路運動」中，地方立憲派、同盟會所代表的革命派、士紳愛國主義者、商辦鐵路公司的既得利益者、受租股攤派之苦的廣大農民、以「反清復明」為宗旨的會黨力量、政壇上失意者、被排擠到體制之外的新型人才，這些形形色色的階層與利益群體，在反對「鐵路國有」——這一基本順應歷史潮流

49 《孫中山全集》，第2卷，第458頁。

50 駱惠敏：《清末民初政情內幕：莫理循書信集》，上，第925、969～977頁。

51 劉光永：《大清的挽歌——清末改革管窺》，第305頁，三秦出版社，1999年版。

52 劉厚生：《張謇傳記》，第165頁，上海書店出版社，1985年版。

的決策中，形成一個看似鬆散實則衝擊力極強的同盟。

由此可見，權威合法性受到懷疑的改革政府，即使推行的政策對國家是有益的，合理的，由於互不信任，也會因上下相互對抗而失敗。

筆者看來，所謂權威政府分「高壓性權威」與「協調性權威」兩大類。

清末新政時期，不能說政府沒有高壓機器：那是一支近代化程度頗高的新軍，它規模很大，不然數年之後硝煙四起的「軍閥混戰」就無從談起。如果能夠得到有效整合，清末新軍就有可能轉化為一支近代意義的國家軍隊；統馭失敗，它們就淪落為只為一己私利的大小「軍閥」。歷史已經證明，清末新軍內部不單單有革命黨的擁護者，其實上至統制下到士卒，思想極為多元、混亂。這就決定它不可能履行實現「高壓性權威」的職能。

清政府在樹立「協調性權威」方面也是失敗的，這不單單是因為清政府本身的狹隘、封閉所決定的。截然不同的各種社會思潮在當時都擁有絕對數目龐大的信徒，一旦時機來臨，任何一股力量的崛起都有可能對帝國造成毀滅性打擊。而新政期間建立的資政院、諮議局等機構，本身是政府建立的緩解輿情、緩解壓力的協調、諮詢、代議機構，在關鍵時刻，卻成為對抗機構。

時至1911年，新政事業已推行十年有餘，歷經軍事變革、教育革新、經濟改革、官制重組、立憲運動等多個領域和階段，力度不可謂不大，成果不可謂不豐，然而多為半截子工程，即付夭折。以責任內閣的設置為例，是在廢除舊內閣、舊軍機這些尾大不掉的封建機構的基礎上設立的，但卻未能打造出一個行動有效、協調一致的中央政府，行政決策力度竟不升反降。

四川「保路運動」其實是歷史提交給清王朝的最後一張試卷，是對新政改革成果的一次嚴肅檢驗，足以決定其生死存亡，但它沒能通過。

清王朝在新政事業開啟後第十個年頭陷入統治絕境，在某種程度上可以說，其原因非但不是在於政府層的保守，事實可能恰恰相反，而是在於頑固保守半個世紀之後突然走上了改革激進之路，政治、經濟、軍事等各領域改革齊頭並進，各種潛藏的社會矛盾最後以爆炸的方式迸發而出。如有再次備考這一試卷的機會，及早著手、分步推進似為上策。然，政治體與生命體有著類似的存亡之「道」，不可能有真正起死回生的機會，政治體即使有復辟現象，靈魂也早已不是自己的了，多半會淪為歷史逆流。

辛亥前夜

第十四章
辛亥年還發生了什麼？

對於一個壞政府來說，最危險的時刻，通常就是它開始改革的時刻。只有偉大天才才能拯救一位著手救濟長期受壓迫的臣民的君主。

——托克維爾

兩任內閣與一部憲法的出台

辛亥年年初，清政府頒布上諭，准度支部大臣載澤所奏，嚴令廣東各類賭博全面禁止。廣州城裡關於賭博禁或不禁的爭議風潮隨之平息。

4月29日，北京清華學堂裡傳來了第一陣讀書聲，內閣協理（按：副）大臣那桐為學堂手書匾額，「進德修業、自強不息」的教育方針出自此時制定的《清華學堂章程》。學堂經費的來源得力於中國駐美公使梁誠的外交努力，他就庚子賠款與美國政府反覆交涉，最後達成「退款辦學」協議。

10月4日，禁衛軍軍官傅侗、海軍部參謀官嚴復共同編定了帝國國樂《鞏金甌》，實為中國歷史上第一首真正意義上的國歌，歌詞為：「鞏金甌，承天幬，民物欣鳧藻，喜同胞，清時幸遭。真熙嗥，帝國蒼穹保。天高高，海滔滔。」

年底，清政府明確准許官民「自在剪髮」，即留不留髮悉聽尊便，早在9年前，政府已經在全國各地提倡婦女放足。至此，因循多年的男子蓄髮女子纏足陋習被主流社會鄙棄。

但在讀書聲和國樂聲迴盪的同時，整個帝國已陷入四面危機之中。

就在清華學堂開學的前兩天，同在廣州城，黃興率一百二十餘名敢死隊員直撲兩廣總督署，發動了同盟會的第十次武裝起義。起義雖遭水師提督李準的迅速鎮壓，但兩廣總督衙門被焚毀。事敗後黃興負傷逃回香港，72具同盟會會員的遺骸由潘達微等人出面收葬。此為「黃花崗起義」。

毗鄰的俄國也不太平。

1911年9月14日晚上，兩聲槍響打斷了基輔歌劇院內的盛大演出。等驚恐聲平息之後，人們發現內閣總理斯托雷平倒在血泊中，這一切就發生在沙皇尼古拉二世的視野之內。凶手是一名社會黨人。斯托雷平自5年前任現職以來，以不妥協、不留情面的作風著稱。期間各政黨、工會和新聞界的活動自由度擴大，但俄國由於第二屆「杜馬」否決了他允許農奴充分享有財產權的提案，杜馬隨即被內閣解散。

斯托雷平又是激烈的民族主義者，他對俄國的少數民族政策非常苛刻。在此前的1906年就有人想在他的聖彼得堡城外別墅內暗殺他，他本人幸免於難，卻有23人死亡，包括他的一雙子女。

但是俄國的對華政策在這位總理被刺後卻得到了繼承和發展。代理外交大臣

尼拉托夫詆毀中國政府在蒙古進行的軍事和行政改革，指責在外蒙古推行的新政措施是敵視俄國的行為。[1] 並且試圖在軍事上大加干涉。

辛亥革命一觸即發之時，俄國看到清朝中央政府處理內亂無暇顧忌邊疆事務，準備把握戰機，煽動被它收買的外蒙封建領主和活佛，醞釀叛亂。10月18日，外蒙叛亂集團在沙俄支持下宣布「獨立」。[2]

中央政府駐庫倫辦事大臣三多向蒙古諸王公陳述利害，試圖勸慰安撫：「如以本大臣辦事不洽蒙情，寧將予一人置諸鋒刃，不可受人愚弄，將蒙古送於他人之手。抑或不願內地官吏管轄，如欲改為自治，本大臣立刻即為電奏請旨，但不可倡言獨立。」但辦事大臣的斡旋努力未能奏效。

1912年1月，在清王朝覆亡的前一時刻，清政府駐烏里雅蘇台將軍奎芳等被分裂勢力告知：限「於七日內將倉庫、銀、緞、軍裝等項，一律交蒙參贊接收，自備資斧回籍」，[3] 奎芳拒不答應。但清政府已無法抽出兵力支援它的邊臣。一個月後，清王朝正式崩潰。[4]

在透露出幾絲微弱曙光的北京城，在邊疆告急、內亂紛擾中，1911年的5月18日，清政府按照調整後的預備立憲清單宣布：裁撤舊設之內閣、軍機處，會議政務處，按照君主立憲之制組織責任內閣。

閣員包括總理大臣奕劻，協理大臣徐世昌、那桐，外務大臣梁敦彥，民政大臣善耆，度支大臣載澤，學務大臣唐景崇，陸軍大臣蔭昌，海軍大臣載洵，司法大臣紹昌，農工商大臣溥倫，郵傳大臣盛宣懷，理藩大臣壽耆。

同時上諭規定「國務大臣輔弼皇帝擔負責任」，內閣總理大臣就所管事務「對於各省長官及各藩屬長官，得發訓示」，「監督指揮各省長官及各藩屬長官」，「除國務大臣外，凡例應奏事人員，於國務有所陳奏者，由國務大臣代奏」。意為內閣對皇帝負責，加強了以內閣為首的中央集權，完全削去各省督撫直接上奏和入對的權力，使各省從屬於內閣。但內閣在行政、法律、財政諸多方

1 《帝國主義時代國際關係》第2輯，第18卷，上，第329號文件。

2 梁鶴年：《庫倫獨立始末記》，見陳篆：《蒙事隨筆》，第161頁。

3 《定邊左副將軍兼烏里雅蘇台將軍奎芳、參贊大臣榮恩致內閣電》，宣統三年十一月十九日，《辛亥革命》第7冊，第303～304頁。

4 到1912年5月，蒙古「獨立軍」已達五千餘人，在沙俄支持下進攻科布多。中國中央政府駐新疆軍隊曾奉命東援，但大勢已去，1912年8月6日，外蒙古全境失陷。

面又受到資政院的制約，中央權力的中心由皇帝開始移向內閣。

這次政體的變化其實是中國行政史上的重大轉折。

但當時的輿論反響卻並不一致。眾多立憲派人士認為在內閣成員13人中，皇族多達5人（另說7人），指責其為「皇族內閣」，他們援引英國皇族不能擔任內閣成員的範例，極力否定此次內閣，要求成立新內閣。資政院立即就此進行院內外活動。

如果從內閣成員的政治傾向來看，奕劻內閣也已經不是舊式內閣。奕劻本人歷任總理各國事務衙門大臣、外務部總理大臣、首席軍機大臣，傾向於三權分立的政體改革原則，在他首席設計的官制改革方案中，明確立法權屬議會。[5]

載澤無論在海外華人還是在國內立憲派中間都有強大的輿論支持。

民政大臣善耆是權貴出身的大臣中最為開明者，還有海軍大臣載洵，兩人都與梁啟超等海外立憲派人士有深層次的接觸和合作。溥倫自1907年來歷任資政院總裁，凡事主張「先交資政院參議」談論，與度支部大臣載澤等經常發生爭論。他們之間的爭端已經不是單純的個人權力之爭，更重要的意義在於行政機構同準代議機構資政院已發生了實際上的相互牽制作用。[6]

司法大臣紹昌在就任閣員之前身體力行推行司法制度改革，近代性質的法律文件《大清刑事訴訟律草案》《大清民事訴訟律草案》《大清民律草案》都在他的任內得以起草或頒布，這些法律文本對此後民國法律制定產生了重大影響。他的幕僚中有大量的留歐美或留日法政人員，他主張在縣、府、省設立各級審判廳，各級檢察廳則接受法部領屬和監督。[7]

此外，主管少數民族事務的理藩大臣壽者則為蒙古族人。

這一內閣的設置體現了攝政王的意志。之所以他在反對聲中依然推行，是出於兩方面的考慮：一、並不違背清政府所承諾的立憲清單規定。他把這個內閣認定為過渡性內閣，按預備清單步驟，兩年後的1913年將正式召開國會，屆時選舉產生正式責任內閣；二、這些有見識的權貴可以為他所倚重，至少比袁世凱要讓他感到放心。

---

5 《清末籌備立憲檔案史料》，上冊，第463～464頁。

6 參見《民立報》1910年11月17日，《論資總知難告退》；12月10日，《倫澤之戰》。

7 參見肖永清主編：《中國法制史教程》，第244～245頁，光明日報出版社，1987年版。

但是興情和時局已經不再給清王朝機會。

隨著保路運動的升級，武昌起義爆發，政府力量在湖北極為空虛，新軍在兩天之內就控制了武漢三鎮。清政府急派陸軍大臣蔭昌率精銳部隊北洋新軍趕往湖北鎮壓革命黨人，令海軍提督薩鎮冰率領海軍艦隻前往助攻。雖然從軍事裝備上講南方新軍遠遠遜於北洋新軍，但這位從德國考察軍事回來的將軍並不能很好地完成這次軍事任務。北洋軍中，自統制以下的各級軍官都是袁世凱一手提拔的，而蔭昌又沒能立即建立起自己的領導權威，既然無法徹底地更換軍隊的中下層，「其對於集團上層的局部人事調整也就變得毫無意義了」。[8]

「皇族內閣」總理大臣奕劻、協理大臣那桐首先出來力薦袁世凱，認為朝廷應該立即請袁出山，改變目前的困局「非袁莫屬」。那桐甚至以辭職來要求朝廷同意，奕劻則拒絕上朝。

另一名內閣協理大臣徐世昌更是相信袁世凱具有力挽狂瀾的能力，他趕到彰德面見了袁世凱，作為袁的老部下，他們的政見一拍即合，認為在當下應該當機立斷，立即召開國會爭取民眾的支持，組織更具西方色彩的責任內閣，在政治上寬容武昌起義的參與者，解除黨禁，袁世凱表明自己可以出山但不能任最高層的擺布。他害怕再一次遭到用完即棄的命運，提出中央政府需授與自己軍隊全權。徐世昌回京後立即將這些意見轉告攝政王載灃。

除了中央政府的奕劻、徐世昌、那桐等，地方督撫中的兩江總督張人駿、直隸總督陳夔龍、雲貴總督李經羲等也屢次對攝政王施壓。李經羲致電張人駿，希望他以大局為重，舉薦袁世凱，電稱：「舉項城督兵，召北援赴難，公宜言之，勿引嫌。」同一天，陳夔龍致電責任內閣，明確要求調回湖北前線的蔭昌，改由袁世凱「一手經理」前敵剿撫事宜。

袁世凱的其他政治追隨者們也要求啟用袁世凱，宣稱：如不用袁世凱，指日可亡；如用袁世凱，或可不亡。至此，處理局勢必用袁世凱的強大輿論已經形成。

事實上，袁世凱的地位和身分確實使其具有皇族親貴們所沒有的優勢，他能夠做到上下通達，對國際國內局勢有較為準確的把握。他認識到武昌起義雖然從表面上看是一次軍事政變，但是實質上是在進行一次政治革命，要處理此次事

---

8 郭劍林主編：《北洋政府簡史》，第63頁，天津古籍出版社，2000年版。

變，只憑藉武力是不可行的，還應重視從政治上解決。

　　早在6月份，張謇偕劉厚生從江蘇赴京途中，即專程赴河南彰德洹上村拜訪袁世凱，其目的是與其交換當前時局的意見並鼓動袁世凱出山，兩人實際上在這次的會談中訂立了政治同盟。袁世凱對張謇表示：「有朝一日，蒙皇上天恩，命世凱出山，我一切遵從民意而行。也就是遵從你的意旨而行。但我要求您，必須在各方面，把我的誠意告訴他們，並且要求您同我合作。」

　　張謇對這次面談結果也表示滿意，他對隨從說：「慰亭畢竟不錯，不枉老夫此行也。」此為清末歷史上著名的「洹上會晤」。

　　東交民巷使館區也傳出「非袁出來不能收拾大局」的聲音。

　　「西方記者莫里循在與友人談到這一時期的中國政局時斷言：袁世凱是皇室的唯一希望，在中國有好聲譽，在外國有好名聲，是唯一可以從動亂中恢復秩序的人。同期的《泰晤士報》直接刊文，公開提出要清廷召回袁世凱，而且聲稱：只有他，才是能夠挽救時局的唯一人物。辛亥革命前夕，清皇室載濤、載洵等人赴歐洲考察，曾受到歐洲帝國主義列強的一致責問：中國至今奈何不用袁世凱？在列強的心目中，處於『世界最偉大的政治家之列』的袁世凱不但關係著中國政局的穩定，而且這種穩定也關係著他們各自在中國和遠東地區的利益。」[9]

　　更為重要的是，袁世凱退隱彰德3年間，有相當一批的革命黨人對他產生了好感：「時留東學生之歸國者，必繞道謁袁……其私邸中談宴游觀，無不座客常滿」，甚至還「誼若父子」。[10]

　　這就決定在接下來的南北談判期間，不僅是立憲派人士對袁世凱寄予厚望，甚至很大一部分呼聲就來自於革命黨人的內部。

　　1911年10月14日、27日及11月1日攝政王三下諭旨起用袁世凱，袁一番推諉之後，於11月13日赴京上任。袁世凱的猶豫不決不僅僅是出於一代權臣的老謀深算，也有他的現實顧慮。

　　對於如何應對武昌起義，清政府內部的意見並不統一。

　　盛宣懷的意見是：「武漢地據中心，亂事一日不定，恐他省望風響應，糜爛更不堪設想；即兵力、財力亦將無可分布，外人生心，尤屬可慮。故大軍急援漢

9 郭劍林主編：《北洋政府簡史》，第74頁。

10 郭劍林主編：《北洋政府簡史》，第64頁。

口，再復武昌，則各省便可無事。安危大局，決於遲速之間。惟自來用兵，未有統帥畏縮不前而能使將士用命者也。為今之計：一在催蔭昌進兵；一在命袁世凱赴鄂。」[11] 除盛宣懷之外，翰林院侍讀景潤、給事中高潤生等人也持速戰之意。

張人駿則致電攝政王，主張多方策應，徐圖之，待到戰機來臨，以圍殲。

袁世凱是在爭議之中赴任的。在袁世凱的新任頭銜中，特別被加上了「督辦剿撫事宜」幾個字，而當初清政府下達給蔭昌的任務卻只有「剿辦」。「剿辦」改為「剿撫」，實質上表明了清政府對湖北新軍採取的攻勢策略發生了改變。這與袁世凱對時局的看法是吻合的。

自10月18日開始，雙方在漢口、漢陽展開激戰，漢口舊稱夏口，此次戰役被稱為「陽夏戰爭」。起初，革命軍以逸待勞，占有優勢，兩天內就占領了大智門火車站和劉家廟，造成以三道橋為界的南北對峙局面。26日起，清政府陸、海軍發動前後夾攻，湖北新軍被迫退至市區。29日，馮國璋領袁世凱之命到達漢口督軍，下令縱火焚燒，試圖用「火功」逼退湖北新軍。11月1日，漢口被攻陷，湖北軍退保漢陽。3日，湖北新軍首領黎元洪登壇拜黃興為戰時總司令，黃即日赴漢陽指揮作戰，16日率軍反攻漢口，經激戰，湖北新軍傷亡慘重，次日仍退回漢陽。22日以後，兩軍在三眼橋展開新一輪激戰，湖北新軍潰敗，27日被迫撤離漢陽。當晚，黃興乘船離開湖北。

局勢的發展在此時已經超過了袁世凱的料想。在這樣一個驟變的時代，誰都不能確切地預測未來會發生什麼，或者不會發生什麼。到10月末，湖南、陝西、山西、雲南、江西等省都先後宣布脫離北京。

更重要的是，面對局勢的不可知性，袁世凱內心產生了矛盾，「他為攝政王所不喜和懼怕，而革命黨也同樣有理由反對這個反革命的改良派。如果他鎮壓革命成功，他的報酬也許是又一次貶逐。反之，如果他對叛軍用了兵而又失敗，他也不會得到革命黨人的憐憫。」[12]

湖北新軍起義之初，楊度就曾對袁世凱說過這樣的話：「亂事一平，袁公有性命之憂。」袁世凱當時怫然說道：「余不能為革命黨！余子孫亦不願其為革命

11 陳旭麓等：《辛亥革命前後──盛宣懷檔案資料選輯之一》，第216頁，上海人民出版社，1979年版。

12 （美）拉爾夫·爾·鮑威爾著，陳澤憲，陳霞飛譯：《1895～1912年中國軍事力量的興起》，第186頁，中華書局，1978年版。

黨！」然而，袁世凱不可能沒有預感到局勢惡化的趨勢。

即使到10月30日，袁世凱離京南下時，他的幕僚王錫彤仍舊提醒他：「凡事留有餘地步」，「袁公頷之」。由此可知他的思想已經有了變化。外加各省獨立浪潮風起雲湧，甚至連「袁宅兩女教習皆告假以去，參預革命」，袁世凱不得不對前景重作打算。

由此可以探知，袁世凱當初之所以推辭不前，除了有向攝政王索要更大的權力意圖之外，還有自己的另一番顧慮。

而在陽夏戰役前後，北京近旁的直隸省境內，有兩支中央政府軍發生了嘩變。

一支是駐守石家莊的新軍第六鎮，統制是吳祿貞，他18歲時由張之洞保薦到日本學習，是日本為中方開辦的陸軍士官學校第一期畢業生。他在那裡結識了孫中山，並參加了同盟會。回國後，以過人的才幹博得了許多朝廷政要的賞識。北洋第六鎮原任統制為段祺瑞，1910年段祺瑞升署江北提督，位置空缺，攝政王試圖利用日本士官派來抵制袁世凱勢力，吳祿貞很快獲任第六鎮統制。

攝政王在事件之前已對新軍第六鎮的動向產生了懷疑，下令停止第六鎮參加一次大型的軍事演習——秋平秋操。

兵變的另一支部隊是參加秋平會操後留駐灤州的新軍第二十鎮。張紹曾與其部下伍祥楨、藍天蔚等是該鎮的領導力量。他們在10月份「電請進兵南苑」，還截留了派往南方的軍火輜重。

10月19日，吳祿貞又致電資政院，主張「採用英國立憲主義」，並提出了十二條政綱。

袁世凱則提出召開國會，組織責任內閣，以安撫兵變，收攬民心。資政院也向攝政王施加壓力，總裁世續代表議員們提出解散現有內閣，另組新內閣。

在壓力之下，10月30日攝政王載灃下「罪己詔」，檢討多年來的政策失誤。

緊接著，內閣總理大臣奕劻、協理大臣那桐、徐世昌主動提出辭職，載澤等主要的皇族國務大臣也提交辭呈。同日，清廷發布上諭，批准了內閣總辭職，並宣布「袁世凱著授為內閣總理大臣，該大臣現已前赴湖北督師，著將應辦各事略為布置，即行來京組織完全內閣，迅即籌劃改良政治一切適宜」。[13]

---

13 《清末籌備立憲檔案史料》，上冊，第96頁。

　　1911年11月1日，帝國政府宣布解散皇族內閣，任命袁世凱為內閣總理大臣，要他趕快從前線回京，籌組新責任內閣。

　　至於最高軍事職位——陸海軍大元帥，本由攝政王代宣統皇帝行使，在其去職之後，則由內閣下轄的陸軍部、海軍部、軍諮府管理。約萬人的禁衛軍，原本由貝勒載濤統帥，載灃去職後，載濤也提出辭呈，內閣「派馮國璋充禁衛軍總統官」，並要求「貝勒載濤等須妥為交待，再行離任」。[14]

　　第二天，起草憲法的權力正式由欽派大臣轉移至資政院。資政院起草憲法也不再依據有利於君主集權的《欽定憲法大綱》，而是以十二條政綱為藍本，並且提前電詢了各省諮議局。新的憲法大綱在資政院擬就完畢，稱為《憲法重要信條》，共19條，又稱《十九信條》。

　　與《欽定憲法大綱》相比，《十九信條》對於皇帝的權力作了更進一步的限制，帝國皇帝已經成為立憲政體下的「虛君」：

第一條　大清帝國之皇統萬世不易。

第二條　皇帝神聖不可侵犯。

第三條　皇帝之權，以憲法所規定者為限。

第四條　皇帝繼承之順序，於憲法規定之。

第五條　憲法由資政院起草議決，皇帝頒布之。

第六條　憲法改正提案之權屬於國會。

第七條　上院議院，由國民於法定特別資格中公選之。

第八條　總理大臣，由國會公選，皇帝任命之；其他國務大臣，由總理大臣推舉，皇帝任命之；皇族不得為總理大臣、其他國務大臣並各省行政長官。

第九條　總理大臣受國會之彈劾，非解散國會即內閣總理辭職，但一次內閣不得為兩次國會之解散。

第十條　皇帝直接統率海陸軍，但對內使用時，須依國會議決之特別條件。

第十一條　不得以命令代法律，除緊急命令之外，以執行法律及法律所委任者為限。

---

14 《清實錄》，第60冊，（附）《宣統政要》，第1126頁，中華書局，1987年版。

第十二條　國際條約，非經國會之議決，不得締結；但宣戰、媾和不在國會開會期內者，由國會追認之。

第十三條　官制、官規，以法律定之。

第十四條　本年度之預算，未經國會議決，不得適用前年度預算；又預算案內規定之歲出，預算案所無者，不得為非常財政之處分。

第十五條　皇室經費之制定及增減，依國會之議決。

第十六條　皇室大典不得與憲法相抵觸。

第十七條　國務裁判機關，由兩院組織之。

第十八條　國會之議決事項，皇帝頒布之。

第十九條　以上第八、第九、第十、第十一、第十二、第十三、第十四、第十五及第十八各條，國會未開以前，資政院適用之。

從條文中可以看到，皇帝的權力必須「以憲法規定為限」，重大的決策必須由國會作出，皇帝只是象徵性地發布，甚至連皇室的經費和典禮都需國會討論並不得與憲法相抵觸，皇權的神祕感被徹底消除。

信條第八條專為責任內閣的組成而設：「總理大臣由國會公舉，皇帝任命。其他國務大臣，由總理大臣推舉，皇帝任命。皇族不得為總理大臣及其他國務大臣並各省行政長官。」[15]

楊幼炯在《近代中國立法史》認為它是「我國歷史上之第一次憲法也」，陳茹玄在《中國憲法史》中評論說：「《十九信條》深得英憲之精神，以代議機關為全國政治之中樞，苟其施行，民治之功可期，獨惜其出之太晚耳。倘能早十年宣布實行，清祚或因以不斬，未可知也！」

清政府任命袁世凱為內閣總理大臣之後，資政院為維護《憲法重要信條》的尊嚴，提出這樣的作法違憲，政府即收回成命，等候資政院的選舉結果。隨後於11月8日在資政院以無記名投票的方式公舉總理大臣，袁世凱得票最多。根據這一結果，清政府以皇帝的名義又一次發表任命上諭。雖然兩次的結果相同，但是第二次任命的出台完全遵守憲法程序，程序的公正是現代社會得以公正運行的重要政治原則。這一事件在中國憲法史、政治史乃至整個社會歷史中都具有巨大的意義，但是由於清朝的滅亡，往往被後人所無視。

---

15 《清末籌備立憲檔案資料》，上，第103頁。

　　為了確定《憲法重要信條》的地位，擴大其社會影響，經資政院議員及兼署海軍大臣譚學衡領銜的九十多名官員的敦促，攝政王代替年幼的宣統皇帝，在太廟宣誓皇室遵守信條。

　　由此可見，在這一危機時代選舉產生的袁世凱內閣其實是中國歷史上第一屆真正意義上的責任內閣。在清末的政壇上形成了「大政施行，出資內閣，朝命必待副署而行」的近代化政治局面。

　　因為這樣英國式的內閣完全是中央政府的行政中樞，君主處於虛君的地位，統而不治，在行政上不干涉也沒有任何否決權，但是其象徵性的元首地位，有利於完成單純的中央行政不能完成的使命，比如維持領土完整等。內閣擁有對朝命的副署權，這是君主立憲制下用內閣限制君權，並使內閣承擔責任的重要舉措。由君主名義頒布的法律、發出的敕令及有關各項國務的聖旨，須內閣副署，方能生效。

　　再者就是大量減少了「入對具奏」事項。「入對」的意思是大臣進宮回答君主的有關諮詢，當面得到君主的指示。「具奏」指大臣就有關政務以奏章形式遞交君主裁定。後來，袁世凱內閣提出了大量裁撤「入對具奏」的清單，提出「除照內閣官制召見國務大臣外，其餘召見官員，均暫停止」，清廷批准。這就進一步完全剝奪了君主干涉行政事務的權力。

　　11月13日，袁世凱抵達北京，16日組織新內閣，以梁敦彥為外務大臣，趙秉鈞為民政大臣，嚴修為度支大臣，唐景崇為學務大臣，王士珍為陸軍大臣，薩鎮冰為海軍大臣，沈家本為司法大臣，張謇為農工商大臣，楊士琦為郵傳部大臣，達壽為理藩大臣。並以胡惟德、烏珍、陳錦濤、楊度、田文烈、譚學衡、梁啟超、熙彥、梁加浩、榮勛分任各部副臣。

　　內閣成員中沒有皇室成員，但是並沒有排斥滿人。

　　這樣，攝政王的歷史使命完全終結，再加上新內閣的施壓，1911年12月6日，隆裕太后降旨，准載灃退監國攝政王之位，上繳攝政王印章，仍以醇親王名義退歸府邸，不再允許干政。並且要求其他王公貴族「恪守家法，束身自愛」。[16]

　　如果只把攝政王的去職單單看成是袁世凱對其政治角逐的個人勝利，就太低

16　《清實錄》，第60冊，（附）《宣統政要》，第1222頁。

估了這一事件的歷史意義。這時皇室力量實質上已完全退出中國政治歷史的決策舞台，內閣頭上的「太上皇」不復存在，有利於內閣行政效率的提高。

因袁世凱內閣已經成立，清廷宣布「嗣後所降聖旨，凡關於某部事項，即著該國務大臣隨同總理大臣署名」。[17]

歷史已經進入南北議和階段，從1911年12月3日到12月31日，北洋新軍與湖北新軍進行了4次停戰談判，期間的12月25日，孫中山由歐洲乘船回到上海，革命黨人在發動武昌起義二個多月後迎來了自己的精神領袖。

但湖北的革命軍所面臨的局勢也並不樂觀。

後來陳果夫在重慶鐘山學社介紹國民黨黨史時說道，辛亥革命時期的同盟會力量，有三大主流，即兩廣、兩湖、江浙。黃花崗起義代表了兩廣勢力；武昌起義代表了兩湖勢力；此後的北伐，代表了江浙勢力。[18] 就兩湖而言，內部也並不統一，在湖北，文學社和共進會都是同盟會的組成部分，但是兩者歷來就有很大的矛盾，在武昌起義之前主要表現在對會員的爭奪方面，起義之後，在革命的領導權上又發生了矛盾。黃興雖然在名義上為湖北革命軍的總司令，卻與另一同盟會領導人孫武矛盾頗深。在軍事鬥爭中，各派軍事力量不能得到有效整合，這一點也是陽夏戰役中革命派失利的一大原因。

成立後的湖北軍政府在10月份照會各國駐漢口領事：表示所有中國此前與各國締結之條約，皆繼續有效；賠款、外債照舊承擔，仍由各省按期如數攤還；居留軍政府占領地區域內之各國人民財產，均一律保護；所有各國之既得權利，亦一體保護；但是清政府與各國所立條約所許之權利，所借之國債，其事件成立於此次知照後者，軍政府概不承認；各國如有助清政府以妨害軍政府者，概以敵人視之；各國如有接濟清政府以可為戰爭用之物品者，搜獲一概沒收。

革命黨人希望起義得到西方國家的默認。

雖然英、俄、法、德、日各國領事秉承政府意見，聲稱「現值中國政府與國民軍互起戰爭」，「領事等自應嚴守中立」。其實各國政策搖擺不定，甚至試圖利用革命黨起義的機會進一步攫取在華權益。

以日本為例。據《日本外交文書記》載，日本駐漢口總領事松村貞雄在武昌

---

17 《清實錄》，第60冊，（附）《宣統政要》，第1196頁。

18 參見李白貞：《辛亥革命武漢戰事實錄》，原載：《武漢文史資料》，1986年第3期。

起義的第二天就向外務大臣報告了武昌起義的消息，隨之日本駐中國二十多個地方的總領事、領事也紛紛向日本政府報告了中國革命的最新動向。天皇甚至召開了元老重臣會議來商量對華政策。

在松村的報告中，他把革命軍稱為「暴徒」。武昌起義的第四天，日本陸軍省軍務局長特使田村大尉就在一份《關於對清國用兵問題》的意見書中表現得異常興奮，認為武昌起義是列強用武力干涉中國的好機會。日本海軍省、日本參謀本部許多高級將領都主張武裝干涉。日本駐華公使還對清政府威脅說：「在危急關頭，清政府如對既占地利又有實力之日本帝國不予信賴，則平定時局勢將不可設想。」[19] 10月24日，日本內閣召開會議討論對華政策，決定：以求對清國占有優勢地位，並許多方策劃，使滿洲現狀得以永恆持續。[20]

危急關頭，北京的中央政府和湖北的革命軍政府都想獲得西方的支持，這就造成西方列強趁機向雙方要價，毫無疑問，兩方都會作出讓步，這就預示著無論哪一方最後成為勝利者，都意味著國家利益受到不可挽回的巨大損失。類似的悲劇將在以後的中國歷史上數次重演。

對於列強可能發起的干涉，立憲派人士們作出了激烈反應。他們害怕在如此複雜的時局下，起事新軍以及革命黨人沒有力量控制局面，他們心中的天平又一次向袁世凱傾斜。

而袁世凱很好地利用了這一點，他派唐紹儀為議和代表，讓他至滬先行約見張謇，並一再囑托：「你必告張謇，我必尊重他的意見」。到了上海，唐紹儀在南陽路趙鳳昌家與張謇會晤，張謇表示：「所謂南北議和者，依照現在形勢，乃是項城與同盟會要人之談判，與蘇浙兩省並無多大關係。蘇浙之獨立，乃被動而非主動，目的只在不遭戰爭。尤其是蘇省各地軍隊複雜，號稱都督者有八人之多，若不擁戴程德全，不知如何收拾。……但我只代表蘇、浙兩省人貢獻意見，而不能保證同盟會之必能聽從。」[21]

但張謇在致袁世凱的電文中卻提出了自己的解決意見：「竊謂非宮廷遜位出居，無以一海內之視聽，而絕舊人之希望；非有可使宮廷遜位出居之聲勢，無以

19 《伊集院駐清共識致內田外務大臣電》，1911年10月28日，《日本外交文書選譯》，第53頁。

20 《伊集院駐清共識致內田外務大臣電》，1911年10月28日，《日本外交文書選譯》，第53頁。

21 參見劉厚生：《張謇傳記》，上海書店，1985年版。

為公之助，去公之障。在鄂及北方軍隊中……然如段芝泉輩，必皆受公指揮。設由前敵各軍以同意電請政府，雲軍人雖無參預政權之例，而事關全國人民之前途，必不可南北相持為水火。」

並且張謇把江浙地方勢力活動的結果及時密告袁世凱：「甲日滿退，乙日擁公，東南諸方一切通過」，「願公奮其英略，旦夕之間勘定大局。」[22]

甚至最早請袁世凱做「漢族的華盛頓」的人不是別人，正是革命黨人。11月2日，在上海革命黨人所掌控的《神州時報》上刊登了海外華僑及留學生要求袁世凱做總統的電報。11月6日的社論裡更是奉勸袁世凱勿再做「曾國藩第二」，而要做「中國共和國初開幕之第一任大總統」。

對於袁世凱的心理變化，革命黨人汪精衛、魏宸組也起了重要的推動作用。據載：「袁到京，主張擁護君主，絕口不言共和，至各處通電到京，則言『本人地位但知擁護君主到底，絕對不能贊成共和，不過世界既有共和學說，亦不妨研究。』此時汪兆銘已經開釋，乃約汪到錫拉胡同談論，汪每晚飯後七、八時謁袁，十一、二時辭出，初隻言共和學理，談至三更，漸及事實，汪言：『如須繼續談去，請求再約一人。』袁問何人，汪以魏宸組相對，袁許可。次夜汪魏同謁袁，於是討論中國於君主共和何者適宜，魏善於詞令，每以甘言餌之，袁初尚搭君主官話，連談數夜，袁漸漸不堅持君主，最後不言君主，但言中國辦到共和頗不易，汪魏言：『中國非共和不可，共和非公促成不可，且非公擔任不可。』袁初謙讓，後亦半推半就矣。」[23]

社會輿論對袁世凱愈發有利，他的和談決心已定，為了表示遵守承諾，表達自己的和談誠意，他開始加緊向皇室「逼宮」。

朝廷權貴們對袁世凱的不滿在停戰談判之初就已爆發，並公推代表質問袁世凱：「從前洪楊革命，13省淪陷，而胡林翼、曾國藩都能討平，現在南方革命黨，並無多大實力，黎元洪、程德全都是政府官吏，公然叛逆，若不討伐，成何體統？」

袁世凱極為巧妙地回答：「你要我討伐黎、程，我可以辦得到的，你要我討伐張謇等人，我是辦不到的；他們都是老百姓的代表。假如你們不滿意，我只有

---

22 參見張怡祖：《張季子九錄》，文海出版社，1983年版。

23 張國淦：《辛亥革命史料》，第115頁，龍門聯合書局，1958年版。

向太后辭職。」

　　1912年2月12日，清帝正式退位。第二天，北京各家報館全文刊登了以隆裕皇太后的名義頒布的最後一道上諭，即「退位詔書」，此詔實為張謇所擬寫：

　　前以大局阽危，兆民困苦，特飭內閣與民軍，商酌優待皇室各條件，以期和平解決。茲據復奏，民軍所開優待條件，於宗廟陵寢，永遠奉祀，先皇陵制，如舊妥修各節，均已一律擔承。皇帝但卸政權，不廢尊號，並議定優待皇室八條，待遇滿蒙回藏七條，覽奏尚屬周到。特行宣示皇族，暨滿蒙回藏人等，此後務當化除畛域，共保治安，重睹世界之升平，胥享共和之幸福，予實有厚望焉！

　　孫中山也履行自己的諾言，2月3日宣布辭職，但為了將袁世凱置於革命黨的監督之下，要求袁世凱赴南京任職大總統。

　　當革命黨人的臨時政府成立之後，張謇被任命為實業總長，他曾與孫中山洽談經濟政策，他在當日的日記中寫道：「與孫中山談政策，未知涯畔。」[24] 創辦了實業王國的張謇認為這位革命黨領袖對經濟的看法簡直不著邊際。這一不滿也進一步促使了他對袁世凱寄予更高的期望。

　　張謇等人堅決反對袁世凱南下，1912年2月他電告袁世凱：公不能南，西北數省諮議局聯合抗爭於參議會，如果南下，須以軍隊隨從。3月間，他給唐紹儀發去電報：為今計，只有利用外交團奔走聯絡與南北雙方，以非正式公文勸告彼此，並聲明不能讓項城南下，以免生變故。[25]

　　中國的中堅階層已經不願意看到國家再發生裂變。但政見的相左，利益的衝突，以及相互的猜疑和恐懼，預示著南北雙方暫時的合作必將走向決裂……

帝國大廈瞬間崩塌

　　甲午一戰，意義重大，自此日本正式取代中國占據了亞洲領頭羊的地位。日本人的對華觀也急轉而下，甚至波及將來。清政府耗費巨資籌建的海軍力量毀於此役。從此清政府開始了緩慢而艱難的重建海軍之路，這一困境在清末新政時期沒有大的改變。直到大半個世紀之後，中國海軍力量仍舊沒有走出萎縮狀態。

---

24 《張謇全集》，第1卷，第662頁，江蘇古籍出版社，1994年版。

25 據楊立強，沈渭濱：《張謇存稿》，上海人民出版社，1987年版。

　　1902年，北洋水師幫統薩鎮冰提出四條建議復興海軍：第一，派海軍士官留學海外；第二，在江陰等地設置水師學堂；第三，以馬尾船廠為造艦基地；第四，在煙台及福州設海軍鎮守府。

　　到了1908年陸軍部提調姚錫光提出《籌海軍芻議》，按「急就」與「分年」兩種方案重建海軍。所謂「急就」，即短期計畫，將現有南洋、北洋、湖廣艦隊共28艘軍艦合編為巡洋艦隊，配合其他軍港、機廠及編訂全年經費預算等措施，共開支50萬兩，以補救甲午年後海防空虛的需要；而所謂「分年」，即設計在十多年內，購置18至30艘戰艦，並建船塢、軍港及培訓人才，開支預計為7700萬兩至1億9000萬兩。

　　直隸總督兼北洋大臣楊士驤主管此事後，嚴復受命草擬具體的海軍重建計畫，在他的計畫書中分為5個重點，包括：順應世界海軍發展趨勢，購置輕型艦隻；投入巨資重整水師學堂；集中力量重建優良軍港以防禦歐美、日本威脅海疆；加強海軍的規劃及體制改革；以「分期籌款」及「各省分擔」的方法解決經費問題。

　　1909年籌辦海軍事務處設置之後，肅親王善耆、陸軍部尚書鐵良、提督薩鎮冰及慶親王奕劻等朝廷要員主管各項籌備事宜。次年，籌辦海軍事務處改組為海軍部，海軍事務開始實質性獨立出來，並由中央政府直接統轄。

　　清王朝在最後10年先後從歐洲等國購買回大小各型軍艦43艘，其中尤以在英國訂造的「海圻」號巡洋艦最為先進，號稱「天字一號艨艟」。

　　1910年喬治五世繼承大英帝國王位，並定於次年6月22日舉行加冕大典，邀請包括中國在內的18國軍艦參加慶祝儀式。清政府遂積極準備，下令海軍部「加派巡洋艦隊統領程璧光率領海圻巡洋艦前往，順訪美利堅諸國」。

　　1911年4月21日，「海圻」號載著三百多名海軍兵將，從上海起航，途經台灣海峽，過印度洋、紅海、地中海，經直布羅陀海峽向目的地駛去。兩個月後，「海圻」號駛抵英倫樸次茅斯軍港。隨後中國軍艦首次訪美，艦隊統領程璧光等前往波士頓，與美國總統塔夫脫進行了會談。此時恰逢拉美國家發生排華事件，「海圻」號奉清政府命令再訪古巴、墨西哥，以慰我僑胞。8月中旬，「海圻」號駛抵古巴首都哈瓦那。同胞競相請故國水兵來到家中，程璧光切實感到了海外華人渴望祖國強大的訴求。墨西哥政府先期就排華事件正式向中國政府道歉，並償付受害僑民生命財產損失，「海圻」號於是取消了先期制定的訪問墨西哥計畫。

「海圻」回程途經巴羅港時，適逢辛亥革命爆發。革命黨人黃仲煊立即在艦上展開策反活動，忠告程璧光同意革命。

國內的形勢進一步發展，隨之進入南北議和階段。程璧光順應潮流，率艦易幟。

革命黨人緣何具有如此大的能量，在短期內能夠爭取到大量新軍的支持？

包括海軍將士在內的帝國軍隊成員，其實大多是既無財力出國留學，也無機會進入新式學堂的貧寒子弟，是在失學又失業的情況下被迫投軍的。他們的背後是大量破敗的農村和凋敝的城鎮。這種經濟地位和由此決定的思想狀況，是他們在辛亥革命中能夠轉向革命的內在根據。

新軍將領則主要是依靠國內各式武備學堂的畢業生以及官費派遣出國的留學生充任。陸海軍留學生，與其它留學生一樣，「他們出洋後，見到外國的強盛和中國的積弱不振，兩相對照，更感到目怵心驚」。[26]「此出洋生驚睹外國文明，如夢初醒，紛紛為之宣傳，激勵其鄉人」。[27] 又有革命黨人在海外的多年宣傳，影響了一大批準將官傾向者同情革命。

1905年7月30日，在日本東京黑龍會首領內田良平家中，同盟會正式成立。期間約有70人出席，全為中國留學生，他們在名義上代表中國17個省，另外有3三個日本人——宮崎滔天、平山周和萱野長知也是正式會員。

同盟會在東京成立後，更注意策反新軍的工作。它在陸軍留學生中大量發展同盟會會員，據統計，僅在第四期、第五期、第六期3期的士官生中，就發展了同盟會會員「不下百餘人」。為了便於陸軍留學生中的同盟會會員回國後運動新軍，「掌握兵權」，同盟會領導人黃興還「囑陸軍學生中的同盟會會員不到同盟會總部往來」，陸軍學生的入黨證件也由黃興一人獨自保管。

但也並非是說，革命黨在新軍中已經完全擁有了絕對的民心。湖北是革命黨活動最為密集、成功的省份。「到1911年7月，在總數約1萬7千名的湖北新軍中，……總計有組織的革命黨人將近二千人，經過聯繫而同情革命的約四千人」。[28] 這樣的估計應該說是比較樂觀的。即便如此，在湖北新軍中，除了三

---

26 《辛亥革命回憶錄》，第1冊，第186頁。

27 《辛亥武昌首義紀》，第1頁。

28 章開沅、林增平主編：《辛亥革命史》，下，第25頁，人民出版社，1981年版。

分之一的人傾向於革命外,還有擁護清政府的一部分,更多士兵還是處於游離狀態。

要沉默的大多數隨革命潮流前行,還需要恰當的時機。

其實就革命領袖孫中山以及革命黨的支持背景來看,如果定義其為民族資產階級的代言人是失實的。孫中山的兄長孫眉在檀香山經營的成功,使孫中山得以到達檀香山。他在這裡進入英國教會辦的意奧蘭尼學校學習。1882年畢業後,他又入夏威夷群島的最高學府奧阿厚書院學習,這仍是一所教會學校。在到檀香山之前,幼年的孫中山只受過2年的傳統教育,孫中山在回憶中就說自己:「從學村塾,僅識之無。」[29]

在相當長的時間裡,孫中山的漢文閱讀能力甚至不如他的英文閱讀能力。直到1894年上書李鴻章的時候,他的文章還需要陳少白等人的潤色。他最初閱讀中國古典文獻,需要先讀英文版,然後再讀中文版。

至於早期檀香山興中會的會員,除個別人外,大多數並沒有參加後來的革命運動,甚至只有少數人知道孫中山的真正意圖並支持他的革命。[30] 興中會的基本群眾,是旅居海外的華僑和國內他們能夠影響得到的部分會黨。有學者對1894、1895年參加興中會的178人的身分背景作了統計,其中小商人96人,工人39人,會黨12人,自由職業者9人,公務員10人,農牧等6人,軍人4人,學生2人。而其中79%是華僑。[31] 沒有一個企業主。很顯然,這些人不是深深扎根於中國社會之中,而是游離於傳統社會體制之外。

有學者研究表明,孫中山「主要是得到新知識分子強有力的支持而不是新興實業家們的支持,才成就了推翻清王朝的革命大業。事實上,不僅在辛亥革命時期,包括在孫中山以後的政治生涯中,他從未得到過資產階級的有效支持。反過來,一個從未得到資產階級有效支持的政治家,也很難說他是資產階級或資產階級的代表」。[32]

由此可見,支持孫中山的力量主要局限於華僑社會、激進知識分子、極少數

---

29 《在廣州嶺南學堂的演說》,《孫中山全集》,第2卷,第359頁,中華書局,1982年版。

30 參見林增平:《孫中山民主革命思想的形成》,原載:《歷史研究》,1987年第1期。

31 章開沅、林增平主編:《辛亥革命史》,上冊,第90頁,人民出版社,1980年版。

32 據遲雲飛:《孫中山與晚清革命黨人社會背景的再認識》,原載:《史學月刊》,2003年第12期。

資產者、會黨和部分受策反的軍隊。

然而，孫中山的革命黨人卻擁有一件其他任何政治力量都不具有的政治宣傳利器——即同盟會的16字政綱。1905年8月20日通過的《中國盟會總章》，提出以「驅除韃虜，恢復中華，創立民國，平均地權」為宗旨。

但據學者茅家琦分析，同盟會的16字政綱並不切合變化了的晚清社會實際。在這種思想的指導下，擁護新政、提倡立憲的漢人輕易就被斥為「漢奸」。孫中山認為以下人物是一脈相承的：「始有吳三桂、洪承疇以作俑，繼有曾國藩、左宗棠以為厲。今又有所謂倡維新、談立憲之漢奸以推波助瀾。」但是這一口號在反對清朝、建立民國的過程中到底起到了怎樣程度的作用，還有待學者們進一步研究。因為在孫中山發動武裝革命早期，所受的壓力不僅來自社會中上層人士，他們大多對孫仇視，即使在他的家鄉，也視其為叛逆。

在革命黨人的軍事力量並不強大，政治基礎比較薄弱，宣傳口號並不切合歷史現實的前提下，他們通過自己堅持不懈、艱苦卓絕的努力還是取得了政治事業的階段性成功——立憲派人士最後的轉向具有很大的助推作用。

在立憲派群體中，除了不少人對現實不滿外，還有眾多立憲派人士恐懼這場民族內耗戰爭繼續擴大。東北、外蒙、西藏、新疆的形勢一步步告急，西方列強在盡力捕捉這一千載難逢的擴張機遇，這一切進一步刺激了他們的危機意識。同時，社會的劇烈動蕩也影響到了實業界人士的身家性命和經濟利益，而紛紛欲消弭戰爭，想得到和平。

張謇表現得十分明顯，湖北新軍起事之後，他力促朝廷大員鐵良、兩江總督張人駿等官員派政府軍援助湖北前線，但隨著局勢的發展，他轉而致電袁世凱，說：「今則兵禍已開，郡縣瓦解。環顧世界，默察人心，捨共和無可為和平之結果，趨勢然也。」主張「與其殄生靈以鋒鏑交爭之慘，毋寧納民族於共和主義之中」。[33]

10天之後，張謇與伍廷芳等聯名致電攝政王載灃，希望他能拋棄個人利益，顧全大局，急流勇退：「旬日之內，望風離異者十有餘省。大勢所在，非共和無以免生靈之塗炭，保滿漢之和平。……立憲政體斷難相容於此後之中國。」[34] 在

---

33 《張謇全集》，第1卷，第183頁，江蘇古籍出版社，1994年版。

34 《張謇全集》，第1卷，第174頁。

致另一位友人的信函中也說：「現在時機緊迫，生靈塗炭，非速籌和平解決之計，必致俱傷，欲和平解決，非共和無善策。此南中萬派一致之公論，非下走一人之私言。」[35]

可見，紳商立憲派最終傾向南北議和，更重要的是他們出於現實主義的考慮。

清政府曾於1911年11月14日發布上諭，派張謇、湯壽潛、譚延等人分任各省宣慰使，「迅速分赴各屬撫慰勸導，宣布朝廷實行改革政治宗旨」，想利用立憲派人士以求「內外相維，上下一心，共救危亡」。[36] 但隨著局勢的發展，他們決定同王朝決裂，譚延、湯壽潛分別擔任了湖南、浙江省都督。[37]

而當時的社會結構中，最龐大的無疑是農民群體，他們對革命黨人的起義推動作用更加不能忽視。在承平年代，農民滿足於現存秩序和現狀。在清末新政期間，戰爭賠款以及新政所需的巨額經費大大加重了他們的負擔，繼太平天國運動之後，他們對當局的不滿情緒再次高漲。無論對於革命黨的共和主義，還是對於立憲派的君憲主義，都因為距離其生活太遠而幾乎是漠不關心，也無力關注，就很難說他們有深刻的認識和認同。而革命黨的排滿宣傳，影響最為廣大的恰恰是這個最為弱勢的群體。辛亥革命期間，在武漢地區傳唱著「湖北翻了天，犯人全出監，紅衣滿街走，『長毛』在眼前」的歌謠。[38] 從這則歌謠中我們可以窺見廣大人民群眾對革命起義的理解程度。

政府官員本是既得利益者和既有體制的維護者。但是，新政期間推行的中央集權政策以及官制改革，促使滿漢矛盾、中央與地方的矛盾空前尖銳。同時極權政治的不透明性也給革命黨人提供了很好的宣傳空間。汪精衛等人刺殺攝政王事敗之後，北京城內流傳的說法並不是革命黨如何云云，反而懷疑是清廷的內部鬥爭所致，「有謂係溥倫貝子謀篡位者；有謂慶王因與肅王有隙，故為此以害之者；又有謂（炸彈）係載洵、載濤兩貝勒，自英國帶回者，以包藥之紙，有倫敦

---

35 《張謇全集》，第1卷，第188頁。

36 《辛亥革命》，第5冊，第308頁，上海人民出版社，1957年版。

37 據茅家琦：《晚清「新政」與同盟會「16字政綱」》，原載：《南京大學學報：哲學人文社科版》，2001年第5期。

38 轉引自章開沅、林增平主編：《辛亥革命史》，下冊，第9頁，人民出版社，1981年版。

字樣也。」[39] 革命黨人很成功地利用了這樣的猜測和不滿。

在這個驟變的時期，幾乎每個群體都有自己的政治訴求，而這些政治訴求又都不是以現政府的必須存在為前提。清政府就成了各方矛盾的焦點，它推行的新政又沒能立即解決這一系列問題。哪怕一個偶然的事件就能讓各個群體不自覺成為政治上的聯盟，儘管這種同盟必將是短暫的、鬆散的。

孫中山在後來回想起當年的情景時，說了這樣一句話「武昌之成功，乃成於意外。」[40] 甚至有人認為：「武昌起義，在某種程度上就是被謠言激發的一場兵變。」這樣的說法當然不是在貶低辛亥革命的時代意義，如果從另外一個角度考慮——正因為偶然事件就足以導致帝國覆亡，才證明了帝國統治本身的脆弱性。

這種脆弱性在清政府應對新軍起義的時候得到了很好的明證，甚至在武昌起義發生之前，清政府就陷入了應對危機之中。1911年10月9日，革命黨人孫武等在漢口俄租界寶善裡趕製炸藥時發生意外，起義計畫暴露。不過，從後來的處置看，湖廣總督瑞澂並不想擴大事態，有兩條線索可為佐證：其一，在逮捕彭楚藩、劉復基與楊洪勝三人後，儘管進行了簡短的嚴刑逼供，但迅即當夜就將他們處決。如果地方政府欲順藤摸瓜，按常理應該繼續套取被捕革命黨人的口供；其二，在事發的第二天，即10月10日，瑞澂即向中央政府報告案件經過，並為有關人員邀功請賞，大有巨浪過後復歸太平的意思。[41] 瑞澂甚至採納了很多擁護政府的新軍軍官的建議，準備銷毀繳獲的花名冊，對軍隊中的革命黨人不予深究。[42]

但是「清政府正在捕殺革命黨人」這一則傳言還是將事態再次引入白熱化。

瑞澂的處理辦法與1911年10月19日的上諭精神是一致的，中央政府反覆向下屬強調：「如搜獲逆黨名冊，立即銷毀，毋得稍事牽連，致滋擾累。」[43]

其次，當彭、劉、楊三位革命黨人被捕，並於當晚遇害後，這時，傳言已演變為「清政府正在按有無長辮捉拿革命黨人」，因為遭難的彭、劉、楊三位革命

39 黃斗寅：《庚戌年謀炸載灃別紀》，丘權政、杜春和：《辛亥革命史料選輯（續編）》，第81頁，湖南人民出版社，1983年版。

40 孫中山：《建國方略》，《孫中山選集》，第208頁，人民出版社，1956年版。

41 參見《瑞澂報告破獲漢口俄租界革黨組織電（1911年10月10日）》，中國第二歷史檔案館：《中華民國史檔案資料彙編（第一輯）》，第167～168頁，江蘇人民出版社，1979年版。

42 參見（美）周錫瑞：《改良與革命——辛亥革命在兩湖》，第217頁，中華書局，1982年版。

43 《宣統三年八月二十八日上諭》，《辛亥革命》，第5冊，第296頁，上海人民出版社，1957年版。

黨人皆曾剪去長辮。而在1911年10月10日清晨，另一位革命黨人、同樣已經剪辮的30標排長張廷輔被捕。儘管這是彭、劉、楊被處決後僅有的一次逮捕行為，但更加證實了傳言的真實性。其實關於辮子的存廢問題已經納入了中央資政院的開會議決之中。

最後，甚至有人說官員們正在編制所有漢族士兵的花名冊，將以革命黨罪名逮捕並懲罰所有湖北新軍的漢族士兵。[44]

而在當時政府公署的往還電文中，充斥著「人心浮動」的說法。在各種真假消息的刺激之下，京師已經是「人心惶惶，米價飛漲」，人們紛紛到銀行擠兌套現，以致「市面買賣非現銀不可」。[45]

清王朝統治已經搖搖欲墜。

作為今人，應該充分尊重前人的歷史選擇，這不僅是因為歷史不能再重演的原因，更因為無論革命派、立憲派，還是眾多無派無黨所倚重之人，絕大多數都是發自內心期我中華國富民強、揚眉吐氣，政見之不同在很多情況下所反映的只是救國、強國之路的不同，真正的「漢奸」、「賣國賊」能有幾人？清王朝由辛亥革命推翻，有它必然不可逃脫的命運所在。

但歷史見證人章士釗在後來回首辛亥革命時，卻說過這樣的話：「今之論士，語涉辛亥革命，往往過於誇張，估計成功二字，溢量殆不知何許。」[46]

學者蕭瀚在一篇文章中肯定辛亥革命歷史意義的同時也指出了它的固有病症：

在南京臨時政府存續的3個月裡，孫中山先後發布了《保護人民財產令》《慎重農事令》《禁止買賣人口令》《普通教育辦法》《報律》《勸禁纏足令》等一系列民事、行政、軍事等方面的法令。這些法令對於中國邁向自由、民主的目標有重大作用——如果他們在未來的歲月裡真的被施行的話。但是同時，從南京政府的法令中依然可以看到與憲政制度和理念格格不入的本土文化中的遺留糟粕。

---

44 參見黃嶺峻：《關於1911年武昌起義的政治傳播學分析——謠言與革命》，原載：《華中師範大學學報（人文社會科學版）》，2005年第6期。

45 《宣統三年八月二十六日御史史履晉奏摺》，《辛亥革命》，第5冊，第417頁，上海人民出版社，1957年版。

46 章士釗：《孫黃遺札密詮》，《章士釗全集》，第8卷，第341頁，文匯出版社，2000年版。

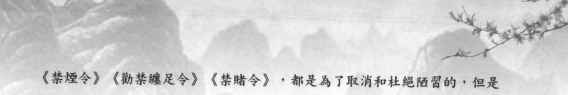

《禁煙令》《勸禁纏足令》《禁賭令》，都是為了取消和杜絕陋習的，但是在這些法令中，有一個《剪辮令》，不見得是為除陋習而發布。這說到底是孫中山早年的民族主義思想在作怪，如果說在籌備革命時，出於策略的需要而提倡打倒清政府，那是情有可原的，革命以後，依然抱著民族主義的立場，那顯然就是錯誤的。剪辮是小事，但從民國政府的態度上卻能看到一些往往為人們忽略的本質性的內容。從這裡，我們完全可以看出民國政府對自由所抱的態度。[47]

李澤厚先生也許解答了辛亥革命救亡中國而又不可得的深層次原因：「反對帝國主義和反對軍閥的長期的革命戰爭，把其他一切都擠在非常次要和從屬的地位，更不用說從理論上和實際中對個體自由個性解放之類問題的研究和宣傳了……時代的危亡局勢和劇烈的現實鬥爭，迫使政治救亡的主題又一次全面壓倒了思想啟蒙的主題，……壓倒了知識者或知識群對自由、平等、民主、民權和各種美妙理想的追求和需要，壓倒了對個體尊嚴、個人權利的注視和尊重。」[48]

就在孫中山先生逝世前後，一位名叫C.P.菲茨杰拉爾德的西方人來到北京，他在《為什麼去中國——1923～1950年在中國的回憶》一書中這樣講述當時的北京城：這是一座「幾乎沒有觸摸到現代氣息而多少有些冷落、讓人感覺奇特的城市」，「作為首都，它存在的理由已經消失，或者幾乎消失了。一個能夠收留皇帝並且與那個推翻的顯赫、威嚴、高貴的封建王朝相『比美』的新王朝還沒有建立起來。」

辛亥革命結束數十年後，一直沒有獲得新生的何止是一座北京城。

20世紀初的清王朝有自上而下的整套政府機構；有建設中的近代代化軍隊；有一個處在變革中的中央辦事機構；還有二千年的皇權觀念為基礎的人民；按照預備立憲的清單，它甚至要在2年後召開國會，選舉出純粹西方意義的內閣總理大臣，並且在事實上政府並沒有違犯承諾的跡象，它似乎已經完全不同於中國的傳統王朝了。

但是帝國大廈還是瞬間崩塌了。

清王朝作為中國最後一個正統王朝，共歷時267年，如果算上它入關前的存

---

47 《百年憲政的歷史省思》，原載：《南風窗》，1999年7月。

48 李澤厚：《中國現代思想史論》，第26～27頁，天津社會科學出版社，2003年版。

在時間，竟然是中國自秦之後的家天下王朝中以不間斷的方式存續時間最長的一個朝代。當然，這一點絲毫不能說明它的制度水平和文明程度比其他朝代更具優越性，恰恰相反，如果用現代眼光來看，這個王朝在很多方面走入歷史的死胡同之後更是登峰造極、錯上加錯。但是有一點卻是爭議不大的，那就是它的「穩定性」更勝一籌。

此外，直接導致這個王朝結束的方式也跟別的朝代大不一樣，其他王朝或者亡於藩鎮割據，或者亡於農民起義，或者亡於外敵入侵。清王朝在外敵入侵、農民起義、地方督撫的強勢崛起中存續70年之久，最後被辛亥革命——這場中國歷史上前所未有的跨時代革命瞬間推翻。革命領袖孫中山和扣響武昌起義槍聲的新軍將士們腦子裡想的不是建立一個新的王朝，而是建立一個「共和國」，並且這個目標十分明確。這一點洪秀全做不到，因為除了他自己的訴求，除了均田地的樸素願望，他身邊的窮苦兄弟還想封侯拜相，並且在實際行動中試圖架空「天王」；義和團想不到，因為無論是前期的「反清復明」還是後來的「扶清滅洋」，儘管他們的反抗運動有著充足的正義動機，但是歷史的原地打轉和拒絕一切外來事物的蒙昧觀念注定這場運動是一場壯烈的悲劇。民主共和這種思想在中國五千年的「文明土地」上從未萌芽過哪怕一根獨苗。到了清末十年，即使在「竊國大盜」袁世凱的政治謀劃中，也必須以力主憲政、贊同共和爭取社會支持。這是真正的歷史性巨變。

真正的中國「社會轉型」時期已然到來，行至清末十年，李鴻章所說的「三千年未有之大變局」特徵更加凸顯，這個轉型期影響之深遠延續百年。

此後，有兩個重要的歷史人物也先後離開政治舞台，離開這個依然處於困窘紛亂中的國度。

一個是袁世凱，辛亥年後他要做皇帝，雖然是帶有君主立憲色彩的君主，但歷史證明，以「二千年皇權觀念為基礎的人民」至少在表面上拋棄了皇帝。袁世凱遭到了唾棄。為中國實業發展嘔血一生的張謇不禁為他感慨道：「三十年更事之才，三千年來未有之會，可以成第一流人……」

一位是孫中山，他精力旺盛，愈敗愈戰，百折不撓，他的「五權憲法」構架是一幅無限美好的政治藍圖，即使曾經對他很有看法的張謇，在後來也飽含深情地評價道：「中國以四五千年的君主國體，一旦改為民主，在世界新趨勢雖順，在世界舊觀念則逆。況以一二人為之，則因逆而更難。而孫中山不畏難，不怕

苦，不恥屢仆屢起，集合同志，謀舉革命，千回百折，備嘗艱辛。至辛亥年，事會湊合，率告成功。以歷史上看來，中國革命之第一人要推商湯。其後因君主之昏瞶，或其他原因，起而革命者，代不乏人，然不過一朝一姓之變革而已，不足為異。孫中山之革命，則為國體之改革，與一朝一姓之變革迥然不同。所以孫中山不但為手創民國之元勛，且為中國及東亞歷史上之一大人物。」[49] 但他無法統馭桀驁不馴的大小軍閥，他們的紛紛離棄不僅僅表現在軍事上的叛亂，還有政見上的不認同。他的身後是一個更加分裂的中國。孫中山留下政治遺言：「革命尚未成功，同志仍須努力！」[50]

---

49 張謇：《追悼孫中山的演說》，《張季子九錄·文錄》。

50 孫中山的原話為：「余致力國民革命，凡四十年，其目的在求中國之自由平等。積四十年之經驗，深知欲達到此目的，必須喚醒民眾，及聯合世界上平等待我之民族，共同奮鬥。現在革命尚未成功。凡我同志，務須依照《建國方略》《建國大綱》《三民主義》及《第一次全國代表大會宣言》，繼續努力，以求貫徹。」《孫中山選集》，第921頁，人民出版社，1981年版。

辛亥
前夜

附錄
辛亥下一夜：
帝制？共和？中國的抉擇

袁世凱一死，一九一二年的約法和一九一三年的國會都復活了。……但在辛亥革命後具有活力的代議政治，卻永遠沒有恢復。

——《劍橋中華民國史》

撰文：王擎天博士、張欣宇碩士

民初的共和與自由主義風氣

　　1912年1月3日，中華民國臨時政府於南京宣告成立，孫中山宣誓就任臨時大總統。當時清帝尚未退位，因此，推翻清室，達成國家的統一，成為革命黨人的第一訴求。清廷最終委任的總理大臣袁世凱明白大清帝國已是日薄西山，便向南京政府表示只要他能成為大總統，願意誘使清帝遜位。為此，孫中山應允舉薦袁世凱為大總統，條件是就任後須擁護共和體制。

　　袁世凱自1月中開始向清室施加壓力，勸說皇帝應在革命黨人的有力條件下體面退位。他甚至發動軍官宣布支持共和，明顯向清朝宣示其已孤立無緣。2月12日，清帝遜位。孫中山於隔日辭去臨時大總統，推薦由袁世凱繼任。臨時參議會遂選舉袁氏為臨時大總統，黎元洪為臨時副總統。依照協議，袁世凱應至南京就職，但他無意前往被革命黨人控制的南方，遂策動底下軍官兵變，以示在北方駐守的必要，南京政府只好允其在北方就職。3月8日，參議院通過革命黨人起草的《臨時約法》，取代了前一年由10省都督府簽字通過的《中華民國臨時政府組織大綱》。4月5日，參議院投票以北京作為中華民國首都。

　　袁世凱當選臨時大總統之後，局勢開始朝革命黨人無法預料的方向逆轉。袁先是拒絕提供軍餉給黃興軍隊，迫其解散。對直隸省議會選舉的都督王芝祥又不予承認，並在未經總理唐紹儀附署便公布另任。6月16日，唐紹儀憤而提出辭呈，唐內閣就此倒台，最後由袁氏的親信趙秉鈞接任總理。

　　由於袁世凱控制了內務與軍隊，革命黨人欲重新奪回權力，就必須組成政黨。1912年3月，同盟會正式由革命團體改組為政黨，進入內閣。但同盟會在參議院中仍屬少數黨，故於同年8月，在宋教仁領導下，改組同盟會，以合併其他小黨的方式，成立了「國民黨」。較之同盟會的主張，國民黨黨綱明顯傾向保守，如為了拉攏士紳階層，絕口不提平均地權的主張；為爭取各省支持，宣言地方自治的權限。如此一番改組後，使國民黨在1912年底的冬天至1913年初的國會選舉中，贏得重大勝利，於參議院中的210席中取得123席，於眾議院取得169席，超過其他三個主要黨相加總數的154席。

二次革命始末

相較於國會接受地方自治的自由主義風氣，總統袁世凱渴望的卻是以中央集權謀求中國富強。民國初年急遽的社會變革，讓袁氏感到相當不安，如婦女鼓吹性別平等的浪潮，在他看來則是社會倫常的破格；廢除小學生讀經的措施，更是離經叛道。總之，作為清末實現改革成就最豐碩的實踐者袁氏，此時反倒覺得變革不可操之過急了。於是，就任總統之際，他轉向了保守主義與獨裁之路。

事實上，最令袁氏感到惱怒的，是個人權力的行使被層層阻礙。首先，地方都督不受中央控制，例如他數度要求地方任命的文職官員須得到中央批准，卻被各省解讀為對省自治權力的干預，而給予激烈抵制。加上1913年1月、3月，國民黨在參眾兩院大選中獲得勝利，對袁的權力又是更進一步的壓迫。因為國民黨的領導者宋教仁數度公開演說，鼓吹國會的權力，以及應採行責任內閣削弱總統權限。從某個側面來說，袁世凱無法適應當時的地方分權與自由主義風潮。因此，對外面對地方政府不受制約，對內中央國會又欲限制其權力，袁氏遂以「暗殺宋教仁」作為應戰的開端。

3月20日，宋教仁在上海車站遇刺，2日後過世，年僅31歲。受此案牽連者一一被殺害或毒死，導致「宋教仁案」無法追查元兇，但種種跡象皆指出，主謀者是與宋氏權力糾葛的袁世凱。

袁刺殺宋教仁等於是公開與國民黨對立，3月底，孫中山、黃興開始集結可能的軍事力量，意圖打倒袁世凱，令其下台。但力道有限，原因是當時中國的軍隊分駐於三大地：北京周圍（由袁世凱掌握）、武昌周圍（由湖北省實權人物黎元洪掌控）、南京周圍（革命黨人勢力範圍）。革命黨人欲拉攏黎氏，遂有「以副總統黎元洪取代袁世凱」的呼聲，但黎不為所動，反將對抗袁世凱政府的軍隊視為對己之威脅。因此，革命黨人能掌握者，僅南京而已。

袁世凱也展開行動，預計以武力和國民黨攤牌。為籌建軍隊，1913年4月27日，袁氏以北京政府的名義向六國舉借外債，這個歷史上著名的「善後大借款」，金額高達2500萬英鎊。此借款導致國家的鹽務署、關稅長期受到外人控制，中國政府也必須安插更多外國人士作為交換條件。

依照1912年制定的《臨時約法》，國家對外締約應提交國會批准。袁世凱從未打算依法定程序提案，而是準備瓦解國會對其的控制。他的作法是將國民黨以

外的政黨勢力（如共和黨、民主黨）聯合起來，組成由梁啟超帶領的進步黨，作為對國民黨的抵制。同時也花錢收買國會議員，削弱國民黨欲彈劾政府的力量。如此一來，不僅讓彈劾政府的擬議流產，也大大打擊國民黨在國會中的力量。

一切準備就緒，袁世凱在6月免除國民黨籍的江西都督李烈鈞職務，緊接著撤換廣東都督胡漢民、安徽都督柏文蔚。李烈鈞早因稅收和地方官員的任用等問題與袁氏敵對，被免職後，李氏表面上接受解職，卻在7月12日返回江西集結部隊，宣布江西獨立，脫離北京政府。江西省議會推選李烈均為討袁總司令，二次革命戰火開啟。

此時，因江蘇都督程德不願參與反袁而出走，黃興遂由上海趕至南京，親自坐鎮指揮討袁行動。討袁軍雖曾一度擊潰北洋軍隊，但因勢力太過分散，且上海的海軍不予支持，很快陷入孤立狀態。8月18日南昌失陷，9月1日，南京又被攻占，原來宣布獨立的各省，在戰爭失利的情況下，先後撤銷獨立。不到兩個月的時間，二次革命宣告失敗，領導人大多逃往日本。

袁世凱的成功，很大一部分歸因於外國的幫助。另一方面，則是地方上非國民黨籍的都督，並未積極投入國民黨發動的「二次革命」。事實上，各省都督對袁世凱欲掌握國會的作法並未投注太多關心，他們關心的是省內的地方事務，在袁氏尚未威脅到其權力之前，他們不會展開動作。

袁世凱的專制之路

二次革命既消耗了國民黨對中央的控制力，袁世凱在成功擊潰革命黨人後，立即展開他的專制之路。首先，他發動北洋軍隊占領全國大部分省份，並血腥搜捕、屠殺參與二次革命的相關人員。其次，便將觸角深入各省，確立各省文官的民政事務權力，意圖削弱武官都督權限，以達成其中央集權的目的。此外，袁氏為澄清吏治，還恢復監察制度，且在嚴厲懲戒貪汙的同時，以高額調薪試圖整肅官場，重建官府威嚴。以整體而言，地方皆遵循了中央的指令，但卻出現了官僚政治中擺架子、逞威風的局面，相對於1912年的自由主義風氣，可謂倒行逆施。袁世凱甚至想摧毀清末以來的代議政治，剝奪自清末以來，各界菁英、商人逐步獲得的政治特權。

1913年10月初，袁促使國會在憲法未制定之前通過《總統選舉法》，再脅迫

議員據此選舉其為正式大總統。10月10日，袁就任正式大總統，臨時政府同時轉為正式政府。為了取得國際認可，袁世凱同意給予外蒙古和西藏自治權，保證中國雖然是宗主國，但是俄國在外蒙古、英國在西藏可享特殊權利。

新政府的國會很快地制定、頒布《天壇憲法草案》，但草案內容不是袁氏希望的總統制，而是欲限制其權限的內閣制。袁氏大為惱怒，聲稱國民黨控制國會。11月4日，袁以國民黨在二次革命的罪狀，下令正式解散國民黨，並定其為叛亂組織。四百多名國民黨員的國會議員資格被取消，導致1914年初因法定人數不足無法召開會議。

為求權力的合法性，1914年3月18日，袁世凱命各省派出代表，參與召開國民大會，會議中修改1912年的《臨時約法》，改內閣制為總統制。並於5月1日，強行通過、頒布《中華民國約法》（亦稱《袁記約法》）。在此法規定下，袁氏可以終身任職總統並有權提名繼承人，實際上等於宣告了袁世凱的獨裁統治。1914當年，法律也確立了報刊檢查制度，並將情報人員的搜索合法化。袁氏相信嚴格的官僚政治可以強國，而其所採行之種種行動，正將中國帶入警察制的獨裁國家。

袁世凱建立專制統治的背後，排除私人戀權因素，亦有建立一主權獨立國家的目標。因此，雖於1913年簽下屈辱的大借款合約，袁氏隨後則努力壓縮各項財政支出，包括北洋軍隊的預算，企圖使國家擺脫帝國主義者的財務控制。然而他過度信仰帝國的官僚政治，認為其能取代國會、代議制達到的成果，甚至妄想走回帝制的中國，其舉措最終要走向毀滅。

在袁氏進行專制統治的同時，1914年7月8日，中華革命黨在日本東京成立，孫中山擔任總理，策劃進行「三次革命」討伐袁世凱。

再生的帝制

袁世凱在國內確立專制統治後，只待國際支持，便要展開稱帝運動。為此，袁氏在外交上呈現一貫的軟弱，一概尋求退讓。1913年底至1914年的中英藏西姆拉會議，中國只能求得對西藏有名無實之統治。1915年的中俄蒙協約，則以外蒙自治收場，從此蒙古落入了俄國的勢力範圍。最著名的屈辱條約，則發生在1915年的中日協議上，袁世凱竟全盤接受日本向中國提出之「二十一條要求」。

該年8月，袁世凱父子促使楊度等人組成籌安會，進行袁世凱稱帝的勸進動作。12月12日，袁世凱自稱受全國國民代表擁戴，宣布改國號為中華帝國，並自稱皇帝，將隔年的民國5年改為洪憲元年。

　　這場中華帝國皇帝擁戴儀式煞有其事地上演。表面上，各地政府俯首稱臣、恭順擁戴新任皇帝，實則無人認同此項政治改變。曾出任袁氏政權內閣成員的梁啟超公開撰文批判，袁氏手下的軍事將領亦不表支持。帝制的出現讓曾經支持袁世凱政權者幻想破滅，也讓二次革命的海外流亡者有機會策動反袁稱帝的武裝抗爭。

　　12月5日，陳其美、蔣中正等在上海策動肇和兵艦起義討袁。25日，因袁世凱拒絕接受退位通牒，雲南將軍蔡鍔、唐繼堯首先宣布獨立，並組織約二萬人之「護國軍」討伐袁世凱，貴州隨後宣布獨立。袁世凱的主將段祺瑞與馮國璋以病推託，不願意出兵鎮壓護國軍。蔡鍔則試圖與北洋軍將領取得聯繫，共同反袁。至隔年（1916）3月，廣西宣布獨立，連日本都表明無法再支持袁氏。在內外聯合反帝制的壓力下，袁世凱於3月22日宣布取消帝制，回復總統制，但各省連總統的職位都不表支持，紛紛宣布獨立。袁氏在此時只剩去職一條路。但該年6月6日袁氏尿毒症病發，在北京去世。

　　1916年4月，受袁世凱之邀，段祺瑞擔任內閣總理，意義上等於取代袁世凱成為北洋軍閥的領袖。袁氏死後，副總統黎元洪於6月7日就任總統。南方革命黨人認為，袁世凱政權既已下台，應恢復1912年《臨時約法》，而北方由段祺瑞掌控的政府則宣稱1914年《中華民國約法》方為正統，雙方無法達成共識。此時，駐上海之海軍軍官李鼎新宣布支持南方，直系軍閥首領馮國璋擔心失去此地，便向北京政府施壓，令其接受1912年《臨時約法》。8月1日，在面臨南北分裂的危機下，總統黎元洪允馮國璋所請，重新召開1914年初袁世凱非法解散的舊國會，並依據《臨時約法》，任命段祺瑞為國務總理。革命黨人遂解散軍事委員會，國家出現了統一的希望。

　　然而，總統黎元洪、國務總理段祺瑞之間首在國務院秘書長的人選上便爆發衝突，黎推孫洪伊，段推徐樹錚，府院因而發生爭執，最後由徐世昌出面推中間派張國淦了結。但隨後又在是否參加第一次世界大戰、對德國宣戰之際，雙方展開激烈鬥爭，這場「府院之爭」，一直延續到1917年。

　　1917年4月，段祺瑞召開督軍會議，頗有迫使國會批准參戰（第一次世界大

戰）政策的意味。5月14日，在未徵得總統與國會的同意下，段祺瑞逕自宣布對德作戰。進而對國會施壓，要求其通過對德戰爭法案。雖然督軍皆支持段氏的參戰，但國會拒絕討論此問題。為此，各省督軍催促總統黎元洪下令解散國會，國會則敦促總統解除段氏的總理職務。

5月23日，黎元洪解除段氏國務總理的職務，不料引發北方八省督軍宣布脫離北京政府獨立，並立即組織督軍團，向北京進軍。黎元洪手無寸鐵，只得求助於安徽督軍張勳入京進行調解。6月7日，張勳率兵進入北京，卻要求黎元洪先解散國會——這恰是督軍們所企求的。黎元洪儘管知道此舉為非法，在此局勢下也只能同意。張勳原是滿清皇室忠實的將領，進入北京後，在康有為與軍閥們的贊成或默許下，進行清朝皇室的復辟。

7月1日，末代清帝溥儀再次登基。但清代官僚機構恢復後，段祺瑞等督軍團並未得到令其滿意的權位，加上支持復辟不過是其反對黎元洪政府的一個手段，事實上督軍們對於恢復清皇室一點都不熱心，因此，10日後便組織北洋軍，討伐張勳，結束復辟事件。段祺瑞重新進入北京，支持副總統馮國璋繼任總統一職，但南方5省拒絕參加。憑藉著浙江、安徽、福建三省督軍的支持，段祺瑞開始以武力壓制各省，企圖以此達成全國性的統一。

不止南方各省聯盟、馮國璋在長江沿線的同盟者不支持段的地位。孫中山更於1917年7月在廣州設立軍政府，以擁護1912年的《臨時約法》為號召，展開護法運動，抵制北洋政府。由於沒有一股力量足以統一全國，各個軍事集團開始了爭奪生存權的戰爭。

兩段失敗的帝制，顯示中國已不可能再走君主專制政權的回頭路。1932年日本意圖以清朝遜帝溥儀為元首建立滿洲國，根本來說，就是沒有認識到這股趨勢潮流。然而，走不回帝制不代表鞏固了共和，短視己利的各省軍閥，將中國帶入了軍閥割據時代。

辛亥百年思索

軍閥割據時代（1916～1928）對地方的建設成果尚有待研究，然而這段分裂時期挑起了數十百次武裝衝突，造成北京政府軟弱不堪，中國更容易遭受外來勢力的政治壓迫、軍事侵略則為事實，國內的混亂也造成近代中國建設遲緩，農村

連年飢荒。但從另一個側面來說，軍閥造成國家分裂的局面，恰恰為思想的多樣性提供了生存條件，在這十多年期間，中國知識界、出版業帶動思想活躍，也締造了民初文學成就的高峰。魯迅的《狂人日記》在此間出版，烏托邦主義、共產主義盛行於大學校園，五四運動也推進了語言改革運動。本書僅就政治史進行論述，但若放寬層面檢視整個民國初年，可以感受到中國宛若新生的生命力躍動。

國民黨總裁蔣中正北伐後，歷經短暫的全國統一，國家又捲入世界性的戰爭。面對詭譎的國際局勢與國家內部的紛亂，統治階層與農村的矛盾浮現出來，一股新的政治力量崛起，讓剛結束戰爭的中國再次陷入內戰。這是清末立憲派與民初軍閥最不希望也始終避免的局面。

結束最後一個封建王朝（大清帝國）的中國，在二十世紀下半同樣面臨劇烈的國際局勢壓力。不變的是，國人改革與建設的行動不輟。土地改革、幣制改革、文化反省、經濟建設、交通建設、貿易開放⋯⋯諸多跌跌撞撞的革新嘗試，在激烈的努力下，逐一實現、甚至超越了清末開明知識分子希冀的「現代化」。隨著冷戰結束，國際上也從政治角力，轉換至經濟競爭、環境保護競賽，中國在此潮流中，逐步邁入在世界上舉足輕重的國家。

辛亥革命已屆100周年，革命的任務早已完結，而進入了憲政成熟化的路程，今人應以更長遠的眼光，打造適應社會的法制與規範，結束革命前後經歷的歧視與蔑見。時至今日，圍繞在兩岸華人的課題，除了政治協商、經濟互利，更是如何朝向彼此尊重、和諧多元的國際化社會。為此，吾人應充分了解過去，以展望未來。歷史不應是「成者為王，敗者為寇」的定論，唯有民眾普遍具備寬容與理解的史觀，才能帶領國家步入真正實質上的「共和」與「民主」。

時　間	大　事
1792年	英國外交官馬戛爾尼出訪中國。
1840年	鴉片戰爭。
1868年	日本明治天皇昭告天下5條誓文，明治維新開始。
1894年	甲午戰爭。
1895年	李鴻章代表清廷簽訂《馬關條約》。
1896年	李鴻章至俄、德、法、英、美、加（拿大）考察。
1897年	山東巨野教案發生。
1898年	康有為、梁啟超為首，推動百日維新。戊戌政變，維新派被捕殺。
1899年	英國牧師卜克被殺。義和團事件
1900年	義和團事件。八國聯軍兵臨北京城下。革命黨人惠州之役失敗。
1901年	1月，慈禧太后頒布《變法上諭》，新政正式啟動。 4月，設立「督辦政務處」，作為辦理新政之中樞機構。 9月，李鴻章代表清廷簽訂《辛丑條約》。 11月，李鴻章逝世。
1902年	1月，清廷頒布《欽定學堂章程》。 6月，《大公報》於天津創辦。 10月，兩江總督劉坤一逝世。
1903年	4月，開明的滿族官員榮祿逝世。 12月，清廷頒布《鐵路簡明章程》，規定任何人皆可請辦鐵路。
1904年	清政府頒布《奏定學堂章程》。戶部擬出《試辦銀行章程》。天津設立專門的防疫醫院。江蘇發生毀學事件，山東、江西、四川接連發生鄉民毀學事件。 2月，日俄戰爭爆發。 3月，各國公使電請清廷宣布立憲。 6月，《時報》創辦。
1905年	9月，清廷全面廢除科舉制度。 12月，第一路出國考察大臣正式出發。清政府成立學部。
1906年	兩批出洋考察大臣先後回國。梁啟超、熊希齡等人改組帝國立憲公會。 9月，清廷宣布《仿行立憲上諭》，確立預備立憲為基本國策。 12月，預備立憲公會在上海成立。
1907年	在郵政部支持下設立交通銀行。禁閉煙館。 4月，丁未政潮開始（～該年8月）。 6月，袁世凱主導的天津地方選舉正式開始。 7月，汪大燮、達壽、于式枚赴英、日、德3國考察憲法。 9月，成立官制編制館。宣布設立資政院。國會請願運動（～1908年8月）。 10月，清廷命各省設立諮議局。梁啟超在日本成立政聞社。
1908年	戶部銀行改稱大清銀行。 7月，清廷公布《諮議局章程》《議員選舉章程》《資政院章程》。

	8月，清廷正式頒布《欽定憲法大綱》。 11月，光緒皇帝、慈禧太后相繼逝世。 12月，醇親王戴灃為攝政王。
1909年	1月，袁世凱被剝奪一切職務。頒布《清理財政章程》。 6月，張之洞代表清廷與英、法、德3國銀行簽訂借款合同草約。 10月，張之洞逝世。全國21省（新疆除外）諮議局同時開會進行選舉。
1910年	北洋軍隊6個鎮由中央陸軍部直接統馭。東三省鼠疫嚴重。地方毀學事件發展至頂峰。廣西、河南、直隸等地因反對戶口調查，爆發民變。
1911年	英國同意至1917年全面停止對華鴉片貿易。 4月，清華學堂正式開學。 5月，清政府正式發布「鐵路國有」上諭；與英、法、德簽訂《川粵漢鐵路借款合同》；組織皇族內閣。 6月，四川保路同志會在成都成立。 9月，俄國總理斯托雷平被暗殺。 10月，編定大清帝國國樂《鞏金甌》。外蒙宣布獨立。清廷下詔啟用袁世凱。清軍與革命黨人於漢口、漢陽發生陽夏戰爭。湖南、陝西、山西、雲南、江西宣布脫離北京政府。 11月，清廷宣布解散皇族內閣。袁世凱成為新任總理大臣。 12月，南北議和開始。
1912年	1月，中華民國臨時政府於南京成立。 2月，清帝正式退位。 4月，袁世凱就任臨時大總統。 6月，唐紹儀內閣倒台。 8月，宋教仁改組同盟會，成立「國民黨」。 9月，袁世凱發出總統令「特授孫文以籌畫全國鐵路全權」。
1913年	3月，國民黨領袖宋教仁被殺。 4月，善後大借款。 7月，二次革命。 10月，袁世凱就任正式大總統。 11月，袁世凱下令正式解散國民黨。 12月，中英藏西姆拉會議（～1914年初）。
1914年	5月，袁世凱強行通過《中華民國約法》（《袁記約法》）。 7月，中華革命黨在日本東京成立。
1915年	5月，袁世凱接受日本「二十一條要求」。 8月，楊度組成籌安會。 12月，袁世凱宣布改國號為中華帝國。雲南護國軍成立。
1916年	3月，袁世凱取消帝制。 6月，袁世凱尿毒症病發，在北京去世。 8月，重新召開1914年袁世凱非法解散的舊國會。
1917年	5月，段祺瑞逕自宣布對德作戰。 6月，張勳復辟事件。

中華五千年的文學、歷史精髓，一本就讀透！

文言文好好讀

文學博士 **遲嘯川** / 編著　定價 **350** 元

8 大終極利器，讓你讀文言文像看白話文一樣簡單！

- 利器**1** 古文鑑賞
- 利器**2** 註釋
- 利器**3** 白話解讀
- 利器**4** 意旨精鑰
- 利器**5** 寫作密技
- 利器**6** 關鍵字報告
- 利器**7** 名言集錄
- 利器**8** 試題演練

跟著司馬遷去旅行

肩負高度「史命感」的你不可不知的700道歷史輕知識！

史學專家 **陳書凱** / 編著　定價 **280** 元

從史前到清代的數千年史學旅程，高效掌握關鍵的時代轉折、人物史蹟、文物遺址與政經建制，跟著史聖司馬遷，迅速擺脫歷史盲！

一本涵詠東西方人文的經典名著

知道點世界名人集錄

魏博瀚 /編著　定價 **280** 元

本書匯聚東西方政治、軍事、思想、文學、藝術、科學領域的偉人英才，淡筆細描他們在歷史上開疆拓土、開創叛逆的精彩剪影，讓你飽覽名人的傳奇風華！

知道點世界文學集錄

邱立坤 /編著　定價 **250** 元

本書收錄近百位戲劇、詩歌、小說的傑出作家，嚴選其為藝術犧牲、批判社會、開創新局的曠世巨作，經典文學讓你一次讀個過癮！

知道點中國文學集錄

姜贇 /編著　定價 **320**元

本書收錄中國自戰國迄民國初年的傲世鴻篇，展現中國五千年的文化精華與古人智慧，是研究中國文學的你絕不容錯過的精采好書！

文壇歷史人文大師
——余秋雨 誠摯推薦

新絲路網路書店：http://www.silkbook.com，網路訂購另有折扣
劃撥帳號50017206 采舍國際有限公司（郵撥請加一成郵資，謝謝！）

典藏閣
行銷總代理 ◆ 采舍國際

智略人生 讀者回函卡

感謝您購買本書
煩請您將寶貴的意見寄回
我們將針對您給的意見加以改進

姓名 /   性別 /   星座 /

年齡/ □15歲以下．□15歲以上～20歲．□20歲以上～25歲．
　　　□25歲以上～30歲．□30歲以上～35歲．□35歲以上

電話 / (H)   (O)

地址 /

E-mail /   □願意收到新書資訊

職業 / □公（包含軍警）□服務□金融□製造□資訊□大傳
　　　□自由業□學生□其他

學歷 / □國中（以下）□高中（職）□大學（大專）
　　　□研究所（以上）

吸引您購買本書的原因

請寫下您給本書的建議

您希望閱讀到什麼類型的書刊（生活、財經、小說……）

我們改寫了書的定義

創辦人暨名譽董事長　王擎天

總經理暨總編輯　歐綾纖　　　印製者　絃億印刷公司

出版總監　王寶玲

法人股東　華鴻創投、華利創投、和通國際、利通創投、創意創投、中國電
　　　　　視、中租迪和、仁寶電腦、台北富邦銀行、台灣工業銀行、國寶
　　　　　人壽、東元電機、凌陽科技(創投)、力麗集團、東捷資訊

◆台灣出版事業群　新北市中和區中山路2段366巷10號10樓
　　　　　　　　　TEL：02-2248-7896
　　　　　　　　　FAX：02-2248-7758

◆北京出版事業群　北京市東城區東直門東中街40號元嘉國際公寓A座820
　　　　　　　　　TEL：86-10-64172733
　　　　　　　　　FAX：86-10-64173011

◆北美出版事業群　4th Floor Harbour Centre　P.O.Box613
　　　　　　　　　GT George Town, Grand Cayman,
　　　　　　　　　Cayman Island

◆倉儲及物流中心　新北市中和區中山路2段366巷10號3樓
　　　　　　　　　TEL：02-8245-8786
　　　　　　　　　FAX：02-8245-8718

國家圖書館出版品預行編目資料

帝國崩潰的那些事兒──建國百年探源：從辛亥前夜
到辛亥下一夜　李剛 著.初版.
--新北市中和區：典藏閣,2011.6〔民100〕面；
公分.(智略人生；13)

ISBN　978-986-80804-9-2（平裝）
1.晚清史　2.清末新政
627.87　　　　　　　　　　　　　　　100007363

典 藏 閣

帝國崩潰的那些事兒
（建國百年探源：從辛亥前夜到辛亥下一夜）

出 版 者 ▶典藏閣　　　　　　品質總監 ▶王擎天
作　　著 ▶李剛　　　　　　　出版總監 ▶王寶玲
總 編 輯 ▶歐綾纖　　　　　　美術設計 ▶吳吉昌
副總編輯 ▶陳雅貞　　　　　　文字編輯 ▶張欣宇

郵撥帳號 ▶50017206 采舍國際有限公司（郵撥購買，請另付一成郵資）
台灣出版中心 ▶新北市中和區中山路2段366巷10號10樓
電　　話 ▶ (02) 2248-7896　　　　傳真 ▶ (02) 2248-7758
I S B N 　▶ 978-986-80804-9-2
出版日期 ▶ 2011年6月

全球華文共同市場總代理 / 采舍國際
地址 ▶新北市中和區中山路2段366巷10號3樓
電話 ▶ (02) 8245-8786　　　　　傳真 ▶ (02) 8245-8718

全系列書系特約展示門市
新絲路網路書店
地址 ▶新北市中和區中山路2段366巷10號10樓
電話 ▶ (02) 8245-9896
網址 ▶ www.silkbook.com

線上pbook&ebook總代理 / 全球華文聯合出版平台
主題討論區 ▶www.silkbook.com/bookclub　　● 新絲路讀書會
紙本書平台 ▶www.book4u.com.tw　　　　　● 華文網網路書店
瀏覽電子書 ▶www.book4u.com.tw　　　　　● 華文電子書中心
電子書下載 ▶www.book4u.com.tw　　　　　● 電子書中心 (Acrobat Reader)

本書採減碳印製流程並使用優質中性紙 (Acid & Alkali Free) 最符環保需求。

華文自資出版平台　　全球最大的華文圖書自費出版中心
www.book4u.com.tw　　專業客製化自資出版‧發行通路全國最強！
mybook@mail.book4u.com.tw